La ciudad imaginaria

Javier de Navascués (ed.)

WITHDRAWN
UTSA LIBRARIES

La ciudad imaginaria

Javier de Navascués (ed.)

Iberoamericana · Vervuert · 2007

Bibliographic information published by Die Deutsche Nationalbibliothek.
Die Deutsche Nationalbibliothek lists this publication in the Deutsche Nationalbiografie; detailed bibliographic data are available on the Internet at <http://dnb.ddb.de>

Library
University of Texas
at San Antonio

Reservados todos los derechos

© Iberoamericana, Madrid 2007
Amor de Dios, 1 – E-28014 Madrid
Tel.: +34 91 429 35 22
Fax: +34 91 429 53 97
info@iberoamericanalibros.com
www.ibero-americana.net

© Vervuert, 2007
Wielandstr. 40 – D-60318 Frankfurt am Main
Tel.: +49 69 597 46 17
Fax: +49 69 597 87 43
info@iberoamericanalibros.com
www.ibero-americana.net

ISBN 978-84-8489-251-9 (Iberoamericana)
ISBN 978-3-86527-280-5 (Vervuert)

Depósito Legal: SE-1933-2007 Unión Europea

Cubierta: Marcelo Alfaro
Impreso en España. Printed by Publidisa.
The paper on which this book is printed meets the requirements of ISO 9706

ÍNDICE

NOTA DEL EDITOR

Tiene en sus manos el desocupado lector un volumen que recoge parcialmente los resultados de un congreso sobre «La ciudad imaginaria. El espacio urbano en la literatura hispanoamericana del siglo XX», celebrado en la Universidad de Navarra en mayo de 2003. En él encontrará estudios generales, como la sentida, a la vez que minuciosa y erudita, evocación de Montevideo por parte de Aínsa, o los dedicados al ensayo (López Parada) o a la novela modernista y vanguardista (Zubiaurre). Otros trabajos se han centrado en un autor singular de la literatura venezolana (Almandoz y Muñoz Bravo), peruana (Cabanillas Cárdenas), mexicana (Arias, Salvador), cubana (Esteban, González Acosta) o chilena (Noguerol Jiménez, Naudon). La multiforme Buenos Aires, de quien Fuentes decía que ninguna ciudad latinoamericana había pedido ser «verbalizada» como ella, ha sido la ciudad que más atención crítica ha generado (Berg, Lefere, Barrera, Lojo, Zonana, Depetris). Por último, un par de autores (Insausti y Navascués) han tratado la mirada del escritor hispanoamericano en la ciudad europea.

Este panorama, necesariamente incompleto, forma parte de un proyecto investigador, realizado en la Universidad de Navarra, sobre la representación de la ciudad en la literatura y pretende contribuir al conocimiento de un aspecto esencial de las letras hispanoamericanas, desde que las viejas repúblicas oligárquicas del siglo XIX tomaron el rumbo incierto de una modernidad que las ha conducido a ser esas sociedades urbanas, víctimas de nuevos desequilibrios y obligadas a nuevos desafíos, tal y como las conocemos hoy.

Una «jirafa de cemento armado» a orillas del «río como mar». La invención literaria de Montevideo

Fernando Aínsa

> *Con cuánto amor te canto, Montevideo,*
> *a pesar de lo amarga que haces mi vida.*
>
> Emilio Frugoni

Si la canoa os lleva rápidamente con el esfuerzo de sus seis remeros; si, de día, observáis por los caminos de aquellas hermosas quintas grupos de mujeres vestidas de amazonas y caballeros en traje de montar; si por la noche, a través de las ventanas abiertas que vierten sobre las calles torrentes de luz y de armonía, escucháis las notas de los pianos o los gemidos del arpa, los cantos alegres de las cuadrillas o melancólicas de las romanzas, es que os encontráis en Montevideo, la virreina de este gran río de plata del cual Buenos Aires pretende ser la reina, y que desemboca en el Atlántico con una anchura de ochenta leguas (Dumas, 37).

Con esta pintoresca descripción, el escritor Alejandro Dumas enumera las notas más sobresalientes del Montevideo de 1850: la catedral, «Leviatán de ladrillo que parece navegar sobre el mar de casas», rojas y blancas, coronadas de azoteas y *miradores; las quintas,* «delicia y orgullo de los habitantes»; los *saladeros,* «amplias construcciones donde se sala la carne»; y, del otro lado de la bahía, el Cerro con su fortaleza y su faro. Montevideo surge así de las páginas de una novela, *Montevideo o la nueva Troya,* entre briznas de realidad y descripciones fantasiosas, con una deliberada voluntad de identificar los signos más emblemáticos de su toponimia. Lo resume el propio Dumas, cuando afirma: «Montevideo no es sólo una urbe, es un símbolo» (150).

Sin embargo, el autor de *Los tres mosqueteros* no estuvo nunca en Montevideo. Escribió su novela por encargo, siguiendo el esbozo que le entregó el general Melchor Pacheco y Obes, polifacético hombre de acción y de letras uruguayo. Pacheco había buscado en Francia apoyo diplomático, logístico y propagandístico a la causa de la Defensa de Montevideo, sitiada desde 1843 por las tropas de Manuel Oribe, aliado con Manuel Rosas en la Argentina en el marco de la llamada Guerra Grande (1841-1850). Gracias a la firma de Dumas[1], a la sazón escritor famoso, en una novela que tuviera por escenario Montevideo, Pacheco pretendía llamar la atención internacional sobre lo que sucedía en el remoto confín atlántico. La «nueva Troya» se transformaría así en ejemplo de resistencia y en clave de la estrategia de las grandes potencias de la época –Inglaterra y Francia– rivalizando por el control del Río de la Plata.

La invención de Montevideo

Montevideo es literalmente «inventada» por Dumas y esta invención marca desde entonces la relación de la capital del Uruguay con la literatura, hasta el punto de convertirla en referente existencial de imprecisos rasgos geográficos, aunque de significaciones culturales buscadas con empeño. Así, Carlos Maggi titula *La invención de Montevideo* (1968) su ensayo sobre los orígenes y la fundación de la ciudad, escrito según las reglas de lo que llama el *veridimágico*, nuevo quehacer histórico-fabulístico cuyas reglas son «no decir nunca toda la verdad, ni únicamente la verdad; y hacer que el todo resulte asombroso y sin embargo verídico», porque «cada vez que un testigo jura decir la verdad, toda la verdad y nada más que la verdad, está mintiendo» (5). Del mismo modo, Gerardo Ciancio titula su estudio histórico sobre «Montevideo en la escritura poética y en las letras de canciones en los siglos XIX y XX», *La ciudad inventada* (1997), ya que:

> Paralela a la urbe real, fáctica, tangible, percibida, existe una Montevideo construida por los poetas, ficcionada, una ciudad cantada y contada en versos de una serie muy amplia (genéricamente hablando) de textos, que asumen la forma de odas, himnos, canciones, coplillas, crónicas; incluso improvisados graffitis versificados y tonadillas populares fosilizadas en magros jingles comerciales y/o campañas electorales de signo diverso.

---

[1] Numerosos investigadores se han centrado en el tema de saber hasta dónde Alejandro Dumas, acostumbrado a trabajar con asistentes y colaboradores de los que formaba parte su propio hijo en la llamada «factoría Dumas», escribió totalmente la novela, cuyo esquema o primera versión le habría sido suministrada por el propio Pacheco.

Por ello, aunque el escritor argentino Rodolfo Rabanal reconozca en Montevideo «rincones de Génova, de Barcelona o de Lisboa», y otros vean retazos de Gijón o de La Habana en la costa montevideana, la imagen de la ciudad que refleja la literatura tiene siempre ribetes de la propia literatura a ella referida. En ella sigue presente la figura del propio Alejandro Dumas en la poesía de Jorge Arbeleche («Monte vide eu», 11); regresa a su ciudad natal Isidore Ducasse, Conde de Lautréamont, rememorando: «Mi ciudad, mi Montevideo, mi putita…» en un relato de Juan Carlos Mondragón[2]; la sombra tutelar de los dos Jules –Laforgue y Supervielle– está presente en la poesía de Enrique Fierro, quien, en otro poema, recuerda el celebrado pasaje de Pablo Neruda por la «tacita del Plata», referentes culturales aludidos en el «otro» Montevideo que «inventa» Ida Vitale en su *Léxico de afinidades*. Incluso aparece en las vagas referencias de un viaje a Montevideo que flotan en los versos del «canto órfico» del italiano Dino Campana[3].

Todos ellos –de un modo u otro– intentan dar respuesta al burlón desafío de Juan Carlos Onetti, cuando el 25 de agosto de 1939 sostenía que «entretanto Montevideo no existe. Aunque tenga más doctores, empleados públicos y almaceneros que todo el resto del país, la capital no tendrá vida de veras hasta que nuestros literatos se resuelvan a decirnos cómo y qué es Montevideo y la gente que la habita». Y por si existieran dudas, añadía: «Este mismo momento de la ciudad que estamos viviendo es de una riqueza que pocos sospechan», para concluir:

> Es necesario que nuestros literatos miren alrededor suyo y hablen de ellos y su experiencia. Que acepten la tarea de contarnos cómo es el alma de su ciudad. Es indudable que si lo hacen con talento, muy pronto Montevideo y sus pobladores se parecerán de manera asombrosa a lo que ellos escriban (22).

---

[2] Juan Carlos Mondragón, en «Montevideo en video Ducasse» (1985), imagina un retorno a su ciudad natal del autor de *Los cantos de Maldoror.*

[3] Dino Campana viaja hacia un punto del que no se tiene otra información que el destino. «Viaje a Montevideo» se titula el poema. Los detalles que se dan –la tarde celeste, el puente de la nave, las pasajeras «de senos llenos de vértigo», el chirrido de cadenas, la orilla selvática, el inquieto mar nocturno– son marcas del transcurso, itinerario marino que termina cuando aparece «sobre un mar amarillo por la portentosa abundancia del río, del nuevo continente, la capital marina». Como única precisión topológica no queda más que el fantasmagórico nombre de Montevideo flotando sobre una ciudad abandonada entre el amarillo y las dunas (13).

Ese mismo año de 1939, Onetti publicó su primera novela, *El pozo*, soliloquio de un hombre –Eladio Linacero– que cumple sus cuarenta años encerrado en una pieza de un conventillo localizada en una ciudad de la que se adivinan los signos y la atmósfera de Montevideo[4], aunque no se la nombre nunca. A partir de esa novela fundadora de la nueva ficción uruguaya, la ciudad fue un referente. Más que un *topos* geográfico reconocible por sus rasgos urbanos se proyectó como pretexto literario para la vivencia o la nostalgia.

A partir de entonces Montevideo sería para poetas y narradores un icono mágico conjurado como parte de la leyenda sobre el origen de su nombre[5], un *omphalos* desde el cual se despliegan perspectivas que dan sentido y asidero individual a quienes buscan un arraigo sin precisar lugares. La mayoría preferirá la abstracta evocación de una ciudad de la que sospechan «oculta muchas cosas» (Estrázulas, 19)[6] y un espacio que se mitifica sin llegar a concretarse. Se construirá así, gracias a la representación simbólica encarnada en signos, esa otra ciudad por la que se puede circular sin dificultad y en cuyo eufónico nombre todos se reconocen, incluso cuando cobran la mala conciencia de su vivir y de su morir. «Montevideo quiero ser el cantor / de tu alegría y de tu dolor», anuncia Ildefonso Pereda Valdés; «Montevideo, madre cruel», versifica Líber Falco, el poeta que padeció como pocos la entraña de los barrios montevideanos, mientras Carlos Mario Fleitas, apostado en esquinas reconocibles de la ciudad («me gusta esta esquina», nos dice), titula su poemario *Morir en la ciudad* (1967). Es Clara Silva la que interioriza plenamente la vivencia en «Monte vide eu»: «Es esta mi ciudad / este es su cerro / este su río / como mar abierto / Más que habitar la vivo […] Es esta mi ciudad / esta mi vida» (86).

---

[4] Linacero recuerda cuando vivía en Capurro, popular barrio obrero montevideano; sus vacaciones en Colonia y paseos por la rambla con Hanka y cuando descendía a la intersección de la rambla con Eduardo Acevedo acompañado de Cecilia. También recuerda desde su encierro las noches en que iba al Internacional, un bodegón «oscuro y desagradable» situado en la calle Juan Carlos Gómez, cerca del puerto.

[5] «Monte vide eu» habría exclamado un marinero encaramado al mástil de la nave de Juan Díaz de Solís cuando se aproximó el 2 de febrero de 1516 a la bahía y avistó el Cerro. El legendario origen de su nombre lleva a Juan Carlos Mondragón a proponer que esta es una ciudad nacida con imagen de *voyeur*: «Monte-vide-eo. Vi un monte. Vi. […] Ciudad del ver, del ver el monte, la luz, la esperanza, lo inalcanzable» (1985, 18).

[6] El poema «La ciudad» dice: «Esta ciudad oculta muchas cosas, / este tranco cansino apaga odios, / lo sabemos los dos, apaga voces / esconde dientes esta paz, esconde / un frío que en los pies calienta el alma / e inflama un corazón que no revienta».

Esta ciudad vivida como interioridad, humaniza al mismo tiempo estudios sociales y estadísticos, da respiración a nociones abstractas de urbanismo y planificación, otorga un sentido a la lectura geográfica de la secreta conexión entre sus habitantes, sus calles y barrios. Porque, tal como recuerda el antropólogo Daniel Vidart en *El gran Montevideo*:

> El Montevideo multidimensional que a un tiempo nos acongoja y cautiva, que nos minimiza y persuade, que nos enajena y confirma, no es solamente arquitectura congelada, exterioridad de escenario tumultuoso o recoleto: es en mayor medida aun, el espejo de nuestra memoria, y nuestra memoria misma, la dimensión material de nuestra cultura y nuestra propia cultura, el campo de maniobras de nuestra sociedad (Martínez Moreno, 1994, 195).

La ciudad que se configura en la literatura, «la que vamos indagando» –nos dice por su parte Carlos Martínez Moreno– «no es la que tenga, en el libro, la palmaria verificación de su geografía demostrable, el nomenclátor de sus calles, la descripción de sus plazas o paseos públicos. Es la ciudad incorporada como paisaje íntimo, como presupuesto de situación física y espiritual», tal vez «una ciudad subjetiva» (1960, 51). Más que una literatura «sobre» Montevideo lo que importa:

> Es algo más sutil y difícil: que en algún sesgo incanjeable, que en alguna modalidad asimilada, a lo mejor invisible y siempre intransferible, estén escritos "desde" Montevideo (Martínez Moreno, 1994, 225).

Porque «ser de Montevideo es un producto de añadidura, o un subproducto en el proceso creador; lo primero es ser»; lo que importa es que «Montevideo sea en ellos». El *topos* literario que emerge es intrínseco a la propia constitución del texto más que a su adecuación a la realidad exterior.

Del personalizado ordenamiento del espacio urbano que propicia sentidos, aunque no proporcione raíces, surge, entonces, la espiritualidad difusa del ser montevideano. Ello explica la ambivalencia que provoca, por un lado, la nostalgia que se siente cuando «se enfrenta la ciudad con la mirada del exiliado» –según la propuesta de Walter Benjamin[7]– y, por el otro, la

---

[7] Es interesante anotar que para muchos escritores nacidos en el «interior» del país, vivir en Montevideo es parte de un exilio de la tierra natal. La política y poetisa Alba Roballo, nacida en Artigas, al norte del Uruguay, afirma que «la ciudad es mi exilio».

percepción vital, por no decir corporal, cuando se la vive orgánicamente desde adentro, como esa «ciudad desvelada» que –al decir poético de Octavio Paz– «circula por mi sangre como una abeja».

En este texto abordaremos esta oscilación entre vivencia y nostalgia y la compleja relación por la cual se difuminan los signos urbanos conocidos para asumir la ciudad como «des-lugar», ámbito en que se desenvuelve una situación vital más que un *topos* geográfico identificado por su toponimia; espacio urbano entendido como lugar de desventura, escenario de la desesperanza que rodea y empapa al individuo, para marginalizarlo, si no desarticularlo; lugar donde la escritura se desata, para intentar construir un mundo alternativo y dejar constancia de una carencia. Una carencia que puede ser ausencia. «Todo es desolación / Montevideo desde lejos / la herida se me abre / hasta el hueso», se lamenta Juan Carlos Legido en *Montevideo al Sur* (1963).

Sin embargo, esa ciudad –«Montevideo, el *otro*», como lo tipifica Ida Vitale– convive con la ciudad real aludida en cuentos y poemas, con la de las estampas costumbristas, con la de sus edificios y monumentos, ese «lujoso biombo» que oculta la empobrecida trastienda del resto del país, ese Montevideo que se «huele», al que gráficamente aludiera el poeta gauchesco Hilario Ascasubi en *Paulino Lucero*: «¡Qué diablos hacen, por Cristo! / Oliendo a Montevideo / y del Cerrito al Buseo / y del Buseo al Cerrito» (158).

LA INVENCIÓN DE LOS VIAJEROS

En buena parte de Hispanoamérica, las primeras representaciones literarias de la ciudad surgen de impresiones y crónicas de viajeros, extranjeros de paso que describen y juzgan con rapidez y desenvoltura, cuando no con prejuicios o generosa fantasía, lo que ven o lo que quieren ver. La capital del Uruguay no es una excepción. «Montevideo es la ciudad más encantadora que he visto, tanto por su agradable posición como por su feliz fecundidad» –asegura Julián Millet a su paso en 1808–, descripción idílica que completa la suerte de Arcadia de su paisaje suburbano: «El Miguelete rodeado de árboles frutales produce toda especie de frutas, tales como manzanas, peras, damascos, duraznos, naranjos, limones y melones en abundancia, todos de delicioso sabor» (90).

Los signos distintivos de la ciudad, percibidos desde la *otredad* que habían subrayado viajeros como Dom Antoine-Joseph Pernetty (1763), Francisco Millán y Miraval (1772), Juan Francisco Aguirre (1783), John Mawe (1812), John Parish Robertson (1834), elaboran el catálogo de imágenes y tópicos con que se la caracteriza: «Pequeña ciudad que se embellece todos los días» (Pernetty); «Pueblo lindo» (Aguirre), aunque, como sugiere con ironía el personaje Isidoro Ducasse en un relato sobre su imaginario regreso a su ciudad natal: «Montevideo es una invención de viajeros que añoran cosas inexistentes» (Mondragón, 1985, 18).

A estas «invenciones» contribuye también el novelista William Henry Hudson. «Vagando por la moderna Troya», titula el primer capítulo de *La tierra purpúrea* (1885); y en ese vagar por «esta ciudad de luchas, asesinatos y súbita muerte» que «también se llama a sí misma La Reina del Plata», el protagonista alude al «mar, o el río, que unos lo llaman de una manera y otros de la otra, debido a que el color barroso de las aguas, su sabor dulce y las dudosas afirmaciones de los geógrafos dejan la duda de si Montevideo está situada en las costas del Atlántico o en las orillas de un río de cincuenta leguas de anchura» (3). Desde lo alto del cerro que domina y da nombre a la ciudad, se dirá admirado: «Hacia cualquier lado que me vuelva veo ante mí una de las más hermosas moradas que Dios ha hecho para el hombre» (4).

Las notas pintorescas y los tópicos que la reiteran –como el del «río como mar» al que recurrirán numerosos poetas y narradores– forjan esa identidad en la que luego se reconocerán los montevideanos. Y ello aunque se acepte –como decía Borges– que el color local es «un invento extranjero que surge de cómo nos miran los otros y no de cómo somos realmente, pertenencia y pertinencia que puede llegar a tornarse apócrifa en su enfática exageración» (86).

LA MIRADA DEL «YO TRANSITORIO DEL QUE REGRESA»

A esta configuración del *topos* simbólico montevideano de la que la literatura recogerá sus tópicos más recurridos, contribuye la perspectiva de los propios uruguayos que se ausentan y regresan al país con una «mirada diferente» que no puede eludir las comparaciones. El poeta Juan Zorrilla de San Martín lo resume gráficamente cuando regresa en 1887 y escribe en «Ver Montevideo después de ver París»: «Quiero mirar a mi Montevideo antes de que este yo transitorio que acaba de regresar al país, desaparezca sustituido por el yo permanente que ya siento salir del fondo de mi ser, al contacto

del medio ambiente en que nació y para el que fue formado», afirma filosóficamente, tras recorrer conmovido sus calles: la de 25 de Mayo, la de Sarandí, la Plaza de la Constitución, la Avenida 18 de Julio (que «viene llena de
luz desde lo alto de la colina y parece derramarse en la Plaza de la Independencia»). Añade, en forma entusiasta: «No hay la menor duda: esto es hermoso, de lo más hermoso, aún para quien viene de París».

Zorrilla va más lejos y sostiene que en Montevideo «hay algo mucho más
curioso: esto es original, lleno de carácter –nos dice–. Esta ciudad no se
parece a ninguna otra. Me parece una ciudad núbil, pero muy fuerte, de una
franqueza y una ingenuidad encantadora». En todo caso, Montevideo no es
la chatura que esperaba encontrar a su regreso, sino «el boceto genial de un
gran pintor», cuadro que un día estará terminado, aunque Zorrilla teme que
cuando eso suceda «se debilite su vigor y frescura». El autor de *Tabaré* considera que no hay que dejarse dominar por el prestigio de las ciudades europeas y propone defender «el carácter de lo nuestro». El secreto está, tal vez,
en dejar que la ciudad siga siendo ese boceto inconcluso, un proyecto dominado por el sol, la luz y los horizontes que la hacen única y amable, lejos de
las grandes urbes que «satisfacen vanidades colectivas a expensas del carácter, que es lo que constituye la verdadera belleza» (98).

Este sentimiento de exclusividad –«esto es original, lleno de carácter»–
es reiterado por Joaquín Torres García. A su regreso a Montevideo en 1934,
después de una larga estadía en España, el pintor y autor de *Universalismo
constructivo* (1944) afirma: «Nuestra ciudad, en que vivimos, tiene nada que
ver con ninguna otra: Montevideo es única. Tiene un carácter tan profundamente suyo, que la hace inconfundible». Con su mirada renovada en la distancia se esfuerza por descubrir «el íntimo carácter de todo», más allá de los
conocidos tópicos –el mate, el poncho o las canciones– en aquello que es
más sutil, que «todo lo satura y que tiene la misma claridad, la misma luz
blanca de la ciudad». Y concluye en que el hombre de esta ciudad es tan
único como ella misma, «con estas diez letras en hileras, ni bajando ni
subiendo, bien igualitas, y que de puro sin expresión son inquietantes:
MONTEVIDEO. Tenía que ser así: única hasta en su nombre» (147).

Esta visión idealizada, por no decir trascendente, la plasma Torres en un
auténtico programa artístico. En *Fundamentos de la pintura constructiva*, aspira a que toda obra de arte represente una realidad montevideana bien precisa:
Plaza Independencia, el Cerro, Parque Rodó, representación del «tiempo en
que vivimos y aun, preferentemente, en lo que mejor lo señale, siglo XX».

Si el viajero o el nativo que regresa tras una ausencia fijaron algunos de los rasgos de un Montevideo simbólico que recogió luego la poesía y la narrativa, la visión ennoblecida de un pasado evocado con nostalgia por los propios uruguayos hizo el resto. Las crónicas que Isidoro de María reúne en *Montevideo Antiguo. Tradiciones y Recuerdos* (1887) –escritas al modo de las *Tradiciones peruanas de Ricardo Palma y Buenos Aires sesenta años atrás* de José Antonio Wilde– sobre el período de la Patria Vieja, son los primeros textos que tienen por tema la ciudad y que están proyectados «desde adentro», en la perspectiva de lo que el propio Palma llamara «literatura tradicionalista»[8]. Gracias a esas crónicas escritas con «un sentimiento de ingenuo amor al pasado que las llena de encanto y hace perdurables» por alguien que «amó entrañablemente a su ciudad natal y a sus tradiciones» (XXI) –como afirma Juan E. Pivel Devoto en el prólogo de la obra– la ciudad inaugura su propia memoria, nada rigurosa según los historiadores, pero suficientemente evocativa como para darle el aura que necesitaba.

Calles y plazas –la calle de las tiendas, la de los pescadores, la de los judíos, la plaza de las verduras– y edificios –el Cabildo, la Casa de Comedias, la Iglesia de San Francisco, el Hospital del Rey, la imprenta de la Caridad–, fortificaciones coloniales –la Ciudadela, el Fuerte, las Bóvedas– son recorridas de nuevo de la mano de un imaginativo y, por momentos, divertido guía. Ese tono y el estilo de De María tuvieron sus inevitables seguidores. Vicente Rossi en *Cosa de negros* (1926), José María Fernández Saldaña en *Historias del viejo Montevideo* (crónicas publicadas en el diario *El Día*, entre 1926 y 1946), Juan C. Puppo, «El Hachero», los retoma, entre costumbrista y rememorativo, para hablar de mercados, cementerios, barrios y playas montevideanas.

El tiempo ennoblece los recuerdos. La ciudad evocada es parte de un pasado del que sólo quedan testimonios y recuerdos, melancólica visión retrospectiva que, como la nostalgia favorecida por la distancia espacial, permite proyectar el *topos* de una ciudad ideal. Porque la ciudad real, la inmediata y contemporánea, la que se vive todos los días como una conde-

---

[8] Ricardo Palma, consciente de haber creado un género y «haber despertado en América Latina el gusto por exhumar tradiciones», lo que reivindica sin «arranques de vanidad» en 1880, cuando el éxito de *Tradiciones peruanas* es imitado en México, Chile, Colombia y Argentina, se carteó con Isidoro de María y estimuló su obra de recopilación. De María le dedicó el tomo IV de *Tradiciones y recuerdos*, publicado en 1895.

na, es juzgada –en plena eclosión del 900– como provinciana, cuando no ramplona.

DESDE «LAS TOLDERÍAS DE TONTOVIDEO»

A la diferencia de otras capitales que el modernismo ensalza –Buenos Aires, La Habana, Santiago de Chile, Salvador[9]–, Montevideo es descrita con tono altanero por los integrantes de la generación del 900. Julio Herrera y Reissig anuncia con tono provocador que escribe desde «las tolderías de Montevideo», esa «aldea» a la que bautiza «Tontovideo». La ciudad es exigua y mezquina, indigna del talento que despliega su poesía. Esta actitud, entre despreciativa y provocadora frente al medio, la reitera en *Epílogo wagneriano de la política de fusión* donde afirma que ha decidido «arrebujarse» en su «desdén por todo lo de mí país» y anuncia estar «rendido de soportar la necedad implacable de este ambiente desolador» donde los uruguayos que «pasan por intelectuales», no aspiran a otra cosa que «a prevalecer materialmente dentro del redil de la localidad» (*Epílogo wagneriano a la política de fusión*, 688). En otro momento Herrera habla de un Montevideo «empedrado de trivialismo de provincia» y exclama –comentando *Mujeres flacas* (1904) de Pablo Minelli–: «¿Tenéis dinero? Idos bien lejos de Tontovideo y no volváis nunca, por Dios…» («Lírica invernal», 575). Su mejor elogio de esa obra «pensada en francés y escrita en americano» es que:

> No viene del *boulevard* Sarandí, del Parque Urbano, de la salida de misa, del dominguero Paso del Molino… Viene de los *cabarets,* del Chat-noir, de las románticas buhardillas, de la bramadera de las sensaciones, del gabinete del hachís, de la casa de sombreros en la Rue Pascal, del fango, del drama, ¿habéis entendido? Viene de París («Lírica invernal», 578).

Por su parte, Roberto de las Carreras fecha una carta que le dirige al propio Herrera en la «Toldería de Montevideo» y su desafiante *Amor Libre*

---

[9] En estas «notas acerca de la literatura modernista y el espacio urbano» se analiza la relación entre la estética finisecular y el auge cosmopolita de Santiago de Chile y Buenos Aires, los signos del progreso en Bogotá y La Habana, a través de la obra de Rubén Darío, José Asunción Silva, Enrique Gómez Carillo, Manuel Gutiérrez Nájera y Julián del Casal. Nada parecido sucede en Montevideo.

(1902) lo firma en la «Aldea de Montevideo» (118). En sus páginas donde sostiene que las «mujeres de Montevideo, son todas mujeres de aldea, vestidas con falsa elegancia, pobres locas que me inspiran más lástima que risa».

Tal vez la única excepción del 900 haya sido la de Álvaro Armando Vasseur que en su «Oda a Montevideo», compuesta en 1905, elogia su ciudad natal cargándola de epítetos, entre otros, «sirena del mar dulce de Occidente» y «flora purpúrea de hispana gente». Los elogios históricos los hace remontar al momento en que, «desde la cofa de la nao» descubridora, un piloto gritó: «Monte vide eu». Las posibilidades literarias de la ciudad que ha ido ingresando en la modernidad son también reconocidas en *Valmarr* (1893) y *Las hermanas Flammari* (1896) de Mateo Magariños Solsona; *El extraño* (1897) de Carlos Reyles; *Brenda* (1896) y *Minés* (1915) de Eduardo Acevedo Díaz; *Doñarramona* (1918) y *La realidad* (1926) de José Pedro Bellán.

Lo harán luego –en el apogeo del *nativismo* de temática rural– *La casa grande* (1928) de Eduardo de Salterain Herrera; *Doña ilusión en Montevideo* (1929) de Horacio Maldonado; y *Barrio* (1937) de Adolfo Montiel Ballesteros. Todos ellos tienden las líneas del trazado ciudadano que poblarán, un par de décadas después, los recorridos suburbanos de *Por los tiempos de Clemente Colling* (1942) de Felisberto Hernández y los cuentos de Mario Benedetti, *Montevideanos* (1959).

Aunque a partir del 900 la ciudad empieza a ser algo novelable, el vacío no colmado entre la existencia de la urbe como tema y el de una tradición narrativa ciudadana, se prolonga hasta la década de los cincuenta. Emir Rodríguez Monegal lo subraya con cierta dureza: «…ni han conquistado Montevideo (no lo han descubierto siquiera) ni han conseguido preservar la virginidad pueblerina» (194).

La ciudad se mira desde los ojos de sus ventanas

Como ha sucedido con otros tantos temas y motivos literarios, la poesía es la primera en colonizar el trazado geométrico del damero ciudadano y lo hace, alegre y jocunda, al socaire de la eclosión de las vanguardias en los años veinte.

Lejos de la ansiedad que producen las megalópolis de México o San Pablo, del «fervor» por la regia Buenos Aires que cantan Rubén Darío y

Jorge Luis Borges, el poeta de origen peruano, pero uruguayo adoptivo, Juan Parra del Riego vagabundea por Montevideo y –moderando el entusiasmo futurista de su *Himnos del cielo y los ferrocarriles* (1925)– enumera los rincones preferidos en prosas entrañables. En la recoleta Plaza Zabala descubre como magnolias, pinos y palmeras viven «una vida de apretamiento, de secreto, de no querer saber nada de la ciudad que rompe por sus bocacalles la irritación eléctrica de los tranvías», brindando una sensación de intimidad y soledad. Los que van a la plaza con fidelidad de «enfermos y enamorados a guarecerse en la sombra» deben vencer la vergüenza oculta («esa sensación como de fracaso y orfandad») que da sentarse en el banco de una plaza a las diez de la mañana. A diferencia de las «plazonas de un aire espeso y municipal», la Plaza Zabala «penetra con un encanto casero de patio familiar» y –según Parra del Riego– nos dice que «hay que ser un poco atorrantes, alegres, despreocupados» (1969, 19). Con ese espíritu atorrante y despreocupado, en otras páginas en prosa, el autor de *Polirritmos*, se va hasta la escollera del puerto y descubre a quienes miran con «actitud concentrada y huraña» el mar que «lava las heridas de los hombres». A esa escollera también va, por esos años, a «tomarse la tarde» el poeta Juvenal Ortiz Saralegui.

Hay que esperar los *Poemas Montevideanos* (1923) y la *Epopeya de la Ciudad* (1927) de Emilio Frugoni para que la crítica reconozca que la ciudad de Montevideo «tiene al fin su poeta». «Tenía ya su poeta la patria. Tenían sus poetas, las revoluciones, los caudillos. Tenían sus poetas los soldados, los gauchos, la campaña… –afirma Orestes Baroffio–. La ciudad no lo tenía. La ciudad no había encontrado entre los cantores nacidos en su seno, quien se detuviera a contemplar el bullicio de sus calles, el rodar de sus vehículos, el espectáculo de sus multitudes que se agitan, en los talleres, en las fábricas, en las fiestas, con sus bellezas, sus dolores, sus alegrías». El «noble espíritu montevideano» –se lamenta el comentarista– no tenía hasta ese momento su cantor. Los poetas pasaban de largo por sus calles, sin conmoverse ante sus jardines o sus edificios, porque «la ciudad no atraía», aunque se pregunte si el paisaje urbano no se había abordado, en realidad, porque era demasiado variado, complejo y desigual, plagado de inquietudes, anhelos y esperanzas y necesitaba de una mirada «honda» que «destrozara prejuicios» y penetrara en «el misterio de la red inmensa de calles que presentaba la urbe». Los poetas habían acumulado tantos tópicos campestres y rurales que no era fácil ajustarse a «la geometría» de las calles de una ciudad inédita («La ciudad tiene al fin su poeta», 20).

Aunque se consideró que Frugoni representaba «un Montevideo para montevideanos» o que su obra era «una guía para dirigir dirigidos que no necesitan dirección» (Medina Vidal, 69), su percepción de la ciudad se inscribe en la dinámica vital de la época que impulsan las vanguardias entusiasmadas por el trepidar sobre el asfalto. Esta evolución es perceptible en el propio autor. Los *Poemas montevideanos* pagan en 1923 tributo a la nostalgia de las evocaciones de corte pasatista: la ciudad de «su infancia y de su mocedad, un Montevideo que late con apacible ritmo de siesta solariega» –como lo define el poeta Roberto Ibáñez que los comenta–, ciudad de barrios, calles populares y rincones pintorescos, ritmos diurnos y nocturnos diferenciados. Pero también están en esos poemas los entusiastas versos a la modernidad y al progreso: el «Motorman», «un hombre amarrado a su camino», la «Radiotelefonía» y «Las chimeneas», canto a las usinas donde se «consuma el cotidiano sacrificio» del obrero.

Cuatro años después, en *La epopeya de la ciudad* (1927), la apuesta vanguardista es abierta. Para Frugoni la ciudad está viva. En «Canto a la multitud» recurre a un símil de larga tradición literaria:

> La ciudad es como el río, que permanece y anda,
> quieta en la geometría múltiple de sus casas;
> trashumante en la fluida circulación de sus gentes.
> Con los ojos de sus ventanas
> se ve a sí misma transitar por las calles.
> Si la ciudad es como un río, por el contrario:
> la multitud es una gran culebra
> que por las avenidas se arrastra
> sacudiendo su ancho collar de voces.
> Me envuelve, se enrosca a mis miembros, me enlaza
> y me lleva consigo a través de las calles,
> abandonándome en el tibio hueco de una plaza
> (Medina Vidal, 70)

La multitud «se esparce y se concentra» en la calle, como «un monstruo que distiende sus miembros / en las avenidas y las plazas» y «se desarticula dentro de las casas». La ciudad se antropomorfiza y se transforma en un ser humano que se mira a sí mismo a través de los ojos de sus ventanas. El individuo es una «gota de esa ola / de mar que pasa»; pero gota capaz de reflejar el cielo «cuando está aislada».

La ciudad como río, la multitud como una culebra –reptil de la imaginería lujuriosa ensalzado por los modernistas– inscriben el poema en el conjunto de la *Epopeya de la ciudad* que canta a la piedra, el hierro y el cemento, esqueleto ciclópeo de un Montevideo «actual y adulto» en «atlética expansión edilicia» –como reseña con entusiasmo Roberto Ibáñez– que se aleja de la imagen de «gran aldea». Montevideo absorbe «horizontes campesinos» y crece, vertical, para «merecer su corona de nubes». «El canto de los rascacielos» de Frugoni es el de una ciudad aérea que «crece hacia arriba», pero donde también la soberbia que se ufana en el lujo, apenas puede disimular la miseria que la flanquea.

Sin llegar a la nueva Babilonia, tal como se la encarnaba en la vecina «cosmópolis» de Buenos Aires, la vanguardia poética uruguaya descubre alborozada en el trepidar y palpitar ciudadano, el ritmo modernizador de la ciudad polifacética, los signos positivos de la locura y la desmesura urbana. La poesía puede cantar así al Palacio Salvo, rascacielos de 28 pisos y 84 metros de altura, edificado en los años veinte en la céntrica Plaza Independencia en la esquina de 18 de Julio, la principal avenida de Montevideo. Su original (y discutida) arquitectura se transforma en obligado referente poético y en el edificio emblemático por antonomasia de la capital del Uruguay, *totem* e icono de la modernidad asumida con alborozo.

En el «antipoema» sobre el Palacio Salvo que da título al volumen *Palacio Salvo* (1927), Juvenal Ortiz Saralegui completa su admiración por el flamante rascacielos –cuya silueta inconfundible ilustra la portada del libro– con la de un gran letrero luminoso desplegado en su fachada, cuyos destellos asimila metafóricamente a un mensaje de «radiotelefonía»: «Están alerta / están alerta / los radio-escuchas de los horizontes!», nos dice con ritmo sincopado a modo de epígrafe inicial, abriendo un libro que cierra con el colofón: «Editorial vanguardia, Montevideo MCMXXVII, Estación Palacio Salvo: ha terminado la transmisión». El Palacio Salvo se convierte en torre de transmisión de la obra que Alberto Zum Felde saludó como «una de las notas más estridentes del futurismo».

Alfredo Mario Ferreiro, autor de *El hombre que se comió un autobús* (1927) y *Se ruega no dar la mano* (1930) –el que definiera al Uruguay como «país-esquina»– mezcla el humorismo con un alegre entusiasmo futurista por la novedad y los cambios. No permanece indiferente frente al «rascacielos del Salvo», al que dedica un divertido poema. En sus versos, «el rascacielos es una jirafa de cemento armado / con la piel manchada de ventanas».

Una jirafa un poco aburrida, «empantanada» en la esquina de Andes y la Avenida 18 de Julio, «incapaz de cruzar la calle / por miedo de que los autos / se le metan entre las patas y le hagan caer».

El poeta imagina la «idea de reposo» que daría «un rascacielos acostado en el suelo», con «las ventanas mirando cara al cielo / Y desangrándose por las tuberías / del agua caliente / y la refrigeración». En conclusión, exclama: «El rascacielos de Salvo / es la jirafa de cemento / que completa el zoológico edificio de Montevideo». Cuando se termina de leer el poema –como sugiere Gerardo Ciancio– «venerado/vituperado edificio, se des-realiza como ente arquitectónico, se pervierte su ontológica edilicia, y es percibido como ente animal. El adefesio "de Salvo" es edificio y es jirafa, es animal de zoológico y es constructo kitsch al unísono» (141). Una exagerada proyección monstruosa –«tan torpe» y «tan horrenda»– se la adjudica Mario Benedetti, aunque sospecha secretamente que tras «sus muchos balconcitos y ventanas» hay algo de «esa manera heroica decisiva y uruguaya de ser pobre en la riqueza / de ser cursi en las arcadas» (28). Sin embargo, en una proyección surrealista Saúl Pérez Gadea puede exclamar: «Desde la cúspide del Palacio Salvo he hecho señales de S.O.S. / y he puesto a girar la rosa de los vientos sobre mi hombro» (23).

A este Palacio Salvo emblemático regresa –años después– un uruguayo viviendo en Francia, asaeteado por recurrentes recuerdos de la infancia que hilvana con una cierta pátina de nostalgia. El protagonista del relato «El hombre mosca» de Juan Carlos Mondragón, vuelve a recorrer de la mano de su padre las tiendas, avenidas, confiterías y cines que conoció en su infancia. Recuerda nombres y marcas, productos y sabores. Y lo hace con el renovado sentimiento de antaño, cuando los montevideanos estaban convencidos de que «estar ahí era la mayor de las fortunas para la condición humana» (1993, 100)[10]. Al término de esos paseos, el padre le profetiza, casi como una maldición: «Esta ciudad es la tuya, estás condenado a Montevideo», un testamento cuya única herencia es darle la ciudad natal «en un instante suspendido de felicidad» (1993, 101) que trata de memorizar con empeño y que reconstruye años después frente a un ventanal, en una casa del sur de Francia.

---

[10] Esta presencia imperativa de la ciudad reaparece en el relato «Llamadas adicionales»: «A su pesar afuera sigue siendo Montevideo», nos dice resignada la protagonista (73). Montevideo será también parte del título y el tema de *Montevideo sin Oriana*.

De ese recuerdo forma parte el Palacio Salvo que, en su infancia, era «la mayor altura concebible y desafiante de nuestro horizonte», un palacio de vocación renacentista que «a medida que deslavaba su brillo original lo fuimos queriendo más». Por ello –se dice resignado al final– es inconcebible imaginar Montevideo «sin esa mole», el «edificio más feo de la ciudad» que a sus ojos encierra mayores enigmas que Keops, más deslumbramiento que la Alhambra y sus jardines al sol del mediodía, más historia que el eco de Epidauros...» (106).

UN «LUJOSO BIOMBO PARA OCULTAR AL URUGUAY»

Si el Palacio Salvo es el rascacielos de los años veinte que caracteriza poética y urbanísticamente desde entonces a Montevideo[11], en 1930 –con el pretexto de celebrar el Centenario de la primera constitución– se levantan edificios y estatuas que prolongan a lo largo de la década una voluntad de legitimar una representatividad del Uruguay de la que la capital era su único teatro y la próspera fachada de un país en realidad más empobrecido, apenas se trasponían los límites de sus suburbios. «Montevideo es un lujoso biombo para ocultar al Uruguay», se dirá sin ironía, al recorrer los renovados escenarios urbanísticos jalonados de monumentos rememorativos de su

---

[11] Es interesante anotar que numerosos escritores han vivido o viven en los eclécticos apartamentos del Palacio. Allí habitó durante largos años la narradora Armonía Somers; y –durante los años setenta– la poetisa Idea Vilariño. Más adelante lo hizo el poeta Julio Chapper. Y una joven poeta, Inés González Zubiaga –que audazmente se atrevió a publicar poemas lésbicos en plena dictadura– vivió y murió en ese edificio (se suicidó allí...). Antes, entre el final de la década de los treinta y mitad de los cuarenta, en el apartamento de María V. de Müller, coordinadora de Arte y Cultura Popular, se reunía los lunes una significativa tertulia de la que eran asiduos: el filósofo Carlos Vaz Ferreira, el crítico Alberto Zum Felde y la poetisa Clara Silva; los escritores Paco Espínola, Fernando Pereda, Julio Bayce, Alfredo y Esther de Cáceres, Alfredo Mario Ferreiro, Hugo Balzo, Héctor Tosar, Manuel de Castro, entre muchos otros. Concurrieron a esas tertulias Alfonsina Storni, Alberto Ginastera, Pablo Neruda, de paso por Montevideo. Por otra parte, en el sótano del Palacio Salvo funcionó el teatro del mismo nombre, y luego un cine; en el entrepiso sigue estando CX 30 Radio Nacional, famosa hace muchas décadas por sus radioteatros, y en los setenta por constituirse en alternativa a la voz monocorde del régimen. En la actualidad vive en el Palacio Salvo el dramaturgo Ricardo Prieto. No deja de ser curioso anotar que Vernon Lee Williams, un escritor e investigador norteamericano que estudia la obra de Armonía Somers, se ha instalado también en el emblemático Palacio.

historia o sus personajes arquetípicos: el inmigrante (1921)[12], el gaucho (1927), erigidos en los años veinte, se prolongan en los dedicados a la maestra (1930), al estibador (1930), al labrador (1932), al obrero urbano (1932) y al aguatero (1932). Con la carreta, la diligencia y la familia de indios charrúas completan una tipología del Uruguay condensado en el bronce y distribuido estratégicamente en el trazado urbano montevideano que el Obelisco a los Constituyentes de 1830 –emplazado en un significativo cruce de la ciudad entre la Avenida 18 de Julio y Bulevar Artigas– completa.

El estadio Centenario en Montevideo, inaugurado el 18 de julio de 1930, con ocasión del Campeonato Mundial de Fútbol que ganó por tercera vez el Uruguay, siguiendo los triunfos de 1924 (Colombes) y 1928 (Amsterdam), fue una obra monumental para la época. Este ejemplo arquitectónico no sería único. La conmemoración del Centenario fue el pretexto para la inauguración de una serie de obras y edificios que marcaron a la ciudad de Montevideo con su indiscutida impronta: el monumental Hospital de Clínicas, la Facultad de Odontología, la Universidad de Mujeres, el Palacio Lapido en la céntrica esquina de 18 de Julio y Río Branco y el original edificio «Centenario» en la calle 25 de Mayo esquina Ituzaingó, figuran en los catálogos de la arquitectura mundial.

Todos estos edificios y la Rambla Sur, ganada al «río como mar», bordeando el Río de la Plata desde la Ciudad Vieja para «rivalizar con Niza, Marsella, Barcelona o Hamburgo»[13], según proclaman entusiastas los cronistas de la época. En Punta Carreta debía levantarse «un faro monumental» para ser –donde termina el Bulevar Artigas que «construyeron nuestros abuelos»– «uno de los elementos más bellos, más decorativos de nuestra costa» (Baroffio, 29), lo que completaría un paisaje urbano que no encontró ecos en la literatura en ese momento, aunque lo haría poco después. De 1941, es el *Canto a Montevideo* de Sara de Ibáñez, compuesto por nueve cantigas épicas que fundan deliberadamente una mitología urbana basada en la propia historia de la capital. Nada falta, ni la fundación de la ciudad por Bruno

---

[12] La abundancia de monumentos que se inauguran en el período, inspiran algunos comentarios irónicos. Isidoro Más de Ayala se pregunta si el del inmigrante, situado en la aduana portuaria, no representa en realidad un homenaje al contrabandista, para exclamar al final: «Monumentos, placas, estelas, conmemoraciones... ¡Oh, qué poco se confía en la memoria de los hombres!» (138).

[13] Citado por Susana Antola y Cecilia Puente, 236.

Mauricio de Zabala, ni la «Troya del Nuevo Mundo» novelizada por Alejandro Dumas, ni el poeta «Julio en su estremecida Torre de Panoramas»[14].

Pero mientras tanto, Montevideo vive una transformación urbana resultado de otros factores. Por un lado, la visita de Le Corbusier al Uruguay en 1929 significó un espaldarazo oportuno y efectivo para quienes habían optado por la arquitectura moderna. La influencia del maestro de La-Chaux-de-Fonds sobre el paisaje montevideano fue decisiva, especialmente a través de la obra de Rodolfo Amargós y de Carlos Gómez Gavazzo, colaborador, durante el año 1933, del atelier parisino de la rue de Sèvres. A su regreso a Montevideo, desde la Facultad de Arquitectura y el Instituto de Urbanismo, se dedicó a propagar las ideas de Le Corbusier en Montevideo.

Por otra parte, el regreso al Uruguay del pintor Joaquín Torres García en 1934 marcó un nuevo giro urbanístico. En el taller que funda –el famoso TTG– acentúa su prédica del constructivismo y su metafísica de proporciones geométricas y matemáticas que trascienden las artes plásticas en que se expresan como parte de un orden cósmico de validez universal. Funda una escuela de fieles, cuando no sectarios, seguidores que marcan con una impronta indeleble el arte uruguayo y latinoamericano contemporáneo. Allí concurren varios arquitectos como alumnos y con ellos se propicia la integración de las artes plásticas en la arquitectura y, a su influjo, se levantan originales edificios que fueron modelando el paisaje urbano de Montevideo con los signos de la modernidad que sigue caracterizándola hoy en día, pese al deterioro y la falta de recursos para su mantenimiento.

Se esconde aquí, tal vez, la metáfora que mejor resume el período y la frustrada voluntad de realizar un soñado y pequeño país ejemplar. Más que las obras literarias, son estos monumentos y edificios que conformaron un original «sistema celebratorio», los «lugares» donde la memoria colectiva sobrevive. Con ellos se urde esa «memoria históricamente consciente de ella misma» con que Pierre Nora define a la tradición[15]. A través de su clara función nemotécnica, esa tradición imperante se legitimó y condicionó la memoria individual de los uruguayos través de representaciones retrabajadas como arquetipos de memoria social.

---

[14] Se refiere al cenáculo La Torre de los Panoramas donde se reunía Julio Herrera y Reissig.

[15] «Una tradición es una memoria históricamente consciente de ella misma» –afirma Nora (304)–, lo que necesita de una herencia que se asume y una mirada exterior que objetiva ese patrimonio.

Y aunque se descubriera con cierta consternación que el triunfo de toda ideología intenta ser la medida de la memoria selectiva que controla y jerarquiza –autoridad que domina el presente, pretende determinar el futuro y reordenar el pasado, como sucedió durante la dictadura de Terra (1933-1938) y con flagrante evidencia en la de 1973-1985–, en este Montevideo, fachada de una trastienda empobrecida –«el lujo de la miseria» que había denunciado Juan Vicente Chiarino en *Detrás de la ciudad* (1941)–, seguía (y sigue) habiendo un señorío incólume.

En sus calles y avenidas se respira una respetable decadencia; en sus edificios sobrevive con melancolía un orden estético no abolido; en sus populosos barrios periféricos –esas «orillas del mundo» que noveliza Anderssen Banchero[16]– está presente el sobrio recato del campo que no ha derogado el éxodo rural; y, sobre toda la ciudad extendida en forma desordenada, sobrevuela esa sensación de resaca de una fiesta que terminó mal, tras tanto derroche y desperdicio, cuando tenía casi todo para haber sido realmente lo que soñó ser.

Elegía a Montevideo

Los tópicos tienen también su reverso. A fines de 2001, la mitificada Buenos Aires ha sido sacudida y golpeada por la crisis. Sus amables calles céntricas se han vuelto inseguras; los teatros de Lavalle se han reconvertido en templos de extrañas sectas del vasto mosaico protestante; en las escasas librerías que sobreviven en la calle Corrientes, los CD musicales piratas compiten con polvorientos libros de saldos invendidos; la pobreza –cuando no la miseria– muerde los flancos de la ciudad. La literatura refleja, con tono agrio o violento, la radical transformación del Buenos Aires mitificado con «fervor» por Jorge Luis Borges unas décadas antes.

Cuando apremió la crisis argentina, Montevideo cobró una inesperada dimensión. Para los bonaerenses, «la vecina orilla» se aparece como una ciudad de «escalas más auspiciosamente humanas, de una calma que en Buenos Aires no se consigue, respetuosa del prójimo, interesante, profunda, llena de misterios», como la define el escritor Carlos Ulanovsky, tras confe-

---

[16] Considerada por Heber Raviolo «una visión cálida y dramática del arrabal montevideano».

sar que «hace tiempo que tengo la fantasía de radicarme en Montevideo». El domingo 14 de octubre de 2001 publica en *La Nación* de Buenos Aires una «Elegía a Montevideo», donde elogia «su cielo, su clima, sus espacios arquitectónicos, su orden, su llamativo silencio, y sus espectaculares y absolutamente aprovechables veintidós kilómetros de costa y catorce kilómetros de playas», todas «con posibilidad de bañarse y hasta de tragar un poco de agua sin riesgos mortales». En Montevideo, situado en la otra orilla de un Río de la Plata que se disfruta «como un mar», sus habitantes –según Ulanovsky– «saben respetarse y cuidar su entorno».

Montevideo vendría a ser una Buenos Aires exactamente asimétrica que se enfrentó y le abrió los brazos al océano, capaz de «mirar el agua sin tapujos». Por ello, se pregunta cómo sería vivir en «el lado de allá, en la llamada otra orilla, con todo lo bueno y lo malo que supone vivir, quedarse, afincarse, ser de una ciudad». Lo que se plantea como un secreto interrogante resulta ser la idea fija de otros argentinos, porque los montevideanos que sobrellevan una pobreza tan peliaguda como la de Buenos Aires, lo hacen con mayor estoicismo y dignidad y cuidan el simpático «cerro enano de 140 metros de altura que le suma otro pintoresquismo a la ciudad» y resaltan «los monumentales edificios artdecó».

De la mano del escritor uruguayo Eduardo Galeano, Ulanovsky descubre por qué en Montevideo no hay tantos psicólogos y psicoanalistas como en Buenos Aires. «¿Sabe qué pasa? –le dice Galeano–, aquí no los necesitamos porque, si andamos "bajoneados", nos vamos a caminar por la rambla. Como máximo, en dos o tres horitas se nos pasa». Y es cierto: «andar por ese espléndido mirador, en especial un sábado o un domingo y terminar en una parrilla del bello Mercado del Puerto [...] es una terapia única». Carlos Ulanovsky concluye:

> Porque yo ya elegí a Montevideo y por eso le dedico esta elegía, que es un género poético triste y que le calza justo a esa ciudad capaz de despertarme las mejores melancolías y los deseos más encendidos. Elegía para una ciudad elegida, a la que no miro como una aldea temática a 25 minutos de avión, sino como aquella otra cara del Río de la Plata que tiene tanta desocupación, subdesarrollo y retraso como tenemos nosotros, pero que en cada cuadra lucha por mantener y proteger su identidad.

Detrás de ese proyecto de «cambiar de vereda» con el que sueñan los porteños hay, sin embargo, otra razón que ya había poetizado Borges en

1925 en *Luna de enfrente*: Montevideo es «el Buenos Aires que tuvimos, el que en los años se alejó quietamente», esa «puerta falsa en el tiempo», donde las calles «miran al pasado más leve». Una «ciudad que se oye como un verso», con «calles con luz de patio» (63)[17].

LA RECONSTRUCCIÓN POÉTICA DE MONTEVIDEO

¿Sigue siendo Montevideo ese pasado de Buenos Aires que rememoraba nostálgico Borges?; ¿la ciudad abierta al «río como mar» es realmente «la otra cara del Río de la Plata» en la que proyecta vivir Carlos Ulanovsky, ese «Mar Dulce» como llamó Solís al «río como mar» recién descubierto?

Lo cierto es que en la actualidad, más del 50% de la población del Uruguay vive en la capital y su periferia. Hacia el norte, las ciudades satélites de límites imprecisos –Las Piedras, Pando y Canelones–; hacia el este, una cadena de pequeños balnearios edificados a lo largo de la costa con casas otrora utilizadas los fines de semana y hoy transformados en una «ciudad dormitorio», la Ciudad de la Costa, han fracturado el destino común de Montevideo, han quebrado ese conocerse y reconocerse en la convivialidad del pasado. La construcción de ejes –avenidas, periféricos y bulevares– de circulación rápida, atravesando el tejido social de sus barrios de perfiles más definidos (la Ciudad Vieja, el Cordón, la Aguada, Paso Molino, Palermo, Barrio Sur, Arroyo Seco, Bella Vista, Capurro, Parque Rodó, Buceo, Malvín, Carrasco y tantos otros...)[18], vías de comunicación entre puntos que tienen

---

[17] «Montevideo». El poema íntegro reza así:

> Resbalo por tu tarde como el cansancio por la piedad de un declive.
> La noche nueva es como un ala sobre tus azoteas.
> Eres el Buenos Aires que tuvimos, el que en los años se alejó quietamente.
> Eres nuestra y fiestera, como la estrella que duplican las aguas.
> Puerta falsa en el tiempo, tus calles miran al pasado más leve.
> Claror de donde la mañana nos llega, sobre las dulces aguas turbias.
> Antes de iluminar mi celosía tu bajo sol bienaventura tus quintas.
> Ciudad que se oye como un verso.
> Calles con luz de patio.

[18] Sobre el tema de los barrios montevideanos existe una abundante bibliografía y una iconografía histórica recuperada en los últimos años y publicada en esmeradas ediciones. Entre otras, *Los barrios* de Aníbal Barrios Pintos.

más en cuenta el destino que el transcurso, han ido desarticulando el cuerpo urbano en una expansión descontrolada.

La pasada estructura y organicidad de la ciudad, sus calles y barrios, percibida en relación interdependiente con la propia funcionalidad corporal de sus habitantes[19], ha fragmentado en apacibles o crispadas relaciones un todo, donde ya no es posible recomponer el bucólico vecindario de ciertos barrios y donde prima la creciente agresividad de ciertas zonas y los códigos de penetrabilidad de las más polarizadas socialmente: porteros y rejas en edificios de *standing*, personal de seguridad en nuevas urbanizaciones de acceso restringido, pero también pandillas y matones en las barriadas periféricas, prohibición tácita de acercarse a la extrema pobreza.

Como todo ser querido, Montevideo ha envejecido y muestra, sin retoques ni cirugías estéticas, sus arrugas ciudadanas más lacerantes, las ruinas de la barbarie más reciente, cuando durante el período de la dictadura de 1973-1985 se demolió, por especulación inmobiliaria y mera desidia, parte del tejido urbano de la Ciudad Vieja, transformada en una «zona carcomida»: «una ciudad fantasma» en un doble sentido: «despoblada» y decadente por un lado, y «arrasada históricamente» por el otro[20]. Pero Montevideo no se resigna a morir. Sus escritores nos lo recuerdan con empeño y nostalgia.

Incluso cuando se pierden las razones de vivir y, «escéptico de casi todo», se puede encontrar «en el moroso descubrimiento de los barrios montevideanos un escondido motivo de satisfacción y la medida más reveladora de la verdadera ignorancia» (Mondragón, 1993, 24). En recorridos planificados con minucia, el protagonista del relato «Amapola de verano» de Juan Carlos Mondragón descubre las modestas casas del barrio Atahualpa, los lujosos departamentos de Villa Biarritz, los conventillos de la calle Ibicuy con aljibes en el patio y los suburbios de Colón, adonde viaja en un ómnibus de la línea 145, como si se transportara a otro país, aunque en realidad «era un paisaje de otra ciudad llamada Montevideo hace casi un siglo».

---

[19] Al respecto Celeste Olalquiaga sostiene que «los cuerpos se van pareciendo a las ciudades a medida que sus coordenadas temporales son sustituidas por las espaciales. En una condensación poética, la historia ha sido sustituida por la geografía, las narraciones por los mapas, los recuerdos por los escenarios» (123).

[20] Marta Canessa de Sanguinetti exclama: «El montevideano siempre se ha quejado, y se queja, de la ausencia de lo "típico", de algo que le prestara a la ciudad un tono especial, de la falta de saber y color históricos. Pero ¿cómo pedir tradición si se arrasa con todo?» (155).

Allí descubre que le gustaba pasearse por «un ayer que echaba en falta, hasta encontrar la «paz agradable» de «escaparse por esos desplazamientos marginales» (1993, 29). Así transforma la desgana inicial en «curiosidad de lo inexistente», aunque tenga a veces la sensación de «haber visto ese paisaje con anterioridad». Descubrirá luego que ese paisaje es literario: está en las ficciones de Felisberto Hernández, aunque se diga que «Felisberto es un malentendido de la ciudad» y que Montevideo puede ser «un estado de coma, un encierro a cal y canto de las horas, un vegetar entre avenidas arboladas y gorriones picoteando lombrices vivas» (1993, 36).

¿Dónde está situado hoy Montevideo en la literatura que lo «inventó»? A Montevideo hay que «recrearlo» poéticamente y nada mejor que hacerlo –una vez más– gracias a la evocación de los nombres de sus viajeros y personajes más ilustres. Enrique Fierro en «Nacido Neftalí» insiste en que «todo empezó en Montevideo / que es donde siempre empieza todo», para aludir a la significativa visita de Pablo Neruda («allí llegó y para siempre / allí quedó Neftalí Reyes») y concluir que «todo siguió en Montevideo / que es donde siempre sigue todo», referente poético que se apoya en el de otros: «allí Ducasse allí Laforgue / Casaravilla Julio Herrera / y Supervielle y Felisberto…» (91). Porque insistirá en *Otras invenciones*: «aquí, Montevideo / para nosotros, siempre» (1962-1963, 190).

La ciudad es –también para el poeta Saúl Ibargoyen Islas– «la patria difícil» que niega sus raíces y que mezcla en su aliento ruidos lejanos y «desórdenes que ocurren / como algo inevitable» (1961, 9), donde los caminos están escondidos en las calles. Pese a la dificultad para poseerla, la ciudad es una «patria irremplazable». Años más tarde, exiliado en México, Ibargoyen regresa poéticamente a Montevideo en *Poeta en México City* (1998) y lo hace a un domicilio de su juventud, del que da la dirección precisa, «Calle Chaná número 1824», para titular su poema, como lo había hecho con la «Calle Isla de Flores» y «Calle cortada» en *De este mundo* (1963) donde reconocía: «Yo fui tu habitante, / te abandoné por otro mundo / y otras calles / y mi forma de ser fiel, / es recordarte» (45). Un poeta urbano que canta la «Ciudad bajo la lluvia» o «Verano en la ciudad» para descubrir que «La ciudad regresa / a sus sitios previsibles / camina sus calles / sin tocar sus charcos» (37).

La misma obsesiva presencia de Montevideo reaparece en Rafael Courtoisie. En el poema «Tengo en mí» confiesa: «Tengo en mí / raíces que esta ciudad hace crecer / raíces que riegan estas calles / este asfalto hasta hacer brotar sonidos de edificios bajos / de avenidas tristes…».

Una misma sensación de tristeza agobia a Jorge Meretta en «Montevideo en invierno» –un poema dedicado justamente a Rafael Courtoisie–: «Montevideo / hundida en el horror del gris profundo / en las depredaciones de las lluvias / ya resistía en mi remota infancia / dominical y pálida; ya olía / a viento no resuelto…» (39).

En *Alfajías de Montevideo* (1992) de Carlos Sahakián, la ciudad es santo y seña y los montevideanos son «Transeúnte / vertebrado / mi prójimo / puntillazos él y yo / Locatario en todas partes / y las fronteras / fuera / Mis hermanos». El poeta tiene «sed de ciudad» y la reitera en una serie de poemas con ese título, para comprobar que «el paisaje no es un espacio», aunque se diga «Creo, Montevideo / Mar, no me abandones». El secreto está en la elipsis, en el ángulo sesgado de una aproximación que reconoce en el brevísimo poema «Ciudad VI»: «Te merodeo, Montevideo» (47).

Montevideo puede ser también «Montevideo, la *coquette*», una ciudad «llena de sueños», ya que «no se puede estar en Montevideo y estar en Montevideo al mismo tiempo», porque «en Montevideo soñamos con países distantes o amores imposibles o destinos nuevos», como sugiere Alfredo Fressia en *Eclipse* (74), antes de recordar que el mar está a cada lado de la península: «la duplicidad de Montevideo».

MORIR EN MONTEVIDEO

Para Arbeleche, más allá del mito forjado por Alejandro Dumas en la novela *La nueva Troya* que evoca «desde la bahía de agosto de / Monte vide eu», la ciudad está hecha de fragmentos de memorias. Montevideo son las calles donde se conocieron sus padres: «Alguna vez oí / fue en la calle Sarandí –paseando– / que mis padres hicieron una trenza / de tiempo y de miradas», aunque esa «pareja adolescente» creyera ser Paris y Helena partiendo hacia su Troya. La ciudad existe sólo gracias a los recuerdos, a «la fotografía de la memoria y en el bullente sonido de las letras», por lo cual el poeta se propone «al norte al sur al oriente y al poniente / limitaré con las palabras un perímetro / donde el hedor de la huesa no penetre».

Sin embargo, en «Muerte en el verano», Arbeleche juega con otras complicidades.

Bajo el epígrafe de César Vallejo, «Me moriré en París con aguacero», completa:

Y yo en Montevideo, una siesta de enero, calurosa
cuando las muchachas se ponen ruleros en la tarde
y toman mate en las veredas
las viejas de los barrios,
cuando la plata vuela y se ríe como una mariposa
y todo el aire tiene olor intenso a uva.
Me moriré en Montevideo una siesta de enero, calurosa
cuando el sol se pone a jugar con las cometas del
aire del Buceo.
Aquí me moriré. Contento.
Al pie del cerro y su bahía.
Junto al mar. Con los ojos abiertos y serenos (39).

Todos los signos topológicos que han significado poéticamente la ciudad están presentes: la bahía, el cerro, el aire del Buceo, ese «río como mar» que regresa, una vez más, a sus versos.

Esta recreación de Montevideo en la que se esfuerzan los poetas puede llevarse al extremo de imaginar «otra» ciudad, un «Montevideo-otro» como hace en prosa la poetisa Ida Vitale. «Me someto hace años, por amor a Montevideo, a la creación de una ciudad mágica y tormentosa, establecida entre aguas y vientos, que bien podría llamarse con ese mismo nombre creado, discutido, extraño: Montevideo» –sugiere–, porque:

Los nombres reciben a veces un aura envolvente desde las ciudades que ellos designan. En otras ocasiones la sonoridad de unas pocas sílabas teúrgicas levanta en vuelo partículas de lo que nombra y las fija para siempre en la más receptiva de las sustancias, en la memoria del que detesta *el juego pesado de la realidad.* Así para mí Basora, Upsala, Urgel y, para algunos, Montevideo (150).

Hay una «real ciudad imaginaria» posible. Para ello, Ida Vitale se propone una «duplicación» personalizada –ese «otro» Montevideo fruto de sus «perversas aunque inocentes imaginaciones»– que construye de acuerdo con preferencias que adjudican colores variables según «las estaciones o los lectores», aromas y fragancias de flores y plantas penetradas por olores marinos y una fragilidad que amenaza con el derrumbe de toda su fantasía («debo vigilarla segundo a segundo para que no se derrumbe»). En todo caso hay algunos elementos verdaderos: la rambla y cuatro monumentos «ardientes»: Lautréamont, Laforgue, Herrera y Reissig, Agustini. Montevi-

deo es «verdadero» gracias a Pablo Neruda, que vio cómo las estatuas se
daban «las manos de piedra oscura» a la orilla de la realidad, a Alfonso
Reyes, que se pasea a su alrededor, y a un personaje de la novelista cubana
Julieta Campos, que «acaricia con ojos enternecidos la estatua de Lautréamont como si fuera de su propiedad».

*   *   *

Inventada o no, este u «otro» Montevideo, la ciudad sigue siendo la escenografía real levantada por sus poetas, narradores y por la sombra de los escritores que pasearon por sus calles, se detuvieron frente a la «jirafa de cemento armado» y se asomaron a las ambiguas orillas del «río como mar»; una
ciudad hecha de nostalgias y recuerdos, pero también de la vida misma que
«como el río, permanece y anda», en la que se reflejan sus pasadas ilusiones
y la sobria dignidad con que se afronta el presente.

Bibliografía

Antola, Susana y Puente, Cecilia. «La nación en bronce, mármol y hormigón armado», *Los uruguayos del Centenario*. Montevideo, Taurus, 2000.

Arbeleche, Jorge. *Las vísperas, Antología*. Montevideo: Ediciones Destabanda, 1987.

— *Para hacer una pradera*. Montevideo: Ediciones de la Plaza, 2000.

Ascasubi, Hilario. «Carta clamorosa del Mashorquero Salomón, a su aparcero
Mariano Maza», *Paulino Lucero*, en *Poesía gauchesca*, Tomo I. México D.F.-Bue-
nos Aires: Fondo de Cultura Económica, 1985.

Banchero, Anderssen. *Las orillas del mundo*. Montevideo: Instituto Nacional del
Libro, Colección Brazo Corto, 1994.

Baroffio, Orestes. *Emociones Montevideanas*. Montevideo: Claudio García, 1942.

Barrios Pintos, Aníbal. *Los barrios*. Montevideo: Nuestra Tierra, 1971.

Benedetti, Mario. *Inventario*. Montevideo: Alfa, 1963.

Borges, Jorge Luis. *Luna de enfrente*, en *Obras completas*. Buenos Aires: Emecé, 1974.

Campana, Dino. *Cantos órficos, Poesía italiana del siglo XX*. Buenos Aires: CEDAL,
1970.

Canessa de Sanguinetti, Marta. *La Ciudad Vieja de Montevideo*. Montevideo: Ediciones As, 1976.

Carreras, Roberto de las. *Psalmo a Venus Cavalieri y otras prosas*. Montevideo: Arca,
1967.

Ciancio, Gerardo. *La ciudad inventada*. Montevideo: Academia Nacional de Letras, 1997.

Courtoisie, Rafael. *Contrabando de auroras*. Montevideo: Ed. de la Balanza, 1977.

Dumas, Alejandro. *Montevideo o la nueva Troya*. Buenos Aires: Los libros del Mirasol, 1961. (El original francés publicado por *Le Patriote Français* en 1850 y la primera traducción al español en 1893 se titulan *Montevideo o una nueva Troya*.)

Estrázulas, Enrique. *El sótano y otros poemas*. Montevideo: Ediciones Banda Oriental, 1965.

Fierro, Enrique. *Murmurios y clamores*. Montevideo: Ediciones Banda Oriental, 2002.

— *La entonces música*. México D.F.: UNAM, 1962-1963.

Fressia, Alfredo. *Eclipse, Cierta poesía 1973-2003*. Maldonado: Civiles iletrados, 2003.

Herrera y Reissig, Julio. *Obras completas*, Madrid: ALLCA XX/UNESCO, 1998.

Hudson, William Henry. *La tierra purpúrea*. Montevideo: Cuadernos de Marcha, 1968.

Ibargoyen Islas, Saúl. *Ciudad*. Montevideo: Alfa, 1961.

— *De este mundo*. Montevideo: Aquí poesía, 1963.

Maggi, Carlos. *La invención de Montevideo*. Montevideo: Alfa, 1968.

María, Isidoro de. *Montevideo Antiguo. Tradiciones y Recuerdos*. Montevideo: Biblioteca Artigas. Clásicos uruguayos, 1957.

Martínez Moreno, Carlos. «Montevideo y su literatura», *Tribuna universitaria* 10, 1960.

— «Montevideo en la literatura y en el arte», *Literatura uruguaya* I, Montevideo: Cámara de Senadores, 1994.

Más de Ayala, Isidoro. *Y por el sur el Río de la Plata*. Montevideo: Palacio del Libro, 1958.

Medina Vidal, Jorge. *Visión de la poesía uruguaya en el siglo XX*. Montevideo: Diasco, 1967.

Meretta, Jorge. *Contraluz*. Montevideo: Linardi y Risso, 2000.

Millet, Julián. «Montevideo antes de la revolución», *Uruguay. El país, su historia y su gente*, fotografías de Ignasi Rovira, selección de textos de Fernando Aínsa, Madrid: Ediciones San Marcos, 1996.

Mondragón, Juan Carlos. *Aperturas, miniatura, finales*. Montevideo: Ediciones Banda Oriental, 1985.

— *Mariposas bajo anestesia*, Montevideo: Ediciones Trilce, 1993.

— *Montevideo sin Oriana*, Montevideo: Cal y Canto, 2000.

Nora, Pierre (ed.), *Les lieux de mémoire*. París: Quarto Gallimard, 1997.

Olalquiaga, Celeste. *Megalópolis*. Caracas: Monte Avila, 1993.

Onetti, Juan Carlos. *Periquito el aguador y otros textos (1939-1984)*. Montevideo: Cuadernos de Marcha, 1994.

Parra del Riego, Juan. *Polirritmos*. Enciclopedia uruguaya, 41, [Montevideo: Editorial Arca], [1969].

Pérez Gadea, Saúl. *Homo-ciudad*. Montevideo: Ediciones Ciudadela, 1950.

Roballo, Alba. *Canto a la tierra perdida*. Montevideo: Cuadernos Julio Herrera y Reissig, 1959.

Rodríguez Monegal, Emir. *Literatura uruguaya del medio siglo*. Montevideo: Alfa, 1966.

Sahakián, Carlos. *Alfajías de Montevideo*. Montevideo: Proyección, 1992.

Salvador, Álvaro. *El impuro amor de las ciudades*. La Habana: Casa de las Américas, 2002.

Silva, Clara. *Antología,* Montevideo: Arca, 1966.

Torres García, Joaquín. «Montevideo visto por Torres García», *Boulevard Sarandí*, vol. 3, Milton Schinca (ed.). Montevideo: Ediciones Banda Oriental, 1979.

Ulanovsky, Carlos. «Elegía a Montevideo», *La Revista* en el diario *La Nación*, 14 de octubre de 2001, Buenos Aires,.

Vitale, Ida. *Léxico de afinidades*. México D.F.: Vuelta, 1994.

Zorrilla de San Martín, Juan. «Ver Montevideo, después de ver París». *Boulevard Sarandí*, vol. 2, Milton Schinca (ed.). Montevideo: Ediciones Banda Oriental, 1979.

La Ciudad de México y sus «topógrafos»

Ángel Arias

Suele decirse, a menudo con acierto, que la realidad supera a la ficción. Pocos ejemplos pueden resultar más ilustrativos de este axioma que la imagen estremecedora y seductora a un tiempo de la Ciudad de México, con sus más de 20 millones de *urbanícolas*, sus enormes y congestionadas avenidas que, en algún caso, llegan a superar los 30 kilómetros de extensión, los dolorosos y estridentes contrastes de lujo y miseria, la niebla que concentra el humo de una respiración siempre acelerada –nostalgia de antiguas transparencias–, donde la vida es un riesgo continuo y donde cualquier traslado puede ser el comienzo de una nueva aventura. El D.F., *Chilangolandia*, la antigua Tenochtitlán, la que en un pasado no tan remoto recibió el aristocrático sobrenombre de *La Ciudad de los Palacios*, es considerada hoy «el monstruo más hermoso del mundo» (Poot, 299). Muy posiblemente ninguna novela futurista, ni siquiera en aquellos autores con una imaginación más alucinadamente visionaria, haya llegado a diseñar un espacio urbano de tales características. Sin embargo, desde aquel apasionado relato de Bernal, donde se recoge la primera descripción panorámica de la capital azteca, hasta el presente, no ha faltado el intento por escribir la ciudad, apresar su fisonomía cambiante, zambullirse en sus calles y retratar los tipos, la vida, los ambientes.

Crónicas; catálogos de calles y monumentos; estudios históricos, sociológicos, urbanísticos; estampas dispersas en artículos de periódicos y revistas; anecdotarios, leyendas, cancioneros; poemas de exaltación, odas laudatorias, versos de soledad; repertorios de chistes; guías para los foráneos, cartografías, memorias de viaje; diarios; obras de teatro, cuentos, novelas, guiones de cine, ensayos... en todos los registros y desde los más diversos enfoques el asedio a la ciudad ha sido constante y ha generado una ingente bibliografía: rica, desigual, variadísima y en continuo crecimiento, fiel reflejo en el espacio del papel, de ese otro gran espacio al que intenta asir y al que, de alguna manera, recrea e interpreta[1].

Es, sin embargo, a partir de 1850 cuando la Ciudad de México pasa de ser mero receptáculo, paisaje o alegoría a adquirir verdadero protagonismo, entidad propia en la literatura, según ha indicado Quirarte en un monumental estudio sobre las relaciones entre la capital y sus escritores[2]. Así, se puede afirmar también para este caso concreto, que «la novela realista es, en verdad, la gran creadora, la gran iniciadora del espacio urbano en la literatura» (Zubiaurre, 229). Desde la pretendida objetividad del narrador realista que impone el orden, el control, a ese espacio de tiempo acelerado, la urbe se va transformando en el proceso histórico y también en sus imágenes literarias: tardo-románticas, naturalistas, modernistas, de vanguardia (estridentistas o contemporáneas)...

Una centuria más tarde, en torno a la década de 1950, después de un período que se había focalizado en el gran acontecimiento del México reciente –su revolución–, la capital vuelve a convertirse en centro de atención para algunas de las obras más importantes del momento. Los poetas llevaban la delantera: Efraín Huerta, en 1944, había cantado a *Los hombres del alba*; Octavio Paz había elegido, como Borges, la caída del sol en la ciudad para escribir sus seis sonetos: «Crepúsculos de la ciudad»; más tarde Bonifaz Nuño y Jaime Sabines se les unieron con *Los demonios y los días* y *Horal* (Quirarte, 543-576).

En el ámbito narrativo, como ha precisado Christopher Domínguez, la mitad de siglo está marcada por la consagración de «los padres fundadores de la nueva literatura» (Revueltas, Yáñez, Rulfo, Benítez y Arreola), junto al desarrollo de nuevos narradores: quienes hacen constar en sus textos «la disolución de la utopía natural» y quienes se lanzan al «enfrentamiento de la ciudad como obsesión novelesca» (Domínguez, I, 1001). Esta línea, que se propone recuperar la ciudad, transitarla textualmente, consta de una obra

---

[1] Como prueba de esa heterogénea presencia a lo largo del tiempo, puede consultarse: Civeira y la amplia bibliografía que ofrece Quirarte (2001, 683 y ss.).

[2] «Los límites cronológicos de este trabajo son los años 1850 y 1992. Un siglo y medio no es toda la vida de la Ciudad de México, pero sí constituye la historia de sus tiempos modernos, *cuando en nuestra literatura el cuerpo de la urbe deja de ser escenario para convertirse en personaje y exige su actuación en el teatro temporal que con los hombres comparte*» (Quirarte, 22. Cursiva mía).

inaugural: *Ensayo de un crimen* (1944). La incursión del dramaturgo Usigli en el terreno narrativo «estaba destinada a una doble función: crear un personaje novelesco [Roberto de la Cruz] y darle a la ciudad de México la densidad laberíntica de la que carecía» (Domínguez, I, 1059). Después de ella, los títulos y autores comienzan a multiplicarse: Salvador Novo será el guía de un amigo provinciano, al que desvelará el moderno esplendor de la capital en su *Nueva grandeza mexicana*. Tampoco faltan quienes auscultan el lado más oscuro de su confusa anatomía (Héctor Raúl Almanza en *Candelaria de los patos* o Jesús R. Guerrero en *Los olvidados* y, de forma más afortunada, Revueltas en *Los días terrenales*). El controvertido Luis Spota, el más leído de los novelistas mexicanos, lleva a cabo la despiadada radiografía de la vida política del país y sitúa el nudo central de su enmarañada red en la ciudad, muchas veces velada. De esta manera, se prepara el terreno para que en 1957 Carlos Fuentes presente su primera gran obra: *La región más transparente*, novela en la que nos ofrece un retrato asombrosamente complejo de la capital y donde, sobre todo, ésta alcanza «su conciencia» en el enigmático personaje de Ixca Cienfuegos (Quirarte, 587). Después, y hasta el presente más inmediato, las exploraciones por la ciudad se multiplican y fragmentan en un gran número de relatos (algunos del propio Fuentes).

La obsesión por reescribir la ciudad, una y otra vez, muestra algo de su poder seductor, al que debe unírsele la monstruosidad de sus magnitudes. Así se explica el hecho de que, como afirma Aínsa, «ninguna capital latinoamericana ofrezca una imagen literaria más apocalíptica que México» (27).

EL CASO YÁÑEZ: *OJEROSA Y PINTADA*

Entre el mosaico de títulos que centraron su atención en la ciudad al atravesar la mitad de siglo, debe incluirse también a *Ojerosa y pintada. La vida en la Ciudad de México*, novela publicada en 1960[3]. Quizás no deje de resultar llamativo que uno de los mejores *traductores* del México viejo y rural, un escritor asociado de manera casi espontánea a la provincia y a la honda inda-

---

[3] He manejado para este estudio la segunda edición (1967). En ella se señala como año de publicación 1959; sin embargo, debe de tratarse de una confusión con el año de redacción, pues todas las bibliografías que he consultado indican 1960 para la 1ª edición.

gación en lo telúrico, dedique una de sus novelas a zambullirse en su contra-punto urbano. *Ojerosa y pintada* podría parecer como un breve paréntesis en la obra del escritor jalisciense, una concesión a la nueva moda urbana. Sin embargo, un análisis detallado de su producción literaria muestra cómo este inquieto explorador de nuevos territorios narrativos mantuvo siempre despierta una viva atracción por la Ciudad de México, desde fecha bastante temprana. El objetivo de mi trabajo consiste precisamente en rastrear esta presencia y analizar las imágenes que de ella nos ofrece.

Creo que esta indagación puede contribuir a una tarea crítica que, según sugiere Harris, aún está pendiente: una comprensión más honda de la obra de Yáñez, que la analice en su conjunto. Hasta ahora, y salvadas muy conta-das excepciones, la atención ha estado centrada casi de modo exclusivo en su mejor novela: *Al filo del agua*. Este hecho ha provocado la fijación de un concepto excesivamente restringido sobre una figura fundamental en la narrativa mexicana[4].

Por otra parte, al ir desarrollando esta indagación sobre la presencia de la ciudad en Yáñez, intentando calibrar el significado que adquiere en el con-junto de su creación, emerge, de manera simultánea, todo un imaginario urbano que se va *edificando* en los textos. La relación entre la ciudad y su obra a lo largo del tiempo puede considerarse como la historia de un progre-sivo acercamiento, que proyecta un conjunto de interpretaciones rico y a veces contradictorio, alrededor de un espacio tan complejo como fascinante.

De la mano del narrador jalisciense vamos a adentrarnos por la Ciudad de México en un recorrido de tres etapas, que se corresponden con las tres obras donde la capital adquiere un mayor peso: el relato «Pasión y convale-cencia» y las novelas *Las vueltas del tiempo* y *Ojerosa y pintada*[5].

---

[4] Harris enuncia y critica dos de los efectos negativos causados por el estereotipo: de una parte, se ha presentado a Yáñez como un autor preocupado principalmente por la forma lite-raria y un tanto alejado de las tensiones sociales y políticas de su época; en segundo lugar, se ha considerado, de forma más o menos explícita, que únicamente *Al filo del agua* merece la atención de la crítica, relegando el resto de su producción novelística a un conjunto de expe-rimentos más o menos logrados (279-280). El caso más extremo de esta última postura queda resumido en la tajante afirmación de Monsiváis: «un mal escritor con un buen libro» (citado por Harris, 279).

[5] Por motivos de extensión, dejo de un lado otra «novela urbana» de Yáñez: *La Crea-ción*, donde también aparece la Ciudad de México, aunque focalizada sobre todo en sus ambientes artísticos durante la década de los veinte.

LA CIUDAD COMO DEBATE: «PASIÓN Y CONVALECENCIA»[6]

De entre los relatos que forman la colección *Los sentidos al aire* (1964) –en buena medida recuperación de sus primeras narraciones– «Pasión y convalecencia» puede ser considerado como «un paso significativo hacia la realización de su madurez literaria» (Young, 52). Un estudio de la evolución cronológica de los cuentos que aparecen en el libro permite apreciar dicha madurez: en el dominio de las técnicas narrativas utilizadas, en la cuidadosa estructuración, y en la hábil combinación de cercanía y distanciamiento entre el narrador y su protagonista (álter ego ficcional del autor)[7]. El cuento concentra, además, como en estado germinal, una buena parte de los temas que el escritor irá desarrollando en sus textos posteriores: la mirada nostálgica de la infancia (*Flor de juegos antiguos*); las ensoñaciones amorosas del adolescente (*Archipiélago de mujeres*); las tensiones por las que atraviesa el proceso de formación del artista (*La creación*); y la configuración de un mundo cerrado –el México viejo y rural, sostenido sobre un orden arcaico–, que colisiona con una modernidad arrolladora (*Al filo del agua, La tierra pródiga* y *Las tierras flacas*).

La historia, como anuncia el título, se divide en dos partes. El protagonista, un hombre de treinta y tres años, sufre en la capital una enfermedad que le provoca una agudísima fiebre: ésta es su particular «pasión». Las alucinaciones producidas por la elevada temperatura justifican el encadenamiento de imágenes y sensaciones disparatadas e incoherentes, que se suceden en el interior del personaje y que un narrador intruso transcribe como obertura del relato. Sobre el aparente caos que marcan los períodos intermitentes de agitación y serenidad, esta introducción señala ya el eje temático sobre el que se construye el cuento. Cabría afirmar que a la crisis producida por la enfermedad le acompaña una crisis más profunda, interior, que origina una dolorosa inquietud en el personaje. Por un lado su memoria vuelve, una y otra vez, a los recuerdos felices de una infancia añorada: son las manos de la madre, la armonía con la naturaleza, los juegos infantiles, el tiempo de

---

[6] Se publica por vez primera en la revista *Ruta*, 15 de noviembre de 1938, 26-32, con un título más amplio: «Pasión y convalecencia. Noche de San Juan».

[7] La presencia de lo autobiográfico en la producción cuentística de Yáñez ha sido destacada por Young como uno de los elementos que confiere «sentido orgánico» al conjunto de sus cuentos (24).

la contemplación y de los sueños que se *materializa* en el espacio entrañable de la casa familiar:

> Aquellas manos suaves y fuertes, limpias, [...]: sábanas tibias y frescas que arrebujan como las nubes, en el cielo, a los bienaventurados [...] aquella pobre y acogedora cama... aquella ancha estancia con ventana al huerto... aquella casa con entrañables voces de mujer, y gritos de pájaros y suave ajetreo de quehacer, y olor a tierra y a yerbas húmedas... aquellas dulces hermanas vigilantes... aquellas vecinas... aquellas campanas... aquella mujer olvidada... aquel pueblo de paz (111).

En abrupto contraste, las sensaciones de desamparo, soledad y extrañamiento lo devuelven a la situación del presente, tangible también en la concreta realidad de un cuartucho perdido en la ciudad sórdida:

> Y este catre, estas sábanas estrechas y percudidas, estas cobijas repugnantes, esta dura almohada, este cuarto sofocado, este ruido de vecindad, de tranvías, de camiones, de sirenas; esta luz, este aire que asfixia, estas manos ajenas que dañan (111).

Ya en el preámbulo se esboza un primer retrato de la capital mexicana, caracterizada con trazos bastante negativos como nueva «Babilonia»: lugar de la dispersión, de farsas y simulaciones (principalmente en sus «ríos de mujeres, como fantasmas de tentación»), de autómatas «con ojos y corazón de acero» (112).

El viejo tema del menosprecio de corte y alabanza de aldea, tantas veces *interpretado*, se desarrolla en nuevas y brillantes variaciones. La obertura concluye, como la fiebre, con el decaimiento final del protagonista, que añade a las notas más comunes del espacio urbano –mecanizado, anónimo y trepidante– un matiz singular. La ciudad, unida al hoy y ahora del personaje, representa sobre todo la conciencia dolorosa del fracaso:

> Aquellas ambiciones de gloria. Esta oscura agonía.
> Aquella carrera sin acabar, aquellos estudios. Esta postración, esta final derrota.
> Aquellos libros: este catre. Aquellas ciudades, aquellos mares, aquellos deseados países: la alcoba que asfixia (119).

Una vez recuperado, el paciente decide emprender un viaje restaurador al terruño natal. Comienza así su período de «convalecencia» y con él cambia el tono del relato, que se adapta a la lógica del itinerario, aunque focalizado siempre en el interior del protagonista. El trayecto se organiza en tres etapas, que determinan la evolución del personaje: la visita a la capital provinciana (tras cuyo deliberado anonimato, el lector descubre a la *perla tapatía*, Guadalajara), la estancia en la pequeña villa natal (Totaches) y la participación en las fiestas de Teules (otro villorrio provinciano)[8]. El cronotopo del camino se configura como un retorno sucesivo –en el espacio y en el tiempo– a los mundos de la adolescencia y de la infancia, que corresponden respectivamente a las dos primeras etapas del trayecto. El narrador hace explícita esta orientación –es un viaje a la semilla– en diversos comentarios relacionados con las impresiones que el paisaje, la atmósfera y el reencuentro con viejos conocidos van provocando en nuestro convaleciente. Los dos lugares marcan un claro contraste con la Ciudad de México y contribuyen a su caracterización de manera indirecta.

De la ciudad de provincia, «la ilustre capital de tierra adentro», se destaca la nota de serenidad y permanencia, frente al tráfago incontrolado de la metrópolis:

> Bella ensimismada sólo acaso en sus aledaños tiene un jardín nuevo, alguna casa de campo. En las calles, las mismas fachadas, idénticos rostros, casi iguales los vestidos de los transeúntes de hoy que son los encontrados en puntual sitio, hace siete, hace diez años (123).

El espacio revisitado se transforma entonces en tiempo recobrado. El viaje continúa hacia su meta: la aldea familiar. El relato del desplazamiento, descrito minuciosamente, con morosidad, combina la fijación de una topografía de alto «grado mimético»[9] y la transfiguración simbólica que experimenta el espacio, merced a la perspectiva interna desde la que se aborda toda la narración. El progresivo alejamiento de la civilización se carga de connotaciones positivas y supone al mismo tiempo, como ya he indicado, la recuperación de una «edad dorada», que se caracteriza por la armonía entre el protagonista y la naturaleza, y los recuerdos felices de la infancia (126).

---

[8] Teules y Totaches pueden aludir a dos poblaciones fronterizas entre Zacatecas y Jalisco, Teul de González Ortega y Totatiches, relativamente cercanas a la región de Los Altos, la tierra de sus mayores.

[9] Tomo esta expresión de Soubeyroux: «le lecteur peut suivre les trajets des personnages sur un plan de la ville. [Les romans] multiplient les références à des lieux authentiques» (16-17).

La vuelta del «reino de la Muerte» (128) alcanza su clímax de dicha con la llegada al antiguo hogar. Éste, tras un sueño lleno de visiones, aparece ante los ojos del personaje como anhelado refugio, restaurador de toda la energía derrochada en la agitada vida de la capital. Es también el reencuentro con su interioridad. Se concentran, pues, en este espacio algunas de las notas con que Bachelard caracteriza la «casa-nido», donde «el ser que recibe la sensación de refugio, se estrecha contra sí mismo, se retira, se acurruca, se oculta, se esconde» (125).

Hasta aquí, el cuento se orienta en una dirección transitada por una larga tradición, que plantea el contraste entre el campo y la ciudad como si se tratara de polaridades espaciales totalmente opuestas entre sí: de una parte, una idílica Arcadia, llena de rasgos positivos, lugar de recreo, reflexión y armonía; de otra, la Babel metropolitana, destructora y febril. Pero al llegar a este punto, la narración adopta un nuevo giro y la aparente claridad de la oposición, de pronto, se complica. Dos hechos puntuales sirven como desencadenantes del cambio en las valoraciones del protagonista.

Su primera decepción tiene lugar cuando, por fin, se produce el añorado encuentro con quien fuera su primer amor, «la novia de los doce años» (134). Lejos de la imagen tantas veces soñada, quien aparece ante él es una «matrona de pueblo», cuyos rasgos difieren bastante de aquel retrato ideal. El narrador, con cierta socarronería, se detiene en la descripción: «opulencia de curvas, cara llena y rozagante, bolsa de ama de casa, ropas holgadas, enagua que cubre el zapato bajo y sonrisa, ¡ay! sólo la sonrisa de niña o ángel bobo» (135). Tras este fuerte impacto, por primera vez el protagonista recuerda con verdadero deseo la ciudad (ahora espacio lejano): su atracción proviene precisamente de ese «río de mujeres» que había sido despreciado en los primeros compases del relato.

El segundo choque tiene su origen en el fervor religioso del pueblo, que celebra en devota procesión la solemnidad del Corpus. Junto a la nostalgia que despierta en él la fe sencilla de su gente –expresada con una cita de López Velarde, el autor «afín»[10]–, nuestro protagonista se considera incapaz

---

[10] Así se refiere a él, al comienzo de *Ojerosa y pintada*. Los versos citados son «"como la grulla del refrán" siente "una íntima tristeza reaccionaria"» y pertenecen a dos poemas del libro *Zozobra*: «Humildemente» y «El retorno maléfico», cuyo tema principal está estrechamente relacionado con esa vuelta a la aldea familiar (López Velarde, 153-154 y 187-189).

de recobrar la fe perdida. Para la madre, la falta de devoción confirma los temores experimentados durante su ausencia, y desde «la misma hora en que fue proyectado el viaje a la ciudad» (138). Ésta aparece como lugar de perdición, donde las costumbres y las ideas han olvidado el «temor de Dios» (138).

La búsqueda de paz, el anhelado reencuentro con la infancia y la recuperación del pasado quedan, de este modo, problematizados. La imagen de la Arcadia ideal, que el protagonista parecía haber alcanzado en su retorno a la villa familiar, comienza a resquebrajarse. Su estancia en la capital no ha supuesto el mero transcurrir del tiempo, la ciudad ha modificado al personaje, quien se siente ahora extraño en el ambiente cerrado y rutinario de Totaches. Inquieto en su interior, «el señuelo de la electricidad y el tumulto» le llama para que acuda a las fiestas de Teules, tercera etapa del itinerario.

Inmerso en el bullicio de las celebraciones de San Juan en aquel pueblo, «castillo de paganía» (139), el hombre toma parte en la fiesta del exceso: gritos, canciones, albures, apuestas, toros, derroche de antojos y bebida, y la seducción de las «cantadoras» acompañadas de «la madre», «Doña Celestina». Dejándose llevar por el vértigo de esta otra Babilonia, una nueva fiebre azota al convaleciente, quien apenas ofrece resistencia y se abandona al desbordamiento de todos los sentidos.

Al presentar el espectáculo de esa feria, «pagana y trágica» para los devotos feligreses de Totaches, Yáñez matiza aún más la dicotomía campo-ciudad. Teules, población inmersa en el agro mexicano, dista unas diez horas de camino de la piadosa aldea familiar. Sin embargo, varios rasgos la acercan al ambiente de la gran urbe: cuenta con electricidad; sus costumbres se han alejado del clima religioso que caracteriza la vida en Totaches; allí lo consideran «pueblo liberal» y sus fiestas son «nefandas»; sus mujeres les parecen «extrañas, pintarrajeadas, vestidas estrambóticamente» (140); como la capital, genera durante la fiestas una concentración de gente venida de muy diversas partes: «todos traían la mismas pasiones y una inquebrantable voluntad de placer o de logro» (142). De esta forma, queda insinuado también el progresivo avance de los modos de vida urbanos al campo. No es casual –el mismo narrador lo subraya– que Teules esté situado en la dirección que conduce a la ciudad: «Trotaban los caballos por el camino, cada vez más ancho, que tocando Atolinga, Teules, las barrancas y el Escalón, va a la ciudad y al mundo» (140).

Concluida la fiesta con «una larga noche de exaltación y extenuación» (146), el peregrino *pródigo* decide tornar a la casa paterna y sale de nuevo al campo, que le ofrece un panorama imponente: está cayendo la tarde. Éste es el marco en el que se va a desarrollar el epílogo del relato. El camino, con sus dos direcciones («para el que va, sube; para el que viene, baja», diría el arriero de Comala), provoca una nueva lucha interior en nuestro protagonista. Deberá elegir entre los consejos del viento Norte, la voz de Totaches, o los del Viento Sur, el espíritu de la ciudad.

A través de estos dos personajes alegóricos, Yáñez recupera el género medieval del debate dialogado y lo inserta de manera coherente en el texto. A lo largo de las siete páginas en que se desarrolla la argumentación de ambas figuras, los dos espacios centrales del cuento se cargan de significados y valoraciones. Por momentos, sus palabras adquieren el tono de un diálogo filosófico:

–Recogimiento es posesión espiritual, congregación de todas las potencias en ímpetu de contemplación y adivinación universales [dice el viento Norte].

–No –reponía el Sur lenta y altivamente–, el recogimiento es paulatina obcecación (149).

En otros fragmentos el lenguaje de las dos voces acude a imágenes líricas para conmover a quien, atento, las escucha:

–Cuando subas a los tranvías buscarás en cada rostro de mujer tu felicidad [replica la Ciudad], y gozarás mirándote en ellos como en espejos que dan figura a tu inquietud. Rostros, formas de todos los días que has hecho tuyos sin hablarles. Rostros desconocidos, formas, sonrisas nuevas que te ofrecen diariamente nuevos misterios (154-155).

Finalmente, una vez desplegados todos los recursos retóricos pertinentes, se concluye con la exhortación tajante:

–Lo que buscas está en ti, no salgas fuera.
–Vive tu vida con ritmo festival.
–Busca el ritmo eterno de la vida.
–Mañana se habrán marchitado tu corazón, tus manos y tu boca.
–Pero el espíritu no se marchitará.
–¡Goza!
–¡Esfuérzate!
–¡Vive!
–Enséñate a morir (156).

Quizás lo más interesante del cuento, desde el enfoque con el que lo abordamos, sea comprobar cómo aquella imagen un tanto simple de la ciudad se enriquece en este final con multitud de notas variadas (negativas unas, positivas otras), al igual que su contrapunto. Nos encontramos ante la configuración de dos espacios que son aprehendidos, fundamentalmente, como realidad vivida, interiorizada, hasta el grado de poder representar actitudes vitales contrapuestas o, al menos, contrastadas.

La capital, aunque evaluada aún desde fuera, queda caracterizada por su naturaleza agresiva, al ser el ámbito en que se desenvuelven las luchas de los intereses humanos. Es también el mundo de la vida acelerada, vertida hacia el exterior, y de realidades muchas veces engañosas. Pero junto a estas notas, tanto en la defensa llevada a cabo por el viento Sur como en la misma evolución interna del protagonista, el texto ha ido desplegando también algunos de sus valores más positivos: la capital aparece así como espacio de libertad creadora frente a un orden rígido; el enclave donde se desarrollan las ideas, motor de las transformaciones culturales y de encuentro con lo diverso; su belleza artificiosa no carece de encanto; es, por último, la tierra de las oportunidades, donde batallar por la fama, el poder, el prestigio...

La ciudad, espacio de la historia: *Las vueltas del tiempo*

Publicada en 1973, esta novela constituye nuestra segunda visita a la capital. En realidad, los primeros apuntes son del año 1945, y su redacción definitiva se desarrolla entre el 19 de marzo de 1948 y el 19 de agosto de 1951. Como he expuesto en otro trabajo, los motivos para posponer su aparición pública deben buscarse en la coyuntura política del momento y en el pasado biográfico del escritor[11]. Se trata, por tanto, de la segunda novela de Yáñez, escrita justamente después de su gran obra *Al filo del agua*. Desde la visión lejana y un tanto abstracta de la ciudad en «Pasión y convalecencia», repetida parcialmente en su primera novela, damos un paso adelante en el proceso de acercamiento progresivo con que se puede caracterizar la relación entre la obra de Yáñez y la Ciudad de México. En este texto, el narrador se introduce de lleno en la gran urbe para asistir a las pompas fúnebres del

---

[11] Arias (en prensa), 118; y Skirius, 78.

difunto general Calles, el Jefe Máximo de la República durante la década 1925-1935.

El conjunto de acciones que forman la novela se desarrolla en un tiempo mínimo –no llega a las 24 horas– de un día bien concreto: sábado, 20 de octubre de 1945. No hay en ella personajes que encabecen una trama principal. Nos encontramos ante una novela de protagonista colectivo, en el que se reúnen distintos tipos y que pretende ser como un mural de la sociedad mexicana[12]. Pueden distinguirse, sin embargo, tres núcleos de acción: la historia de Osollo (el jesuita que fue combatiente cristero), la del triángulo formado por el matrimonio Ibarra y Damián Limón (que recobra personajes de *Al filo del agua*), y la de Heliodoro Camacho (el empleado de la empresa funeraria, cuyo padre había sido ejecutado por un joven Calles, durante la contienda revolucionaria). Estas tres historias van siendo reconstruidas en los diálogos o en monólogos interiores de los diversos personajes que aparecen en el texto. Alrededor de ellas se lleva a cabo también, de forma fragmentada –a través de los coloquios y reflexiones de los distintos grupos–, un amplio recorrido por los *momentos fuertes* de la historia de México.

A pesar del poco éxito que obtuvo entre la crítica, la novela ocupó siempre para Yáñez un puesto clave dentro de su magno proyecto narrativo (que quedó en gran medida sin desarrollar). Así lo hizo ver en diversas entrevistas, antes y después de su publicación. Si bien estas palabras no redimen a la novela de un resultado final poco afortunado, sí que manifiestan lo ambicioso del objetivo que se había propuesto el autor, al tiempo que apuntan algunas claves sobre su sentido. Al ser interrogado sobre el lugar de su obra donde se produce la síntesis entre mexicanidad y universalidad, Yáñez afirmó: «En los tipos, que están en mi última novela, *Las vueltas del tiempo*, que es la historia del país, pero a la vez en la universalidad de los tipos que componen la historia: desde lo indígena, hasta lo moderno» (Morales, 149).

De acuerdo con este objetivo los personajes aparecen agrupados según ciertas similitudes y contrastes. La narración se teje de forma fragmentaria, yendo una y otra vez a cada uno de esos grupos. El conjunto de estos trayectos de ida y vuelta va configurando una visión caleidoscópica de la realidad,

---

[12] Skirius distingue diez personajes principales –«none is protagonist»–, cuyas biografías sirven para representar tipos, y de esta manera: «The multiplicity of of perspectives assures a complex presentation of Mexican history, with different ideological points of view fleshed out» (80).

que es –o quiere ser– la sociedad mexicana en su conjunto, concentrada en un espacio (son unos pocos lugares de la ciudad) y en un tiempo bien delimitados, pero conteniendo a la vez toda la historia y toda la diversidad geográfica de la República.

– Así, aparecen por un lado *los fracasados*: el general revolucionario Damián Limón y Pablo Juárez, gris funcionario de algún ministerio, indigenista a ultranza. Ambos pasean por las cercanías del cortejo fúnebre, dialogando sobre sus desdichas y haciendo la defensa demagógica o disparatada de su causa.

– Entre las ilustres personalidades invitadas a la ceremonia se introduce el segundo grupo: los que buscan *trepar* por la difícil escala de las prebendas políticas y los negocios. Está formado por el empresario de cine norteamericano, Goldwyn[13], un periodista de cierto renombre entre la clase política, Cumplido, y el joven abogado Lizardi. Su conversación, durante el trayecto que les conduce a la Rotonda de los Hombres Ilustres, desenmascara la feria de las vanidades y los usos de una política corrupta. A ellos se les une don Santos Munguía, antiguo combatiente cristero.

– El tercer grupo lo constituyen la familia Fernández Roa y los invitados reunidos en su casa: son los herederos de la *aristocracia* porfiriana. En la velada que tienen durante el entierro de Calles, el tema predominante es la crítica de todo cuanto ha traído la revolución y el recuerdo nostálgico de la época de don Porfirio. A través de estos personajes, Yáñez expone los prejuicios de la *gente decente*, en la misma línea iniciada por Azuela. Pero esta casa será punto de reunión también para los personajes más positivos de la novela: el matrimonio Ibarra y el jesuita Osollo.

– Finalmente, el cuarto grupo corresponde a la clase más baja, la que los señores Fernández Roa denominarían el *peladaje*, con un personaje principal: Heliodoro, empleado de la agencia funeraria que se encarga del sepelio

---

[13] Es el representante del intervencionismo extranjero en el presente de la acción y en la historia de México. La alusión del apellido va referida a la compañía cinematográfica: la Metro Goldwyn Mayer. También contiene a la palabra *gold*, para evocar los intereses económicos que están detrás de la presencia extranjera. Finalmente, su nombre, Max, lo relaciona con el emperador Maximiliano (Skirius, 89). Como es evidente, Yáñez utiliza los nombres y apellidos de los personajes para ponerlos en relación con algunas figuras relevantes en la historia de México; así con Lizardi, don Santos, Juárez, Osollo, etc. (Arias, en prensa).

de Calles. Le acompaña todo su entorno: una familia pulverizada, las *cuscas* de la calle por la que se dirige cada día a trabajar, los compañeros de la agencia. De este modo, se construye el retrato del inframundo de la Ciudad de México: los barrios populares sucios y pobres, con olor a fritanga y a pulque, la picaresca, el hampa, la violencia doméstica... Heliodoro, caído en la ciudad desde su tierra norteña, se presenta como «víctima de la Revolución»[14].

Éstos son los grupos principales que intervienen en el desarrollo de la novela, situados todos ellos en el gran escenario de la ciudad. Sobre la importancia que adquiere ésta y, por tanto, sobre su traslación imaginativa al relato, se pueden subrayar algunas notas. Por una parte, las características de la urbe moderna requieren de un nuevo modo de contar. Yáñez, preocupado siempre de que sus narraciones tuvieran esa capacidad de evocar un ambiente, una atmósfera, experimenta en esta novela y en *Ojerosa y pintada* fórmulas nuevas que se adapten mejor al intento de escribir la ciudad. Por otra parte, la novela destaca dos características del espacio urbano, muy ligadas a los temas principales que el texto aborda: la teatralidad como nota común de sus habitantes y la presencia latente de lo histórico en un territorio sujeto continuamente al cambio.

a) Una técnica para narrar la ciudad

La primera idea que pretendo sugerir es el hecho de que la ciudad impone al autor una técnica narrativa novedosa, aprendida en modelos extranjeros –sobre todo, Joyce y Dos Passos (Skirius, 82 y 98)– y trasladada a la capital mexicana. Importa esta ubicación espacial porque, en buena medida, orienta la construcción de la novela. Al igual que en *Ojerosa y pintada*, el ritmo

---

[14] La figura de Heliodoro Camacho, «como una estela de sombra cruza por la obra [...]. La evolución en el orden social de este nuevo personaje no es ascendente sino que representa el caso típico de proletarización provocada. [...] De campesino humilde pero con acceso a la educación, se convierte en proletario sin oficio fijo, que busca de un lugar a otro un trabajo digno. En la capital, casado, con grandes cargas de familia se hunde en la miseria, en la que la mendicidad y prostitución son consecuencia casi necesaria, sin posibilidades de salida» (Sarmiento, 83-84).

urbano, la convivencia estrepitosa de una multitud, la mezcla y el contraste de tipos humanos que habitan el D.F., otorga a la narración una impronta particular. Las características de la gran ciudad, sin llegar a la imagen laberíntica o absolutamente fragmentada que se consolida en la narrativa contemporánea, traslada su desorden al mismo relato.

Al analizar los rasgos de la representación de la ciudad en la novela realista, se puede apreciar la transición que desempeña la obra de Yáñez en la narrativa mexicana[15]. En *Las vueltas del tiempo*, el autor va muy lejos en la experimentación de una narración fragmentaria, sin un protagonista claro, con extensos pasajes dialogados y otros de largo monólogo interior. Pero su visión de la ciudad se corresponde aún, en buena medida, con la que predominó durante el realismo –según ha mostrado Zubiaurre–, en dos puntos fundamentales: «la ciudad es fuerza que atrae y repele a la vez» y, sobre todo, «el espacio urbano […], si bien esconde algo de amenazador, todavía es considerado descriptible o reducible por el narrador realista» (255 y 256, respectivamente). Ese control se manifiesta de manera muy notable en la ordenada clasificación de los grupos de personajes, a los que corresponden lugares claramente diferenciados.

b) La ciudad: historia viva

El acontecimiento en el que convergen las miradas de estos cuatro grupos es la muerte del antiguo Caudillo, que cada uno enfoca desde su particular perspectiva. De esta manera se desencadenan los recuerdos que reviven la historia en el presente. Además, muchos de los personajes, a través de sus nombres y también por sus palabras, son la *repetición* de célebres personalidades del pasado y sirven para desarrollar narrativamente la idea que da título a la obra: el carácter cíclico de la historia.

En concordancia con este planteamiento, la Ciudad de México aparece principalmente como espacio cargado de historia, un lugar que rezuma temporalidad en sus monumentos, en sus calles, en el nombre de éstas, y en sitios particularmente señalados (el texto destaca, por ejemplo, dos montes:

---

[15] Debe recordarse la fecha de escritura de la novela: Yáñez, junto con Revueltas y Rulfo, desempeña un papel fundamental en la constitución de una nueva narrativa.

Chapultepec y Tepeyac). Si esta conexión con lo histórico ocurre en cualquier ciudad, la capital mexicana es reflejo vivo de una identidad en conflicto –tema central de la novela–, una identidad que está expuesta a debate a lo largo de todo el texto.

> El coche, guiado por Lizardi, tomó en esos momentos la calzada de Tacubaya, itinerario del cortejo. [...] El fuego de la luz en la cara del narrador [Goldwyn], trajo a la memoria del periodista Cumplido los rasgos de los conquistadores, que se dejaban llamar "hijos del sol" y, por asociación enlazó las imágenes de Cortés, Alvarado, Iturbide y Maximiliano (176).

En efecto, como escenario principal de la historia del país, la capital, a pesar de su transformación constante, es también la depositaria de una herencia rica en tradiciones diversas. Su piel está marcada por las cicatrices de encuentros violentos, proyectos enfrentados, períodos de apogeo y decadencia. La novela, en diversos momentos, pone el acento en esa capacidad evocadora del espacio urbano:

> Chapultepec sobre un despeñadero. A espaldas el Palacio Nacional, el Hospital de Sangre y la Penitenciaría. Sórdidos barrios a un paso de la Plaza de la Constitución. Los presidentes desterrados. Los presidentes fusilados. Y los presidenciables. Y los caudillos. Grandeza y miseria de Maximiliano. Tras el abrazo de Acatémpam, el abrazo en la muerte de Vicente Guerrero y Agustín de Iturbide. Grandeza y miseria del poder (239).

La Ciudad de México queda caracterizada en *Las vueltas del tiempo* como libro abierto de la historia en el que se reúnen las etapas fundamentales por las que atravesó el país (Conquista y Colonia; Independencia; Reforma; Revolución) y en el que se observan las tensiones que soporta el proyecto de construcción de una identidad.

Pero no sólo en su materialidad el D.F. reúne los vestigios de las diversas tradiciones culturales que convergieron en él, como señala Cumplido, también en sus habitantes el presente de la ciudad es como un compendio vivo de la historia del país:

> He conocido tanto a todos los personajes más importantes de la vida de México: presidentes y obispos, hombres de negocios, y líderes intelectuales y patanes, cómicos y toreros, esbirros y criminales, prostitutas y ¡todo lo que usted quiera! Que a veces me pongo a pensar que yo he vivido completa la his-

toria de México, sin faltarle ni sobrarle detalle. Para mí es como si hubiera conocido a Santa Anna y a Juárez, a Maximiliano y a Iturbide, a Hidalgo y a los virre-
yes, a Cortés y a Cuauhtémoc... (28).

c) El gran escenario

La presencia de lo teatral es el último elemento que quiero destacar en este
análisis sobre las características de la ciudad en la novela. Su importancia significativa se proyecta, al menos, en dos direcciones. Por una parte, el texto
puede interpretarse como un retrato de la sociedad mexicana en el momento
previo a su escritura y, en este sentido, la aparición de la teatralidad apunta
hacia el tópico clásico del mundo –particularmente la urbe– como un escenario sobre el que se desarrolla la feria de las vanidades[16]. En segundo término,
lo teatral entendido como simulación, desdoblamiento entre la máscara
externa y el rostro interior, ha sido apuntado frecuentemente como uno de
los rasgos fundamentales de la idiosincrasia del mexicano (Paz, 32).
    Tenemos, por tanto, la *puesta en escena* de la comedia social y el desarrollo
de una de esas notas que parecen definir la identidad nacional. Estos dos
aspectos no se encuentran separados en el texto, sino que se integran fusio-
nando su doble significación. Además, la presencia de la teatralidad se expresa
simultáneamente como tema, por medio de las conversaciones de los personajes, al tiempo que configura la misma estructuración del relato. Basta con pensar en el peso fundamental del diálogo a lo largo de la obra (hay capítulos que
están formados por diálogos casi en su totalidad), o en la frecuente aparición
de la técnica de contrapunto que intercala, entre los diálogos de las figuras,
fragmentos de sus reflexiones interiores (algo similar a los apartes del teatro).
    Nada más comenzar la obra encontramos unas palabras de Limón y Juá-
rez que sirven para introducir esta cuestión y la relacionan con el tema principal anunciado por el título:

> –Si le digo que este mundo es como baile de carnaval: una bola de gusto, y
> que aquí estamos como en un teatro. [Dice esto después de referirse a los *cam-
> bios de chaqueta* de alguno de los presentes en el velatorio].

---

[16] Sarmiento define a *Las vueltas...* en los siguientes términos: «No es en rigor una novela histórica, sino que por su naturaleza e intención es una novela política» (63).

–Realmente como en un teatro: ¿qué diferencia encuentra entre estos hombres tan elegantes, tan correctos, y los científicos del porfirismo? (14).

La referencia a la teatralidad aparecerá, de diversas maneras, en otros muchos fragmentos de la novela. Tal vez uno de los aspectos más interesantes del tratamiento que recibe este tema sea la extensión que alcanza como nota de identidad, no únicamente sobre los personajes individuales, sino sobre el conjunto de la historia patria y sobre el modo mismo de concebir esa historia común. Las palabras de Krauze parecen refrendar la visión de Yáñez:

> México es un país dotado para la teatralidad ideológica. Innumerables representaciones históricas lo demuestran; proclamas, planes, balanceos a la bandera, gestos ante el Supremo Tribunal de la Historia, constituciones celestiales, etc... No modificamos la realidad, pero sabemos transfigurarla en el teatro de las palabras (Krauze, 1980, 44)[17].

Lo que queda de los hechos históricos no es tanto su capacidad para transformar de manera efectiva la realidad, sino lo grandilocuente del gesto, su potencialidad emotiva, su fuerza para congregar sentimientos. *Las vueltas del tiempo* da testimonio de esa singular concepción de la historia, a la par que se enfrenta a ella para mostrar sus fisuras. La historia convertida en mito nacional, que eleva a sus personajes más relevantes a la esfera superior de los héroes y saturniza a sus opositores, que pinta la realidad pasada con el color de su ideología, y que proyecta sobre los hechos sus exaltados anhelos, supone, en el fondo, una grave manipulación, un enmascaramiento, cuyo mayor peligro consiste –según parece indicar la novela– en la incapacidad para integrar otras visiones.

La historia son las palabras, los gestos, las imágenes heroicas, elevadas al plano de lo mítico, *expuestas* en el museo de los símbolos patrióticos, ante los que sólo cabe una devoción casi religiosa: el himno, los espacios sagrados, los grandes acontecimientos, las figuras beneméritas.

---

[17] Paz dice también: «A cada minuto hay que hacer, recrear, modificar el personaje que fingimos, hasta que llega un momento en que realidad y apariencia, mentira y verdad, se confunden. [...] Simulando nos acercamos a nuestro modelo y a veces el gesticulador [...] se funde con sus gestos, los hace auténticos» (34).

La ciudad queda configurada, así, como el escenario de las simulaciones y como el territorio de lo público por antonomasia, donde se vive hacia fuera, pendiente siempre de las vueltas que va dando la gran rueda de la Fortuna, para no quedarse atrás. Como gran museo viviente, la ciudad mantiene la memoria de una historia mitificada que, a pesar de todo, no consigue ocultar completamente las hondas tensiones subterráneas que marcan la construcción de una identidad siempre en conflicto.

OJEROSA Y PINTADA: LA CIUDAD QUE FLUYE

Llega nuestra tercera visita a la capital, origen y fin de este trayecto por los textos de Yáñez y por el territorio urbano que en ellos se despliega. Terminada su redacción en 1959, la novela pretende convertir a la Ciudad de México –desde su mismo título– en protagonista de excepción. Ese espacio-mujer que es la gran urbe cantada por López Velarde, con ojeras de larga velada y con los brillos del sofisticado artificio, es también un tiempo transformado en «carretela» que «vuela», que se escapa. La ciudad real, reconstruida y transformada textualmente, ha experimentado durante las décadas de los 40 y los 50 un proceso de crecimiento vertiginoso, en extensión y en población. Se ha disparado también a la conquista de las alturas en construcciones verticales; se han empezado a poblar territorios alejados, como paraísos del lujo: Las Lomas, el Pedregal; se ha desarrollado un notable tejido industrial que la circunda y que produce, a su vez, la proliferación de barrios proletarios donde cada jornada es una lucha de resistencia[18].

México moderno, México grande, México cosmopolita había sido glorificado en su centro, la capital, con la *Nueva Grandeza Mexicana* de Novo: un texto para perpetuar el optimismo alemanista (Krauze, 1997, 103-105). *Ojerosa y pintada*, como otras obras que le preceden, sin dejar de dar testimonio de esa transformación profunda, manifiesta la misma sospecha que el «escritor afín», cuando recordaba el espejismo de aquella «patria pomposa, multimillonaria, honorable en el presente y epopéyica en el pasado» (López

---

[18] Para todo este acelerado proceso de crecimiento entre 1940 y 1960, puede consultarse: Bataillon, 30-33 (sobre la ampliación del espacio urbano), 39-50 (el movimiento migratorio), 76-98 (organización y distribución del tejido urbano).

Velarde, 308)[19], que el porfirismo había forjado como imagen y emblema de su esplendor.

a) Un nuevo flâneur

En este último paseo por el D.F., recorremos su extensa superficie en vertiginoso movimiento, sin que apenas haya lugar para un breve reposo, guiados por un singular *flâneur*. Para conocer la ciudad hay que andar por sus calles y avenidas, hay que sumergirse en su trepidante torrente circulatorio. Yáñez elige como guía a un modesto ruletero, que se gana la vida llevando y trayendo gente de lo más variopinto, de un lado a otro de la ciudad. Ya no es el viandante desocupado quien nos invita a transitar la gran urbe. Éste es su oficio. De hecho, hay un momento en que el taxista manifiesta su deseo de poder pasear tranquilamente por el casco histórico:

> La fiesta diaria que es andar por la Avenida Juárez, por Madero, por San Juan, por Dieciséis de Septiembre, por Cinco de Mayo; hace mucho que no puedo andar a pie por esas calles, a gusto, deteniéndome, mirando a mis anchas; me contento con recorrerlas en coche, apurado con los «altos» y los «siga» (174).

Si la actitud del poeta vagabundo por la ciudad consistía fundamentalmente en mirar, nuestro personaje central, el único que permanece a lo largo de toda la novela, combinará su visión con la atenta escucha de las conversaciones que tienen lugar en el auto:

> La breve novela urbana de Yáñez tiene el mérito de utilizar, mediante la figura deliberadamente borrada del conductor del taxi, el recurso literario del testigo callado: el oído del personaje es la caracola donde resuenan todas las voces de la urbe, sus pequeños cuidados, frustraciones y alegrías (Quirarte, 587).

La estructura de la narración se asienta sobre dos fundamentos: el espacio móvil del taxi, que va trazando su tortuoso trayecto por el D.F., y la entrada y salida de personajes que conversan en su interior y, al conversar, se

---

[19] Comienzo del artículo fundamental «Novedad de la Patria», que López Velarde publicó en 1921.

cuentan. Se repite de este modo la técnica del fragmentarismo que aparecía ya en *Las vueltas del tiempo* y que aquí se agudiza. También la narración dialogada es llevada a su extremo. En este sentido, creo que puede apreciarse la *teatralización* del texto, que cuenta con un escenario movible, el auto, sobre el que aparecen y desaparecen un gran número de *actores*. Cada uno de los personajes interpreta el papel que le cayó en suerte en la *Gran Función*. Toda esta formidable representación llega hasta el lector a través de los oídos del ruletero infatigable, quien durante 24 horas transitará de arriba a abajo el monstruoso cuerpo de la capital. Por otra parte, en ese intento de captar y recrear las voces variadísimas que se cruzan por la ciudad, Yáñez anuncia ya algo que será característico de una nueva generación, los escritores de la Onda, cuyo lenguaje, «reflejo "magnetofónico" de los diversos registros idiomáticos empleados en México», permite elaborar «una cruda disección de la sociedad mexicana» (Noguerol, 188)[20].

b) La lucha por la vida

Desde el nacimiento con que se inicia el relato, hasta la muerte del general Robles con que finaliza, la Ciudad de México aparece como espacio omniabarcante: todas las experiencias vitales se concentran en ella, de manera simultánea. Esto provoca la sensación de vértigo, de ritmo acelerado que se expresa en la técnica de la fragmentación. La capital es presentada como tierra de oportunidades y de desengaños, territorio violento y agresivo en que se desarrolla un combate continuo por subir en la escala o mantener la posición alcanzada. A ella llegan gentes venidas de todas partes. Unos ya han fracasado, otros viven su apogeo, otros esperan conseguirlo:

> Le digo la verdad: aunque vengo decidido a conquistar a México, llego muy recortado de dinero [...]. Ya sé que México es muy duro para el recién llegado; pero traigo las manos hechas puño para golpear y si es necesario tumbar puer-

---

[20] En este excelente artículo, que analiza *De lujo y hambre* de Garibay, Noguerol señala alguna otra característica de los escritores de «la Onda» que podría verse anunciada en la obra de Yáñez: el fragmentarismo, la técnica del *collage*, etc. Ahora bien, el enfoque es diametralmente distinto, ya que en estos autores el interés se centra en los marginados y sus textos contienen una aguda y contundente crítica social (Noguerol, 190-191).

tas; también traigo el estómago impuesto a pasar hambres; y mucha paciencia, junto con mucho coraje, aunque parezca contradictorio; no sé si me dé a entender (48).

Punto de confluencia, en la ciudad se encuentran reunidas –sólo muy excepcionalmente mezcladas– las distintas capas sociales. Por el taxi va pasando una amplia muestra de personajes que vienen a representar toda esa diversidad: desde el matrimonio de la nueva aristocracia capitalina que se dirige a la ópera en Bellas Artes, hasta el simpático «pelado» que trae la buena suerte a nuestro ruletero[21]. Flasher, en uno de los primeros trabajos que abordó la producción narrativa de Yáñez, hace una enumeración de la galería de tipos:

> Hay pasajeros que forman un grupo abigarrado de estudiantes y un maestro, especuladores de bienes raíces, guitarristas, prostitutas y traficantes de puestos públicos, "gachupines" y mexicanos, billeteros y coyotes, abogados y periodistas calumniadores, funcionarios prepotentes y policías, bribones y concertadores de citas, financieros y artistas vulgares, porteros, conservadores, anarquistas, tiburones y explotadores, borrachos y filósofos, cínicos y epicúreos, sensualistas y excéntricos (133).

En el espacio de voces que ofrece el texto, oímos hablar en registros bien variados. El lenguaje se adapta al mundo vital de cada personaje. Del mismo modo, también la superficie urbana se organiza en barrios y zonas que corresponden al distinto *status* social de sus habitantes. Este hecho se enfatiza en dos episodios. Cuando la antigua familia *aristocrática*, venida a menos, se ve obligada a buscar un nuevo hogar, sus comentarios trazan un mapa de la ciudad por categorías sociales (71-72). Por otra parte, el trayecto nocturno muestra una de las zonas más oscuras de la capital: la sórdida barriada proletaria donde se hacinan los trabajadores de la refinería de Atzcapozalco. En agudo contraste con las preocupaciones de la familia orgullosa de su rancia alcurnia, que se afana por mantener la imagen de superiori-

---

[21] Significativamente, el único tipo al que se le excluye de la entrada en el automóvil es un indio de Ixtapalapa, quien le pide al chofer que lo lleve hasta el mercado de Jamaica para vender su cargamento de cebollas. El buen taxista, con pena, se ve obligado a rechazarlo por miedo a que el olor de las cebollas se impregne en el auto y moleste a los futuros clientes (127-128).

dad y evitar el contacto con «esos infelices, muertos de hambre, que no saben distinguir con quien tratan» (79); para los obreros la preocupación fundamental es la supervivencia, en un medio hostil y degradante:

> –Qué recochina vida, ¡me lleva la trompada! Para qué tanto fregarse, después de todo.
> –Viéndolo bien, sí, camarada, matarse todo el día, luego emborracharse, tirar el dinero, andar a la miseria toda la vida (186).

En la ciudad se vive en una continua lucha, de la que nadie parece estar excluido. Yáñez hace hincapié en la corrupción del sistema que sostiene todo ese gigantesco combate. Junto a las influencias de autores extranjeros, ya apuntadas, es evidente la conexión entre esta novela y el *Periquillo* de Fernández de Lizardi. Detrás de las reflexiones del ruletero, en la cuidada selección de las figuras y sus conversaciones, así como en los breves comentarios del narrador se percibe el tono de denuncia moral con que el autor acomete este retrato panorámico de la gran urbe, un rasgo que caracteriza también a la obra de *El Pensador Mexicano*[22]. Entre los múltiples diálogos que se suceden en el automóvil abundan las referencias a un clima de corrupción generalizada: la *mordida*, las injusticias de la justicia que sólo responde a la llamada del dinero, la importancia de las influencias para entrar en el paraíso de la burocracia o para medrar en el ejército, la «moral del éxito» como única norma de conducta para los «tiburones» de los negocios, y hasta el tráfico de influencias dentro de los sindicatos obreros. El periodista González, cínico rastreador de sucesos escabrosos para la prensa, resume esta idea en su primera conversación con el taxista:

> [...] como quien dice, aquí es la lucha del lobo contra el lobo; usted también lo sabe, porque su oficio se presta a asomarse a esta cloaca de la ciudad, que es como vivir entre fieras (19).

A pesar de todo, también hay tiempo para la diversión y, en esta línea, la novela deja constancia de un rasgo esencial de la moderna urbe: la sofistica-

---

[22] Así lo apuntaba Flasher: «En muchos aspectos *Ojerosa y pintada* parece ser una versión moderna de la novela picaresca de Fernández de Lizardi, *El Periquillo Sarniento*, en su crítica de ciertas costumbres, actitudes y ética de la sociedad mexicana» (138).

da industria del ocio. Bares, cafés, cabarés, teatros y cines son los espacios del descanso para el agitado pulso de la ciudad. Aparece así otra cara de su compleja fisonomía: la vida nocturna. Sin embargo, el tono negativo que caracteriza al relato se extiende también a este punto. Por ejemplo, el grupo de jóvenes artistas que han pasado la velada en el *Leda*, a pesar del tono festivo y del ingenio con que se atacan unos a otros, da muestras de una superficialidad en sus conversaciones que no puede concluir sino con la disgregación de la cuadrilla. El matrimonio lujoso que acude a la ópera, lo hace como un deber impuesto por la necesidad de conservar su imagen en la alta sociedad, mientras la intimidad del taxi sirve para desenmascarar el deterioro de una relación llena de infidelidades y acusaciones mutuas. El caso más duro, de nuevo, es el que hace referencia a las diversiones de los trabajadores de Atzcapozalco, que frecuentan un cabaretucho de mala muerte, *El Tigre*: ahí se emborrachan y tienen sus amores de alquiler (con sífilis incluida y golpes a las pobres mujeres, quienes de este modo se ganan la vida):

–¿Qué chiste le hallan en meterse a esas cuevas para que les chupen hasta el tuétano? Y diario, según decían.
–La desesperación. Es duro el trabajo, la vida sin alicientes. No tienen otra ilusión. Como decía uno de ellos: es el escape (193).

No faltan las figuras positivas, (en algún caso tan excesivamente idealizadas que llegan a resultar artificiosas): los padres de una familia de clase media que inculcan a sus hijos sólidos valores, el enfermo que acepta con admirable entereza el diagnóstico de cáncer, el joven santo que murió prematuramente, o el «ixcuintle» de la buena suerte que trabaja en una fábrica por la noche para mantener a su «mamacita» enferma. Sin embargo, predomina la imagen negativa de incomunicación, de lucha constante, de exagerada preocupación por las apariencias, de ausencia de vínculos personales sinceros.

c) *El profeta del canal: la ciudad como espacio de la disolución*

En el centro de la novela se encuentra el capítulo «Parteaguas», línea divisoria de sus otras dos partes –«Cuesta arriba» y «Cuesta abajo»– y punto intermedio del recorrido del taxi a lo largo de las 24 horas. Su carácter central no se reduce a la ubicación en el texto, sino que responde también a su importancia significativa, pues aporta algunas claves fundamentales sobre el sentido de la obra. Cuenta este pasaje con un personaje singular al que el taxista escucha entre admirado y molesto: «viejano alto, enjuto, categórico. A leguas maniático» (108). Esta figura estrafalaria, con aires de profeta antiguo o sacerdote apocalíptico, tiene como ocupación principal observar las aguas turbias que salen por el gran desagüe de la capital.

Yáñez, como ocurría también en la parte final de «Pasión y convalecencia», dota de un tono alegórico-simbólico a esta parte del relato. El canal por el que la ciudad vierte todas sus excrecencias se transforma en «el libro abierto con la historia que corre, casi como una película, o mejor, porque las películas no le dan a usted los olores, y aquí sí puede uno descubrir todo, claro» (109). A su vez, el anciano es el intérprete autorizado de sus *páginas*, cuyo método consiste en la observación atenta, a lo largo de los años, «desde la muerte del señor Madero». Este ejercicio lo convierte, como él mismo afirma,

en especialista de la ciudad, mi experiencia no la tiene ni el más planchado historiador, ni el periodista más águila, ni el confesor, ni el médico de más clientela, porque todos ellos no ven sino aspectos, partes de la vida, y yo abarco todo el panorama subterráneo, todos los secretos (109).

La imagen del gran desagüe como espejo revelador de la Ciudad de México concentra una gran riqueza significativa. En primer lugar, su sentido más evidente está adelantado ya por la cita de Manrique y hace referencia al tópico del *vanitas vanitatis*, que el personaje corrige como «corrupción de corrupciones y todo es corrupción» (115). La multitud de afanes que mueven con urgencia a buena parte de los personajes y que éstos exponen en sus conversaciones tienen un valor transitorio; se desvanecen con el transcurso del tiempo y su paso queda reflejado en las aguas cenagosas. Otro aspecto relacionado con las coplas manriqueñas es el carácter igualador de la muerte. El texto explota la dilogía que contiene el concepto de lo escatológico, con su doble referencia a las postrimerías y a los excrementos:

[...] allí la corriente arrastra los desperdicios fisiológicos del presidente de la República y del arzobispo juntos, igualados con los infelices presos soterrados en la penitenciaría, con los de las actrices más cotizadas y los de los enfermos que suspiran por la muerte perdidos en las salas generales de los hospitales, digo: esa es la justicia de la vida: un rasero de pestilencia (109-110).

Pero además de estos sentidos, el anciano explica cómo los hedores que desprende el canal revela la cara más oculta de la ciudad, disfrazada tras sus máscaras de decencia: la larga enumeración de bajezas y crímenes, más o menos secretos, resulta desoladora. Quizás pueda verse en este aspecto un eco lejano de aquella figura de *Los sueños*, El Desengaño, cuya función consistía precisamente en despojar de sus disfraces engalanados a los vicios de caballeros, damas, ancianos, jóvenes y viejas[23]. El espectáculo de las aguas reveladoras equivale también a un juicio, en el que la verdad sale a flote de manera definitiva. Es el juicio del tiempo y de la historia o, mejor, el tiempo y la historia como juicio:

> La verdadera vida, la verdadera historia de la gran ciudad, cada vez más grande, cada vez más turbia, más difícil de comprender, o no sé, digo, que tal vez más fácil, a medida que las aguas del canal corren más densas, es decir: más cargadas de material delator (108).

Finalmente, todo el inmenso panorama de la ciudad, en continua extensión, queda disuelto metafóricamente en esa turbia corriente cuyo flujo no cesa. A pesar de la aparente solidez del espacio urbano y a pesar de la grandeza de sus monumentos y edificios, el profeta del canal confirma su débil estabilidad: el cambio es lo único que subsiste. Como advertía Quevedo al desorientado peregrino en Roma, «huyó lo que era firme, y solamente / lo fugitivo permanece y dura» (1998, 89).

Al comienzo de este apartado, señalaba la importancia del «Parteaguas», por contenerse en él las claves sobre el sentido global de la novela. Todo el texto puede interpretarse como una amarga sátira moral, mediante la cual Yáñez juzga y critica *la vida en la Ciudad de México* (subtítulo de la novela). El capítulo central condensa y agudiza esa mirada crítica a través de los comentarios del anciano, al tiempo que permite vincular a esta figura con la del autor:

---

[23] Así reza el texto: «–Si tú quieres, hijo, ver el mundo, ven conmigo, que yo te llevaré a la calle mayor, que es a donde salen todas las figuras y allí verás juntos los que por aquí van divididos sin cansarte; yo te enseñaré el mundo como es, que tú no alcanzas a ver sino lo que parece. –¿Y cómo se llama –dije yo– la calle mayor del mundo, donde hemos de ir? –Llámase –respondió– Hipocresía [...] (Quevedo, 1991, 276).

Yo aspiro a ser profeta en mi propia tierra, compenetrarme de las enseñanzas del canal, para un día no lejano arrojar sus inmundicias al rostro de la sociedad, en busca de que se avergüence y se arrepienta (114).

Flasher coincide en apuntar este «fin moral» como fundamento de la novela y añade que «Yáñez se proponía despertar la conciencia moral y ética de sus compatriotas» (149). También destaca cómo la figura del general Robles, (el revolucionario que se mantuvo fiel a sus ideales y no quiso entrar en la lucha por el poder), se alza como modelo de conducta frente a la corrupción generalizada.

Sin dejar de ser verdad lo anterior, me atrevería a afirmar que el proyecto se le escapa a Yáñez de las manos. Parece como si ese espacio de disolución que es la ciudad, tal y como ha sido interpretada y *construida* en esta obra, terminara por disolver al mismo autor, a su diseño, y a su presunto propósito regenerador. Ciertamente hay una estructura que manifiesta un plan de organización (la limitación a las 24 horas, el comienzo con nacimiento y el final con muerte, la triple división: dos partes simétricas y un eje divisorio, etc.) y, junto a él, muestras claras de un sentido buscado: el mensaje moral. Sin embargo, la vida palpitante de la ciudad, el cruce de innumerables voces, el cúmulo de afanes y de luchas, la multitud agitada que asoma por las páginas de *Ojerosa y pintada* hacen de contrapeso a toda esa organización aparente. Al final, parece imponerse esta visión de la ciudad descontrolada: la sombra del autor se ha esfumado[24], el anciano que lanza su mensaje profético no deja de ser un personaje estrafalario, el general Robles muere en el último episodio, y aunque el texto cese, las aguas del canal siguen su curso...

Algunas conclusiones

Al término de estas tres visitas al D.F., llega el momento de reconsiderar el propósito con que iniciábamos nuestra andadura por la capital y extraer algu-

---

[24] Dice J. L. Martínez: «Las descripciones y las exposiciones del novelista mismo –que son tan importantes en otras de sus novelas– han desaparecido aquí casi por completo. Aquel barroquismo interior deja ahora su lugar a una fluidez narrativa, al solo devenir incesante de la vida múltiple y una de la ciudad de México» (66).

nas conclusiones. Lo primero que cabe destacar es esa presencia del espacio urbano, reiterada a lo largo del tiempo, como contrapunto al mundo rural que Yáñez retrató en la parte más conocida, y probablemente más afortunada, de su producción novelística: *Al filo del agua*, *La tierra pródiga* y *Las tierras flacas*. Las narraciones urbanas son como la otra cara de la moneda dentro del magno proyecto del escritor jalisciense. A pesar de las claras diferencias entre los distintos textos, hay un elemento común que, a mi juicio, ocupa un lugar nuclear en toda su obra: la aguda percepción de una crisis, un cambio radical, que supone la clausura de un mundo ya gastado y la incierta gestación de otro nuevo. Yáñez ha sabido captar con singular fuerza ese momento de transformación en que convergen la nostalgia y la esperanza, la ruptura y el recuerdo: un fenómeno que, con fórmula tan acertada, Olea Franco denomina «la inminencia del acto» (69). Evidentemente, ese tema nuclear se aborda de manera muy diversa en cada libro: desde la visión confiada y liberadora (*Al filo del agua*), hasta el desengaño más radical (*Ojerosa y pintada*), pasando por el grado intermedio que vendría a representar la mezcla de una concepción cíclica de la historia con un mensaje reconciliador y esperanzado (*Las vueltas del tiempo*). En muchas ocasiones, la Ciudad de México queda señalada como origen y centro del cambio (y esto ocurre ya en «Pasión y convalecencia»); ahora bien –como ha señalado Franco para el caso concreto de *La tierra pródiga*– no existe una visión unívoca de dicha transformación y en los textos «los diversos trayectos de sentido se entrecruzan» (521).

Por otra parte, el recorrido en tres etapas ha permitido comprobar cómo la misma evolución de la ciudad real va dejando sus huellas en las narraciones. Esto se percibe de manera particularmente clara en *Ojerosa y pintada*, donde el crecimiento desmesurado del D.F. queda plasmado en esa visión laberíntica y fuera de todo control. En otro sentido, el recorrido biográfico del autor marca también el punto de vista desde el que se enfoca el espacio urbano. En el primer relato Yáñez recrea, de alguna forma, las inquietudes vividas durante «los años grises de la ardua conquista de la capital, del estudio y del trabajo» (Martínez, 23). Una década más tarde, cuando está a punto de lanzarse a la arena política, el escritor acude a la ciudad como el escenario privilegiado donde se hace y deshace el nudo de los acontecimientos que jalonan la agitada vida del país: *Las vueltas del tiempo*. Esa búsqueda de reconciliación entre fuerzas tradicionalmente antagonistas se orienta en la misma dirección ideológica de la nueva burguesía dirigente, pero supone también un intento de explicación, un ajuste de cuentas con la propia trayectoria biográfica. Por último, la novela publicada en 1960 no puede ocultar, aunque mantenga la pretensión educadora y moralista característica de su obra, el desconcierto ante una realidad difícilmente asimilable. Este fenómeno se acentúa aún más en *La ladera dorada*, «cuyas páginas finales –en palabras de Franco– reservan un lugar predominante a la angustia de los últimos tiempos, algún tanto relativizada y distanciada, en la expresión de un humorismo negro y sombrío» (541).

La ciudad como debate, la ciudad museo vivo de la historia, la ciudad espacio de la disolución: en estas tres etapas, junto a la creciente aproximación hacia el espacio urbano (que, en el tercer caso, podría considerarse casi una fusión con él), el narrador va atenuando su presencia en el relato hasta llegar prácticamente a desaparecer. A este fenómeno le acompaña, en otro nivel, la progresiva difuminación de las huellas autobiográficas del autor, que resultaban tan notables en el primer texto. Tomando prestadas las palabras de Rivera, y adaptándolas al nuevo entorno, no sería exagerado afirmar que, en su audaz incursión por el territorio urbano, a Yáñez «se lo tragó el asfalto».

Bibliografía

a) Obras citadas de Agustín Yáñez

«Pasión y convalecencia» [1938], *Los sentidos al aire*. México D.F.: INBA, 1964, 107-159.
Flor de juegos antiguos [1942]. México D.F.: Grijalbo, 1977.
Archipiélago de mujeres [1943]. México D.F.: Joaquín Mortiz, 1977.
Al filo del agua [1947] A. Azuela (coord.). Madrid: Archivos y CSIC, 1991.
La creación [1959]. México D.F.: Fondo de Cultura Económica, 1959.
Ojerosa y pintada. La vida en la Ciudad de México [1960]. México D.F.: Joaquín Mortiz, 1967.
La tierra pródiga [1960]. *Obras escogidas*. México D.F.: Aguilar, 1968, 109-345.
Las tierras flacas [1962], en Biblioteca Básica Salvat 47. Navarra: Salvat, 1970.
Los sentidos al aire [1964]. México D.F.: INBA, 1964.
Las vueltas del tiempo [1973]. México D.F.: Joaquín Mortiz, 1973.

b) Bibliografía general

Aínsa, Fernando. «¿Espacio mítico o utopía degradada? Notas para una geopoética de la ciudad en la narrativa latinoamericana», *De Arcadia a Babel. Naturaleza y ciudad en la literatura hispanoamericana.* Javier de Navascués (ed.). Madrid/ Frankfurt: Iberoamericana/Vervuert, 2002, 17-40.

Arias, Ángel. *Entre la cruz y la sospecha. Los cristeros de Revueltas, Yáñez y Rulfo,* Madrid-Frankfurt: Vervuert-Iberoamericana, 2005.

Bachelard, Gaston. *La poética del espacio.* México D.F.: Fondo de Cultura Económica, 1975.

Bataillon, Claude y Rivière, Hélène. *La Ciudad de México.* México D.F.: Secretaría de Educación Pública, 1973.

Civeira, Miguel. *La Ciudad de México en 500 libros.* México D.F.: Departamento del Distrito Federal (Secretaría de Obras y Servicios), 1973.

Domínguez, Christopher (selecc. y est. prel.). *Antología de la Narrativa Mexicana del Siglo XX.* México D.F.: Fondo de Cultura Económica, 1989.

Flasher, John J. *México contemporáneo en las novelas de Agustín Yáñez.* México D.F.: Porrúa, 1969.

Franco, Jean. *Lectura sociocrítica de la obra novelística de Agustín Yáñez.* Guadalajara: Gobierno de Jalisco, 1988.

Harris, Christopher. «Agustín Yáñez's International Image: Murders, Mysteries and Critical Controversies», *Bulletin of Hispanic Studies,* 73:3, 1996, 277-287.

Krauze, Enrique. «Tinglados ideológicos», *Vuelta,* 48, XI, 1980, 44.

— *La Presidencia imperial.* México D.F.: Tusquets, 1997.

López Velarde, Ramón. *Obra poética.* Col. Archivos, 36, J. L. Martínez (coord.). Madrid: Galaxia Gutenberg, 1998.

Martínez, José Luis. «Prólogo», *Obras escogidas de Agustín Yáñez.* México D.F.: Aguilar, 1968. 9-106.

Navascués, Javier de (ed.). *De Arcadia a Babel. Naturaleza y ciudad en la literatura hispanoamericana.* Madrid/Frankfurt: Iberoamericana/Vervuert, 2002.

Noguerol, Francisca. «*De lujo y de hambre*: una meditación sobre la vida en el México contemporáneo», *Confluencia* XI: 2, 1996, 188-199.

Olea Franco, Rafael. «*Al filo del agua*: La inminencia del acto», *Memoria e interpretación de* Al filo del agua, Y. Jiménez de Báez y R. Olea Franco (eds.). México D.F.: El Colegio de México, 2000, 67-87.

Paz, Octavio. *El laberinto de la soledad.* México D.F.: Fondo de Cultura Económica, 4ª ed., 1964.

Poot, Sara. «México es más laberinto: la ciudad en Solares y Celorio», *De Arcadia a Babel. Naturaleza y ciudad en la literatura hispanoamericana.* Javier de Navascués (ed.). Madrid: Vervuert-Iberoamericana, 2002. 299-310.

Quevedo, Francisco de. *Los sueños.* Col. Letras Hispánicas, 335, Ignacio Arellano (ed.). Madrid: Cátedra, 1991.

— *Un Heráclito cristiano, Canta sola a Lisi y otros poemas.* Col. *Biblioteca clásica,* 62, L. Schwartz e I. Arellano (eds.). Barcelona: Crítica, 1998.

Quirarte, Vicente. *Elogio de la calle. Biografía literaria de la Ciudad de México, 1850-1992*. México D.F.: Cal y Arena, 2001.

Sarmiento, Alicia. «Enigmas en torno a una novela y su novelista: *Las vueltas del tiempo*, de Agustín Yáñez». *Revista de Historia Americana y Argentina XIV*, 27 y 28, 1987-1988, 61-100.

Skirius, John. «The Cycles of History and Memory: *Las vueltas del tiempo*, a Novel by Agustín Yáñez». *Mester*, 12, 1983, 78-100.

Soubeyroux, Jacques. «Le discours du roman sur l'espace. Approche méthodologique». *Lieux dits. Recherches sur l'espace dans les textes ibériques (XVIe-XXe siècles)*, J. Soubeyroux (ed.). Saint-Étienne: Publications de l'Université de Saint-Étienne, 1993, 11-24.

Young, Richard A. *Agustín Yáñez y sus cuentos*. Londres: Tamesis Books Limited, 1978.

Zubiaurre, M.ª Teresa. *El espacio en la novela realista. Paisajes, miniaturas, perspectivas*. México D.F.: Fondo de Cultura Económica, 2000.

FERNÁNDEZ MORENO Y LA CIUDAD DE BUENOS AIRES

Trinidad Barrera

Aunque no todas las ciudades hispanoamericanas conocieron el cambio de forma homogénea, Buenos Aires y México sí fueron paradigmas de la modernización finisecular. En Buenos Aires se decidieron por las demoliciones y el primer foco fue la renovación radical de los centros tradicionales de la «gran aldea». Podemos suponer que en 1915, cuando por primera vez Fernández Moreno publica nueve poemas dedicados a la ciudad que le vio nacer, los cambios han aumentado. Sin embargo, nuestro poeta no se detiene en la nostalgia del desastre, aunque algunos ejemplos sí se aprecian. En este sentido hay que citar la «Elegía al Viejo Nacional Central» de su libro *Ciudad* (1917):

> La Ciudad terrible mueve su piqueta...
> ¿Dónde está mi viejo Nacional Central?
>
> Este gran palacio no me dice nada,
> muchos parecidos tiene la Ciudad.
>
> ¡Dios mío, Dios mío, si apenas me acuerdo!
> Quince años, lo menos, transcurrieron ya...
> Era un portal ancho, húmedo y oscuro,
> portal de convento, de casa feudal (43).

Además de ejemplificar la nostalgia por la «remodelación» del edificio al que no reconoce, apunta críticamente, en la segunda estrofa, hacia una renovación arquitectónica igualitaria, sin identidad propia, que va sembrando la ciudad de edificios sin fisonomía característica. A partir de la tercera estrofa y hasta el final, el poeta añade a lo dicho el valor sentimental de lo antiguo frente a lo nuevo: ése fue el colegio donde estudió secundaria y, al desaparecer el edificio, es como si desapareciera un capítulo de su vida. La nostalgia por lo perdido tiene un valor sentimental ligado muy directamente a lo emotivo personal.

La obra de Fernández Moreno, como veremos en adelante, hay que enlazarla con los testimonios finiseculares de la «crisis» generada por la urbanización; sus poemas a Buenos Aires necesariamente muestran una identificación con instituciones, iconos y espacios simbólicos que la racionalización urbana deshacía o creaba. En la «Elegía», la modernización había destruido un modo tradicional de representación e identificación propia y ajena –debieron pasar muchos alumnos por el edificio–, pero, al mismo tiempo, en otros microespacios, generaba nuevas imágenes. Así sabemos que en 1870, en el Buenos Aires del intendente Pueyrredón, se introdujeron muchos «espacios recreativos» ya que la demolición y la reorganización de los espacios urbanos fueron tareas paralelas desde el comienzo del cambio.

Buenos Aires creció de manera espectacular en las dos primeras décadas del siglo XX y con su crecimiento surgió la figura de quien, desde Baudelaire y sus *Tableaux parisiens*, ha sido calificado de *flâneur*, un «sujeto que mira errabundo por la ciudad», una mirada sin comunicación con el otro, un paseante anónimo y errático. Walter Benjamin, en su análisis de la mirada del poeta simbolista, detecta dos tipos de experiencia: la hostil del mundo industrial y la verdadera experiencia (121-170). El artista se muestra así como un privilegiado que posee la capacidad de observar todo lo que le rodea, pero que selecciona y escoge sólo lo que le interesa a su capacidad creadora. Esta postura perdura en el tiempo y, desde luego, es la que define la mirada urbana de Fernández Moreno, atento permanentemente al mundo exterior moderno, en incesante cambio y renovación, pero, al mismo tiempo, preservando su experiencia interior. Según Benjamin esta postura está estrechamente relacionada con la multiplicidad de los estímulos urbanos que exige al poeta un estado de conciencia permanente.

En relación con ella hay que tratar la dependencia poeta/muchedumbre urbana que, en Baudelaire, tiene aires contemplativos, de atracción y repulsa al mismo tiempo[1]. En suma, la postura del poeta francés marca un interés por la ciudad y la masa urbana, pero como observador distante y selecto de la vida ajena[2].

---

[1] Sobre el tema de las masas escribió Ortega su famoso libro *La rebelión de las masas* (1926), donde opone «el hombre masa» frente al «hombre selecto», de aire similar al «artista» baudeleriano, aunque sin el aura decadente.

[2] Postura muy diferente a la de Whitman, que se sumerge en la multitud hasta identificarse con ella.

Buenos Aires se prestaba a los itinerarios, de los barrios al centro, el paseante puede atravesar la ciudad, de trazado ya definido, pero con muchas parcelas sin construir, baldíos y calles sin aceras. De todo esto se hace eco nuestro poeta. El tranvía[3] va a ser el medio de transporte habitual que se expande y ramifica en los años siguientes. Entre 1899, fecha en que llega el poeta a Buenos Aires, y 1917, muchas cosas están cambiando, pero el cambio continúa, quizá por eso este tema nunca abandona al poeta[4]. Hay una serie de poemas en *Ciudad* que aluden al crecimiento urbano. El primero es «Desde mi puerta»:

> Primero está la calle, ancha y llena de sol,
> con las cuatro rayas de lápiz en las vías.
>
> Después la vieja chacra se dilata
> escondiendo un ranchito de ladrillos
> en un borrón primaveral de sauces.
>
> Lejos, como esqueléticos soldados
> un batallón avanza de molinos
> dando grandes zancadas (12).

Ese *primero*, *después* y *lejos* van estableciendo una gradación en el crecimiento de una ciudad que se aprecia desde la puerta de su casa de barrio y que pone de relieve una urbe en transformación constante. «Buenos Aires: así creces» completa la visión:

> Buenos Aires: un día,
> dos o tres casas blancas aparecen.
> Un alambre precario. Sauces y paraísos.
> Transcurren unos meses...
>
> Y ya se sabe. Los baratillos turcos,
> los pobres almacenes;

---

[3] Es uno de los signos urbanos más repetidos en su poesía. En su *Guía caprichosa de Buenos Aires* le dedica dos apuntes, «El sueño de los tranvías» y «Los ojos de los tranvías».

[4] Los poemas de *Ciudad* y aun algunos de *Poesías, Décimas* y *Sonetos* están inspirados en hechos vividos por el poeta, durante los años próximos a 1915, en la ciudad de Buenos Aires.

> más paraísos, más sauces...
> No sé de dónde salen, mas también hay cipreses.
>
> Aquello ya es un pueblo. Es una villa.
> Villa Tal... Buenos Aires, así creces.
> Pero todo pequeño, todo sin consistencia,
> franco, abierto, desnudo e inocente... (111).

El impacto de estas transformaciones no es ajeno a los habitantes de la ciudad. Carlos Alberto Erro explicaba así el fenómeno: «En América es acontecimiento frecuente ver la luz de un villorrio y terminar en una ciudad... En América los cambios son tan veloces que no el término de la vida de un hombre, sino, a veces, un cuarto de siglo, bastan para producir una cosa distinta» (65). Dos tipos de transformaciones quedan reflejadas en sus versos, las que afectan al centro y las que afectan a la periferia, ya sea Floresta –barrio donde vivió Fernández Moreno–, Boedo o Villa Urquiza. Las primeras son más llamativas y se mueven más por el impacto del lujo y la «modernidad»; en las segundas, sus cambios están en consonancia con el nivel social de sus habitantes: alcantarillado, luz, edificaciones baratas y apresuradas. En este sentido se inscribe uno de los poemas de *Ciudad*, con gran sentido irónico, donde el poeta parodia el verso de Garcilaso: «Corrientes aguas, puras, cristalinas» que da título al poema, para reflejar la llegada del «agua corriente»:

> Empezaron un día
> a cavar una zanja...
> Delante de mi puerta,
> bajo de mi ventana.
>
> Era un alegre ruido
> de picos y de palas...
> Era por todo el barrio,
> un brillo, un ruido, un subir y bajar de picos y de palas.
>
> Charlé con los obreros,
> árabes turcos de doradas caras.
> –Aguas corrientes, ¿sabe?
> ¡Estaba el sol alegre esa mañana! (118).

Fernández Moreno ha podido constatar el cambio de su ciudad entre 1899 y 1915, una ciudad que fue la de su adolescencia estudiantil y donde el pasado biográfico subraya a veces lo que se ha perdido o ganado de cara al presente descrito[5]. Él mismo, hijo de inmigrantes, ha sufrido cambios de barrio por motivos económicos familiares, de una casa en la Avenida de Mayo a Almagro Sur y de allí a Cochabamba, al Pasaje Torres, luego a la calle Unión y finalmente a Floresta. También el barrio conoce su «Elegía»:

> Hoy me fui a caminar alrededor de Flores
> entre viejos portones y tristes miradores.
> Aquella hermosa quinta de cuando era estudiante
> tan noble, tan oscura, tan fresca, tan fragante;
> la que tenía al centro patriarcal caserón
> y ramas florecidas en cada paredón,
> yace toda deshecha y en el amplio solar
> un sin fin de viviendas se quieren levantar.
> El césped está lleno de múltiples despojos,
> no hay más que andamios grises y tirantillos rojos.
> Al pie de una palmera se abre un pozo de cal
> y entre cascotes sucios se defiende un rosal.
> La ciudad se transforma, dice alegre la gente.
> También lo digo yo. Mi tono es diferente (14).

Todos sus poemas «barriales» serán recogidos más tarde en su libro *San José de Flores* (1943 y 1963, ed. definitiva). Todo un recorrido por la geografía urbana en la que tiene gran importancia la Calle Rivadavia, a la que dedica una sección en este libro[6].

Buenos Aires era en aquel tiempo una ciudad cosmopolita desde el punto de vista de su población, gracias especialmente a las migraciones

---

[5] Los períodos que el poeta vivió en la ciudad son los siguientes: desde su nacimiento a 1892; desde finales de 1899 en que regresa de España hasta 1912 en que finaliza la carrera de Medicina y parte a la provincia para ejercerla; desde mediados de 1914 hasta mediados de 1917; desde principios hasta fines de 1920 –este período y el anterior son paréntesis urbanos dentro del ejercicio de la medicina en el ámbito rural– y desde 1925 hasta su muerte.

[6] Los poemas «Puerta», «Tarde de invierno», «Por la vía del tren», «Tranvía alegre de domingo», «Pasa un tren de carga», «Esquina de Rivadavia y Olmos» y «Casi égloga» de *Ciudad*.

internacionales. Su crecimiento venía dado por estas migraciones y por los desplazamientos de campesinos del interior a la ciudad. El fenómeno había sido señalado por los nacionalistas del Centenario y siguió influyendo hasta la década de los treinta. Una población aluvial, diferenciada por sus respectivas lenguas y orígenes nacionales, que contribuye a dicho crecimiento. A la fecha de 1890 se puede remontar el origen del cambio de imagen de una sociedad homogénea a heterogénea, pero en los años en que escribe Fernández Moreno la asimilación del cambio aún no ha concluido. «Una ciudad que duplica su población en poco menos de un cuarto de siglo sufre cambios que sus habitantes, viejos y nuevos, debieron procesar» (Sarlo, 18). La fascinación por la megalópolis con sus contrastes y su anónima muchedumbre es lugar común de la estética de principios de siglo.

En el conjunto de la obra de Fernández Moreno, al que llamaron el «poeta de Buenos Aires» por haber captado con maestría el espíritu de la urbe, la ciudad ocupa el papel central: «¡Mira que te soy fiel, oh ciudad mía!» («Fidelidad», *Sonetos*, 1929), una fidelidad total a lo largo de su vida, desde aquella bajada del barco, a los trece años, que le devolvió a la «patria desconocida» y cuya primera impresión dejó plasmada en la última página de la primera parte de sus memorias:

> Buenos Aires, por lo entrevisto, era una urbe como otra cualquiera, con una multitud ruidosa, abigarrada, torpe... Cuanto veía era gris, chato, pesado. Detrás se abrirían las calles de mármol, los pórticos aéreos, la fronda de helechos y las flores desesperadas de mis sueños (181).

En *Las iniciales del misal*, bajo la denominación de «En la ciudad» se incluyen nueve poemas. Después vendría el volumen *Ciudad* (1917), la serie «Ciudad» de *Nuevos poemas* (1921), y un conjunto de libros que, bien agrupados por la forma estrófica empleada, bien por otra razón particular, incluyen poemas dedicados a Buenos Aires. Son: *Mil novecientos veintidós* (1922), *Poesía* (1928); *Décimas* (1928), *Sonetos* (1929), *Romances* (1936), *Seguidillas* (1936), *Continuación* (1938), *Buenos Aires: Ciudad-Pueblo-Campo* (1941), hasta llegar a la recopilación de la totalidad de estos textos en *Ciudad 1915-1949* (1949), que recogía toda su producción hasta entonces, como apartado de su obra ordenada.

Como parte desgajada de la temática urbana quiso el autor tratar los poemas dedicados al «barrio» que, aunque se remontan a 1915 también, aparecerán reunidos en el libro *San José de Flores* (1943 y 1963). Por último hay que señalar su libro en prosa, póstumo, *Guía caprichosa de Buenos Aires* (1965), especie de guía sentimental de la ciudad que el poeta fue fabricando al hilo de su condición de paseante solitario. De este libro tomamos la definición que mejor le cuadra, la de «Caminante»:

> El verdadero caminante es el de un solo camino. El otro será un explorador, un turista, uno que hace la digestión. Yo soy caminante. Este es mi trayecto, mi boca... No me detengo nunca. Para eso soy caminante. Si me detuviera se me acabaría el aliento, la vida (114).

Ésa fue su máxima de conducta para la elaboración de estos poemas urbanos: caminar y caminar. Fernández Moreno fue poeta de un solo camino urbano, el del damero bonaerense, un caminante que como dijo Borges, «había mirado a su alrededor». El poeta del nervio óptico, lo llamaría.

Entre 1915 y 1922 Fernández Moreno ya ha publicado un buen ramillete de versos y Borges ignora deliberadamente sus contribuciones, con una curiosa excepción, el comentario que el 11 de julio de 1926 publica en *La Prensa*:

> El diecisiete, Fernández Moreno publicó *Ciudad*: íntegra posesión de la urbe, total presencia de Buenos Aires en la poesía. Un Buenos Aires padecido y sentido vive en sus lacónicos versos, un Buenos Aires que le pesa al poeta con incansabilidad derecha de rumbos, un Buenos Aires en que hasta el cielo está amanzanado. Su visión no está vinculada a lo tradicional, como la de Carriego: es realidad de vida, hecha directamente realidad de arte. Su libro es íntegra conquista. Es libro desganado, varonil, orgulloso, tal vez perfecto.

Ya el movimiento ultraísta fenece, los aires iconoclastas de Borges se atemperan y la reconciliación con el poeta empieza a producirse.

Los nueve poemas de la sección «En la ciudad» (*Las iniciales del misal*) marcan de entrada los motivos más frecuentes en su tema urbano. El primero de ellos, «Por las calles», define al poeta caminante, especie de trovador urbano improvisado, dispuesto a captar los motivos de sus versos: «Por las calles / voy componiendo mis versos» (29). Calles y plazas serán los espacios predilectos de la urbe: «Nos conocimos, / y por calles y plazas nos amamos» («El amor de antes, la comparación de ahora», 31); la noche, el tiempo preferido para deambular: «Os odio, casas en la noche, / cerradas a cal y canto» («Casas en la noche», 33); los medios de locomoción: «victorias» o tranvías («Callejera»[7] y «Tranvía de la madrugada»); las distracciones nocturnas: cine o music-hall («Cine», «Music-Hall»). Las ampliaciones y variaciones sobre estos motivos serán la temática de su libro *Ciudad*.

Ciudad que sale a la luz el mítico año de la Revolución Rusa, se abre con una cita del poeta francés Jules Romains, «Je suis un habitant de ma ville»[8], y está dedicado a D. Leopoldo Lugones y a D. Manuel Mayol[9]. El mismo año en que publica Fernández Moreno su *Ciudad*, Mario Bravo publica *La ciudad libre*, que da cuenta de las transformaciones profundas que la urbe viene sufriendo, tanto física como socialmente.

Como otros libros suyos, se abre con un poema que quiere ser una declaración de principios:

> Madre no me digas:
> – Hijo... quédate,
> cena con nosotros
> y duerme después...
>
> Cuando pongo en ella
> los ligeros pies,
> me lleno de rimas
> sin saber por qué...
> La calle, la calle,
> ¡loco cascabel!
> La noche, la noche,
> ¡qué dulce embriaguez!
> El poeta, la calle y la noche,
> se quieren los tres...
>
> La calle me llama
> la noche también...

---

[7] En este poema reproduce una escena de corte dostoieskiano, la de un caballo agonizante sobre el pavimento.

[8] Del poema «L'heure suprème d'être» en *La Vie unanime* (1908).

[9] La dedicatoria a Lugones puede estar debida al agradecimiento por haber reseñado su anterior libro. Manuel Mayol era el director de *Caras y Caretas* y su suplemento *Plus Ultra* y, a raíz de la publicación de *Las iniciales del misal*, había buscado a Fernández Moreno para invitarle a participar en su revista. En el poema «Redacción» de *Ciudad* aparecen todos los integrantes de la misma.

Hasta luego, madre,
¡voy a florecer! (10-11).

El poeta ha establecido así las coordenadas del libro, un triángulo formado por el poeta, la calle y la noche que nos trae el recuerdo del poeta maldi-
to baudeleriano porque, en cierto sentido, reconstruye la figura del «bohemio» urbano, sin llegar nunca a los extremos del poeta francés («Energía de
la una de la mañana»):

> Yo conozco muy bien esta energía...
> Sé como viene y sé como se marcha.
>
> La taza de café.
> la cerveza alemana,
> el arpa de oro
> que tañe esa mujer toda de plata.
> [...]
> Dentro de unos instantes
> no habrá nada (15).

La figura del «bohemio» se traviste de «obrero noctámbulo» («Seré un
obrero noctámbulo», 1917, 17-18), «Con el cielo verde / me retiro a casa»
(«Alba», 1917, 27). En algunos poemas prevalece la fijación única de una
actitud casi pasiva, el deambular nocturno. El protagonista es un sujeto libre
que goza, cuando quiere, del anonimato y de la libertad («Gracias a una
estrella verde»):

> Yo soy el que dejo a todos
> los amigos en sus casas,
> y solo por la Ciudad
> voy caminando hasta el alba (28).
>
> Por la vía del tren abandonada
> paseo mi pereza («Por la vía del tren», 30).

Uno de los más bellos poemas dedicado simplemente al ámbito espacial
predilecto, dice así:

> La calle, amigo mío, es mágica sirena
> que tiene luz, perfume y un misterioso canto.

Vagando por las calles uno olvida su pena...
¡Yo te lo digo que he vagado tanto!

Uno va por las calles entre el mar de la gente;
casi, ni la molestia tienes de caminar...
Eres como una hojita pequeña e indiferente
que vuela o se está quieta, como quiera ese mar.

Y al fin todas las cosas las ves como soñando;
coches, escaparates, hombres ásperos y mujeres de seda,
todo en un torbellino pasa como rodando...
Y es este el gran peligro de estar siempre vagando,
el llegar a ser esto: otra cosa que rueda... (37)[10].

El poeta se siente solo y desorientado entre la multitud. En otras ocasiones, en su bohemia nocturna tienen cabida algunas distracciones, ya sea el cine, al que dedica varios poemas en el libro, ya sean los cafés, como el famoso «Brasileñas» (1917, 31-32). Uno y otro lugar, frecuentados en solitario, son ámbitos apropiados para «matar el tiempo» y para la evasión o el ensueño. La importancia que en sus versos concede al Séptimo Arte, como «otra» realidad, aparece ya desde *Las iniciales del misal* y se reitera en *Ciudad*. Son los inicios del cine, cuyo deslumbramiento es patente en el poeta, y donde se busca también la compañía anónima de algún posible amor para salir de la soledad. El cine como espectáculo popular queda reflejado en sus versos.

Comenta Octavio Paz: «El poeta contemporáneo es un hombre entre los hombres y su soledad es la soledad promiscua del que camina perdido en la multitud [...]. El equivalente del poema pastoril es la meditación solitaria en el bar, en el parque público o en un jardín de los suburbios» (87). Sus palabras parecen definir la postura del poeta argentino, ya que la ciudad –vivida o convivida en calles, plazas, tranvías, etc.– es la nota dominante, aunque,

---

[10] Este poema me parece uno de los más importantes del libro, casi una «poética». En la remodelación de este poema para *Ciudad* (1949), el poeta establece cambios que afectan a una mayor perfección rítmica del poema, por ejemplo, pero también se advierte un tono de ánimo distinto: la hipótesis de que el poeta pueda ser una pieza más del engranaje urbano, enunciada en el último verso, es constatación de realidad en la versión posterior: «Tú mismo no eres más que otra cosa que rueda» (53).

como poeta de su tiempo, también apreciamos en Fernández Moreno la ciudad como «espectáculo» y la ciudad simbolista.

Paseante y multitud se necesitan mutuamente, aun cuando ésta sea aludida en el retiro de las populosas calles. Así lo veremos en algunos poemas que muestran una dinámica urbana de azarosa unión y desunión y que encarnan la transitoriedad de lo moderno[11]. Así, en los cinco poemas dedicados a la calle Florida, punto simbólico del centro multitudinario, Fernández Moreno ve de este modo su movimiento:

Mujeres...
Casadas, que parecen niñas,
niñas, que parecen
blandas mujercitas.
Mujeres, mujeres
que no serán mías... (20).

Tarde de verano,
calle de Florida...

De blanco, de rosa, de malva,
una niña, otra niña, otra niña (89).

Sus versos ejemplifican la mirada del poeta urbano en cuanto receptor de un universo de señales, letreros y anuncios, pero no podemos hablar de un mirar sin ver, típico de nuestros años, sino un mirar sabiendo que lo que se ve no está a su alcance. Los ejemplos podrían multiplicarse en todo el libro e incluso llegan hasta sus últimos textos, como vimos por la *Guía*. «La escritura poética configura la imagen de un sujeto lírico que puede reducirse a ciertos rasgos: poeta caminante (*flâneur* ciudadano, aunque también paseante campesino), su poema consiste en la evocación de lo mirado en el cumplido derrotero y ese recuerdo sólo puede ser verbalizado en la íntima quietud de la casa familiar» (Monteleone, 1989, 327). El yo se sumerge, sin mezclarse, en la multitud, pero más tarde se repliega en la

---

[11] Sarmiento fue uno de los primeros viajeros argentinos que detectó esa «figura» y en una carta dirigida desde París a Antonio Aberastáin (4-9-1846) y publicada en los *Viajes en Europa, África y América* escribe acerca de ese peculiar observador de origen francés.

intimidad, un movimiento de expansión y repliegue fiel a la imagen baudeleriana del *flâneur*.

El ámbito de inserción del sujeto lírico es, preferentemente, la calle.
Unas calles recorridas en la noche, de forma habitual, que igual pertenecen
a su centro urbano que a sus arrabales. La calle Florida aparece repetida-
mente poetizada, simbolizando el espacio mítico del lujo y la opulencia, que
se puede «mirar», pero no «acceder» a él. Sus escaparates o «vidrieras»
constituyen la tentación del poeta pobre, ya que en el seno de una sociedad
secularizada, la interacción social es valorada en función del dinero y de la
productividad:

> Vidrieras, vidrieras,
> cosas exquisitas,
> telas orientales,
> vivas sederías,
> para hacer de todas
> ellas, odaliscas.
>
> Oro,
> pedrerías,
> para las gargantas,
> y las piernas finas,
> y los senos lánguidos
> de tanta divina...
>
> Libros....
> Ediciones raras, ediciones ricas,
> para mis golosas
> manos eruditas...
>
> Vidrieras, vidrieras,
> cosas exquisitas,
> cosas
> que no serán mías... (19-20).

Al lado de este canto-lamento de la opulencia urbana, también repara en
la miseria, pues no es Florida su único punto de mira, en el otro polo está la
callejuela, «Rauch», mejor acomodada a su sentir:

Callejuela apartada,
humilde callejuela
que ofreces a mi espíritu cansado
de tanta calle recta,
el sencillo misterio de tu curva...
Gracias, hermana callejuela (21).

La forma de acercamiento a la «callejuela» nos recuerda el tono y la acti-tud de Neruda en las *Odas elementales* (1954), sólo que casi cincuenta años antes.

De las calles centrales (Florida y su bullicio) al barrio (Rivadavia —«Tarde de invierno»— y su silencio), del barrio a la casa. Ése es el movimiento habi-tual del poeta que camina, aunque es un recorrido que, en el libro, se des-plaza en zigzag, sin orden definido[12]. Su geografía urbana abarca además el puerto y los ríos, del Plata al humilde Maldonado. En su deambular noctur-no, a cuestas con su soledad, topará con la multitud en cines y cafés, pero también cabarés («Cabaret», 108), figones («Figón», 103), hoteles («París Hotel», 119), lecherías («Lecherías», 48) o algún que otro espectáculo calle-jero («Piruetas», 49). Todos ellos son lugares de encuentro del yo peripatéti-co con la multitud, por la que siente atracción, a veces, o rechazo, otras. Sobre ella arroja el poeta su mirada curiosa o displicente. Más tarde se repliega a su barrio o recorre callejuelas vacías y suburbios silenciosos. En Buenos Aires, como en otras metrópolis, a medida que el casco urbano cre-cía, aparecían los suburbios y las distancias se acortaban gracias a los medios de transporte. De ahí la importancia que adquieren los tranvías en su obra, como vehículo de desplazamiento necesario en una ciudad imposible de abarcar por el viandante. La mirada cariñosa transforma al tranvía en parte «natural» del escenario urbano. Los edificios son también enfocados por su ojo, pero curiosamente y caso aparte la «Elegía al Nacional Central», Fer-nández Moreno prefiere fijarse en edificios anónimos, en apariencia vulga-res, pero que tienen para él una importancia sentimental, ya sea por estar ligados a su barrio, ya sea por otra razón. Los dota de «aura», esa «pátina» de la memoria afectiva sobre la historia de las cosas. Su poema «Setenta bal-cones y ninguna flor» resulta modélico:

---

[12] ¿Podría estar originada esa mirada en la pérdida del centro en las ciudades modernas, es decir, el paso de la ciudad concéntrica a la ciudad cuadriculada?

Setenta balcones hay en esta casa.
Setenta balcones y ninguna flor...
A sus habitantes, Señor, ¿qué les pasa?
¿Odian el perfume, odian el color?

La piedra desnuda de tristeza agobia,
¡dan una tristeza los negros balcones!
¿No hay en esta casa una niña novia?
¿No hay algún poeta bobo de ilusiones? (45).

«El barrio de Plata» (56) es el «barrio mísero», gris, no importa su nombre: «De Plata parecen las calles, / y los edificios». «Al arroyo Maldonado» es el canto a un riachuelo, el suyo, que no llega a «Tíber, ni Sena / ni siquiera a Manzanares». Son poemas de los espacios públicos, del ámbito sociológico del barrio, pero también el centro tiene su miseria. Su famoso «Versos a un montón de basuras» son un ejemplo de hiperrealismo:

Canto a este montoncito de basuras
junto a esta vieja tapia de ladrillos,
avergonzado y triste, en la tiña tundente
que ralea la hierba del terreno baldío.

Es un breve montón...
No puede ser muy grande con tan pobres vecinos.

Un trozo de puntilla, unas pajas de escoba,
y una peladura larga de naranja
que se desenrolla como un áureo rizo.

Es un breve montón...
No puede ser muy grande con tan pobres vecinos.

Una lata de restos de una cena opulenta
es más que un mes aquí de desperdicios...
Para tener de todo, hasta tienen miseria,
en mayor cantidad que los pobres, los ricos (77- 78)[13].

---

[13] Curiosamente, la última estrofa que apunta, cuando menos, una queja social, ha desaparecido en la remodelación de este poema para el volumen *Ciudad* (1949), lo que cambia, en nuestra opinión, el significado último del poema.

«Palermo», el famoso barrio porteño de Carriego, símbolo de las orillas, es el punto de confluencia entre la ciudad y el barrio a principios de siglo:

> Del lado de acá,
> en los bancos blancos
> charlan las mamás.
>
> Hay sombra del lado de allá.
>
> ¡Dios mío,
> del puente hacia allá! (65-66).

En el recorrido por la geografía urbana el último reducto es la casa, símbolo máximo de la paz del barrio:

> A mí mismo me da vergüenza y asco...
> He vagabundeado casi toda la tarde,
> he cenado muy mal en un figón cualquiera,
> ¡y a caminar de nuevo por las calles!
>
> Envenenado de café y tabaco,
> el último tranvía a mi barrio distante
> me llevará... Entonces, sigilosamente,
> será el abrir la puerta, no se enteren los padres,
> y el entrar de puntillas, velando
> la luz del fósforo... Pero no engaño a nadie (83).
>
> Embadurna de luz el alba mi postigo,
> y a perfilarse empiezan mis pobres muebles viejos.
> Los primeros en despertar son los espejos.
> Pende la luz eléctrica del techo, como un higo (102).

En todo el libro predomina un tono confesional, una visión intimista de la ciudad, de sí mismo y de algunos amigos o desconocidos. Prevalece en el libro la imagen de un poeta pobre, no del todo feliz con su pobreza, bohemio, soñador («Una casita»), noctámbulo, pero, pese a todo, enamorado de su ciudad, esquiva en muchos sentidos. Por el perímetro urbano paseó su nostalgia, su angustia, su soledad, su alegría, su esperanza o su desolación. La ciudad opulenta y la miserable han desfilado por sus versos, pero tampoco escapa a su mirada que la dificultad para abrirse camino profesional y triunfar en la urbe es palpable –son frecuentes en sus versos la alusión a su carencia de dinero («Mi sueño siempre empieza: / si tuviera un millón de pesos», «Corre el tranvía de la madrugada», 1917, 79), no como actitud bohemia sino como realidad tangible–. La ciudad rica se mira en los escaparates de Florida, un mundo inalcanzable a su bolsillo, espejo y símbolo de una nueva relación mercantil imposible para el poeta.

El canto urbano de Fernández Moreno contaba con el precedente arrabalero de Carriego, pero las voces son muy diferentes. Carriego no sale del suburbio y de las olvidadas tragedias humildes, mientras que la voz de Fernández Moreno se ensancha: de los barrios al centro y de éste a los barrios, sin embargo, un par de poemas se nos antojan homenajes implícitos a Carriego: «Balada de las pobres profesoras de piano y solfeo» que nos traen el recuerdo de las modistillas del barrio de Palermo, y su mirada cariñosa para esos inspectores tranviarios que se han convertido en anónimos amigos del poeta.

El amor a la calle, por la calle misma, se amplía a lo que ve, al espectáculo visual que ésta ofrece, a los interiores que visita en su callejeo o a esos omnipresentes tranvías en sus calles, cita obligada de buen número de poemas, cuando no tema poético en sí mismo. Pareciera preludiar el consejo que cinco años después arrojará Girondo: «Poemas para ser leídos en el tranvía».

Desde una perspectiva amplia, el poeta parece reclamar su derecho a «poseer» la urbe, a hacerla suya como, en otros planos, la está poseyendo su abigarrada multitud. Y esa posesión se realiza, preferentemente, a través del recuerdo inmediato, desde la inmovilidad del reposo casero. «Unos versos –diría el poeta– se tartamudean en una callejuela, se apuntan en un café del camino y se ponen en limpio sobre una mesa de roble» (1968, 78). La presencia de la multitud, el artificio del escenario urbano, el atractivo capitalista de sus vidrieras, etc., conviven, desde una postura íntima, con la soledad, la vida artificial, el dinero como recurso de poder y el miedo a ser absorbido por la vorágine urbana. Roberto Giusti dejó dicho que, gracias a su visión personal, la ciudad «de la cual tanto maldecimos y a la cual tanto queremos, al fin tiene su poeta» (38).

Con mirada crítica y denunciante, unas veces; otras, con elogios y nostalgia entrañable, la ciudad de Fernández Moreno se hace eco del cambio que la transforma, como hemos visto en algunos poemas, pero también de su esencia inmutable, su color gris, su cielo, sus vientos, sus personajes anónimos. Resulta curioso comprobar cómo va el poeta detectando los cambios arquitectónicos de su ciudad en sus siguientes libros. Como Alfonsina Storni, contempla una ciudad más hostil que placentera –en eso se diferenciará también de la ciudad borgiana–, una urbe moderna y asfaltada, una ciudad que se le resiste al poeta pobre, estudiante de medicina, con un futuro incierto a sus espaldas y una ruina familiar creciente. En *Nuevos Poemas*, como en *Ciudad*, la relación entre el poeta y la urbe es de atracción y rechazo, mientras en «Piedra, madera, asfalto» ruega por morir en la ciudad y ser enterrado bajo el pavimento de sus calles para sentir la vida bullente del asfalto; en «Para un primer día de ciudad», la utopía rural campestre ejerce un tirón más fuerte en el poeta, que contrasta aquella idílica paz con el bullicio y el movimiento de una ciudad cargada de tensiones y ruidos que le lleva a exclamar:

> Pesa de nuevo la ciudad enorme
> sobre la débil tabla de mi pecho (64).

Su mirada urbana está más próxima a la de Álvaro Yunque en sus *Versos de la calle* (1924) que a la de Borges de *Fervor de Buenos Aires* y comparte, en algunos momentos de ambos libros, el tono angustioso de algunos versos de *Ocre* (1925) y *Mundo de siete pozos* (1934) de la Storni. No en balde, para Giusti, los boedistas sienten el influjo de Fernández Moreno.

«A la aparición del espacio urbano en la poesía simbolista francesa no corresponde puntualmente una temática urbana en la poesía del primer modernismo hispanoamericano», comenta J. Monteleone (1986, 81). Le corresponde a nuestro poeta desarrollar este papel. Para Monteleone, en Fernández Moreno la pérdida del aura en la ciudad se compensa con el aura que atribuye al espacio rural. En realidad, el poeta no escatima el aura al espacio urbano, cuando mucho, la experiencia de la multitud sí puede implicar esa pérdida, pero *Ciudad* o los *Nuevos poemas* es algo más que estos poemas: todos aquellos dedicados a callejuelas apartadas, al barrio, a las lecherías, cines, tranvías, etc., comparten el aura que pueden tener determinadas visiones campesinas en sus libros. Es claro que el poeta selecciona del espacio urbano aquellos elementos a los que dotará de aura, pero una vez seleccionados los inviste y casi mitifica. Además está convencido de que hay que sumergirse en ese ámbito urbano, pese a sus inconvenientes. Así lo repite en 1928:

Aunque tuvieras, poeta,
un castillo en una cumbre,
un salón lleno de lumbre
y un gran sillón de vaqueta;
al llegar la noche quieta,
sobre mi hastío de pie,
me diría: bueno ¿y qué?
Y componiéndome el talle
me largaría a la calle,
a la calle y al Café. (1949, 76)

La ciudad cantada, amada, aborrecida o deseada por el poeta a lo largo de esos catorce años ha evolucionado. Al principio recoge la doble vertiente de la ciudad modernista y progresivamente se irá desprendiendo de esas funciones para reflejar la nueva vertiente de la ciudad del siglo XX. Es decir, se parte de la doble visión modernista, la del ocio placentero de la alta burguesía, simbolizada en ese espejo del lujo que es la calle Florida, junto a la del ocio obligado del marginado, del tipo anónimo que se tira a la calle porque no tiene otra cosa que hacer. La ciudad provee así la solidaridad de los «malditos». Los poemas de *Ciudad* dedicados a las cortesanas simbolizan esa fraternidad del poeta con las prostitutas, tan habituales en Darío y otros modernistas, aunque luego esa experiencia le devuelva a la soledad inicial.

Por último, la ciudad de Fernández Moreno es también la ciudad de las grandes remodelaciones arquitectónicas, la ciudad del cambio físico, la ciudad del cambio humano, aluvial y filistea, de barrios y conventillos, de «victorias», tranvías y autos, marcando así una evolución en los medios de transporte; la ciudad de viejos edificios junto a espigadas torres, de plazas, puertos, calles, ríos, árboles y flores. Es además la ciudad del ruido frente a la tranquila paz y reposo de la campiña, es la otra mitad que el poeta necesita, siempre dramáticamente escindido entre dos mundos y, al mismo tiempo, necesitado de ambos. Fernández Moreno tuvo la virtud de, como él mismo señaló, «entregar a todos la ciudad sólo conquistada por las orillas, de liberar los temas, de aligerar las formas» (1949, 8). Aunque Fernández Moreno todavía escribirá algunos libros o partes dedicadas al espacio provinciano y rural, su lugar personal para vivir estaba ya decidido, sufrida la metamorfosis de médico en profesor de Literatura. Sería Buenos Aires la que lo acogería hasta su muerte.

La ciudad cantada por este poeta y la ciudad suburbial que evocara Carriego son las bases del imaginario urbano de «floridistas» y «boedistas». Las composiciones de Girondo, González Tuñón o Yunque serán deudoras de estos precedentes. La obra de Fernández Moreno aparece así como un nexo necesario entre generaciones argentinas. Las estéticas de Florida y Boedo, que definieron el panorama literario de la década de los veinte, serían parcialmente analizadas si no se cuenta con este imprescindible eslabón de estilo.

BIBLIOGRAFÍA

a) Obras citadas de Baldomero Fernández Moreno

Las iniciales del misal. Buenos Aires: Imprenta José Tragant, 1915.
Ciudad. Buenos Aires: Sociedad Cooperativa Editorial Limitada, 1917.
Nuevos poemas: Ciudad-Intermedio Provinciano-Campo argentino. Buenos Aires: Tor, 1921.
Sonetos. Buenos Aires: L.J. Rosso editor, 1929.
La patria desconocida. Buenos Aires: Emecé, 1943.
Ciudad (1915-1949). Buenos Aires: Ediciones de la Municipalidad, 1949.
San José de Flores. Buenos Aires: Emecé, 1963.
Guía caprichosa de Buenos Aires. Buenos Aires: Eudeba, 1965.
La mariposa y la viga. Buenos Aires: Rodolfo Alonso, 1968.

b) Bibliografía general

Benjamín, Walter. *Poesía y capitalismo. Iluminaciones II.* Madrid: Taurus Humanidades, 1991.
Erro, Carlos Alberto. *Medida del criollismo.* Buenos Aires: Talleres Gráficos Porter, 1929.
Giusti, Roberto. *Ensayos.* Buenos Aires: Edición Homenaje de sus amigos, 1955.
Monteleone, Jorge. «Baldomero Fernández Moreno, poeta caminante», *Cuadernos hispanoamericanos,* 429, 1986, 79-96.
— «Baldomero Fernández Moreno: el poeta en la ciudad». *Historia social de la literatura argentina. Irigoyen, entre Borges y Arlt.* David Viñas (ed.). Buenos Aires: Contrapunto, 1989.

Paz, Octavio. *Sombras de obras*. Barcelona: Seix Barral, 1983.

Sarlo, Beatriz. *Una modernidad periférica: Buenos Aires, 1920-1930*. Buenos Aires: Nueva Visión, 1988.

Espacios escriturales en *Adán Buenosayres* de Leopoldo Marechal

Walter Bruno Berg

Preliminares metodológicos

El auge de los estudios literarios sobre el tema de la ciudad está caracterizado –al menos en Alemania– por una premisa epistemológica: se supone una relación intrínseca entre la ciudad y el fenómeno de la modernidad, tema que ha ocupado la historia de la cultura universal desde el siglo XIX como ningún otro. ¿Qué se entiende por «modernidad»? Es cierto que, en el campo de la literatura, Charles Baudelaire pasa por uno de sus descubridores. Hacia fines del siglo XIX, los simbolistas, los «decadentistas» y los esteticistas –que en Latinoamérica y en España adoptaron el nombre de «modernistas»– se apoderaron del tema. Sus seguidores fueron, claro está, los «futuristas» y los surrealistas. Al mismo tiempo, el tema fue descubierto por la incipiente «sociología de la cultura» y por la filosofía. De este modo la modernidad viene a ser un ejemplo eminente de lo que llamamos –con Michel Foucault– un «discurso». Éste está constituido, en efecto, por rasgos recurrentes, como el movimiento, la aceleración, la automatización, la fragmentación, el «choque» (a raíz de percepciones simultáneas de carácter contradictorio), la despersonalización, etc. Ya en 1936 Charlie Chaplin, en *Modern Times*, presenta el inventario casi completo de estos estereotipos en forma paródica.

Un buen ejemplo para demostrar la persistencia de la premisa mencionada es un extenso trabajo del crítico alemán Manfred Smuda dedicado al tema de la gran ciudad en novelas destacadas del siglo XX, entre otras, las de Alfred Döblin, John Dos Passos y James Joyce. El título del estudio ya encierra en sí el núcleo de la argumentación: «La percepción de la gran ciudad como problema estético del arte de narrar». Antes de llegar al estudio de los textos literarios propiamente dichos, el autor se ocupa abundantemente de las huellas de esta fascinación por la modernidad tal como se expresa en los manifiestos de los futuristas (de Marinetti, por ejemplo), pero también en las descripciones de la ya mencionada «sociología de la cultura» (Georg Simmel) o en el pensamiento de Walter Benjamin. En efecto, la argumentación de este último tiene un peso especial porque intenta relacionar, filosóficamente, las transformaciones de la vida moderna y la invención de nuevos medios, como la fotografía y el cine: «El cine corresponde a transformaciones fundamentales del aparato aperceptivo, transformaciones tal como las experimenta, a escala privada, cualquier paseante del tráfico urbano, o, a escala histórica, cualquier otro ciudadano» (traducción: Florencia Martín)[1].

Pues bien, la argumentación de Smuda –que seduce por su coherencia– podría inducir a una falsa conclusión: la de considerar la estrecha relación entre el contexto socio-histórico de la gran ciudad y el surgimiento de una nueva «disposición de percepción» [*Wahrnehmungsdisposition*] (133) como una relación de causa-efecto en el sentido estricto de la palabra. Lo que ocurre, sin embargo, es que al fin de cuentas no sabemos determinar con certeza cuál es la «causa» y cuál el «efecto». Por decirlo con una paradoja: Marinetti está interesado en la gran ciudad porque es futurista; no es futurista porque vive en la gran ciudad. Interviene un elemento imprevisible, es decir, el carácter (siempre) «arbitrario» de la creación artística.

La misma argumentación es aplicable al problema de los *medios*, o sea –en palabras de los formalistas rusos–, al problema de los *procedimientos* artísticos propiamente dichos, está en el centro del estudio mismo de Smuda: aunque es cierto –según W. Benjamin– que el cine es capaz de operar una transformación profunda de nuestro «aparato aperceptivo»[2], no hay ninguna relación «intrínseca» entre el cine (en tanto *medio*) y los pretendidos contenidos de la «modernidad». Por eso el propio Smuda, al ocuparse

---

[1] «Der Film entspricht tiefgreifenden Veränderungen des Apperzeptionsapparates – Veränderungen, wie sie im Maßstab der Privatexistenz jeder Passant im Großstadtverkehr, wie sie im geschichtlichen Maßstab jeder heutige Staatsbürger erlebt» (Benjamin, *Das Kunstwerk im Zeitalter seiner technischen Reproduzierbarkeit*, en *Gesammelte Schriften* Bd. I; 2, Frankfurt 1974, 503; cit. por Smuda, 133).

[2] Una argumentación similar se encuentra en las primeras páginas del conocido ensayo de Gilles Deleuze en el que el filósofo subraya que las creaciones de los autores cinematográficos son auténticas creaciones del espíritu humano. Estos autores «pensent avec des images-mouvement, et des images-temps, au lieu de concepts» (7 y ss.). Deleuze se abstiene, sin embargo, de todo juicio de valor previo: «L'énorme proportion de nullité dans la production cinématographique n'est pas une objection: elle n'est pas pire qu'ailleurs, bien qu'elle ait des conséquences économiques et industrielles incomparables» (8).

en la parte final de su estudio de la percepción de la gran ciudad en la novelística vanguardista, se ve obligado a admitir que el estilo cinematográfico practicado por Döblin en *Berlin Alexanderplatz* no es, llana y simplemente, una transposición de «la técnica del montaje» (en el sentido general de la palabra[3]) a la técnica «escritural» de la literatura, sino «un equivalente literario de los procedimientos narrativos del cine futurista, o sea, del montaje de lo disparatado que está en contradicción flagrante con la lógica y la expectativa de la continuidad espacio-temporal»[4].

Pasemos ahora a *Adán Buenosayres*, novela destacada de la literatura argentina, dedicada, *desde la periferia*, a uno de los más importantes centros urbanos del Nuevo Mundo. Se entiende que las ambivalencias inherentes al discurso de la ciudad que acabamos de mencionar están presentes, en más de un sentido, en el texto.

COHERENCIAS

Adán Buenosayres es la historia de un personaje, la historia de un alma, pero también, antonomásticamente, es la historia de una ciudad, claro está, *imaginaria*. Pero ¿hay ciudades en la literatura que, tal vez, *no* sean imaginarias? En este caso, sin embargo, la imaginación ya surge desde el *nombre* del protagonista, «*Adán* Buenosayres». El proyecto de la novela, pues, es genealógico, *mítico* en el sentido bíblico. Pero la pretensión del autor –documentada con toda la clarividencia deseable en un artículo de su propia autoría titulado «Las claves de Adán Buenosayres»– aún va más allá: no sólo abarca la cultura llamada judeocristiana, sino también la cultura occidental en el sentido más amplio de la palabra. En efecto, el modelo que se propone en la novela –siempre según las mencionadas «claves»–, es la gran épica occidental –como la de Homero, Virgilio, Dante Alighieri, Rabelais y Cervantes–, mientras la pretendida influencia de los contemporáneos, de James Joyce por ejemplo –señalada por la crítica–, es rechazada categóricamente: «Nues-

---

[3] Es decir, «ese montaje imperceptible [!] cuyo efecto es la ilusión de la continuidad», utilizado por los representantes del cine «tradicional» (167).

[4] «Döblins Erzählverfahren ist eher ein literarisches Äquivalent zu dem des futuristischen Films mit seiner Montage des Disparaten, die der Logik raum-zeitlicher Kontinuitätserwartung kraß widerspricht». Traducción propia.

tro irlandés», dice Marechal, se ha quedado «en la pura "literalidad"» (1966, 20); no entendió «la lección homérica» según la cual es preciso que la escritura se eleve al «sentido simbólico».

Este afán de coherencia, la búsqueda de una ortodoxia sin fisuras –tal como se expresa en las «Claves»– no es ajeno a la obra misma. Al seguir este camino, no cabe duda de que pronto llegaríamos, partiendo de la ciudad real de Buenos Aires del siglo XX, a una especie de ciudad de Dios à la Agustín, tan imaginaria como utópica, o sea, esa «Philadelphia, la ciudad de los hermanos» (1999, 277), que se menciona en las últimas páginas del libro cuarto de la novela.

Ahora bien, uno de los primeros en señalar el reverso de la medalla no fue sino Julio Cortázar. «Pocas veces se ha visto un libro menos coherente» (23). El juicio se encuentra en su reseña magistral de *Adán Buenosayres* de 1949, pero no está exento de ambivalencias. Por una parte, para el futuro autor de *Rayuela* –que en 1949 todavía era un adepto incondicional de una estética vanguardista–, la falta de coherencia mencionada en la reseña no sólo era un defecto, sino también una virtud. Desde la perspectiva de Cortázar, el de Marechal es un vanguardismo que se tiñe de matices románticos: «(...) una vez más cabe comprobar cómo las obras evaden la intención de sus autores y se dan sus propias leyes finales» (Cortázar, 1949, 24). Es verdad que la incoherencia vanguardista, desde esta perspectiva, se confunde con la pretensión de los románticos de emanciparse de las leyes de la razón. Por otra parte, el comentario de Cortázar *también* debe entenderse como crítica: «La cura en salud que adelanta sagaz el prólogo no basta para anular su contradicción más honda: la existente entre las normas espirituales que rigen el universo poético de Marechal y los caóticos productos visibles que constituyen la obra» (23). Como le gustan más «los caóticos productos visibles» que «las normas espirituales que rigen el universo poético de Marechal», Cortázar no tiene inconveniente en proponer una amputación rigurosa:

> Los libros VI y VII podrían desglosarse de *Adán Buenosayres* con sensible beneficio para la arquitectura de la obra; tal como están, resulta difícil juzgarlos si no es en función de *addenda* y documentación; carecen del color y del calor de la novela propiamente dicha, y se ofrecen un poco como las notas que el escrúpulo del biógrafo incorpora para librarse por fin y del todo de su fichero (24).

Parece que el severo crítico de 1949 todavía no está dispuesto a conceder a todo el mundo el derecho que él se tomará *no más* 14 años más tarde, es decir, el de incluir los *capítulos prescindibles* a la «novela propiamente dicha».

EL TEXTO DE LA NOVELA

Ahora bien, antes de tomar posición en este debate, echemos una breve mirada a la estructura general del texto.

La novela consta de siete libros. Ya oímos el juicio poco favorable de Cortázar concerniente a los dos últimos, «El Cuaderno de Tapas Azules» («Libro sexto») y «Viaje a la oscura ciudad de Cacodelphia» («Libro séptimo»). Son los únicos libros que llevan título. La explicación de los títulos se encuentra en el «Prólogo indispensable», que antecede a la novela propiamente dicha. El autor del prólogo (que suscribe como «Leopoldo Marechal») se presenta a sí mismo como amigo y testamentario de Adán Buenosayres. Poco antes de morirse, este último le entregó dos manuscritos pidiéndole (al mismo tiempo) que los publicara después de su muerte. Al principio, nos dice el prologuista, su intención era contentarse con una breve nota bibliográfica para presentar los manuscritos al público. Después cambió de propósito y se decidió a relatar también los sucesos memorables del día 28 de abril de 192..., seis meses antes de la muerte del amigo. El relato se extendió de tal modo que ahora comprende dos tercios del texto que se publica. Sin embargo, al seguir la ficción del narrador-editor, los libros uno a cinco de la novela sólo deben entenderse como *introducción* a los verdaderos manuscritos de Adan Buenosayres, publicados como libros seis y siete de la novela.

La diferencia entre las dos partes de la novela –libros uno a cinco; libros seis y siete– no podría ser mayor. En efecto, «El Cuaderno de Tapas Azules» es la historia de un alma, a saber, la historia del amor platónico del protagonista hacia Solveig Amundsen, historia que toma al pie de la letra la tradición petrarquista como modelo soteriológico. El «Viaje a la oscura ciudad de Cacodelphia», en cambio, es una sátira mordaz de la sociedad contemporánea, presentada alegóricamente como descenso al infierno.

La diferencia de la primera parte con respecto a la segunda se sitúa, en primer lugar, a nivel narrativo. También la primera parte es la «historia de un alma», pero el acto espectacular del «despertar metafísico» (12) del pro-

tagonista que inicia la novela ya no se restringe a la perspectiva singulariza-
da de un «narrador autodiegético» (como en el «Cuaderno de Tapas Azules»), sino que se confía a la instancia neutralizadora de un «autor-narrador»
(García Landa, 315 y ss.). De ahí que la conciencia singular se manifieste,
virtualmente, como experiencia «poli-lógica» –por decirlo con Bajtin y Kristeva– de la totalidad de los discursos que constituyen al protagonista, o sea,
la realidad del personaje-ciudad tematizada. También está presente –claro
está–, el «discurso del comienzo», introducido en las letras argentinas por la
figura emblemática de Macedonio Fernández. Pues bien, al parecer, Marechal ha comprendido la lección metanarrativa de *Una novela que comienza*:
mientras que en Fernández el lugar donde se manifiesta el problema del
comienzo es sobre todo en el juego irónico de la reflexión, que apunta, en
última instancia, al vacío, en Marechal el comienzo de la novela se caracteriza por un alto grado de semanticidad, producida por la presencia simultánea de una multitud de discursos heterogéneos. Desde las primeras líneas
de la novela esta heterogeneidad de sentidos se comunica al protagonista, a
saber, al personaje-ciudad. Veamos eso más de cerca.

> El pañuelito blanco
> que te ofrecí
> bordado con mi pelo...

He aquí el comienzo del comienzo, es decir, tres versos de un conocido
tango de Gabino Coria Peñaloza de 1920, que anteceden al texto propiamente dicho del primer capítulo. En la novela, sin embargo, no se indica
ningún autor, ninguna instancia de enunciación (o sea, ningún cantor individual). El comienzo del comienzo, pues, es anónimo, poético; lo que se connota entonces es la cultura llamada popular en el sentido estricto de los
románticos. La lengua nacional, para ellos, es una emanación del «alma de
los pueblos» que se manifiesta, originariamente, en la poesía, a saber, la
«lírica» en el doble sentido de letra y de canto. Pero veamos ahora el
comienzo de la narración:

> Templada y riente (como lo son las del otoño en la muy graciosa ciudad de
> Buenos Aires) resplandecía la mañana de aquel veintiocho de abril: las diez aca-
> baban de soñar en los relojes, y a esa hora, despierta y gesticulante bajo el sol
> mañanero, la Gran Capital del Sur era una mazorca de hombres que se disputa-
> ban a gritos la posesión del día y de la tierra (1999, 7).

Lo que se connota aquí, en esta primera frase de la novela entendida de manera estricta, es el discurso épico. La gran épica, al contrario de la poesía anónima popular, ya no es mito como «forma simple», como simple «enunciación de la verdad» (*Wahrsage* en el sentido de Jolles) (85), sino mito-*logía*. Ya es una primera forma de la reflexión. La poesía épica, al contrario de la poesía popular, ya no *es* el comienzo, sino que tiene *conocimiento* de ello. Como detentador de ese conocimiento, el narrador se presenta a sí mismo como «autor-narrador» (a quien se refiere sobre todo el paréntesis: «como lo son las del otoño en la muy graciosa ciudad de Buenos Aires») *y* a su objeto: «la Gran Capital del Sur». La autoridad de ese saber se apoya en la autoridad de una retórica específica del género, indicada por el *nomen proprium* («Buenos Aires»), la antonomasia («la Gran Capital del Sur») o el *epitheton ornans* («templada y riente»), técnicas cuya función no consiste tanto en crear un nuevo saber como en evocar un saber preconcebido por parte del lector. La atribución metafórica que sigue («[...] era una mazorca de hombres») es –retóricamente hablando– una personificación cuya función consiste en transformar el objeto (es decir, la ciudad) definitivamente en protagonista. Al mismo tiempo, sin embargo, el narrador marca un nuevo comienzo –ya es el tercero–, el de la acción propiamente dicha: «aquel veintiocho de abril: las diez acababan de soñar»; indicación falazmente precisa y cotidiana porque en este caso también el fenómeno trivial al que se alude –una mañana cualquiera de la gran ciudad de Buenos Aires– metafóricamente se presenta como una heroica lucha por la vida dotada de dimensiones cosmológicas.

En la frase siguiente el narrador se dirige explícitamente al lector invitándole esta vez a contemplar la ciudad a vista de pájaro:

> Lector agreste, si te adornara la virtud del pájaro y si desde tus alturas hubieses tendido una mirada gorrionesca sobre la ciudad, bien sé que tu pecho se habría dilatado según la mecánica del orgullo, ante la visión que a tus ojos de porteño leal se hubiera ofrecido en aquel instante (1999, 7).

Lo que así se ofrece a la vista del lector son los dos polos –digamos– arquetípicos en los que se concentra tradicionalmente no sólo la riqueza económica de la capital sino también el dualismo cultural del país entero: por un lado, «buques negros y sonoros, anclando en el puerto de Santa María de los Buenos Aires, (arrojando) a sus muelles la cosecha industrial de los dos hemisferios, el color y sonido de las cuatro razas, el yodo y la sal de los siete mares [...]»; y por el otro, «los bretes desbordantes de novillos y vaquillonas que se apretaban y mugían al sol esperando el mazazo entre las dos astas y el hábil cuchillo de los matarifes listos ya para ofrecer una hecatombe a la voracidad del mundo» (1999, 7).

Otro cambio de perspectiva le permite al lector acercarse al fin al protagonista de la novela en el sentido usual del término: «Adán Buenosayres despertó como si regresara» (1999, 8). Volviendo, por decirlo así, de la antinomasia al *nomen proprium*, el lector presenciará, a partir de ahora y a lo largo de varias páginas, el ya mencionado «despertar metafísico» (1966, 12) del personaje.

Ahora bien, si nos hemos detenido tanto en la lectura de la secuencia inicial, es que ésta en efecto ya ofrece un sucinto panorama de las características principales que constituyen la novela en su totalidad. Veamos brevemente cuáles son:

1° *Identidad:*

Adán Buenosayres es, ante todo, una novela de la identidad. «Buenosayres» no es sólo «la Gran Capital de Sur». La escritura arcaizante indica que el nombre designa, metonímicamente –a más tardar, desde la «Revolución» de 1810–, un modelo nacional; modelo que pretende armonizar las contradicciones flagrantes que existen entre la capital y el interior, entre la mirada puesta en Europa de los «porteños» y la «autoctonía» de los que se presentan como portavoces del espíritu de las provincias.

2° *Cultura popular:*

Contrariamente al modelo dicotómico de la identidad nacional, el modelo identitario propuesto por Marechal es triádico. En efecto, el elemento nuevo –manifiesto en la novela desde los versos iniciales que hemos comentado– es el «popular». Más adelante veremos si –y en qué medida– la postulación del *Otro* que está presente en el elemento popular tiene eco en la novela.

3° *Metafísica:*

Para los griegos, las palabras «origen» y «principio» designan una y la misma cosa. La ciencia de los orígenes y de los principios se llama *meta*-física. En este sentido, la metafísica es, rigurosamente, universal. En cambio, el elemento popular –que acabamos de mencionar– pertenece a la «física»; no es universal, sino «regional», o sea, «empírico». A pesar de esas distinciones, Marechal insiste en el carácter «metafísico» de su novela. Es por eso que llama a su protagonista *Adán*. «*Adán* Buenosayres», pues, no es sólo un *prócer* de la cultura y de la identidad nacional. Es también –más allá de toda valoración histórico-nacional– un símbolo universal. Ya está presente este rasgo en el «despertar metafísico» del protagonista, luego en las aporías de su amor a Solveig Amundsen y, finalmente, en el encuentro místico con el «cristo-linyera» al final del quinto libro.

4° *Épica:*

Es evidente la presencia de la épica tradicional en la novela. Está presente –ya lo hemos visto– en la oposición entre una cultura popular –manifestada por la letra *cantada* del tango al principio– y la «retórica *escritural*» de la primera frase de la narración. Sin embargo, la intertextualidad con la gran épica, para Marechal, no se limita a los efectos de la ornamentación retórica ni tampoco a los de una sátira superficial. Sin lugar a dudas, es un elemento constitutivo de su texto. Está presente en el «espíritu» (*Gesinnung*) –para emplear un concepto de Georg Lukács– de la obra. Pues bien, el «espíritu» de la épica (tradicional) es la «totalidad». En efecto, no cabe duda de que la totalidad, en tanto «espíritu», está presente en la novela. También es cierto que el protagonista, a nivel biográfico, siempre está delante de un mundo contingente –rasgo característico, según Lukács, del «individuo problemático» (66-67)–. Ahora bien, el resultado de la confrontación irreconciliable entre la postulación de la totalidad y la experiencia del fracaso a nivel individual –siempre según Lukács– no es sino el humor.

LAS INCOHERENCIAS DE LA *ARGENTINOPEYA*

Volvamos ahora al tema principal de la novela, la configuración de la ciudad en la obra de Marechal. «[...] pocas veces entre nosotros se había sido tan valerosamente leal a lo circundante [...]» (25) dice Cortázar en su mencionada reseña de la novela. El juicio es de suma importancia para nuestro tema. Pero ¿qué se entiende, qué *debe* entenderse por esta pretendida «lealtad a lo circundante»? Veamos, por de pronto, lo que piensa Cortázar. Pues bien, «lealdad a lo circundante» es, en primer lugar, la adecuación «fondo-forma», principio que, «tan señaladamente, malogra casi toda la novelística nacional» (26). Esto significa, en segundo lugar, renunciar, dada «la plural dispersión en que lucharon él y sus amigos de *Martín Fierro*», a todo «denominador común», a todo falso «*estilo*» (26). En términos positivos, pues, los logros de la novela consistirían en una especie de mimetismo directo frente a una realidad cultural caracterizada por el rasgo de la «dispersión», o sea –en términos más modernos y más adecuados–, por la *hibridez*. Los ejemplos que siguen confirman esta lectura:

> [...] si el *Cuaderno de Tapas Azules* dice con lenguaje petrarquista y giros del siglo de oro un laberinto de amor en el que sólo faltan unicornios para completar la alegoría y la simbólica, el velorio del pisador de barro de Saavedra está contado con un idioma de velorio nuestro, de velorio en Saavedra allá por el veintitantos. Si el deseo de jugar con la amplificación literaria de una pelea de barrio determina la zumbona reiteración de los tropos homéricos (p. 114 y ss.), la llegada de la Beba para ver el padre muerto y la traducción de este suceso barato y conmovedor halla un lenguaje que nace preciso de las letras de "Flor de Fango" y "Mano a mano" (p. 275 y ss.) (26).

De ninguna manera, pues, el término de «lo circundante» –en la mente de Cortázar– tiene implicaciones falsamente positivistas. Es, sobre todo, un concepto estético. Su uso como concepto sociológico supone la aceptación de lo que se discute en las Ciencias Sociales, desde hace tiempo, bajo la denominación *cultural turn*, o sea, el principio de que la llamada *realidad social* debe entenderse como el resultado de un proceso de «construcción» en el cual, más allá de los condicionamientos materiales e institucionales, es preponderante el rol que les incumbe a los fenómenos culturales en el sentido clásico del término, o sea, discursos, modos de pensar y de hablar. No cabe duda de que los discursos llamados «identitarios» –explícitos o implícitos; conscientes, semi- o subconscientes; oficiales o subversivos– forman parte de esta realidad social *culturalmente* concebida. Con respecto a este proceso de formación de la cultura en general –y de los modelos identitarios en especial–, el papel de la «literatura» –tanto en su aspecto creativo como receptivo–, siempre ha sido decisivo. Es fácil demostrar la pertinencia de la tesis en el caso argentino. Por otra parte, la particularidad de la literatura como práctica cultural consiste en el hecho de que –a diferencia de otras prácticas discursivas– no sólo se incorpora «mecánicamente» al proceso de la formación de la cultura en tanto *material* discursivo, sino que además siempre ha sido un lugar específico en donde el proceso formativo de la cultura llega a una especie de ruptura consigo mismo, donde el proceso inconsciente y «natural» de la formación se transforma, por ende, al menos virtualmente, en un proceso reflexivo y consciente.

CONCLUSIONES

Termino con una triple tesis:

1. *Adán Buenosayres* es un panorama «total» de la ciudad de Buenos Aires en tanto alegoría de los discursos determinantes acerca de la identidad nacional argentina en boga durante la primera mitad del siglo.

Hemos visto que el «espíritu» de la épica –en tanto «totalidad»– determina la obra desde las primeras líneas. Se trata de una totalidad multifacética y contradictoria. Antes de iniciarse la narración propiamente dicha ya están presentes los indicios de una identidad popular a los que se oponen las marcas del universalismo intelectual, representado hiperbólicamente por el «despertar metafísico» del protagonista y el intelectualismo excéntrico de su amigo Tesler. En el segundo libro, el protagonista por de pronto se expone a la experiencia multitudinaria de la «argentinopeya» (49) de la calle Gurruchaga para integrarse luego en una tertulia en la casa de los Amundsen. Mientras la visita para el protagonista no es sino un paso más en su historia de amor frustrada, al lector se le ofrece el arsenal completo de los estereotipos y las necedades de la pequeña burguesía argentina. Más tarde, Adán se reúne con un grupo de amigos para encaminarse al encuentro de lo «sobrenatural» (136) criollista en forma de un velorio en el barrio popular de Saavedra. Uno de los puntos culminantes de la expedición es el enfrentamiento –tachado de "psichomachia" por el narrador[5]– del dogmatismo «criollista», por parte de Del Solar y Pereda, con el escepticismo sardónico

---

[5] «Ahora bien, no sólo intervienen los hombres en ese combate metafísico: la verdadera batalla se decide arriba, en el cielo de la ciudad. Es la batalla de los ángeles y los demonios que se disputan el alma de los porteños» (142).

de los intelectuales Buenosayres, Tesler y Schultze. Tema de la disputa es el
contenido auténtico del alma nacional argentina.

2. El verdadero mensaje de la novela es humorístico

El término «humor» tiene dos connotaciones: una es «clásica», o sea,
«cristiana»; la otra «postmoderna», «semiótica», «escritural». Me explico.
El humor en *Adán Buenosayres* es más que «ironía», no es sólo una técnica
retórica. Es universal porque, en última instancia, es el efecto de la estructura estética de la obra. *Adán Buenosayres*, desde esta perspectiva, es parecido
al *Gran Teatro del Mundo* de Calderón de la Barca. Mientras el humorismo
metafísico de este último está basado en la estructura «teatral» –que no sólo
es «estructura», sino que también se identifica con el «mensaje» mismo de la
obra–, el de *Adán Buenosayres* es «escritural», o sea, «testamentario» (ver
Derrida, 1967, 100). En efecto, lo que se sabe –a raíz, justamente, del «prólogo indispensable»– es que los libros seis y siete son el legado *póstumo* de
Adán Buenosayres y que el resto de la novela no debe considerarse sino
como una amplificación exorbitante de lo que, al principio, sólo se concebía
como un simple prefacio. De este modo, tanto la vida como la obra del protagonista aparecen bajo el signo de la *escritura*. Ahora bien, esto es cierto no
sólo en cuanto al aspecto propiamente biográfico de Adán –en especial en
cuanto a los autógrafos que pretendidamente ha dejado a la posteridad–,
sino también, y sobre todo, en cuanto al aspecto *antonomástico* del personaje al que acabamos de referirnos con anterioridad. En efecto, ya la antonomasia en sí –en cierta medida– es una falsa pista. Lo que se sugiere, a partir
de la identidad de los nombres, es también la identidad de la cosa, pero la
escritura arcaizante del nombre propio del personaje marca la diferencia
–un verdadero efecto de *différance à la* Derrida, 30 años antes de la publicación de la *Grammatologie*–. Pues bien, el efecto escritural de la *no*-identidad
de los nombres propios es un indicio cuya validez se confirmará en toda una
serie de encuentros ulteriores. Contentémonos con mencionar uno solo: la
visita de los «turistas» en busca de la autenticidad «criolla» en el Barrio Saavedra. Lo que encuentran, en efecto, son vestigios de esta *oralidad* de la jerga
de los compadritos, a la que unos puristas han tratado de atribuir la dignidad de un *idioma nacional* argentino[6]. Pues bien, ante la aparente inadecua-

---

[6] Para el contexto de la discusión, ver Berg.

ción entre los altos fines del modelo y «la materia viviente» (1999, 192) por la cual está representado, los estudiosos –pero al mismo tiempo «heterodoxos» (1999, 192)– turistas recurren a una oralidad bien diferente, a saber, aquella del alcohol. Debidamente inspirados, se meten a inventar una estrambótica *taxonomía* concerniente a las diferentes especies de *taitas* y *compadritos*; ejercicio que desemboca en una «carcajada universal que puso en tensión a los héroes de la cocina» (1999, 194) y que lleva a los criollistas serios –entre ellos, a Pereda y Bernini– a «consultarse mutuamente» acerca de si «había en el aire un fuerte olor a bronca» (1999, 194). Mencionemos, sin embargo, que la «bronca» –el espectáculo degradante de la escena– ya no es unilateral. Participan en ello tanto los representantes de la cultura popular falsamente idealizada como los no menos falsos «intelectuales», que en este caso parecen surgidos de repente de un esperpento valleinclanesco.

3. *Adán Buenosayres* no es un libro verdaderamente «moderno»

En vano buscamos en la novela la experiencia de la *gran ciudad*, a la que nos hemos referido arriba al comentar el estudio de Manfred Smuda. *Adán Buenosayres* no es un *Großstadtroman* en el sentido del discurso de la «modernidad». La técnica, el movimiento, la aceleración, la fragmentación, el choque: todos estos rasgos del mundo moderno están ausentes de la novela. En efecto, social y culturalmente, *Adán Buenosayres* parece referirse a un mundo premoderno (aunque modelado, eso sí, según los moldes de una «hibridez» típicamente argentina). Por eso, Marechal no está preocupado por los problemas de una nueva «disposición de percepción» en el sentido de la «escritura cinematográfica»[7]. Por consiguiente, toda comparación seria con las obras *modelos* de los «modernos», tales como las de Joyce, Dos Passos o Döblin, sería

---

[7] Es cierto, por el contrario, que la novela está imbuida de elementos de «intertextualidad». A este respecto, concordamos, en principio, con las líneas generales del estudio de Javier de Navascués, en especial con la diferencia que el autor establece entre Marechal y Joyce (756). Nos gustaría, sin embargo, añadir una observación de orden metodológico: también el problema de la «intertextualidad» forma parte de lo que, en ese estudio, se discute bajo el concepto de la *modernidad*. Es ésta, por lo menos, la perspectiva de Julia Kristeva a cuyos trabajos fundacionales (en cuanto al concepto) se refiere también Javier de Navascués en su mencionado ensayo. Por otra parte, la connotación «moderna» del concepto de «intertextualidad» creado por Kristeva sólo se entiende al esclarecerse que el mismo está basado en el concepto de «diálogo» propuesto por M. Bajtin. Pues bien, «diálogo», en el sentido bajtiniano, no significa otra cosa que el rechazo categórico de la supremacía de un sólo discurso;

errónea. El caso de Döblin es significativo porque demuestra que no es tanto la metafísica o el cristianismo lo que le impide a Marechal ser moderno, sino la visión estética que está detrás de su visión de mundo. La suya *no* es, decididamente, la de la *gran ciudad*, sino la del barrio o, a lo sumo, la del arrabal. Para conocer *toda* la ciudad de Buenos Aires, invita al lector a una *vista de pájaro*, no a un paseo en automóvil o a la visita de un estudio cinematográfico. El único capítulo de la novela con vistas comparables a las de la *gran ciudad*, es decir, el primer capítulo del segundo libro, cuando el protagonista cruza la calle Gurruchaga –según las *Claves* «el movimiento *centrífugo* del héroe que, abandonando la unidad de su mundo interior, va en busca de Solveig» (1966, 11)–, también es una caminata durante la cual el caminante no se encontrará con ninguna *paseante* desconocida, sino sólo con figuras de su conocimiento. Ni siquiera la *guerra de barrio* que estalla al final del paseo comporta algún signo de extrañamiento, porque sólo va a confrontarlo con los arquetipos de su universo literario poblado por los héroes del *epos* de Homero. Hasta su Cristo carece de sentido universal; es un pobre Cristo *de la mano rota*, también un Cristo de barrio que sólo los vecinos más próximos conocen.

No nos parece una contradicción si al final decimos que *Adán Buenosayres* es –a pesar de todo eso– una gran novela. «Soy un retrógado, pero no un "oscurantista", ya que voy, precisamente, de la oscuridad a la luz» (1966, 22), dijo el propio Marechal. Como todo el mundo sabe, la metáfora no es mera retórica; tiene un fondo real en la conformación geográfica del Nuevo Mundo: quien se dirige a mediodía, parado en medio de la Plaza de Mayo de Buenos Aires, al *norte*, tiene el sol *de frente*. Quien hace el mismo experimento en Madrid –digamos, parado en la Puerta del Sol– lo tiene por detrás. Pues bien, ¿quién nos quiere convencer de que no hay, casi siempre y dondequiera, dos caminos contradictorios que nos llevan a la luz...?

BIBLIOGRAFÍA

Berg, Walter Bruno. «Apuntes para una historia de la oralidad en la literatura argentina», *Discursos de oralidad en la literatura rioplatense del siglo XIX al XX*. Walter

---

equivale, al contrario, a la postulación de la coexistencia de discursos heterogéneos. Estamos lejos, claro está, del mundo espiritual de Marechal, que sigue regido por las premisas del racionalismo escolástico.

Bruno Berg y Markus Klaus Schäffauer (eds.). ScriptOralia, 109. Tübingen: Gunter Narr Verlag, 1999, 9-120.

Deleuze, Gilles. *Cinéma. I. L'image-mouvement*. Paris: Les Éditions de Minuit, 1983.

Derrida, Jacques. *De la grammatologie*. Paris: Les Éditions de Minuit, 1967.

— *Marges de la philosophie*. Paris: Les Éditions de Minuit, 1972.

García Landa, José Ángel. *Acción, relato, discurso. Estructura de la ficción narrativa*. Salamanca: Ediciones Universidad de Salamanca, 1998.

Jolles, André. *Einfache Formen*. Tübingen: Halle, 1965.

Lukács, Georg. *Die Theorie des Romans*. Neuwied/Berlin: Luchterhand, 1971.

Marechal, Leopoldo. «Las claves de Adán Buenosayres», *Las claves de Adán Buenosayres y tres artículos de Julio Cortázar, Adolfo Prieto, Graciela Sola*. Mendoza: Azor, 1966.

Marechal, Leopoldo [1948]: *Adán Buenosayres*. Jorge Lafforgue y Fernando Colla (coords). Madrid: Colección Archivos, 31, 2ª ed., 1999.

Navascués, Javier de: «La intertextualidad en *Adán Buenosayres*», *Adán Buenosayres*. Jorge Lafforgue y Fernando Colla (coords). Madrid: Colección Archivos, 31, 2ª ed., 1999, 740-770.

Smuda, Manfred. «Die Wahrnehmung der Großstadt als ästhetisches Problem des Erzählens», *Die Großstadt als "Text"*. Manfred Smuda (ed.). München: Wilhelm Fink Verlag, 1992, 131-182.

Ciudad y modernidad: tres versiones de Lima en la narrativa de José Díez Canseco[1]

Carlos F. Cabanillas Cárdenas

> *Toda ciudad es un destino*
> *porque es, en principio, una utopía,*
> *y Lima no escapa a la regla.*
>
> Salazar Bondy, *Lima la horrible.*

De Ciudad de los Reyes a Lima, la horrible[2]

Lima, la afamada Ciudad de los Reyes, ha devenido con el paso del tiempo en «Lima la horrible», según la ya canónica frase de César Moro y el duro, pero veraz, ensayo de Sebastián Salazar Bondy. Muchas deben de ser las causas que han ocasionado que una ciudad con vislumbres de realeza termine convirtiéndose en el espacio caótico de hoy en día. Pero quizás mucho tenga que ver con una llamada modernidad que se quedó en la superficie y no supo –o no quiso– esclarecer problemas de convivencia y bienestar social

---

[1] Estando el presente trabajo en proceso de publicación aparecieron dos ediciones que llenaron el vacío de ediciones modernas de la narrativa de José Díez Canseco. Una de ellas es la *Obra narrativa completa,* ed. de Tomás G. Escajadillo, Lima: Amaru, 2005; y la otra es la *Narrativa completa,* ed. de Valentino Gianuzzi, Lima: Pontificia Universidad Católica, 2004.

[2] En el Perú sólo se puede hablar de Lima como espacio urbano. A pesar de la importancia de algunas otras ciudades, ninguna alcanza la condición de urbe que posee Lima, consecuencia de un centralismo político, social y cultural que lleva siglos sin solución. Sobre la ciudad de Lima en la literatura el estudio más serio es el del libro de Elmore y la breve selección de ensayos de Desco. Para cuestiones más generales es importante el libro de Ortega, y para una mirada paralela a Buenos Aires en la misma época, con apreciaciones fundamentales, Sarlo. Para los escritores del 50 la tesis de Stroud es irregular y no toma en cuenta textos anteriores que hubieran aclarado muchos aspectos de la Lima de la generación del 50. Son de reciente aparición los libros de Valero y Navascués, que, desde perspectivas distintas, se ocupan de este aspecto en la obra de Julio Ramón Ribeyro.

general que, al contrario, agudizó. La modernidad de Lima no fue modernidad del Perú. Ello explica el auge de edificaciones y obras públicas, con un evidente modelo europeo, que cambió el panorama de la ciudad pero no la vida del resto de los peruanos:

A Lima le ha sido prodigada toda clase de elogios. Insoportables adjetivos de encomio han autorizado aun sus defectos, inventándosele así un reverberante abolengo que obceca la indiferencia con que tantas veces rehuyó la cita con el dramático país que fue incapaz de presidir con justicia (Salazar Bondy, 7-8).

Muchos de esos cambios hacia la «modernidad» empezaron en los primeros años del siglo XX[3], y desde el inicio establecieron modificaciones en el paisaje urbano de Lima que ocasionaron el efecto de un progreso falso. Sin embargo, dicho progreso tuvo dos efectos importantes. Por un lado, el sentimiento de pérdida de un pasado señorial que algunos sectores trataron de preservar ante los cambios evidentes de la modernidad –reacción pasatista, que Salazar Bondy consideró la utopía del pasado, la Arcadia colonial–. Por otro lado, las migraciones a la ciudad, consecuencia inesperada que iba a desencadenar fenómenos más complejos: el surgimiento de las barriadas y la sobrepoblación. El resultado es la Lima babilónica, informal y violenta de la actualidad:

Lima es ahora el Perú, mas no como vitrina que muestra lo más graneado. La ciudad capital es ahora el espacio representativo de lo que es el país como problema [...]. En Lima actual se reflejan con toda perentoriedad los problemas del país, a ella concurren y en ella se entremezclan y pugnan las diversas naciones de esta comarca plural y heterogénea [...]. Las diferentes zonas de la ciudad y la complejidad de sus problemas reproducen en el espacio urbano los violentos contrastes, las terribles contradicciones de un país que, ahora sí, tiene

---

[3] Ver para los aspectos precedentes del cambio de la ciudad a inicios del siglo XX, Elmore, 11-51. Son significativas las noticias que da sobre los años 20 en 53-56: «A fines de la década de los "20, en las postrimerías del oncenio de Augusto B. Leguía, la ciudad de Lima había ya emprendido a toda marcha su crecimiento hacia el Sur. En el breve lapso de una década el área urbana se extendió de 881 a 2037 hectáreas, las tierras de cultivo se replegaron en beneficio de zonas urbanizadas, la especulación inmobiliaria alimentó grandes fortunas y un frenesí consumista se adueñó de las capas más altas de la sociedad peruana. [...] Crecer y modernizar era la voz de un gobierno pródigo en obras públicas y proverbial por su no muy embozada corrupción».

conciencia de sí mismo pues se ha instalado en el centro de sus preocupaciones (Vidal, 13).

Fue en esa primera modernización de Lima, cuando la ciudad y la conciencia de ella, en los diversos sectores sociales, se encontraban en una situación de inestabilidad, de volubilidad y cambio. Si bien se saludaba un progreso, aunque incierto, también iba a surgir la nostalgia por aquella Lima que estaba cambiando. En este marco de cambio hay que situar la obra narrativa de José Díez Canseco (1904-1949)[4]. Las páginas que siguen pretenden ser un repaso breve de algunos aspectos de la percepción y la conciencia de Lima en las primeras décadas del siglo XX que se advierten en la literatura de la época. Dichos años se corresponden con el tiempo en que vivió, escribió y publicó José Díez Canseco. Me detendré en su novela *Duque* (1934, aunque escrita entre 1928 y 1929), también en dos relatos de sus *Estampas mulatas* (1929-1930) –«El Gaviota» y «Km. 83»–, y finalmente en la novela póstuma (e inconclusa) *El mirador de los ángeles* (1974, aunque escrita alrededor de 1940)[5].

Es preciso recordar que un texto literario nunca pretende ser una fiel copia de la realidad, por tanto, la misión del relato es construir espacios, no representarlos (en este caso el espacio urbano). Pero quizás sea posible intuir a partir de los textos ciertos «rasgos de conciencia» que intervienen en la construcción ficticia de la ciudad. Muchas veces son los personajes los que ayudan a crear ese espacio, y otras veces es el espacio un ente imprescindible en el funcionamiento de las acciones del relato. En todo caso, una lectura a partir del espacio o hacia el espacio literario implicará una serie de perspectivas nuevas e interesantes. En ese sentido es también importante la condición de José Díez Canseco como el único escritor urbano de dicha época que es capaz de recrear los espacios vitales de la aristocracia limeña

---

[4] De esta época es también otro testimonio importante, *La casa de cartón* de Martín Adán, texto que habría de influir mucho en Díez Canseco, y que propone una peculiar lectura de la ciudad; ver Elmore, 53-80.

[5] En realidad, la obra de Díez Canseco ha sido menos estudiada de lo que parece. Un buen inicio para el análisis de sus obras literarias –también de su sentimiento sobre Lima– lo brinda el propio autor en una curiosa dedicatoria «A Madame de R. S-M, en París», que aparece en el manuscrito de su fallida novela *Las Urrutia*, publicada junto con el incompleto texto de esta novela, en la edición que Escajadillo hizo en 1974 de *El mirador de los ángeles*, 17-23.

(*Duque*), de los marginados y desposeídos de las periferias de Lima (*Estampas mulatas*) y de la clase media en progreso (*El mirador de los ángeles*).

José Díez Canseco es un escritor injustamente olvidado, cuyos textos, por méritos propios merecen no sólo profundizaciones críticas sino también una mejor difusión editorial, desgraciadamente limitada hasta hoy. No estamos ante un simple escritor costumbrista, como señalan muchas historias de la literatura, aunque lo pueda parecer. Su obra se instala en un interesante momento de cruce de caminos narrativos (entre tradición y vanguardia) y consta de una sensibilidad y una afilada ironía que sobrepasan los aspectos costumbristas de sus obras. En otro plano, no es tampoco un costumbrista que pretende ofrecer una lección moral, ya que Díez Canseco nunca afirma ni juzga explícitamente, sino sólo muestra, dejando al lector un papel importante en sus textos. Y dentro de esa profundidad, más bien como parte de ésta, existe en sus obras una peculiar visión de Lima, que podríamos caracterizar como plural, por las diferentes perspectivas, y cambiante, por la época sobre la que escribe.

LIMA EN LA LITERATURA: ENTRE TRADICIÓN Y VANGUARDIA

Los primeros intentos de representación literaria de Lima, en la literatura independiente, quizás deban ubicarse en el Costumbrismo del siglo XIX y en el hito de las *Tradiciones* de Ricardo Palma. Mientras en el primero –con Pardo y Segura–, el reflejo de la ciudad estaba ligado a la búsqueda de valores morales y (a veces) políticos, que entre otras cosas reivindican la figura del criollo y la clase media, en Palma surge una continuidad con el pasado colonial, aspecto que Salazar Bondy no perdona al tradicionista. Señala Vidal al respecto: «Palma integra los tiempos y los sucesos de nuestra historia en el universo cerrado de la ciudad antigua, generando la idea de continuidad» (16). El resultado de estos primeros intentos es el surgimiento en el futuro de una conciencia de pérdida de un señorío colonial y la reivindicación, importante, de la figura del criollo, aunque todavía no la del indio. Lo que brilla por su ausencia es el resto del Perú, debido al carácter estrictamente limeño de estos textos[6].

---

[6] Hubo otros intentos, no limeños, importantes por trascender «el descriptivismo costumbrista para enfrentarse a conflictos sociales de mayor dimensión y gravedad» (Vidal, 16).

Es ya, en los primeros años en el siglo XX, cuando nuevos cambios sociales ocasionados por la repentina y masiva industrialización de Lima empujan a una serie de escritores a volver al cuadro de costumbres, inspirados por la búsqueda o, mejor dicho, por la reticencia a perder esa Lima señorial que ya no iba ser la misma. Sin duda la figura principal fue José Gálvez, quien a pesar de reconocer la pérdida de Lima, en su *Una Lima que se va* (1921), es capaz de ver una solución, aunque lejana, en la nostalgia y en la figura del criollo limeño[7]. Gálvez se convierte en el primer testigo que escribe sobre esa Lima que se veía rebasada por el progreso material, la industria, etc.

> La ciudad que aparece en los cuadros de Gálvez es una bucólica presencia, en la cual la armonía, la paz, la lenta felicidad de la gente parecían dones repartidos con generosidad igualitaria. La realidad citadina, procesada por el yo lírico, es una zona de memoria y de añoranza que repele la cruda realidad presente, derivación empobrecida de un pasado que no supo o no se quiso preservar (Vidal, 18).

En este contexto literario surge la escritura de José Díez Canseco, en esa Lima que ya no era la que Gálvez quería, cuando las periferias de la ciudad empezaban a poblarse. La oligarquía huía a distritos exclusivos, la burguesía ascendente ocupaba otros y los obreros y primeros inmigrantes se instalaban en la capital creando (o tomando) nuevos barrios; cuando quizás lo cholo, lo mulato y lo zambo empezaron a ser mayoría[8]. Sin embargo, un elemento es importante para que la narrativa de Díez Canseco, que ya es consciente de esos cambios, sea nueva y original: su incursión, aunque nunca total, en el vanguardismo literario que ya para entonces hacía sentir su presencia en las capas letradas de Lima, desde los primeros años del siglo, con

---

Se trata de los primeros textos que abordan el conflicto campo-ciudad, todavía desde una perspectiva romántica, debidos a Narciso Aréstegui y a Clorinda Matto de Turner, antecedentes del indigenismo.

[7] No hay que olvidar, sin embargo, a un grupo de escritores que ya incursionaron en el tema urbano aunque desde diferentes perspectivas: Enrique A. Carrillo, Enrique Bustamante y Ballivián, Manuel Beingolea, etc.

[8] Aunque de épocas anteriores es importante una descripción de esos barrios que se iban formando en Lima, y los que pronto se iban a modificar con la huida al sur de las clases altas y el desborde de los inmigrantes de la sierra. Puede verse, por ejemplo, Gamarra.

el surgimiento de la revista *Amauta*, dirigida por José Carlos Mariátegui. Medio de la lucha social, pero también incentivo del vanguardismo[9].

Las cuatro primeras décadas del siglo XX, en especial entre 1920 y 1940, son fechas en las que podemos ubicar el ámbito biográfico y profesional de Díez Canseco. Ámbito que coincide con una etapa importante en la literatura y cultura peruanas. Muertos ya Manuel González Prada, Ricardo Palma y Abraham Valdelomar, quizás los escritores más importantes de la época, surge en la narrativa peruana el inicio del movimiento regionalista con los *Cuentos andinos* de López Albújar (1920), que da inicio al auge de la literatura indigenista peruana de vertiente realista. En contraste, aunque de mayor dimensión en la poesía, surge un vanguardismo especial en la narrativa urbana, que sin embargo fue de poca fecundidad. Señala Escobar:

> No dejará el lector de advertir, conforme se avanza en el siglo XX, la existencia de dos orientaciones fundamentales en el cuerpo peruano. Una preferentemente cultivada, impresionista, que se apoya en las cuestiones sociales y trasciende el puro quehacer artístico. Y otra, indiferente en cuanto a la temática, próxima a la fantasía y al ingenio, en menor contacto con la realidad circunstancial, fundada, ante todo, en el objeto estético (XXXVI).

Como afirma González Vigil: «El impacto de la prosa vanguardista se da en el Perú en los mismos regionalistas» (27-28)[10]. Pero sin duda es en 1928 cuando, lejos del ambiente indigenista, más bien centrado en la urbe limeña, en este caso el distrito de Barranco, surge el principal exponente del vanguardismo en prosa en el Perú, Martín Adán con *La casa de cartón*[11]. Martín

---

[9] Recuérdese que tanto versiones preliminares de *La casa de cartón* de Martín Adán como el relato «El Gaviota» de Díez Canseco fueron publicadas en *Amauta*. Por otro lado, el vanguardismo tenía en sí el germen de romper contra lo establecido, política, social o culturalmente.

[10] Cita por ejemplo a César Vallejo, a César Falcón, a Gamaliel Churata y su grupo Orkopata y a algunas experimentaciones de Ciro Alegría. Al respecto, debería pensarse en la visión positiva que tenía José Carlos Mariátegui respecto al indigenismo y al vanguardismo. Por otro lado, no puede dejarse de tener presente la figura de Abraham Valdelomar, quien, situado al inicio en el modernismo, supo ir más allá allanando el camino a la vanguardia.

[11] Señala González Vigil (28-30) otros intentos: Alberto Hidalgo, Xavier Abril, Adalberto Varallanos, etc. Para una lectura de la ciudad en *La Casa de Cartón* ver Elmore, 53-81. Sobre la visión que un texto vanguardista tiene sobre el espacio del que habla ha afirmado Luis Loayza: «Martín Adán no es realista, pero el realismo no es la única vía a la realidad, y

Adán es el único vanguardista con modalidades definidas, pues Díez Canseco no es un escritor vanguardista en su totalidad. Lo que interesa a Díez Canseco es la funcionalidad de los procedimientos narrativos vanguardistas. Dichos elementos en sus textos son experimentaciones que va dejando, con el paso del tiempo, en su grado mínimo. Una causa importante de la utilización de recursos de ese tipo es su admiración por *La casa de cartón* de Martín Adán[12]. Pero Díez Canseco logra textos que en sus argumentos, voces y focalizaciones guardan todavía la coherencia de un texto realista, aunque por las descripciones a pinceladas, las enumeraciones, las fragmentaciones, etc., se convierten en nuevos. La novela de costumbres que está debajo de todo texto de Díez Canseco es motivo para la novedad estilística y, aún más, para la novedad de intenciones sobre ella. Finalmente dichos elementos sumados a ciertas intenciones críticas, basadas siempre en el cinismo y la ironía, desencadenan aportaciones novedosas para la literatura peruana[13].

La imagen de Lima en la literatura peruana del siglo XX cobra especial importancia con José Díez Canseco, quizás por la coincidencia feliz del auge del vanguardismo literario y de una aguda observación de la ciudad como correlato inmediato de los individuos que la pululan. En Díez Canseco tenemos, trasladadas al siglo XX, muchas de las preocupaciones de José Gálvez, pero no como un intento de apología ni elegía de una Lima que se seguía yendo, sino más bien como un testimonio literario, inédito hasta ese momento, de una Lima que empezaba a ser distinta a los ojos de quienes reflexionaban sobre ella.

---

en *La casa de cartón* se descubren algunos aspectos de lo limeño que no existían antes o existían mediocremente en los libros» (29).

[12] Si bien es cierto que el vanguardismo ya estaba pujando en dichas épocas a través de influencias foráneas. Y quizás eran ya perceptibles en varios intelectuales, poetas y escritores de la época. Castro Arenas (249) aventura que Díez Canseco obtuvo dichas tendencias directamente de Francia y propone nombres como Morand, Cendrars, Cocteau, etc. Por otro lado, la época ya había traído intentos de prosas poéticas vanguardistas que narraban situaciones reales, por ejemplo en México, Owen, Novo, Villarrutia, etc. Quizás para resultados más veraces sobre el vanguardismo de Díez Canseco sea necesario el estudio de su novela *Suzy*, que no trato en estas páginas.

[13] Otra coincidencia importante con Martín Adán es Barranco. Díez Canseco también era barranquino como Martín Adán. La representación de ese Barranco que nos muestra Martín Adán a pinceladas es reconstruida por Díez Canseco en *Suzy* y en *El mirador de los ángeles*.

DUQUE: LIMA COSMOPOLITA E IRREAL

Lo que más ha destacado la crítica de *Duque* es su condición de novela anti-burguesa (aunque quizás debería decirse, con más exactitud, antiaristocrática o antioligárquica) y su característica de feroz ataque contra dichas clases, que Díez Canseco conocía bien por pertenecer a ellas[14].

Sin embargo resulta importante deslindar dos cuestiones. Primero, es imprescindible olvidarse, en el momento de un acercamiento crítico a *Duque*, de que se trata de una novela totalmente realista. Aspecto crítico errado desde su publicación, así Luis Alberto Sánchez destacó en el prólogo a la primera edición que el conocimiento del medio por el autor propició un reflejo cercano de ese mundo. Lectura también presente en Escajadillo (Prólogo a su edición de 1973 y 1986, 70) y en Castro Arenas (245)[15]. Coincido con las críticas de Angvik (1999, 188) a las lecturas realistas de la novela, aunque no comparto todos sus planteamientos. Una postura antirrealista es importante para ver en el texto muchas más cosas que simples datos constatables con la realidad. Todo esto a pesar de la polémica sobre los personajes que, sin duda, ocasionó correlatos reales entre la clase alta de Lima, si bien Díez Canseco siempre insistió en que la novela carecía de base documental. Pero la novela es mucho más que esto y una lectura de este tipo «cancela la dimensión simbólica de la novela, pero no basta comprobar esto: buena parte del atractivo de *Duque* procede de que está construida como si no fuese tan solo una obra de ficción» (Elmore, 83).

---

[14] Las aportaciones más importantes que podemos encontrar sobre *Duque* son las lecturas de Elmore y Angvik. *Duque* fue escrita entre 1928 y 1929 y editada en 1934 sin la supervisión del autor por Luis Alberto Sánchez, Santiago de Chile, Ercilla, con prólogo del propio Sánchez. Tuvo una segunda edición en la misma editorial en 1937, aunque esta vez Díez Canseco eliminó el prólogo de Sánchez, con el que nunca se sintió identificado. Para este artículo utilizo la edición de Tomás Escajadillo. Ésta es una novela que urgentemente necesita de una nueva edición.

[15] Escajadillo no ha comprendido bien la novela. La lectura realista opaca su visión: señala, por ejemplo, que «se pretende pintar la decadencia y abyección de nuestras "clases dirigentes" de los años treinta, pero al ceñirse demasiado "fielmente" a la anécdota específica, la mostración de este mundo pierde fuerza, se hace anecdótica...», y que «el mundo recreado de la burguesía limeña de aquellos días se resiente por el énfasis en lo a-típico» (1973, 12-13). Las intenciones de Díez Canseco consisten no en retratar «fielmente» sino en mirar y criticar desde su superficie las actitudes de la aristocracia y finalmente ridiculizarlas. Ver Angvik, 184 y 195: «Las lecturas tradicionales devienen reductivas y reduccionistas en relación con las configuraciones textuales múltiples en las que el texto se configura».

La segunda cuestión tiene que ver con lo que se ha dicho de *Duque* como un ataque feroz y directo de la clase alta limeña. *Duque* es en realidad una novela muy irónica, por tanto el ataque no es feroz sino más bien agudo, fino, sutil. La crítica se basa en la ridiculización, en el cinismo del narrador, de las situaciones y de las acciones representadas. La intención es clara: el ridículo. La mirada de esa clase social que se ve superior, con una serie de actitudes y actividades, copias cursis del mundo europeo, quedará al final como evidencia de un progreso de la urbe, de Lima, que para ellos es casi otra París, ciudad cosmopolita. Con la ceguera que dicha visión otorga de la realidad de la ciudad, precisamente en esos años de cambio.

La estructura de *Duque* es una llegada, una breve estadía y una rápida huida[16]. Así, lo que marcará la novela es una sensación de velocidad que representa, por un lado, los tiempos modernos que han llegado a Lima (calles nuevas, coches, etc.), y la sensación de un lugar vital nunca estable. Sensación que logra Díez Canseco a través del recurso estilístico de la enumeración, las frases cortas y la fragmentación. La velocidad es un punto importante porque mediara la visión que tiene de Lima Teddy Crownchield de Soto Menor, joven bien, nacido en Perú pero educado y cultivado en Europa, donde ha vivido una serie de lujos gracias a los desfalcos de su padre. Pero los lujos también le han llevado por otros caminos:

> Veinticinco años. Alto, delgado. Curtiss, Maddox St. Ojos rasgados, con esa licueficación criolla que atestiguaba cierta escandalosa leyenda, en la que aparecía su bisabuela, marquesa de Soto Menor, acostándose con el mayordomo africano de la «hacienda». [...] Pulsera cursi que imitaba culebra de ojos de zafiros [...]. Había leído a Pitigrilli, lugar común de los snobs. Practicó en Oxford la sodomía, usó cocaína, y su falta de conciencia le llevó hasta admirar a las mujeres. A los dieciocho años egresó de Oxford para ingresar al Trocadero. De allí pasó a todos los cabarets de Londres y los prostíbulos de París. Tenía actitudes de ángel cuando bailaba black-bottom, y era un bibelot cuando se estiraba al compás de esa música de lágrimas y moco que se llama tango [...] polo, Pitigrilli, Oxford, tennis, Austin Reed, cabarets, cocaína, pederastas, golf, galgo ruso, caballos, Curtiss, Napier; ¡Teddy Crownchield de Soto Menor, hombre moderno! (20-21).

---

[16] Estructura reproducida en otros segmentos de la novela. Ver Angvik, 201.

Teddy llega a una Lima que ya no es la de su infancia y que ha cambiado hasta convertirse en algo similar a una ciudad moderna.

–Confusamente recuerdo carros de mulas, alumbrado de gas, calles empedradas. Esto ha progresado, ¿no es cierto Carlos?
–Notablemente. Y el progreso nos sirve ahora para constatar que alguna vez fuimos bestias (24).

Lima es para Teddy una versión pintoresca de una ciudad cosmopolita que sigue el modelo europeo. A los ojos de Teddy Lima es casi París, porque le ofrece los mismos gustos, a los que sólo pueden acceder los de su clase.

–Y, ¿cómo es París? –interrogó displicente Rigoletto.
–¡Bah! Casi lo mismo que Lima –respondió Teddy–. Las calles, algunas, más anchas. Más gente, más cabarets, más burdeles, más rameras, más vividores, más monumentos, el río más grande, la gente más sórdida: ¡París!
–Así es que, ¿lo mismo?
–Lo mismo, ilustre don Pedro (39).

Por eso la mirada que tiene de la Lima real es la de alguien que no está ubicado en ella, sino que está por encima de ella. Lima es vista parcialmente, sólo ve lo que la modernidad ha convertido en progreso. No ve las otras caras de ese progreso. La mirada de Teddy sobre Lima no puede ser real, sino que se acomoda a lo que él quiere ver:

En la perspectiva de Teddy los otros son siempre peatones, son esas gentes que a las seis de tarde «se escapan de oficinas y hogares para exhibirse en la hora vesperal y anodina», la ventanilla del coche es una especie de balcón ambulante que permite observar el trajín de la ciudad. De ese paisaje humano que Teddy mira con desdén viene, sin embargo, un comentario igualmente despectivo: «Debe ser algún marica que ha llegado de Europa. Va bien vestido (Elmore, 89).

La mirada, la observación de la ciudad es superficial en Teddy, pero no se puede esperar más porque tampoco hay espacio-tiempo para la observación tranquila o la contemplación de la ciudad. Todo es demasiado rápido, como su vida, como la estructura de la novela.

Todas las cosas en veloz huida hacia Lima: casa y árboles. La colilla de cigarro de Teddy siguió, dos segundos. Los noventa kilómetros del Packard. La mañana partida en dos, como una sandía por el auto. De pronto, sin avisar a nadie, enderezó al Country. La avenida rápida y airosa se enrolló al cuello de Teddy como una bufanda (24)[17].

Teddy se convierte en alguien que podría darnos una visión «objetiva» de esa Lima en metamorfosis por el privilegio de la perspectiva del nuevo, del recién llegado. Sin embargo, es rápidamente absorbido por la clase social a la que pertenece. Porque él no tiene capacidad para decidir, como se ve, varias veces, en la novela (Angvik, 202-203). Teddy es modelo de lo ideal, pues que para las clases altas lo extranjero europeo lo era. De allí los halagos reiterados a Teddy, a su comportamiento, a su destreza en el tenis, a sus trajes, a sus coches... La vida de esta clase es europea y de dinero: *cocktails* y *flirts* en el Palais Concert y en el Country Club; tenis en el Lawn Tennis, golf, polo, etc. La mirada de Teddy está sesgada por lo que ve la clase a la que pertenece. Se concurre a los lugares bien, salvo excepciones, también ligadas a las diversiones de dicha clase, a los fumaderos de opio del barrio chino, la plaza de toros de Acho, las calles de prostitutas refinadas («francesas») de los barrios periféricos.

El relato ordena a la ciudad en una jerarquía de espacios marcados por su novedad y sus connotaciones de clase. A fines de los 20, *Duque* atestigua que el centro de gravedad se está desplazando al Sur, hacia los nuevos distritos, aunque el Palais Concert y el Club Nacional justifiquen ir a la zona modernizada del antiguo casco urbano –es decir, al área cuyo eje es la Plaza San Martín, el Jirón de la Unión y La Colmena–. Al puerto del Callao se va a comer platos típicos y al viejo barrio de Bajo el Puente sólo en octubre, durante la temporada taurina; el Barrio Chino, de callejones sórdidos, ofrece sus fumaderos de opio y la calle Patos los servicios de las prostitutas europeas (Elmore, 89).

---

[17] Esa idea queda constatada en esta observación de Mariátegui, en sus *Siete ensayos de interpretación de la realidad peruana* (1928) que cita Elmore: «El espectáculo del desarrollo de Lima en los últimos años mueve a nuestra impresionista gente limeña a previsiones de delirante optimismo sobre el futuro cercano de la capital. Los barrios nuevos, las avenidas de asfalto, recorridas en automóvil, a sesenta u ochenta kilómetros por hora, persuaden fácilmente a un limeño –bajo su epidérmico y risueño escepticismo, el limeño es mucho menos incrédulo de lo que parece– de que Lima sigue a prisa el camino de Buenos Aires o Río de Janeiro» (56).

Hay, sin embargo, en *Duque* una secuencia (que reiterará Díez Canseco en otra ocasión, en la novela *El mirador de los ángeles*), que retrata una salida, en esos tiempos todavía posible, al campo cercano de Lima. Partiendo de Barranco, que en dicha época perdía su condición idílica de aldea, todavía se podía dar un paseo a caballo al margen del río y las haciendas campesinas. Teddy con Beatriz y Carlos del Valle con Carmen, la madre de Teddy, dan un paseo nostálgico por esos lugares, de Barranco a San José de Surco, espacios que en poco tiempo quedarían sepultados por el cemento de la ciudad: «Camino terroso bordeado de sauces. Entre las bardas, salta el maíz dorado y lucen encarnados chirotes chismosos. Las cañas dulces, finas, altas [...]. En las veras del camino corren acequias claras...» (115).

La escena no es gratuita, aunque Angvik la considera un defecto en la habilidad del escritor para enfrentarse con un espacio que no es el suyo, que sobrepasa sus posibilidades literarias: «Lo que parece ser exceso a nivel de ambientación, cuando la narración desborda las fronteras de la ubicación urbana, resulta ser indicador de limitaciones/restricciones o constreñimientos en procedimientos narrativos» (200-201). Pero dicha secuencia, quizás tenga su importancia en el exceso de ambientación, que es la descripción idílica típica, fácilmente calcada de un texto bucólico del Siglo de Oro, donde se pierde la velocidad descriptiva usual de la novela y disminuye el tono de lo narrado. La importancia reside en su carga simbólica. En primer lugar va a ser un reflejo lejano de la Arcadia perdida, sustituida por la nostalgia de la ciudad con aldeas y campos apacibles. Pero, al mismo tiempo, esta visión presentada como nostálgica no es una salida, es más bien una conciencia de pasado. «Refugio estético y moral, el campo se vuelve ya en la sede simbólica de una utopía pasatista. [...] *Duque* deplora el cáncer urbano, pero no puede ofrecer una cura para esa enfermedad. Lo que ofrece es, sobre todo, un diagnóstico» (Elmore, 97). En segundo lugar, este pasaje es una mirada a la gente del campo, campesinos, mulatos y cholos. Gente que vive y desarrolla un comportamiento natural en sus labores cotidianas, en sus costumbres, en sus formas de conversar. La escena es importante porque contrapone la realidad, lo natural contra lo fingido y superfluo del resto de la novela. Incluso contra ese mundo rápido en el que vive la aristocracia. De allí la exclamación contundente de Carlos del Valle: «¡Qué paz! Siempre que vengo por aquí, me vuelvo cholo, labriego bueno. Es lo único que nos queda del campo. Lindo, ¿verdad?» (115-116).

Duque es una mirada crítica a una clase que se ve distinta, civilizada, sin embargo el mismo texto se encarga de descivilizar, de criticar irónicamente el comportamiento falso, su imitación europea, sus gustos, sus fiestas, sus vestidos. Como señala Castro Arenas (248), Teddy es un personaje clave que nos abre las puertas de esa sociedad, a la manera del Dorian Gray de Wilde. Sociedad en la que domina la superficialidad, incluida en la visión y la conciencia que tiene de la ciudad, de su comportamiento y su moral. Sociedad que está vejada por una verdad que no quiere aceptar. Por una ciudad que deviene en parcial e imaginaria. Muchas de las ambigüedades que ve Angvik (211), como plurivalentes y multifacéticas son también reflejos de la falsedad que recorre la novela. La falsedad está institucionalizada en la Lima de las clases altas, en las apariencias. Y son precisamente las apariencias que Teddy no puede guardar, después de la aventura sexual con el padre de su novia, las que le obligan a huir de Lima, ciudad que perdona el pecado pero no el escándalo.

ESTAMPAS MULATAS: ENTRE PERIFERIA Y DESARRAIGO

Si en *Duque* la mirada de la ciudad era parcial porque estaba mediada por la condición social del protagonista, en *Estampas mulatas* Díez Canseco nos ofrece una visión «realista» de la ciudad, de la otra cara de Lima: la marginal, de las barriadas, de los desfavorecidos y desposeídos, que a raíz de los cambios de la época empiezan a crecer y pulular por los espacios céntricos de Lima, pero a los que todavía les está vedado el disfrutar de su modernidad. No voy a detenerme en los aspectos que la crítica se ha esforzado en destacar de *Estampas mulatas*. Sirvan para ello los trabajos de Escajadillo[18]. Me detendré sólo en los dos relatos largos dedicados a las barriadas de Lima: «El Gaviota», y «Km. 83», importantes para el tema que nos ocupa, aunque como veremos ambos implican una salida del espacio. Un contraste entre ciudad y frontera[19].

---

[18] Además de la innovación temática con los personajes y situaciones de barriadas, marginados, etc., se ha destacado en Díez Canseco la utilización funcional del argot de aquellos personajes en la narración. En una entrevista de 1941 señaló el escritor: «Sentí al pueblo en su más íntima y fecunda emoción, hasta el punto de incorporarlo a una categoría artística en la que no habían pensado los escritores que me precedieron inmediatamente» (citado por Escajadillo, 1986, 72). Hay un estudio interesante sobre el tema de lo popular y la figura de Díez Canseco, pero desde la perspectiva de la música criolla, en Valero. Ver también Escobar, 293; Castro Arenas, 246 y Delgado, 135-136.

[19] Recordemos que el libro ha sufrido una serie de alteraciones en cada edición. Junto a los relatos urbanos se encuentran algunos ubicados en lo que el propio autor denominó sie-

Lo que unifica a estos dos relatos es la condición racial y social de sus personajes: mulatos, zambos, cholos, sin familia, que se ganan la vida como pueden; canillitas, vendedores de loterías («El Gaviota»), lustrabotas, timberos («Km. 83»), etc. Los barrios en los que viven también son importantes por su condición de peligrosos: el puerto del Callao («El Gaviota») y el barrio de Bajo el Puente o Rímac («Km. 83»). Hay que dejar claro que en estos relatos no existe ninguna intención directa de literatura social porque, especialmente en «El Gaviota», la condición de estos personajes tendrá otras funcionalidades en la narración. En «Km. 83» se presenta algún atisbo de injusticia que se denuncia, pero aun así creo que las intenciones del autor van por otros caminos: el desarraigo, la convivencia, la salida del ámbito vital... en suma lo que más importa de estos textos es el contraste del hombre frente a la ciudad.

«El Gaviota» es un texto doblemente novedoso porque, dentro del grupo temático de los marginados de la urbe, incursiona en un espacio específico: el puerto[20]. Gaviria, apodado Gaviota, es un muchacho pobre, sin familia, sin raíces, que ha logrado sobrevivir en el duro y peligroso puerto del Callao. El texto es un panorama del Callao de los últimos años de la década de 1920, según datos del libro podemos situarlo entre 1927-1929, años que dura el periplo del Gaviota en el barco Albatros (43). El texto estará salpicado por las descripciones del típico barrio de puerto: bares, fondas de japoneses y chinos, bodegas de italianos, prostíbulos regentados por francesas, etc. Pero lo que interesa en verdad no es la descripción del lugar sino la fuerza que éste ejerce sobre el personaje: su lucha por abandonar ese espacio en el que ha sobrevivido, con más pena que gloria, y que no podrá dejar a pesar de su aventura marina: «Antes de embarcarse, Gaviria no era sino un palomilla, mal tratado por el medio, sin amigos, porque no eran tales los

---

rra media, que no se pueden calificar de indigenistas. Estos merecen un estudio aparte, especialmente las influencias de Ventura García Calderón y López Albújar.

[20] «El Gaviota» se publicó por primera vez en *Amauta* en 1929 (n. 27) y 1930 (n. 28). Después, junto con «Km. 83» y con prólogo de Federico More, en *Estampas mulatas*, Lima: Librería Francesa Científica y Ediciones Rosay, 1930. Aparece luego con otras estampas más *Estampas mulatas*, Santiago de Chile, Zigzag, en 1938. Utilizo esta última edición. Existen también ediciones de 1951 (*Estampas mulatas. Obras completas de José Díez Canseco*, t. 2, Lima: Comp. de Impresiones y Publicidades), 1955 (*Chicha, mar y bonito*, antología, Lima: Círculo de Novelistas Peruanos) y 1973 (*Estampas mulatas*, edición, prólogo y notas de Tomás Escajadillo, Lima: Editorial Universo).

amigos con quienes tenía que competir, sin más consuelo que las noches tur-
badoras del prostíbulo, arrullado por el camote de una niña pecadora. Y
todavía ese camote era un peligro que había que afrontar todos los días» (49).

Es el mismo puerto el que le ofrece una salida: embarcarse. La salida es
para el Gaviota, en un principio, una huida del ámbito duro de puerto en el
que ha sobrevivido y que ahora le da la oportunidad de vagabundear por los
mares del mundo sin ninguna atadura; pero además esta experiencia le ofrece un vínculo familiar, que nunca antes tuvo: la relación con el capitán. Sin
embargo, antes de marcharse, el mismo puerto, su espacio vital hasta entonces y que observa desde el barco, le origina una desconfianza que descartará
enseguida:

> Una vaga desazón –desconfianza, pasmo ante su nueva vida– le tomó des-
> consideradamente. Sobre la borda que subía y bajaba con el balance de los tum-
> bos mansos, se quedó pensando en todas sus antiguas andanzas. Pero como no
> había perro que le ladrara, como ningún afecto le sujetara en tierra, como en su
> vida no había conocido más derecho ni más protección que la que le daban sus
> golpes, arrojó recuerdos y saudades para sentirse libre. Y con una última mirada
> se despidió para siempre de los amigos del barrio peligroso y querido: ¡Tierra
> chalaca! (28).

Pero dicha salida termina siendo una falsa solución, después de algunos
altercados derivados de la envidia por la simpatía entre el nuevo grumete y
el capitán: «Porque no supieron hasta donde fueron hijo y padre, ni hasta
donde exaspera la soledad de entrambos» (34). Y ante las calumnias sobre
los favores del capitán, que por cierto en el texto quedan ambiguos[21], Gaviota, furioso, decide atacar al capitán para demostrar que nada de ellas son
verdaderas y lo hiere en la mano. Su duro carácter de peleador callejero termina por traicionarlo. En castigo es desembarcado en el puerto de donde
salió y al que llega contemplando lo poco que ha cambiado. Y si hay cosas
nuevas en el paisaje porteño, pesarán sobre ellas el ambiente marino, la
humedad que corroe y una vida que no gusta pero acostumbra:

---

[21] «Una larga cicatriz rosada le quedó sobre la mano fuerte, atravesando el dorso desde
el pulgar al meñique. Y al juntarse la boca de la herida, se habían, también, juntado, por
sobre el ancla tatuada, los dos corazones que el gringo llevaba como la enseña de una inquietud lejana y ya perdida» (38-39).

Nuevo habían dejado el hábito de Nuestra Señora del Carmen. En una peana, ceras prendidas y florcitas de papel. Dos focos eléctricos hermanaban la fe y la ciencia [...]. El caño, viejo amigo del Gaviota, no lo habían cambiado. Su cobre se enverdecía de orín. El botadero de fierro, oxidado y mugriento, recibía, como siempre, las confidencias claras del agua que cantaba sus frescos instantes, de la lavaza turbia de las bateas, los desperdicios inmundos de baldes y bacines. Por el centro del solar un nuevo senderito de ladrillos chatos y anchos. Y entre los cantos menudos un musgo ralo, verdecino, mustio (40).

Luego de ser desembarcado, lo que más va a echar de menos es la sensación de haber tenido una familia:

> Y allí, frente al mar, recordó sus malas andanzas, sus entusiasmos, sus alegrías, sus tristezas, sus apuros por monedas. Esa mar, esa mar tan querida y tan odiada le separaba de su vida de antes, de las tierras por las que vagara, sediento de aventuras, loco de distancias. Allí viviría siempre don Charles que tanto le quiso [...]. Y quién sabe por qué, si por la brisa o las copas, los ojos de Gaviota se humedecieron tontamente (47).

La sensación de estar fuera de (su nuevo) lugar y la pérdida de su único vínculo familiar, el del capitán, marcarán el resto del relato. Ahora todo consistirá en la lucha rutinaria por adaptarse a un lugar en el que siempre vivió pero en el que nunca gozó de seguridad, a pesar de conocer todos sus rincones. El puerto del Callao era para él una especie de prisión, dada su condición de pobre, donde había tenido que aprender a sobrevivir, sin la libertad que da el dinero. Luego de haber perdido la oportunidad de esa libertad del mar, aunque falsa[22], el puerto significaba otra prisión, simbolizada ahora en su empleo de oficial del resguardo marino: «Le uniformaron de azul. Y así comenzó su nueva vida, anclado otra vez, quizá sí para siempre, en la rutina del puerto estrepitoso» (49).

Por otro lado, ese nuevo oficio significará para él una especie de venganza contra los hombres de mar.

---

[22] Es significativo el siguiente pasaje: «—Así que, ¿ustí i'astao en París? —No, en París, no, señora. De Francia solo conozco más que Marsella, El Havre, La Pallise. También he estado en Tolón. Pero París nunca juí», (49-50). La huida del viaje del Gaviota fue sólo una huida parcial. No conoce el mundo que habría conocido si fuera de una condición social distinta. Los nuevos lugares fueron en realidad nuevos puertos, con la misma vida.

Lentos pasaron unos meses, un año y otro año. Ya supo hacer a todas las exigencias de esa vida y aprendió mañas de las gentes que, por la boca del río, metían zapatos, lencería, drogas de contrabando. [...] Contra esos miserables que, por unos soles, se exponían a un tiro o al presidio. Una venganza que era despecho y era envidia, porque esos vivían todavía a su antojo, haciendo de sus vidas lo que les venía en gana. Porque él, Gaviota, vivía amarrado a un deber absurdo, metido dentro de la cárcel azul de su uniforme y maldiciendo la mala, la perra pata que lo trajo otra vez a la perezosa indiferencia de los días porteños (48).

Finalmente, en su nuevo oficio vuelve a toparse con el capitán, acusado de llevar contrabando. El Gaviota se hace a alta mar a registrar un barco y allí se encuentra al capitán Charles. A pesar de sus sentimientos, impone el registro del barco que terminará para el Gaviota con la traición del capitán. El Gaviota termina muerto en alta mar, y su cuerpo es arrojado por la borda. Pero las olas llevan su cadáver hacia la ría del puerto, lugar del que nunca pudo salir: «Desde lejos, un alba clarita delató el cadáver, y otras gaviotas se alborotaron con parlanchinas estridencias sobre el cuerpo del muchacho, muerto en la mar y en su ley» (58).

El relato debe leerse como el conflicto entre el hombre y su espacio, que da origen a la frustración del cambio: de condición social, de bienestar, representado en el cambio de lugar, del espacio físico. Pero el carácter que le brindó dicho espacio repudiado será el mismo que terminará por hacerlo volver. En el fondo late la sentencia de Quevedo en el *Buscón*: «pues nunca mejora su estado quien muda solamente de lugar, y no de vida y de costumbres» (226). A pesar de la relación con el pícaro, Gaviota no es un delincuente, como señala Veres. Condición social baja, marginal, no tiene por qué ser sinónimo de delincuencia. Es un muchacho callejero, de peleas, de bares, al que la dureza del puerto le ha dado valores propios, quizás machistas y de chavetas, pero no es ladrón ni asesino. De allí la simpatía que causa el texto hacia el personaje. No se trata de una «mitificación del delincuente [que] surge de una visión de la sociedad burguesa como sistema de opresión para un determinado sector de la sociedad» (Veres, 5). Díez Canseco no pretende una justificación del personaje. Como representante de los desprotegidos, su visión es personal. Más bien se trata de una contemplación de la crisis, que aunque parte de un problema de clase social, termina siendo personal. Gran parte del texto es una lucha contra lo cotidiano, contra la frustración, contra el ambiente físico del puerto: humedad, corrosión, etc.

Pero sobre todo el peso inconsciente que el espacio vital ejerce sobre el personaje.

Mientras en «El Gaviota», el protagonista no puede salir del espacio al que pertenece y en el que incluso muere, los personajes de «Km. 83» son excluidos de su espacio vital y llevados a un espacio que no les pertenece, que no es el suyo, y del que no podrán salir[23]. La historia que cuenta «Km. 83» es la de la injusticia que lleva a tres zambos de Lima, lustrabotas de la calle, que si bien tenían lo suficiente para sobrevivir no poseían la condición de ciudadanos de la ciudad, pues eran más bien parte de

> toda la turba zafia de truhanes, matones y jaranistas. Señores de chaveta y los cabezazos. Pícaros y rufianes de las camorras cotidianas. Puntos de las guitarras y fletes de las mujeres. Timbas escondidas en los solares ruinosos y mugrientos. Burdeles del Chivato. Fonda de tintoreros. Idilios de los Descalzos. Tajamar, palenque de los líos. ¡Guapos de Abajo'el Puente! (64).

Los tres personajes de «Km. 83» eran lustrabotas o lustrachuzos del Pasaje Olaya, lugar céntrico, cerca de la Plaza Mayor de Lima, y habitaban en el barrio del otro lado del río Rímac, barrio pobre y mestizo de Bajo el Puente. Precisamente en las inmediaciones del puente que une el barrio con el centro de Lima ya se describe un desborde de marginados que se inician en el comercio y trapicheo para sobrevivir. Los mismos personajes, dentro de esa modernidad de la ciudad, encuentran un sitio en el servicio humilde de limpiar zapatos en el centro de Lima, pero viven sus fiestas y aventuras en su barrio de casonas y solares venidos a menos, que con el tiempo terminarían hacinados.

> Por la calle de Palacio, hacia el Puente de Piedra. El río, crecido en esos días, arrastra desperdicios que aprovechan los gallinazos correntones. Zumban

[23] «Km. 83» aparece por primera vez en *Estampas mulatas*, Lima: Librería Francesa y Científica y Ediciones Rosay, 1930, con prólogo de Federico More. En la nueva edición de *Estampas mulatas*, Santiago de Chile: Zig Zag, 1938, Díez Canseco quita a la versión anterior varios fragmentos. El relato aparece también en 1951 (*Estampas mulatas*, en *Obras completas de José Díez Canseco*, t. 2: Lima, Comp. de Impresiones y Publicidades), en 1955 (*Chicha, mar y bonito*, antología, Lima: Círculo de Novelistas Peruanos), 1958 (*Estampas mulatas*, M. Scorza [ed.], Lima: Latinoamericana. Reproducida en 1965, Lima: Populibros) y en 1973 (*Estampas mulatas*, ed. prólogo y notas de T. Escajadillo, Lima: Editorial Universo). Cito por la edición de 1938.

las sucias aguas sepias. Los trenes, por las líneas a la vera del río, estremecen el Puente, cuyas aceras son puestos de libros y fierros viejos. Ante una india muda, unos costalitos blancos con habas tostadas, cancha y maní. Compraron unos cobres y prosiguieron los tres ganapanes hacia el barrio, entre todos guapo y peligroso entre todos: Abajo el Puente [...]. Sólo los bares y fondas de japoneses e italianos tenían bullas de clientes comilitones. Las viviendas todas con un primer piso –los altos–, con zaguanes sombrosos de moho y hedor fluviales, en los que la única bombilla eléctrica da más sombras y pavor por sus esquinas negras (63).

La mirada de la ciudad de estos personajes es mucho más objetiva que la de los personajes de *Duque*, pues estos últimos no tenían perspectiva para lo que no les interesaba, excepto cuando se dieron cuenta del cambio y asumieron el temor de la invasión. Así, la clase alta y la nueva burguesía empezaron a huir del centro de Lima por el temor de la periferia del barrio colindante. Las descripciones de esa Lima son, otra vez, imágenes del cambio. La modernidad no sólo ha traído un progreso en obras públicas, también ha ocasionado que surja un grupo de habitantes que, amparados en la informalidad, tratan de sobrevivir en esa ciudad que les pertenece, pero no del todo. Todavía son vistos con otros ojos por instituciones tan importantes como la Justicia.

Así sucede en «Km. 83». Los protagonistas, por el problema de uno de ellos al recuperar a su mujer de manos de otro, son calumniados en venganza y acusados injustamente. La Justicia no sólo no los oye, sino que también los acusa por su condición social, ya que considera su empleo de lustrabotas como de gente vaga y ofensiva. Como pena son enviados a hacer trabajos forzados (construir una carretera) a la selva alta de Perú. Aunque la mitad de este relato se desarrolla en ese espacio, ajeno de la urbe limeña, es el contraste, la continua desesperación por volver, lo que nos ofrece unos rasgos interesantes: la admiración por la paz de la sierra, la belleza de la selva, pero también el temor por lo que está fuera de la frontera, la barbarie.

La perspectiva es gradual. Para llegar a la selva tienen que subir a la sierra, atravesar los Andes y descender a la montaña selvática. Tras el recorrido en tren, sufriendo los efectos del soroche o mal de altura, a su paso por los paisajes serranos desde La Oroya a Tarma, observarán una calma no habitual en la urbe.

Las llamas rumian, altas las cabecitas señoriles, y otras corren con esguinces disforzados. Los indios, despiertos ya, uncen los bueyes lentos al arado de madera mientras las hembras esperando que se cueza el chuño, la papa, el choclo, espulgan las greñas lacias y negras de los críos.

Esta paz ¡qué mala paz! Los vagos presos miraban en silencio estas pequeñas notas de la vida mansa de la sierra. De esta paz no supieron ellos nunca. De esta serena vida miserable, con la única compensación de no tener inquietudes, no gustaron nunca. Y sin saber que esas gentes serranas sólo viven para la expoliación, el látigo y la coca, las envidiaron ingenuamente, sin calcular lo que podría ser la montaña (91).

Luego de cruzar la cordillera, el camino sigue en descenso hacia la selva, desde la carretera pueden admirar la naturaleza, que jamás vieron en la ciudad:

–Fíjate, Filiberto.

Malpartida y Andrade se empinaron. De un recodo alto la extensión unánime de la selva. Se desliza el camino entre peñascos inmensos, que ahorita se van a desmoronar para formar terraplenes junto a esas palmeras. En un claro de la selva, una casuca con techumbre pajiza, entre un verde que, de fijo, es de naranjos. El río ladra entre sus roquedales lamidos por su lengua verde, espesa, torva, rápida. Más lejos, otros claros con un verde gris de olivares, que se hacen pequeños en la amplitud de la montaña, y otros blancos peñascos suben por una lomita verde, llena de sol, a confundirse en la fina abundancia del azul.

–¡Compadre no hay caso: Dios es peruano! (91)

Sin embargo, la fuerza de la ciudad estará presente en ellos: «Después de unas horas de viaje. La Merced de pronto. Toda fresca y clara toda, ante los ojos de los hombres presos que volvieron a sentirse tales al divisar la ciudad que les devolvía a la sensación urbana y astringente» (91-92). Posteriormente, esa misma selva que acababan de admirar terminaría con ellos: «Recién clareaba el sol, allá por el Oriente, encima de la selva unánime. Ya no era la selva que vieron desde lo alto del camino a La Merced. Ahora estaban dentro de la selva y, ¡demonio! era bien distinto» (92).

Con «Km. 83» Díez Canseco nos ofrece una visión de cómo la periferia crece, se asoma al centro de Lima. Nos cuenta la forma de vida, de percibir Lima, de ese otro gran grupo de limeños, zambos, mulatos y cholos que la pueblan: su música, sus fiestas, sus alegrías, etc. Si en «El Gaviota» es la dureza del barrio lo que hace al personaje huir de él, sin lograr su objetivo; en «Km. 83» la situación se invierte, los personajes prefieren la dureza, donde se han hecho hombres, a lo que en apariencia es agradable, pero al

final termina siendo desconocido[24]. Hay tras esta visión de los lados marginales de Lima una toma de conciencia por el cambio de la sociedad que
puebla Lima. Elemento constante y recurrente en los textos de Díez Canseco. Porque la presencia de estos nuevos personajes habitantes de Lima, por
los que el escritor sentía gran fascinación, en última instancia, significa también la aceptación de un cambio, de un mestizaje, de una raza, de una nueva
Lima. Díez Canseco lo recuerda cuando, comentando a José Gálvez, dice
que Lima no se está yendo, es muy difícil que se vaya:

> Siempre quedará en la miseria alegre de un callejón sombroso el compadre
> que cumple sus días y una tropa alegre de amigotes que festeja el natalicio. […]
> Si algunos se perdieron en el cono oscuro del recuerdo, otros surgen por las
> barriadas de la leyenda con el mismo afán exultante de jaranas y la misma inten-
> sa guitarrera. Lima no se ha ido. ¡Qué se va a ir! (citado en Ortega, 106).

Ésta es una ciudad verdadera en contraste con la mirada que nos da
Duque de ella. Los personajes no son observados sino que ellos observan su
propio medio y la desgracia que los mantiene o los saca de su espacio. El
medio urbano es tan real que puede hacer daño (como en «El Gaviota»)
pero también es necesario y a él quieren volver los personajes de «Km. 83».

EL MIRADOR DE LOS ÁNGELES: UN BARRANCO QUE SE VA

Es éste uno de los últimos textos recuperados de Díez Canseco que, en lugar
de transitar por la ciudad de la aristocracia o los espacios de los marginados,
traza una vuelta a la nostalgia de un Barranco lejano y cambiante. Sugiere
Escajadillo que Díez Canseco siempre intentó escribir una novela barranquina bajo el influjo de *La casa de cartón*[25]. Podríamos contar dentro de ese
intento a *Suzy* (1930), uno de sus primeros textos; pero con más distancia
temporal y, con la experiencia de sus anteriores publicaciones, está una

---

[24] Escajadillo (1986, 78) señala que el cambio de lugar afecta no sólo a los personajes,
sino también al narrador, a quien le cuesta retratar con naturalidad dichos nuevos espacios.
[25] En *El mirador de los ángeles* existen muchas coincidencias con *La casa de cartón*: la
perspectiva de los niños, las descripciones, los baños, el tranvía, la nostalgia siempre presente, etc.

novela fallida e inacabada: *Las Urrutia*, ubicada en un reconocible Barranco. Tras este fracaso, sostiene Escajadillo que Díez Canseco no pretendió completar dicho texto y sí utilizar varios de sus materiales para construir *El mirador de los ángeles*, que dejó inédita y que el propio Escajadillo rescató en 1974[26].

La novela se desarrolla desde dos perspectivas distintas que se entrelazan. Una, la nostálgica visión de un niño, Nacho (recordada por el narrador treinta años después), que pretende contarnos el Barranco (escondido bajo el ficticio nombre de Osila) de 1910. Desde esa perspectiva infantil y subjetiva, entre realidad y fantasía, la pequeña aldea barranquina se transforma en ideal, lejana, utópica. La segunda perspectiva está marcada por una mirada crítica de Osila (Barranco), en la misma época de 1910. Bajo la excusa argumental del noviazgo entre Flora Valencia (joven y agraciada) y Alfredo Luján, (borracho y galán de la aldea) se retrata a la gente que puebla, marcando irónicamente los comportamientos, actividades y actitudes de una burguesía nueva, con afán arribista y resabios de nobleza[27]. Para este segundo caso son contundentes las palabras del propio Díez Canseco a su fallida *Las Urrutia* en la dedicatoria ya mencionada (Escajadillo, 1974, 16-23): «No, no mentía. Aquí, en esta novela, está la clase media, la clase que pretende aristocrizarse tomando por modelo a una aristocracia que parece, absolutamente, la clase media».

Son significativas para la perspectiva subjetiva del niño las páginas introductorias de la novela, en las que Nacho y sus hermanos pequeños reconstruyen en sus perspectivas el paisaje de Osila.

> Y llegaba a Osila. Aquel pueblo –ya lo dije– no tuvo edad ni lo fundó nadie. Era un pueblo creado por el cantar pueril de mi hermano y tenía una mar azul, azul, azul... Las nubes se abrieron siempre sobre su cielo para dejar pasar la luz milagrosa del sol que fulguraba sobre las hojas de los manzanos, de los guaya-

---

[26] Escajadillo publicó en 1974, junto con el texto de *El mirador de los ángeles*, el texto fallido de *Las Urrutia*, con los respectivos preliminares, llámense prólogos, que dejó Díez Canseco para ellos. Cito por esta edición. Ésta es una novela que merece más aproximaciones críticas, y con más detenimiento. Entre otras cosas, no se sabe a ciencia cierta si *El mirador de los ángeles* es una novela acabada o incompleta.

[27] Fíjese sino en este pasaje, donde el autor ironiza sobre la importancia de los apellidos para marcar la clase: «–Usted siempre tan preciso, señor Gómez. –Gómez Coello... Gómez Coello... No me quite el Coello...» (108).

bos, de los paltos y se adormecía morosamente en el rosa imponderable de las rosas, en el perfume ebrio de los jazmines, en la parsimonia juguetona de las palmeras, en el misterio frondoso de los ficus [...]. Todos quedamos en silencio: ¿qué faltaba en Osila? Nosotros no pensamos en botica ni en municipio, en parroquia ni en policía, en vecinos ni en comercio: Osila era Osila y no le hacía falta nada de eso a causa de ese fino sentido pueril de la anarquía. Y mi hermana quiso que nuestra casa tuviese, a más del jardín y las violetas, a más del perro Capitán y de no sé cuantas cosas un mirador [...] Aquel mirador iba a darme un mundo nuevo que yo descubriría con los ojos pávidos de asombro encontrándome con un panorama nunca visto (97-101).

La perspectiva del niño, entre la fantasía y la realidad, presentará la historia como un recuerdo. La nostalgia es evidente en todas las secuencias del texto en que participa Nacho. Osila o Barranco en aquella época todavía era casi una aldea separada de Lima a la que se llegaba en tren. Era un pueblo pequeño y apacible, con acantilados, balneario marino, campos y huertas. El mirador se convierte en contemplación del pasado, de una aldea que estaba cambiando, pues en la misma novela el capítulo V, del Libro 2 («Baños y tranvías»), está dedicado a la inauguración del nuevo tranvía eléctrico que uniría Lima con Osila y que ocasionará que el barrio tranquilo se una a la ciudad en progreso continuo. El tranvía se convierte así en «llave del progreso» como lo llama uno de los personajes: «Osila estaba en plena conmoción. Ese tranvía traería, por la facilidad del viaje, nuevas gentes que, a su vez, traerían nuevas corrientes revitalizando al humilde pueblo que antes viviera en una eterna parsimonia aldeana. Ya se edificaban nuevos palacios y nuevas residencias» (223-24). Y el progreso que se iniciaba queda reflejado en el discurso del alcalde en la inauguración del tranvía: «El espíritu progresista de Vuestra Excelencia marca ahora para Osila la iniciación de su marcha hacia un futuro de grandezas, con el mismo ímpetu con que un potro salvaje galopa, señores, por la senda del progreso» (225-226).

El niño desde el mirador, esta vez real, que encuentra en casa de su abuelo en Osila, puede tener esa visión que esperaba en la fantasía, y descubrirá un mundo nuevo:

El chiquillo limpió con una mano uno de los vidrios, un vidrio azul, pegó la naricilla y contempló: ¡se veía todo Osila! Allá lejos, el sendero que llevaba a Surco. Descendía entre unos pantanos cubiertos de lotos y helechos grandes y espesos. El verde claro de los sauces dejaba caer la gracia tristona de sus hojas sobre las aguas quietas, como en un mudo coloquio de miradas. Más allá todavía, se divisaba el follaje de las huertas, la dulzura de los potreros con sus cepas tan verdes, tan claras, tan alegres [...]. Las torres derruidas de la iglesusca aldeana [...] las lomas famosas de San Juan eran como un mar gris y fulgurante de sol. [...] ¡Ah, y por este otro lado estaba la mar! ¡Qué azul, Señor, qué azul! (152).

La mirada tras los cristales de colores, azules, amarillos, simboliza también la perspectiva subjetiva del niño. Hasta que en su observación descubre también el amor en su tía Cruz:

> Limpió entonces otro vidrio y la mano le quedó hecha una desgracia, pero bien valía la pena: aquí, a la izquierda, estaba un jardín grande, más grande que el de su casa, y había una pajarera y un perro más grande que Capitán y había una negra más negra que Petita y había una mujer bella, alta, rubia...(153).

Paralela a la mirada del niño, descubriendo desde su mirador la belleza de un paisaje que iba a comenzar a cambiar, Díez Canseco pinta con ironía el mundo burgués e hipócrita de los habitantes de Osila. El grupo estará encabezado por beatas solteronas, falsas e hipócritas y se contrastará con la familia de los niños y la tía Cruz que sí son presentados como aristócratas legítimos: «Y se retiró de la puerta para dejar paso a una mujer joven, rubia, alta, enlutada. En la grave sonrisa conque devolvió el saludo se advertía su alta condición señorial [...] de toda ella emanaba una delicada y sencilla sensación de aristocracia como perfume natural e ingénito» (113). Lo natural estará siempre tácitamente contrastado con la falsedad y pretensiones de los demás habitantes de Osila. Elemento que se constata en la comparación de las descripciones del palacio de la tía Cruz (Libro 1, capítulo III «La señorita y la beata») y la casa de Asunción de Collazos (Libro 1, capítulo II «Chocolate con hojitas limeñas»). De la elegancia del palacio de Cruz Valcárcel se pasa a la casa de Asunción y su marido, el doctor Santander: «La concurrencia estaba diseminada por las sillas mecedoras de Viena, con una almohadilla para la cabeza, sobre los sillones de reps, art noveau y labrados, envueltos en unas fundas de tocuyo un poco sucias» (116).

El Libro 3, capítulo II «Borricos y anticuchos» cuenta, como también se ha visto en *Duque*, un paseo al campo. En este caso para celebrar el compromiso de Flora con Luján. El recorrido es prácticamente el mismo que hacen los personajes de *Duque*. Esta repetición puede explicarse en el autor como una forma de reclamo contra la modernidad que invade la aldea tranquila. La utopía rural siempre será una salida. Pero no sólo es una recuperación de espacios bucólicos pasados. Este espacio permite, por única vez y por unos instantes, un encuentro amable entre esta clase burguesa y la familia aristócrata de los Erazo y Cruz Valcárcel:

> En un proceso de modernización cuya dinámica es urbana, las relaciones tradicionales son afectadas por nuevas regulaciones. La vuelta al campo pareciera garantizar que lo conocido y experimentado, cuya base son las costumbres legitimadas en razones más trascendentes que los intereses individuales enfrentados, recuperan un lugar, una vigencia (Sarlo, 1999, 34).

Pero, sin duda, después de la visión nostálgica (del conocimiento de ese mundo por parte del niño, que se traduce en la narración como recuerdo), lo que queda del texto es la corrosiva visión que se ofrece de esta nueva burguesía. La ironía de las descripciones nos recordará varias veces la clave con que se lee *Duque*. Señala Escajadillo: «La presentación de una imagen irónica del Barranco de fines de 1910, con sus personajes y acontecimientos típicos, es el fundamento vertebral» (1974, XXXVIII). La mejor manera de destacar la falsedad de esta clase media es la continua comparación de actitudes con respecto a la familia Erazo, la de los niños y la de Cruz. Recorre el texto una sensación de diferencia y, también, una tensión tácita. Así, ante los prudentes modales de parte de Cruz por evitar a los otros, la respuesta son los chismes contra ella.

El mirador de los ángeles resume dos preocupaciones de Díez Canseco: el testimonio de la pérdida del lugar apacible (en este caso especial para él: Barranco) y la crítica feroz contra la falsedad y la hipocresía de la gente. Por un lado Barranco que aún hasta hoy, a pesar de los cambios, guarda unos resquicios de lo que fue. Y por otro el arribismo de un grupo de burgueses falsos e inauténticos. Quizás en el fondo del texto esté presente una defensa de las personas por encima de las clases sociales. Mientras Cruz y la familia de los niños responden a una aristocracia limeña («aristocrático criollismo», 133), no es la clase social, sino sus comportamientos y actitudes personales los que los ponen por encima de los otros. Quizás la nostalgia, la pérdida del lugar, implique en el fondo algo de más valor: la pérdida de lo auténtico. En todos los demás personajes, excepto los sirvientes cholos y mulatos, por el contrario, se pueden rastrear actitudes y comportamientos falsos e hipócritas.

Desde su mirador, el niño Nacho contempla el Barranco bueno, bello, del paisaje natural. Belleza y bondad también representadas en Cruz, el ángel. Pero nunca ve desde ahí lo real, la hipocresía, las mal andanzas de Luján, los melindres de Flora, las pretensiones de Asunción, las falsedades de la burguesía arribista que todavía no conoce.

Conclusiones: tres versiones de Lima

Muchas veces una ciudad es como uno la mira, como uno quiere que sea. Así, la ciudad, el espacio literario, es mutable. Pero dicha mutabilidad causa que sea imposible una visión, no sólo objetiva, sino total de ella. Esto no es un defecto, al contrario, es uno de los principales méritos de la obra literaria: la parcialidad de miradas. En ese sentido es importante la obra narrativa de José Díez Canseco, que hemos analizado en las páginas precedentes, pues nos aporta en varias parcialidades, un ensayo de «totalidad» de la Lima cambiante de comienzos del siglo XX. El resultado es variopinto, pero siempre mantendrá la idea (perogrullesca) de que una ciudad es también la gente que la habita. La gente que la habita está condicionada por ese espacio, tanto así, que construye sus barreras y sus límites. Y, como en toda ciudad grande, la gente que habita esos espacios es diversa. A esa diversidad recurre Díez Canseco para enfocar las perspectivas con que observa Lima.

De la ciudad cosmopolita en *Duque*, de la periferia de la ciudad en *Estampas mulatas*, a la ciudad nostálgica de *El mirador de los ángeles*. O también, de la aristocracia y su superficialidad, del conflicto del hombre marginal con el medio, a la hipocresía de la clase media. Mientras la modernidad es para algunos de ellos la posibilidad de una ciudad al estilo europeo, para otros es todavía marginalidad y para los otros un cambio en el barrio-aldea que ven con expectación y oportunismo.

El mayor logro de Díez Canseco es ofrecernos diferentes versiones de la ciudad desde dentro de sus propios personajes. Como escritor que ha vivido esa época es testigo del cambio, por ello nos ofrece también aspectos críticos de la sociedad. No se queda en la superficie que esa modernidad ha traído, sino que penetra en los conflictos que ha causado. Y si bien muchas veces se percibe una sensación de nostalgia por un pasado tranquilo, esa pérdida parece consistir para el escritor no en un deseo de vuelta al pasado, sino más bien en una conciencia de cambio, de saber que la modernidad de

Lima fue mucho más que calles, tranvías y edificios nuevos. Si la mirada de Teddy, en *Duque*, desde la ventanilla del auto daba una visión parcial de Lima, y la mirada de Nacho desde el mirador (que unifica la fantasía y lo real) nos muestra una visión nostálgica, en *Estampas mulatas* la observación está hecha desde la ciudad misma, desde la fuerza que ella ejerce en los personajes. Ya no hay ventanillas ni miradores; a lo más, lo único que pueden observar, desde una perspectiva distinta, ya no es parte de la ciudad sino de las afueras de la ciudad: el mar en «El Gaviota», la sierra y la selva en «Km. 83».

El rasgo más importante en la obra de Díez Canseco es la sensación de cambio representada por la velocidad con que se ve a la ciudad en *Duque*; con el resultado nefasto del cambio en las periferias de Lima: la marginación en *Estampas mulatas*; con el tranvía que desaísla a Barranco u Osila (cuyo nombre quizás evidencie ya el aislamiento, el asilo, en sí mismo) en *El mirador de los ángeles*.

> Tanto *La casa de Cartón* como *Duque* encaran un mundo urbano en expansión, un espacio que se define en la metamorfosis física y cultural del entorno ciudadano. La puesta en escena de ese dominio voluble, fluido, pone en crisis al método de representación realista y anima escrituras que son, en esencia, irónicas: la transición y el cambio impiden fijar imágenes, asumir la percepción del sujeto como ingenuamente natural y objetiva. Es por ello que, en grados y maneras diferentes [...] son obras autorreflexivas, comentarios tácitos sobre la creación novelesca misma. Por último, los dos textos se nutren de una dialéctica compleja, sutil, entre los inestables ámbitos de lo nuevo y lo viejo (Elmore, 55).

Hay mucho de autorreflexión en Díez Canseco. Pero quizás el rasgo más importante sea el de la ironía para retratar lo falso. Así ocurre en *Duque* y en *El mirador de los ángeles*, pero no en *Estampas mulatas*, porque el mundo del marginado es rescatado con la naturalidad de lo real. El pobre vive tal como es. Su mirada es más natural, más «objetiva». La aristocracia de *Duque* y la burguesía del *El mirador de los ángeles*, por el contrario, viven de la apariencia. Esa falsedad y apariencia marcarán también las formas que tienen estos personajes de percibir y concebir la ciudad. Todas ellas en una etapa de cambio, de modernización de la urbe, pero también de las relaciones entre las clases sociales. De estas tres versiones de Lima podemos concluir que la ciudad termina siendo para algunos una utopía y para los demás sólo un destino.

BIBLIOGRAFÍA

a) *Obras citadas de José Díez Canseco*

Suzy. Lima: Mercurio Peruano año XIII, v. XX, 141-143, mayo-julio, 1930.
Duque. Lima: Biblioteca Peruana-Peisa, 1973.
El mirador de los ángeles. Lima: INC, 1974.

b) *Bibliografía general*

Angvik, Birger. *La Ausencia de la forma da forma a la crítica que forma el canon literario peruano*. Lima: Fondo Editorial de la Pontificia Universidad Católica del Perú, 1999.
Castro Arenas, Mario. *La novela peruana y la evolución social*. Lima: J. Godard, 1973.
Delgado, Washington. *Historia de la literatura republicana: nuevo carácter de la literatura del Perú independiente*. Lima: Rikchay, 1984.
Elmore, Peter. *Los muros invisibles. Lima y la modernidad en la novela del siglo XX*. Lima: Mosca Azul-El Caballo Rojo, 1993.
Escajadillo, Tomás. «Prólogo», *Duque*. Lima: Biblioteca Peruana-Peisa, 1973.
— «Estudio preliminar». *El mirador de los ángeles*. Lima: INC, 1974, VII-XXXIX.
— «José Díez-Canseco (1904-1949): trascendencia y sentido de la Estampas Mulatas». *Narradores peruanos del siglo XX*. La Habana: Casa de las Américas, 1986, 69-99.
Escobar, Alberto. *La narración en el Perú*. Lima: Juan Mejía Baca ed., 1960.
Gamarra, Abelardo. *Lima, unos cuantos barrios y unos cuantos tipos (al comenzar el siglo XX)*. Lima: Litografía y Tipografía de Pedro Berrio, 1907.
González Vigil, Ricardo. *El cuento peruano 1920-1941*. Lima: Copé, 1990.
Loayza, Luis. *El sol de Lima*. México, D.F.: Fondo de Cultura Económica, 1993.
Martín Adán. *La casa de cartón*. Lima: Peisa, 1989.
Navascués, Javier de (ed.). *De Arcadia a Babel. Naturaleza y ciudad en la literatura hispanoamericana*. Madrid/Frankfurt: Iberoamericana/Vervuert, 2002.
Ortega, Julio. *Cultura y modernización en la Lima del 900*. Lima: CEDEP, 1986.
Pöppel, Hubert. *Bibliografía y antología crítica de las vanguardias literarias. Bolivia, Colombia, Ecuador, Perú*. Madrid/Frankfurt: Iberoamericana/Vervuert, 1999.
Quevedo, Francisco de. *La vida del Buscón*. Fernando Cabo (ed.). Barcelona: Crítica, 1993.
Rodríguez Rea, Miguel. *El Perú en su literatura. Guía bibliográfica*. Lima: Fondo Editorial PUCP, 1992.

Salazar Bondy, Sebastián. *Lima la horrible*. La Habana: Casa de las Américas, 1967.

Sánchez-León, Abelardo, Vidal Luis F. y Escajadillo, Tomás. *Presencia de Lima en la literatura*. Lima: Desco, 1986.

Sarlo, Beatriz. *Una modernidad periférica: Buenos Aires 1920 y 1930*. Buenos Aires: Nueva Visión, 1999.

Stroud, Carol. *Al encuentro de la Lima que viene. Tres novelas peruanas exploran los márgenes de la ciudad (Los geniecillos dominicales, Conversación en la Catedral y Un mundo para Julius)*. Ann Arbor, Michigan: UMI, 1992.

Valero, Eva María. «Crónica de Lima: entre valsecito peruano y la literatura», *Literatura y música popular en Hispanoamérica*, Á. Esteban, G. Morales y A. Salvador (eds.). Granada: Universidad de Granada/Asociación Española de Estudios Literarios Hispanoamericanos, 2002, 155-160.

Veres, Luis. «Imaginarios de la urbe o el lenguaje de la delincuencia: *El Gaviota* de José Díez Canseco». *Especulo*, 23, 2003, <www.ucm.es/info/especulo/número23>.

LA CONSTRUCCIÓN DE LA REALIDAD PORTEÑA EN *MISTERIOSA BUENOS AIRES*

Carolina Depetris

Manuel Mujica Láinez (Buenos Aires, 1910-Córdoba, 1984) ha manifestado en su extensa obra una constante inclinación por el manejo dialéctico de la antítesis. El uso de contraposiciones, de confrontaciones en la construcción de la trama que compone sus textos es una de las fórmulas literarias que este autor utiliza para configurar los mundos ficcionales que propone[1]. Para nosotros, esta oposición se define en una confrontación entre dos órdenes de realidad que responden, en la base, a dos órdenes de pensamiento estético (Depetris). En esta línea de lectura, arte y realidad siempre se implican en la poética de este autor. Los cuentos de *Misteriosa Buenos Aires* (1951) descubren esta relación:

> Lo que quise hacer, cuando escribí *Misteriosa Buenos Aires*, es darle a esta ciudad mía mitos que la comunicaran con las grandes ciudades del mundo [...] porque ésta, no nos engañemos, era una aldea perdida en el extremo de América (Vázquez, 64).

La afirmación sugiere que, a través del tamiz estético (a través de la literatura), Buenos Aires pasará de ser una «aldea» a ser una «gran ciudad». Pero también esta afirmación contempla la existencia posible, a lo largo del tiempo, de un orden de realidad ideal (el mito como relato modélico que fija una estructura de lo ideal, en este caso, «las grandes ciudades del mundo»), y un orden de realidad real destapado por la demanda de sinceridad (el no engaño) que conlleva «la aldea perdida en el extremo de América». Así, Mujica Láinez parece construir literariamente a Buenos Aires en la tensión entre una realidad ideal y una real. Para confirmar esta suposición debemos

---

[1] Esta estructura binaria oposicional ha sido estudiada, a través de diferentes motivos, por algunos de los críticos que se han ocupado de este autor, por ejemplo, Carsuzán, Cerrada Carretero, Cruz, Piña, Lojo, Puente Guerra o Caballero.

comprender cómo son estos órdenes de realidad que el escritor argentino propone y ver cómo los relaciona.

LO ADECUADO Y LO INADECUADO

Vamos a esclarecer, como primera medida, cómo es y cómo se construye la Buenos Aires ideal de Mujica Láinez. Como adjetivo, «ideal» refiere aquello que es relativo a una idea (a lo no físico); como sustantivo, el vocablo señala un prototipo, lo que es perfecto en su género. Adjetivo y sustantivo se acercan en la *eidos* platónica, ya que es esta noción la que asimila por primera vez la «idea» a un «ideal» entendido como «modelo», índice de una realidad más elevada, bella y verdadera que la evidente. A partir de este momento, lo ideal y lo real transitan por dos ejes paralelos: el primero se ubica siempre *más allá* de lo inmediato y, desde esta trascendencia, funciona como patrón referencial que norma un *deber ser* de lo real. Esta regulación deontológica enlaza lo ideal y lo real en un plano estético y también ontológico por la misma carga metafísica que la *eidos* soporta en el sistema platónico. Así, desde el pensamiento clásico, lo ideal y lo real se ubican en dos dimensiones diferentes del hacer y del ser. Veamos, ahora, dónde coloca Mujica lo ideal y lo real.

En referencia a *Candide*, en «Le royal Cacambo», el narrador afirma:

> Hélas! que ne suis –je resté à Constantinople avec vous, à cultiver vos légumes! Là vous avez raison, là on s'explique très bien que, d'accord avec Monsieur le philosophe Pangloss, vous disiez que tout est pour mieux dans le meilleur des mondes; tandis qu'ici... (130).

Aparecen aquí dos adverbios de lugar que ofrecen una oposición clara: «là»/«ici». En los cuentos de *Misteriosa Buenos Aires*, «allí» siempre indica un espacio distante a Buenos Aires: el adverbio refiere generalmente a Europa, aunque en algunas ocasiones también puede señalar a Asia o a América (Lima, o la ciudad imaginaria de los Césares). Por su parte, «aquí» siempre designa a Buenos Aires[2]. «Allí», dice Cacambo a Cándido en su carta, existe

---

[2] Salvo en el cuento «El cazador de fantasmas», donde «aquí» señala a Río de Janeiro y «allí» indica tanto la corte portuguesa como Buenos Aires. Veremos que esta alteración responde a un cambio del eje de oposición espacial por uno temporal.

el superlativo absoluto, el mejor de los mundos, el modelo deseado. La polaridad simétrica de la antítesis sugerida por «tandis qu'ici» indica lo contrario para Buenos Aires: «aquí» lo ideal no se encuentra. A través de esta oposición espacial «aquí/allí», Mujica organiza toda una rejilla de significados que sintetizan y definen dos órdenes de realidad: «allí» se encuentran la hidalguía, la riqueza, la belleza, la razón con su red de valores semánticos que aluden a la nobleza, a la distinción, al empaque, al linaje, al orgullo, a la sangre, a la serenidad, a la claridad, a la pureza, a la elegancia, a la armonía, a la pujanza, a la felicidad; en contraparte, «aquí» está todo lo que no está «allí», es decir, la bastardía, la pobreza, la fealdad, lo patético con su trama de valores semánticos: la vileza, la cobardía, la degeneración, la carestía, la miseria, la locura, la oscuridad, la corrupción, la tosquedad, la desarmonía, la animalidad, la impotencia, la desgracia.

Los valores semánticos que acopia «allí» son constantes en toda la obra de Mujica Láinez, y siempre señalan un *estilo* de realidad que la crítica ha designado como «aristocrático», «estetizante», «idealista»[3]. Para nosotros, este estilo responde estrechamente a la preceptiva estética clásica, y lo hace a través de dos de sus principios fundamentales: la contención y el decoro.

En una composición clásica, la contención asegura un acceso directo, sin desviaciones, sin digresiones, hacia la forma perfecta. El decoro, por su parte, es la condición ulterior de una obra, que esta resulte bien, que sea *adecuada*[4]. Para el paradigma estético clásico y clasicista, contención y decoro constituyen los principios artísticos insoslayables para conseguir una resultante artística ideal. En *Misteriosa Buenos Aires*, Mujica Láinez aplica contención y decoro no sólo al plano estético, sino también al ontológico. En los cuentos de este libro, existe una normativa de ser adecuado, de ser conveniente, reflejada en valores como la compostura, la armonía, la elegancia, la dignidad, valores que, a su vez, excluyen *forzosamente* errores o vicios (la desarmonía, lo ilógico, lo innoble, lo bajo, lo indigno, etc.) que dificultan el acceso a una forma ideal de ser. En definitiva, y de acuerdo a la oposición

---

[3] Veremos que los valores opuestos están también *necesariamente* presentes en la obra de este autor.

[4] Según Carlos Montes (24), para Quintiliano y Cicerón, el decoro es «la adecuación de los distintos estilos de forma equilibrada en un todo bien armonizado». Para Vitrubio, en *De Architectura*, el *decorum* es la síntesis de los principios compositivos de una obra arquitectónica (*ordinatio, dispositio, distribuito, euritmia, symmetria*).

«allí/aquí», contención y decoro desplazan la semántica que acapara Buenos Aires en su *en sí* (bastardía, pobreza, fealdad, pasión): la contención clausura el desvío de un orden de realidad ideal, mientras que el decoro apuntala los principios constitutivos de una ontología ideal. Decoro y contención definen una rutina estética y ontológica contrastada y excluyente entre lo real y lo ideal, porque la norma indica que los valores contenidos «allí» no pueden estar simultáneamente «aquí». Así, Mujica propone, desde la diferencia, una primera definición de la realidad porteña: frente a Europa, Asia o Lima, Buenos Aires es el lugar inadecuado. Dice el narrador en «El amigo»:

> En la tribuna, Santiago de Liniers extiende el brazo en ademán de juramento. Debería tener por fondo las fuentes de mármol de Versalles (...) en vez de este enano caserío. Su elegancia, su aliño de antiguo paje del gran maestre de la Orden de Malta, lo exige (198).

Ocurre también que este orden antitético *de ser*, sugerido por la oposición espacial, define en el libro el eje de focalización: si Buenos Aires es el lugar de una realidad cercana inconveniente, y encuentra lejos los valores deseados de un estilo ontológico ideal, debe existir una manera de trasladar el modelo a lo real para conseguir, por la misma fuerza normativa de lo ideal, reformular lo inmediato, lograr, en definitiva, que «Versalles» sustituya *aquí* al «enano caserío». Mujica Láinez acude continuamente a esta posibilidad en sus relatos. Un ejemplo lo encontramos en «La fundadora», cuando sus segundos fundadores trazan imaginariamente la geografía de Buenos Aires:

> Escobar le detalla, dibujando en el aire con las manos, el lugar que ocuparán el Fuerte, la Plaza Mayor y los conventos. Parece, tanto le inflan la boca las palabras espléndidas, que hablara de la catedral de Burgos y de San Lorenzo del Escorial (30).

Lo ideal se introduce, a través de su potencia referencial, en el lugar que en la realidad no ocupa para mutar así la carga negativa de la realidad porteña, tornar adecuado el lugar discordante. Lo que interesa atender en este punto de nuestra lectura es cómo consigue, en los relatos de *Misteriosa Buenos Aires*, lo ideal trasladarse a lo real. Atender a la posición estética desde la que Mujica Láinez propone la relación ideal/real será muy útil para comprender esta dinámica y cómo este problema conduce, a su vez, a una de las constantes de la poética de este autor: la relación entre la simulación y lo característico, entre parecer y ser.

EL ARTE Y LO GROTESCO

En su libro *Idea*, Erwin Panofsky sostiene que, en el Renacimiento, una cosa es bella cuando exhibe en sí una máxima concordancia con la idea de belleza (56). Esta idea de belleza supone en el *Cinquecento*, a su vez, dos imperativos aparentemente contrarios: por una parte, la belleza deriva, en el arte, de un estudio referencialmente estrecho, mimético, de lo real, y por otra, el arte debe superar lo real en perfección para conseguir un orden de belleza superior. Esto supone, para Panofsky, que el arte aproxima lo real a una idea, pero asume esa idea como ideal, asimilando así platónicamente lo ideal a una realidad de mayor belleza, de mayor verdad y perfección (64). En el Renacimiento, entonces, el arte admite como programa estético la tarea de corregir lo inadecuando de lo real de acuerdo a un modelo estético que promueve el perfeccionamiento de la realidad. Este imperativo estético clásico aparece de forma directa en *Misteriosa Buenos Aires*[5]. Buenos Aires, vimos, es el lugar inconveniente, pero la ausencia de contención y decoro puede repararse para poder implantar el *allí* en el *aquí*: « a Ana de Arrieta la encontró en el portal de su casa [...] como si en lugar de una aldeana sencilla hubiera sido una rica señora de Venecia» (18 y ss.); «Felipe Arias de Mansilla acaba de hacer su reverencia, echando la palmeta hacia atrás como si fuera una espada» (51); «España no envió a la Indias armada con tanta hidalguía como la que fondeó en el Río de la Plata. Todos se las daban de duques. En los puentes y en las cámaras departían como si estuvieran en palacios» (11), etc. Esta fórmula comparativa «como si» más subjuntivo pone en relación dos términos diferentes para asimilar el primero al segundo según una valoración de orden cualitativo. Esta asimilación es sustitutiva porque suplanta a un real por una imagen deseada, pero no lo hace en el plano del ser sino del parecer, tal como lo hace el arte (Lévinas, 47). En la

---

[5] Incluso extratextualmente, cuando Mujica declara que la escritura del libro responde al deseo de transformar a Buenos Aires en «gran ciudad» por medio de la literatura.

realidad ilusoria del arte, las cosas representadas sólo *se parecen* a las cosas en sí. De esta manera, la aldeana aparenta ser una rica señora, la palmeta simula ser una espada, los puentes y cámaras parecen ser palacios por una implantación imaginaria, artística, de lo ideal en lo real. Mujica Láinez explota este recurso de la normativa clásica en sus cuentos para componer idealmente una realidad porteña malograda. El símil es el recurso que permite, a través de la potencia correctiva del arte clásico, transponer lo ideal a lo real mezclando arte y ontología, parecer y ser, para conseguir, en definitiva, que lo que parece ser real sea tomado como real. El arte, mediante esta operación sustitutiva concentrada en el símil, es la vía de realización del deseo ontológico que la fórmula «como si» más subjuntivo expresa: el símil puede, desde la ficción, mudar realidades y conseguir que la aldea sea una gran ciudad. Mujica incluso apela en sus relatos a toda una mudanza, desde Europa y Asia a Buenos Aires, de muebles, libros, tapices, telas, cuadros para afianzar este cambio. Numerosos objetos viajan hasta la realidad sucinta de Buenos Aires para conseguir, por ilusión estética, fundir ser y parecer en una realidad ideal de la ciudad. Un claro ejemplo de esta unión aparece en el cuento «Las ropas del maestro»:

> [...] una hora después, cuando regrese del Cabildo, vestirá esas prendas de raja de Segovia con mangas jironadas, que aunque no fueron cortadas en el paño mejor lucirán sobre él a las maravillas. Beatriz no le volverá a ver con esa traza de pobre diablo (49).

Este tránsito de decorados tendente a reducir una realidad porteña inadecuada y a elevarla consecuentemente hacia una realidad de mayor perfección es el recurso de estricto orden clásico que Mujica propone para mudar el desorden en orden y conseguir que Buenos Aires deje de ser una aldea perdida en el extremo de América. Poco a poco en la cronología que el autor traza, la realidad porteña se ajusta a los valores semánticos de hidalguía, belleza, riqueza, razón, y este cambio es confirmado por el abandono paulatino del esquema oposicional «aquí/allí» por uno temporal, «antes/ahora». Este nuevo eje antitético sugiere que el perfeccionamiento de la realidad porteña es posible, ya que, a partir de un momento, la confrontación de valores tiene lugar en la inmanencia de Buenos Aires. Un ejemplo de esta traslación es el cuento «El granadero»: «antes» todo era mejor. El mismo esquema se repite en «El salón dorado», último relato de la serie. Esta mudanza sugiere que un objeto ideal puede volverse real. Es sabido que la realidad es referente insoslayable del arte, pero ¿es verdaderamente posible proponer lo contrario? Hasta este momento de nuestra lectura, Mujica Láinez, estrechamente vinculado al pensamiento estético renacentista, sostiene esta posibilidad y recorre las maneras de lograrlo. Sin embargo, hay un punto en los relatos donde este intento se encuentra con su imposibilidad: «En un extremo, el salón dorado brilla, palaciego; más acá están la neblina, la impureza, la destrucción, los damascos moteados de humedad, los cristales sucios, la soledad dominguera de esa casa que el lunes se llenará de extraños» (319). Hay un momento en los relatos donde la realidad porteña hermoseada no puede sostenerse y se descompone. Lo real revela tener en Buenos Aires una obstinada persistencia desde su primera fundación, y la ciudad pervierte siempre la idealidad constituida resaltando la carga ilusoria del símil para caer en su caricatura. Veamos un ejemplo de los numerosos que aparecen en el libro:

> Es una muchacha que sería bonita si suprimiera la capa de bermellón y de albayalde con los cuales pretende realzar su encanto. Entre tanta pintura ordinaria, brillan sus ojos húmedos. Viste una falda amplísima, un verdugado, cuyos pliegues alisa con las uñas de ribete negro (43).

En *Misteriosa Buenos Aires*, y en estrecha consonancia con toda la obra de Mujica Láinez, opera un movimiento de dirección doble por el que, primero, se corrige una realidad inconveniente a través de la sustitución estética de dicha realidad por un ideal, y luego esa idealidad es degradada, descompuesta en una realidad que resiste lo adecuado. Ya vimos cómo ocurre lo primero. Ahora veamos cómo se produce esta declinación del modelo perfecto y qué realidad destapa esta corrupción. Rastrear desde qué concepción estética Mujica acomete este cambio será, una vez más, de suma utilidad para explicarlo.

E. H. Gombrich sostiene que la noción de progreso hacia una perfección ideal es el patrón historiográfico más importante que la antigüedad legó a Occidente (100). Podemos agregar que este legado llegó casi intacto hasta el Romanticismo. Es, en efecto, en la reflexión estética prerromántica y romántica cuando cae el fuerte prestigio que tuvo en el arte la idea de perfección clásica, abriendo así el campo de la estética a una serie de manifestaciones recurrentemente desplazadas. Una de las inquietudes que dan paso a este cambio, y que subyace en el libro de Mujica Láinez, es conocer qué sucede con la historia subsiguiente a la perfección alcanzada[6].

En el siglo XVIII, a través de escritos como *Indagación filosófica sobre el origen de nuestras ideas acerca de lo sublime y de lo bello*, de Edmund Burke, o la *Crítica del juicio*, de Kant, el arte se desprende poco a poco de las cláusulas de belleza clásica y comienza a atender a lo «inadecuado». Una de las categorías que el Romanticismo explora, sobre todo a partir del *Prèface* a *Cromwell*, de Victor Hugo y de la *Carta sobre la novela*, de Friedrich Schlegel, para explicar cómo es y qué significa todo aquello que el canon clásico ha desplazado, es lo grotesco. A partir del Romanticismo, este vocablo de prolongada historia[7] será el contraprincipio de contención y decoro, la contracara necesaria de lo clásico. Y decimos que es *necesaria* porque la admisión de esta categoría contracanónica se inscribe en el problema ontológico cardinal de esta época, que es conocer si es posible el ser armónico, y si éste es mejor que el ser incompleto[8]. El problema apunta directamente a la realidad, porque el Romanticismo busca insistentemente allí los principios de lo clásico y descubre que la realidad no es cerrada, ni jerárquica, ni ordenada, ni simétrica sino desproporcionada, desbordada, caótica, rizomática. Lo grotesco aparece, en el siglo XIX, como la categoría que concentra este nuevo orden de realidad. Desde sus orígenes, como término aplicado a la decoración, lo grotesco ha agrupado los valores contrarios a la estética clásica idealizante. Así, frente a la armonía, a la proporción, a la claridad, a la serenidad, índices absolutos de lo clásico, lo grotesco concentra los «antivalores» de la desarmonía, la profusión de formas, la incoherencia, lo ilógico, lo monstruoso, lo irracional. La búsqueda ontológica del Romanticismo que el arte traduce estéticamente en lo grotesco es la búsqueda del ser completo, de modo que la realidad se redefine ahora como una convivencia de opuestos, como la unión, en este caso, de contención y desmesura, de perfección y defecto, de decoro e inconveniencia. El Romanticismo concede de forma sistemática derecho propio, en el terreno del arte, a la deformidad, a lo oscu-

---

[6] Acertar con una respuesta a este interrogante, en definitiva, poder saber si el arte puede ser referente de realidad, es un problema continuo en la obra de este autor. Tal vez, incluso, sea el interrogante cardinal de su búsqueda literaria.

[7] Para conocer la historia del término, ver Kayser, Iffland y Bajtin.

[8] Problema que filosóficamente no se detiene aquí, como bien demuestran las reflexiones de Nietzsche acerca de la tragedia, o las de Georges Bataille sobre el erotismo y la mística.

ro, a lo desarmónico, a la fealdad, a la ridiculez, a lo pasional, a la bestiali-
dad, y consolida, a través de categorías desestabilizantes de un orden de realidad jerárquico como es, por ejemplo, lo grotesco, la posibilidad de existencia efectiva de un real no ideal. Para nuestra lectura, es interesante ver cómo
opera este mecanismo. La respuesta la da Mijail Bajtin en *La cultura popular
en la Edad Media y el Renacimiento*, y lo hace desde el marco oposicional
que ya propone la crítica romántica: lo grotesco se define por contraste a la
norma clásica. Para Bajtin, lo clásico está cardinalmente vinculado a los
valores oficiales, es decir, a lo elevado, a lo jerárquico, a lo grave, a lo incon-
movible, a lo hierático y perfecto, valores todos, vemos, que Mujica coloca
en el extremo oposicional de una Buenos Aires ideal. En contraparte, lo
grotesco siempre está asociado a expresiones culturales populares que
explotan lo bajo, lo igualitario, lo cómico, lo relativo, lo imperfecto, lo dinámico. Así, frente a lo clásico, lo grotesco señala siempre lo real, y lo hace en
lo que Bajtin denomina «realismo grotesco», entendiendo a esto último
como una degradación de lo ideal. El realismo grotesco socava lo elevado,
revuelve las estructuras jerárquicas establecidas y propone, en este gesto, un
orden nuevo de realidad definido precisamente por su ausencia de decoro y
contención. Cuando lo ideal se desploma, la realidad se revela en su condición inestable, perpetuamente inacabada, intensamente contradictoria. Con
esta dinámica degradante aparece toda la potencia irónica que lo grotesco
acopia: en un orden de realidad grotesco, las estructuras fijas se desestabili-
zan para que el rico sea pobre y el pobre rico, para que el rey sea el bufón y
el bufón el rey[9].

En *Misteriosa Buenos Aires* este tipo de inversiones irónicamente grotescas son continuas y suponen, en la poética de Mujica Láinez, la vía para descubrir y asimilar la existencia efectiva de una realidad porteña sustancial-
mente degradada. Aun habiendo logrado convertir a la aldea perdida en el
extremo de América en una de las grandes ciudades del mundo, la realidad
porteña siempre cae en un «aquí» y «ahora» que torna las damas en meretri-

---

[9] Recordemos aquí que la ironía es otra de las categorías caras al Romanticismo porque
indica, justamente, que nada es completo en sí mismo. Para Jankelevitch, a través de la ironía
la realidad muestra que «es lo que no es, y no es lo que es» (14). La ironía romántica no está
asimilada al humor, sino al *Witz*, una agudeza tendiente a trastocar los valores establecidos
(ver D'Angelo, 123 y ss.). El irónico siempre simula decir algo para afirmar lo contrario e
indicar así que la realidad es diferente de lo que parece.

ces, los hidalgos en bárbaros, las señoras en asesinas, los esclavos en amos, los palacetes en conventillos, los conquistadores en payasos. De este modo, en la Buenos Aires que propone Mujica, lo ideal es cuidadosamente construido para ser persistentemente socavado: los objetos bellos llegan para fugarse, el pasado señorial se alza para desplomarse. Valiéndose de estas inversiones degradantes, Mujica Láinez distancia lo ideal de lo real con objeto de descubrir la simulación que encierra el modelo traspuesto. Así, en Buenos Aires, el empaque peninsular resulta incómodo, el lujo es fantasmagórico y «burlón», las reinas y damas se muestran «hombrunas», «macizas», «feísimas», los reyes, dice Mujica, están «empastados en grasa»[10]. Por el esquema antitético que regula la poética de este autor, la realidad porteña admite una referencialidad estética clásica, pero demanda también el derecho de ser *lo que es* en su peculiaridad. De esta manera, la vileza, la degeneración, la cobardía, la miseria, la desgracia, la locura, la oscuridad, la desarmonía y todos los valores concentrados «aquí» y «ahora» constituyen un orden ontológico y estético posible para Buenos Aires. Es esta apertura la que cambia el eje de oposición espacial por el temporal. La ciudad se define así como el núcleo del realismo grotesco porque rebaja todo lo realizado en un orden ideal de ser, y porque invierte una ordenación establecida. La degradación de lo ideal y la inversión de sus preceptos muestran una nueva realidad, *real*, que, por la misma dinámica irónica que la define, es inacabada, inestable, contradictoria. En este punto, ser y parecer se distancian porque las cosas demuestran ser en Buenos Aires distintas de lo que parecen: los objetos insignificantes pueden ser letales, los salvadores pueden ser los verdugos, quien existe no existe, etc.[11]. Numerosos cuentos de la serie trabajan esta condición inacabada de la realidad, condición que señala el «misterio» que adjetiva a la ciudad en el título. A través del realismo grotesco, de su actividad degradante y desestabilizadora de la contención y decoro clásicos, lo real, con su carga ontológica legítima frente a la simulación que norma la realidad ideal, desvela la deontología del parecer y encuentra un espacio en Buenos Aires.

En este libro, la ciudad se embellece para caer en todas sus inadecuaciones. Manuel Mujica Láinez construye así a Buenos Aires por contraste, en

---

[10] El mismo autor declara que uno de los temas recurrentes en sus cuentos y novelas es Buenos Aires y «la evolución y decadencia de su vieja clase representativa» (1982, 28).

[11] En este punto, lo grotesco se acerca estrechamente a lo siniestro, otra de las categorías románticas que Mujica explota en sus relatos.

un juego continuo entre ser y deber ser que recuerda persistentemente que lo real socava lo ideal y que en esta rutina lo implica. A través de la potencia representativa del arte, la norma clásica adecua la realidad porteña a un ideal para unir ser y parecer, imagen y cosa. El realismo grotesco destapa, por su parte, un orden ontológico distanciado del símil estético y cercano, en contraparte, a una referencialidad real que admite en su configuración todos los errores. En la realidad que Mujica traza para Buenos Aires, Renacimiento y Romanticismo no son dos momentos históricos sino dos tipologías que señalan cómo la ciudad se configura entre la contracción de lo ideal y la distensión del defecto. En este movimiento, la aldea retorna siempre a la gran ciudad para afianzar su identidad, pero la realidad porteña necesita también de la simulación para alcanzar su característica.

BIBLIOGRAFÍA

a) Obras citadas de Manuel Mujica Láinez

Misteriosa Buenos Aires. Buenos Aires: Sudamericana, 1994.
Capítulo. Buenos Aires: Centro editor de América Latina, 129, 1982.

b) Bibliografía general

Bajtin, Mijail. *La cultura popular en la Edad Media y en el Renacimiento*. Madrid: Alianza, 1990.
Caballero, María. *Novela histórica y posmodernidad en Manuel Mujica Láinez*. Sevilla: Universidad de Sevilla, 2000.
Carsuzán, María Emma. *Manuel Mujica Láinez*. Buenos Aires: Culturales Argentinas, 1962.
Cerrada Carretero, Antonio. *La narrativa de Manuel Mujica Láinez* (tesis doctoral), Universidad Complutense de Madrid, 1990.
Cruz, Jorge. *Genio y figura de Manuel Mujica Láinez*. Buenos Aires: EUDEBA, 1978.
D'Angelo, Paolo. *La estética del romanticismo*. Madrid: Visor/La Balsa de la Medusa, 1999.
Depetris, Carolina. *El conflicto entre lo clásico y lo grotesco en* Bomarzo *de Manuel Mujica Láinez*. Pamplona: EUNSA, 2000.
Gombrich, Ernst Hans. *Norm and form*. London: Phaidon Press, 1966.

Iffland, James. *Quevedo and the Grotesque*. London: Tamesis Books Limited, 1978.

Jankelevitch, Wladimir. *La ironía*. Madrid: Taurus, 1986.

Kayser, Wolfgang. *Lo grotesco. Su configuración en pintura y literatura*. Buenos Aires: Nova, 1964.

Lévinas, Emmanuel. *La realidad y su sombra*. Madrid: Trotta, 2001.

Lojo, María Rosa. «Manuel Mujica Láinez: el resplandor del tiempo», *Sur*, 358-359, 1986, 187.

Montes, Carlos. *Creatividad y estilo*. Pamplona: Servicio de Publicaciones Universidad de Navarra, 1989.

Panofsky, Erwin. *Idea*. Madrid: Cátedra, 1995.

Piña, Cristina. «Historia, realidad y ficción en la narrativa de Manuel Mujica Láinez». *Sur*, Buenos Aires, 358-359, enero-diciembre de 1986, 173-186.

Puente Guerra, Ángel. «Las mitologías personales de Manuel Mujica Láinez», *Sur*, 358-359, 1986, 199.

Vázquez, María Esther. *El mundo de Manuel Mujica Láinez*. Buenos Aires: Belgrano, 1983.

A LAS DURAS Y A LAS PADURAS:
LA HABANA, CIELO E INFIERNO

Ángel Esteban

La ciudad de La Habana aparece en las novelas de fin de siglo XX como un lugar casi en ruinas, y los personajes miran constantemente hacia el pasado intentando recuperar sentimentalmente la ciudad que un día fue grandiosa. Además, en las novelas policiacas de los últimos años, se observa una mirada mucho más crítica con el sistema social y político de la isla, a la vez que se abandonan los elementos didácticos que hacían del género un esclavo más de las consignas del gobierno revolucionario. Leonardo Padura es uno de los mejores exponentes de este tipo de novela en los años 90, con su tetralogía del detective Mario Conde, que ha obtenido gran proyección en Cuba pero también en un contexto europeo.

En la tetralogía policiaca de Leonardo Padura, la ciudad de La Habana no aparece únicamente como telón de fondo, escenario del crimen o mosaico de pistas para esclarecer los hechos. Su personalidad le da un papel protagonista, que responde a la imagen que proyectan de ella la mayoría de las novelas cubanas de los últimos años. La ciudad, sujeto literario, es escrita, pero también comienza a ser leída en la época contemporánea (Álvarez-Tabío, 15). Hasta el romanticismo, la ciudad suponía más bien un elenco de signos, y no tanto una realidad física. Cuando La Habana pasa a ser escrita y leída, y adquiere una entidad real en el texto, reclama una interpretación para cada par de ojos que se posa ante el discurso-ciudad.

Aunque este proceso es aplicable a muchas de las villas latinoamericanas, en la región del Caribe, y más concretamente para la capital cubana, la historia de su *carnalización* tiene unas notas muy peculiares. Siguiendo las ideas de Alejandro Losada sobre la regionalización, a la hora de examinar el desarrollo literario de América Latina sobre la base de factores históricos y socioculturales, y atendiendo a las últimas teorías de Benítez Rojo sobre la cultura caribeña como un espacio diferenciado de los sistemas continentales, resulta evidente que La Habana literaria tiene mucho que ver con su historia pasada y reciente, y con su situación central en la zona de las Antillas.

La antigua Habana del XVI, con sus edificios oficiales de piedra, y sus viviendas de madera en el interior de la bahía en torno a la primitiva fortaleza
militar, se completa en siglos posteriores con la construcción de edificios
defensivos, institutos fundados por órdenes monacales y bellas casas de estilo mudéjar construidas por los ciudadanos más ricos. A lo largo del XVIII
esta fisonomía se transforma debido a la actividad de la aristocracia azucarera. Aparecen palacios rodeados de parques en el Cerro, fuera del recinto
amurallado. La nueva burguesía copia las instituciones europeas: el teatro,
la academia de pintura, la biblioteca, un bulevar y un jardín botánico (Phaf,
61-62). La ciudad se divide en dos, Habana Vieja y Habana centro, y en
medio, el Paseo del Prado. En el XIX nuevos barrios se van añadiendo a la
estructura metropolitana. La relación con los vecinos de Regla y Guanaba-
coa, al otro lado de la muralla, es, con el paso del tiempo, más intensa. La
inmigración desde España es cada vez mayor, y esas clases bajas se concentran en la parte antigua, mientras la aristocracia se mueve hacia el otro lado
de Prado, creándose así un nuevo centro comercial.

Ya en el siglo XX la zona residencial de los ricos se traslada más al este, al
Vedado, que se puebla de estupendas casas con jardín. La moderna metrópoli se pone en marcha después de la crisis mundial del 29. La población
urbana crece considerablemente mientras el campo se despuebla. Nacen los
suburbios y los barrios periféricos. Además, la intervención norteamericana
de esa época contribuye a cambiar aún más la imagen de la ciudad. Machado hace construir una especie de Capitolio y aparecen los primeros rascacielos en la zona limítrofe del Vedado. Un nuevo barrio residencial, Miramar,
se convierte en el refugio de las grandes fortunas, y se imita el modo de vida
anglosajón debido a la proliferación de instituciones de ocio como el campo
de golf, el casino o los clubs náuticos. Es el momento en que la zona vieja de
la ciudad se va deteriorando, por la mala conservación de las casas antiguas
y la acumulación de inmigrantes de baja condición social y económica. Con
Batista se trasladan los edificios gubernamentales a la zona del Vedado, se
construye el túnel hacia Miramar y otro bajo la bahía.

La narrativa que habla sobre la ciudad evoluciona conforme ella misma
se metamorfosea. En el XIX nace una tradición de novelas de costumbres,
publicadas en revistas, que describen las vicisitudes de la población criolla
citadina. La crítica en ellas es mínima, porque se trata de meros retratos de
sociedad, donde no hay lugar para la ironía. Además, el marcaje férreo de la
censura, en una isla que no ha conocido la independencia, dificulta la lucha

escrita contra el poder de las instituciones estatales. Por eso, obras como *Petrona y Rosalía*, de Félix Tanco, o *Francisco*, de Anselmo Suárez, que son escritas en los años 30, no se publican hasta finales del XIX. Únicamente después de la proclamación de la República, en 1902, es posible encontrar narraciones citadinas que planteen problemas incómodos, como las de Carrión, Loveira o Serpa.

A partir del triunfo de la Revolución del 59, las circunstancias de la ciudad y de la narrativa acerca de ella van a cambiar radicalmente. El hecho diferencial no es la pertenencia al Caribe, a los pueblos del mar; no lo es tampoco su corta vida como capital de una nación independiente, ni la huella que el imperialismo ha dejado en la época de Batista, ni siquiera la conciencia de una cultura nacional que ha madurado el sentimiento de un tiempo detenido. Por último, tampoco es un hecho decisivo y determinante el giro copernicano, en lo económico y en lo social, que confiere al país el establecimiento de una dictadura de cuño marxista. Son, en conjunto, todas esas circunstancias, las que configuran una ciudad absolutamente diferente a las del resto de América Latina, la singularizan y reverberan en la escritura y la lectura de la ciudad.

Las capitales latinoamericanas se habían convertido, a partir de la segunda guerra mundial, en zonas metropolitanas que funcionaban como centro catalizador de las relaciones del casco urbano con los barrios o suburbios periféricos, poblados éstos por las sucesivas oleadas de inmigrantes que provienen de zonas rurales de todo el país, y que contrastan, por la pobreza y el hacinamiento, con la holgura y la opulencia de los barrios céntricos tradicionales. En opinión de Ineke Phaf, «en el espacio caribeño de este siglo, La Habana hasta 1959 y Kingston a partir de la segunda guerra mundial, son los ejemplos más llamativos de este tipo de metrópolis subdesarrolladas» (43). Hacia 1959, La Habana forma, según apunta Sègre, una «configuración urbana polinuclear», que se caracteriza por una «desproporcionada extensión del hábitat» (145), es decir, una ciudad excesivamente grande para la población que tiene, ya que hay mucha distancia entre los barrios periféricos y los céntricos, separados unos de otros por una gran cantidad de jardines. Además, hay en ese momento dos culturas urbanas fundamentales, que coinciden con las actividades de los extranjeros, como si la vida habanera respondiera a las necesidades del turista. De ese modo, Miramar significa el estilo de vida norteamericano y el Vedado y Habana Vieja la vida nocturna donde los dólares vuelan de mano en mano, entre prostitutas y traficantes de droga. Acodado en uno de los pliegues que comunican el Vedado y la Habana Vieja, un pequeño oasis: la universidad y unas cuantas librerías y cafés de estilo europeo.

1959 marca un antes y un después. Si hasta la mitad del siglo, la evolución de La Habana tiene sus peculiaridades, pero el proceso puede compararse al de otras metrópolis latinoamericanas, con la llegada de la Revolución la ciudad inicia una andadura en solitario. Desaparecen los dólares, al menos de la circulación oficial, los grandes edificios calculados para el lujo norteamericano se convierten en centros aprovechados por la revolución popular, el mobiliario urbano y los carteles de propaganda sólo exhiben imágenes de los líderes de la revolución y sus consignas, la población crece pero en un orden de cifras mucho menor, y la estratificación social adquiere un rumbo uniformador: las clases altas emigran o pierden sus posesiones, y entre los intelectuales, políticos y artistas hay quienes se exilian paulatinamente y quienes permanecen, mientras que los que llegan a la ciudad siguen siendo personas de ambientes rurales con pocos recursos económicos. En las décadas finales del siglo, la falta de capital privado para remozar las viviendas de la mayoría de los barrios, la lentitud y escasez de las ayudas estatales en la conservación de la arquitectura de la ciudad y el hundimiento del bloque del Este convierten a la reina del Caribe en una antítesis del paraíso que siempre significó. En palabras de Iván de la Nuez, «La Habana aparece como una ciudad devastada. Una capital que aunque no ha vivido una guerra vive en el estado físico de la posguerra [...], destruida no por las bombas, sino por el efecto demoledor del discurso. Desplomada no ya por la batalla de las armas sino por la guerra de las palabras» (69).

Ésta es la ciudad, antiguo cielo y nuevo infierno, que se encuentra Mario Conde, el detective de Leonardo Padura, en su quehacer diario para resolver los casos que se le presentan. Una ciudad que poseyó una de las primeras líneas de ferrocarril del mundo, en 1837, y que en la primera mitad del XIX experimentó la modernización tecnológica de la industria azucarera, pero que en la crisis finisecular posmoderna se revela no como una capital posindustrial sino más bien poscolonial. Así lo ha explicado Emma Álvarez-Tabío:

> Capital de un Estado revolucionario la ciudad, sin embargo, parece un intento grandioso de detener el tiempo: los cambios sociales, en definitiva, no fueron acompañados por una modernización de las instituciones y las estructuras urbanas. De este modo, el conflicto entre tradición y revolución, entre sub-

desarrollo y modernidad, que atormentaría a los intelectuales cubanos desde finales del siglo XIX [...], aún se representa vívidamente en la ciudad. Una opulencia arquitectónica que, por otra parte, se revela bastante ruinosa cuando se examina de cerca, circunstancia que magnifica la sensación de extrañamiento del observador. Producidas por décadas de olvido y abandono, estas ruinas ubicuas y persistentes, sin embargo, parecen haber formado parte de la propia constitución de la ciudad (17).

Ciudad fantasma que sigue alimentando el mito, a pesar de los esfuerzos del todopoderoso Eusebio Leal y de la no menos todopoderosa UNESCO para frenar lo que el paso del tiempo no pudo detener. Existe un sentimiento de dislocación y anacronismo debido al contraste entre la opulencia y belleza de los edificios y su estado ruinoso. Por eso, en la narrativa de los últimos autores, se produce un sentimiento de nostalgia casi obsesiva de la ciudad. Para Mario Conde, la ciudad tiene varios círculos, quizá concéntricos, quizá paralelos, que van aumentando en tamaño. Primero, su casa, donde nació; luego su barrio, donde creció y conoció el mundo, especialmente con su abuelo el gallero; luego la zona de La Víbora, donde estudió y se granjeó las mejores amistades (el Flaco, Andrés, Candito), y luego el resto de La Habana. La relación con la ciudad es, por tanto, ascendente y muy sanguínea, pues cada lugar le va dejando un sentimiento de pertenencia y una especie de deuda con lo que ve y con lo que fue ese lugar. La ciudad es para él lo que existe y lo que sabe que existió, por lo cual siente una especial nostalgia. Hubiera querido vivir una vida anterior para conocer esa ciudad que se perdió y ya no existe, por los cambios de los últimos años. Es una nostalgia por lo oído más que por lo vivido. A la vez, experimenta un gran sentimiento de frustración ante lo que va desapareciendo delante de sus ojos. Como desahogo, imagina en ocasiones que vuelve a su infancia y el tiempo se ha parado. En *Máscaras*, Conde tiene que solucionar un caso de asesinato en un parque. Un día, paseando por su barrio, observa a los muchachos de 15 años jugando a la pelota en la calle, y piensa «que si alguien como él, veinte años antes, se hubiera parado en esa misma esquina del barrio al escuchar una algarabía similar, hubiera visto exactamente lo que él veía: muchachos de todos los colores y todas las trazas, sólo que ése, el que más discutía o festejaba, seguramente hubiera sido el Condesito, el nieto de Rufino el Conde. De pronto se respiraba la ilusión de que allí no existiera el tiempo, porque aquella bocacalle precisa había servido desde entonces para jugar pelota» (14).

El deseo de recuperar la infancia perdida y reconquistar el barrio de sus 15 años le anima poco después a integrarse en la maraña de muchachos y jugar con ellos, pero enseguida siente la punzada de la frustración, de la imposibilidad: «Mientras discutían la formación de los equipos, el Conde se quitó la camisa y dobló dos veces los bajos de los pantalones. Por suerte, ese día no había llevado la pistola al trabajo. Puso la camisa sobre el muro de la casa donde había vivido el gallego Enrique [...], y al fin le dijeron que era del equipo de Rubén y que iba a servir al campo. Pero, al verse rodeado de los muchachos, sin camisa como ellos, el Conde sintió la evidencia de que todo resultaba demasiado absurdo y forzado: percibía en la piel la mirada socarrona de los jóvenes [...]: era un extraño, con otras palabras y otras costumbres, y no le sería fácil integrarse en aquella cofradía que no lo había solicitado, ni lo quería, ni podía entenderlo» (16). La misma sensación de vacío e impotencia aparece cuando el Conde va a visitar al Flaco para contarle que quieren expulsarle del cuerpo de policía a sus treinta y cinco años, y compara el estado actual de Carlos con los recuerdos de la infancia: «El Conde miró a su amigo: una masa cada vez más amorfa sobre la silla de ruedas. Cerró los ojos [...] y pidió: Que sea mentira. Hubiera querido que el Flaco fuera todavía flaco, y no aquel gordo que se iba escorando [...]. Quería jugar otra vez en la esquina y que estuvieran todos sus amigos de entonces y que nadie pudiera excluirlo de aquel sitio que tanto le pertenecía. Y a la vez quería olvidarse de todo, de una vez y para siempre» (120).

Si la recuperación del pasado es imposible, lo que Mario Conde desea, más que el olvido, es un redescubrimiento de la ciudad. Por eso se empeña, en muchas ocasiones, en ver lo que está fuera de la altura de sus ojos, lo que los demás no ven. Es una mirada que va a lo construido, a lo físico, pero también al espíritu de la ciudad y al suyo propio, que siente mutilados. Por eso, las palabras que le dice el escritor Alberto Marqués[1], un alma sensible, sobre la ciu-

---

[1] Posible alusión al artista Bernardo Marqués. Véase por otro lado la relación de los apellidos de los conversadores con títulos nobiliarios y el modo de ser aludidos por el narrador. Constantemente se habla del Conde, el Marqués, como si fueran tratamientos o formas específicas de llamar, es decir, apodos, y no tanto los verdaderos apellidos. En este ámbito de decadencia de la civilización poscolonial en el contexto de la revolución depauperada, la autoironía y la continua broma con respecto a la situación interna del país se destacan como métodos paliativos contra el desencanto, la impotencia para salir de la situación crítica y la ausencia de libertades y medios económicos. Esa autoironía, ese «choteo» del que hablaba Fernando Ortiz, se ejemplifica no sólo en la enorme distancia entre lo que los apodos simbo-

dad, dejan un poso profundo en su interior. Hay una escena muy reveladora, en la que pasean por el Prado, la línea divisoria entre Habana Vieja y centro, en busca de los ambientes nocturnos desconocidos para Conde, en los que pueda obtener informaciones valiosas para sus pesquisas. La mirada interior contrarresta la imagen desoladora de lo que en su día fue grandioso. Dice el Marqués:

> −¿Sabe que este paseo es una réplica tropical de Las Ramblas de Barcelona? Los dos mueren en el mar, tienen casi los mismos edificios a los lados, aunque en una época los pájaros enjaulados que venden en Barcelona fueron aquí animales libres y silvestres. El último encanto que perdió este sitio fueron aquellos totises que venían a dormir en los árboles. ¿Se acuerda usted de eso? A mí me gustaba ver por las tardes cómo volaban esos totises desde toda la ciudad [...]. Nunca supe por qué esos pájaros negros escogieron estos árboles del mismo centro de La Habana para venir a dormir cada noche. Era algo mágico verlos volar como ráfagas oscuras, ¿verdad? Y fue un acto de nigromancia su desaparición. ¿Dónde estarán ahora los pobres totises? Una vez oí decir que se fueron por culpa de los gorriones, pero el caso es que no queda ni uno por aquí. ¿Los botaron o se fueron voluntariamente?
>
> −No sé, pero puedo preguntar.
>
> −Pues pregúntelo, porque cualquier día se entera de que también desaparecieron los leones de bronce... Lástima de lugar, ¿verdad?... Pero fíjese que todavía tiene algo mágico, como un espíritu poético invencible, ¿no? Mire, aunque las ruinas circundantes sean cada vez más extensas y la mugre pretenda tragárselo todo, todavía esta ciudad tiene alma, señor Conde, y no son muchas las ciudades del mundo que pueden vanagloriarse de tener el alma así, a flor de piel... Dice mi amigo el poeta Eligio Riego[2], que por eso aquí crece tanta poesía (136-137).

En la última narrativa sobre La Habana, los narradores ya no se comportan como simples geógrafos, historiadores o arquitectos. Los detalles físicos

---

lizan y la miseria en que viven los isleños, sino que también hace referencia a ciertos comentarios jocosos que circulan por la isla en las últimas décadas: a los cubanos se les llama *marqueses*, porque si desean comprar en tiendas de pesos, nacionales, deben llevar la libreta de racionamiento, y son constantemente interpelados por los vendedores: «*marque* en la libreta del pan, *marque* en la libreta de la carne, *marque* en la libreta de la leche», etc., mientras que de Fidel Castro se comenta que es «conde» porque «esconde» los alimentos, «esconde» el dinero, «esconde» a los presos, etc.

[2] Alusión clara al poeta Eliseo Diego, uno de los mejores símbolos de la poesía cubana del XX y muy apreciado por el autor de la novela.

de los edificios y lugares ya no son metonimias de los personajes. Más bien
ocurre lo contrario: «Los habaneros pueden ser leídos como metonimias de
las muchas realidades de una ciudad, que se vende, se disfraza, y que está
físicamente envuelta en un proceso de desaparición» (Reinstädler, 104). Por
eso, los personajes de la obra de Padura, sus palabras y sus sentimientos
suponen algo más que fichas o piezas en un puzzle de una trama policíaca:
son más bien signos de una ciudad y una civilización a la que remiten inevitablemente. La novela detectivesca ha sufrido, además, un proceso de rees-
critura a partir de los noventa. La tutela estatal de este género desde los
setenta había abocado a estas narraciones a una función didáctica muy simple y plana, que revelaba las restricciones políticas a las que eran sometidas
y de ningún modo participaban en la destrucción de los mitos del socialismo
cubano. En las obras de poca calidad, las pretensiones didácticas conducían
a la creación de clichés simplificados, los temas se reducían a los mismos
esquemas, el suspense y el final tomaban un rumbo ya conocido y, por tanto,
las novelas carecían de interés e incluso fracasaban en su afán didáctico
(Franzbach, 69-70). Autores como Daniel Chavarría y Justo Vasco, a finales
de los 80 y principios de los 90, comenzaron a cuestionar esos métodos y
abrieron las puertas para una verdadera renovación de los textos policíacos.
Leonardo Padura ha sido, desde entonces, uno de los autores que mejor ha
escapado a la concepción maniquea y simplista de los setenta, publicando
una tetralogía muy crítica no sólo con los temas propios del género, sino con
toda la sociedad cubana finisecular. En sus obras destila el color del desengaño de una generación joven que se enfrenta a unas estructuras sociales y
políticas tan gastadas y decrépitas como la misma ciudad de La Habana. Se
describe asimismo la corrupción política, la degeneración de las costumbres
y las heridas que ha abierto la consciencia de pertenecer a una sociedad teó-
ricamente sin clases pero muy estratificada en realidad, como aclara en *Paisaje de otoño*:

> Con gentes así había convivido el Conde, en la misma ciudad, en el mismo
> tiempo, en la misma vida, viendo a los Forcade, los Gómez, los Bodes desde la
> perspectiva diminuta a la cual lo habían confinado a él y a otros tantos pobres
> tipos como él, ellos arriba, los otros abajo, ellos entre lámparas de Tiffany's, cua-
> dros de Matisse [...] residencias intercambiadas [...], millones potenciales y rea-
> les en sus manos y actuando como jueces implacables en los tribunales de la
> pureza ética, ideológica, política y social [...] y esos, «otros», maniatados y silen-

ciados, sufriendo la enfermedad crónica e incurable de vivir en un solar [...]. ¿Y tú, Mario Conde? (201).

La renovación de la novela policíaca tuvo mucho que ver con la metonimización de la ciudad por parte de los personajes. La prostituta, el travesti, el ladrón, el policía que se siente vacío y que está desengañado con respecto a las instituciones del estado, el político corrupto, etc., leen la ciudad finisecular cuando la viven y la sienten. No somos nosotros los que habitamos los lugares, sino que ellos nos habitan a nosotros (Álvarez-Tabío, 21). Y la construcción textual del lugar implica, casi siempre, la representación simbólica de un territorio interior. Mario Conde y sus colegas, enemigos, informantes, amantes, describen la ciudad real –el infierno–, pero leen y asumen la ciudad mítica, espiritual –el cielo–, cuando la cuentan desde el leve acomodo de su emoción y su mundo interior, sea cual sea la clave: política, económica o, simplemente, existencial.

BIBLIOGRAFÍA

a) Obras citadas de Leonardo Padura

Máscaras. Barcelona: Tusquets, 1997.
Paisaje de otoño. Barcelona: Tusquets, 1998.

b) Bibliografía general

Álvarez Tabío, Emma. *La invención de La Habana*. Barcelona: Casiopea, 2001.
Benítez Rojo, Antonio. *La isla que se repite*. Barcelona: Casiopea, 1999.
Franzbach, Martin. «La re-escritura de la novela policíaca cubana», *Todas las islas la isla. Nuevas y novísimas tendencias en la literatura y cultura de Cuba*. Janett Reinstädler y Ottmar Ette (eds.). Madrid/Frankfurt: Iberoamericana/Vervuert, 2000, 69-77.
Losada, Alejandro. *La literatura en la sociedad de América Latina*. Frankfurt/M.: Vervuert, 1983.
Nuez, Iván de la. *La balsa perpetua. Soledad y conexiones de la cultura cubana*. Barcelona: Casiopea, 1998.
Phaf, Ineke. *Novelando La Habana*. Madrid: Orígenes, 1990.

Reinstädler, Janett y Ette, Ottmar (eds.). *Todas las islas la isla. Nuevas y novísimas tendencias en la literatura y cultura de Cuba*. Madrid/Frankfurt: Iberoamericana/Vervuert, 2000.

Sègre, Roberto. *La arquitectura de la Revolución Cubana*. Barcelona: Gustavo Gil, 1970.

La casa donde enterraron la luna[1]

Alejandro González Acosta

La niña salió, como siempre, a jugar aquella mañana en el patio lleno de plantas, y no sabía aún muchas cosas.

Estaba al principio de los tiempos: ignoraba que un día –pocos años después– sentiría amor imposible por el joven faraón Tut-Ank-Amen y le dedicaría uno de sus más bellos poemas. No sabía –tampoco– que llegaría la fecha donde tendría que decir adiós a aquella casa de su infancia, donde quedaría tanto de su vida, casi toda su alegría y su jardín.

Sobre todo «su jardín». Porque sólo ella conocía cada vuelta y rincón. En aquel laberinto de follaje y estatuas de piedra, olor a jazmín y aire de mar cercano, era ella la única dueña y pulsora de todas las llaves secretas.

No sabía –aún– que en aquella casa escribiría un libro –*Jardín*– y sobre esos muros, un poema de sus últimos días de estancia. En ese lugar parió versos como «la tristeza sin nombre / de no tener que dar / a quien lleva en la frente / algo de eternidad».

En ese mismo jardín, donde había rosas y las abejas labraban un panal.

La casa, en su imaginación y en el recuerdo, existía desde antes de que se dividieran las aguas y la tierra. Siempre estuvo allí, ofreciendo el lugar para los juegos y los cantos, las penas y las alegrías.

Fue, además, la casa de los encuentros grandes: Juan Ramón, Federico... y tantos que pasaron en su tránsito insular por ella.

Del jardín, dijo la niña en su novela: «Mujer y jardín son dos motivos eternos; como que de una mujer en un jardín le viene la raíz al mundo».

Da la impresión de que lo primero que construyeron, sabiamente, fue el jardín y después acomodaron dentro –en lo que restó– la casa.

Jardín de ensueño, sobre él vivió parte de su novela:

---

[1] Los fragmentos señalados pertenecen a varias obras de Dulce María Loynaz: *Jardín*, *Ofrenda lírica* y *Últimos días de una casa*. Este texto apareció en: *Bohemia* (Cuba) en 1983 y según creo, es el primer texto publicado en Cuba sobre Dulce María Loynaz desde 1959.

Bárbara pegó su cara pálida a los barrotes de hierro y miró a través de ellos. Automóviles pintados de verde y de amarillo, hombres afeitados y mujeres sonrientes, pasaban muy cerca, en un claro desfile cortado a iguales tramos por el entrecruzamiento de lanzas de la reja. Al fondo estaba el mar.

Bárbara se volvió lentamente y entró por la avenida de pinos. Una gran luz que venía de un punto indefinido proyectaba extrañas sombras sobre los senderos del tranquilo jardín.

Era la sombra de los árboles enjutos y de las estatuas mutiladas a lo largo del camino medio borrado entre la yerba.

El vestido se le enredó en un rosal, y las rosas estaban frías. La luna apareció en lo alto de la casa.

Brillaron los muros blanqueados de cal, cuadrados y simétricos; brillaron las rosas.

Y ella también brilló en una espesa claridad de espejos.

Y así, de pronto, la luna empezó a temblar con un temblor cada vez más apresurado, más violento cada vez, y las sombras de las cosas giraban al revés y al derecho, y Bárbara se detuvo y miró a lo alto. La luna se desprendía; desgarraba las nubes y se precipitaba sobre la tierra dando volteretas en el espacio.

Pasó un minuto y pasó un siglo. La luna, en el alero del mirador, rebotó con un sonido de cristales y fué a caer despedazada en el jardín a los pies de Bárbara.

Astillas de luna saltaron sobre su cara, y ella pudo sentir todavía un frío desconocido.

Se arrodilló en el sendero, recogió de entre la yerba la luna rota, la envolvió en su chal de encaje.

La tuvo un rato entre las manos, dueña por unos segundos del secreto de la Noche. Luego hizo un hoyo muy hondo en el lugar en que la tierra era más tibia... Y así enterró la luna en el jardín.

Arriba plantó un gajo de almendro y se fue con las manos húmedas embarradas de tierra y de luna.

Afuera pasaban los automóviles verdes y amarillos.

En un rincón patriarcal de El Vedado levanta aún su estampa esa casa que posee el raro y curioso privilegio de tener en su jardín, bajo el almendro florecido, la luna enterrada. Cuentan algunos que a veces escapa y vuelve a lucir en la noche, pero siente entonces mucho frío sola allá arriba, y recuerda la tibia tierra que abajo la abriga y regresa a su escondite. Por eso es que a veces no está en el cielo. Pero cuando luce en la noche, siempre dedica a El Vedado sus claros más hermosos, su luz más transparente. A fin de cuentas, es su domicilio terrestre. De ahí en gran parte la magia del barrio: podrán desbrozarlo, llenarlo de edificios, cerrar sus furnias con afeites de hormigón, levantar paredes y más paredes, pero él sigue teniendo su «duende».

En aquella muchacha nada indicaba que se convirtiera en poetisa: quizá sus ojos, de extraña fijeza en un punto perdido. Pero nada más. En aquella familia de guerreros y patriotas, no era ajena por cierto la poesía. Sin ir muy lejos, el padre, héroe de mil batallas, de enhiestos mostachos requemados por la pólvora y ojos de mirar acostumbrado al mando, en medio de una gran campaña había escrito versos, como de épocas caballerescas, encendidos de patriotismo: «A las armas, valientes cubanos, a Occidente nos llama el deber...».

Aquella casa conoció quizá una de las familias más singulares de nuestra historia: cada uno muy especial en su forma de ser; todos de acusada y torturante sensibilidad. Herederos de historia, no obstante hicieron la suya propia. Y fue en esa casa donde se forjó el carácter de cada uno de ellos. «Ver los Loynaz» era la consigna del viajero y, sencillamente, hacia allá iban. Como Federico, que llegó un buen día y le arruinó a Enrique una cuidadosa escritura legal. O como Juan Ramón, enlazado con la eterna Zenobia y desgranando vellones a su paso. O como Gabriela, con su voz de bronce resonando en todos los rincones.

Una casa del rumor y la melodía. Como después dijera la niña del jardín: «Nadie puede decir / que he sido yo una casa silenciosa; / por el contrario, a muchos muchas veces / rasgué la seda pálida del sueño / –el nocturno capullo en que se envuelven–, / con mi piano crecido en la alta noche, / las risas y los cantos de los jóvenes / y aquella efervescencia de la vida / que ha borbotado siempre en mis ventanas / como en los ojos de / las mujeres enamoradas».

Esa casa ruinosa hoy, se afincó no sólo al suelo, sino al recuerdo con lazos más firmes y de forma permanente: «Y es que el hombre, aunque no lo sepa, / unido está a su casa poco menos / que el molusco a su concha. / No se quiebra esta unión sin que algo muera / en la casa, en el hombre... O en los dos».

Es la casa que se levanta poseedora de una leyenda, más allá del conocimiento de sus actuales habitantes.

Para tener «su» poesía, no necesita que la comprendan: tiene vida propia, ligada al pasado aun cuando no exista. Es el testigo de dos mundos, uno que se va, otro que viene: «Soy una casa vieja, lo comprendo. / Poco a poco –sumida en estupor– / he visto desaparecer a casi todas mis hermanas, / y en

su lugar alzarse a las intrusas, / poderosos los flancos, / alta y desafiadora la
cerviz. / [...] / Una a una, a su turno, / ellas me han ido rodeando / a manera de ejército victorioso que invade / los antiguos espacios de verdura, /
desencaja los árboles, las verjas, / pisotea las flores...».

Ya sus maderas no saben del olor a mar. Sin embargo, guardan su huella,
cuando la laguna salada no era más que parte del traspatio de la casa:

> Ahora, hace ya mucho tiempo / que he perdido también el mar. / Perdí su
> compañía su presencia, / su olor, que era distinto al de las flores, / y acaso perci-
> bía sólo yo... / [...] / Tal vez el mar no exista ya tampoco. / O lo hayan cambiado
> de lugar, / O de sustancia. Y todo: el mar, el aire, / los jardines, los pájaros, / se
> haya vuelto también de piedra gris, / de cemento sin nombre.

La casa está llena de ensueño. Y de leyenda. Extendida desde Línea
hasta Calzada, en la esquina de la calle 16, la gran propiedad comprendía
varas casas, un enorme jardín y miradores, glorietas y tantos rincones de gris
privacidad. Allí vivió un alemán de fábula, feliz en estas tierras del sol. Rodeado por su familia, en un chalet de madera el cual mucho tenía de su Bavie-
ra natal. Llegó el año de 1914 y oyó que Alemania combatía. Partió a Europa, pero acostumbrado al trópico no pudo hacerse a la guerra y fue de los
primeros en morir. Tras él dejó una familia –cuyo rastro se perdió– y un
gran cuadro donde aparecen sus tiesos bigotes «a lo Káiser».

Casa nacida para la intimidad y la confidencia, nunca aspiró a una placa
de bronce que recordara tránsitos ni presencias: «No fui yo ciertamente / de
aquellas que alcanzaron tal honor, / porque las gentes que yo vi nacer / en
verdad fueron siempre demasiado felices; / y ya se sabe, no es posible / serlo
tanto y ser también otras / hermosas cosas».

Es un mundo el de la casa, que ha ido quedando vacío, lleno sólo de persistente recuerdo: «[...] Y pienso ahora, porque es de pensar, / en esa extraña fuga de los muebles; / el sofá de los novios, el piano de la abuela / y el
gran espejo con dorado marco / donde los viejos se miraron jóvenes, / guar-
dando todavía sus imágenes / bajo un formol de luces».

Cuando aquella mañana salió la niña al jardín –«su jardín»– con ojos
pensativos donde se adivinaba oculta la poesía, no sabía en efecto muchas
cosas, que la vida le fue enseñando.

No sabía, por ejemplo, que algún día, esos muros gritarían: «Es necesario que alguien venga / a ordenar, a gritar, a cualquier cosa / [...] / ¡Con

tanta gente que ha vivido en mí, / y que de pronto se me vayan todos!... / [...] / Y luego no ser más / que un cascarón vacío que se deja, / una ropa sin cuerpo, que se cae... / [...]».

No sabía –no podía saberlo aún la pequeña– de soledades y vacíos, ni de ausencias. Sólo de lunas enterradas en el jardín, el sable dorado del padre, el aro de bordados de la madre, el piano de las noches y el rumor del mar... Después vendrían los trabajos y los días, persiguiéndose unos a otros, «las tristezas que a fuerza de suaves parecen sonrisas...». Y allí, deshijada del mar, seguiría la casa, siempre Ella, diciéndole entre salto y salto del recuerdo:

> La Casa, soy la Casa, / más que piedra y vallado, / más que sombra y que tierra, / más que techo y que muro, / porque soy todo eso, y soy con alma.

El noble edificio, en tanto, espera la nada con dignidad, sigue acariciado por la mirada lejana –que no puede ocultar la poesía que dentro lleva– de alguien que un día, a espaldas de sus padres, escondió la luna en el jardín.

El gigante de metal:
París y la Torre Eiffel en Huidobro

Gabriel Insausti

Hay ciudades que se codician como una caudalosa fortuna y ciudades que se desechan como un traje gastado. Ciudades a las que uno va y ciudades de las que uno se va. París, y en especial el París de la primera mitad del siglo XX, pertenece sin duda al primer género: el español Picasso, el italiano Modigliani, el suizo Giacometti, el ruso Soutine, eran antes que nada parisinos. De adopción, pero parisinos, porque precisamente el modo más intenso de serlo era no por los azares de la cuna sino por la voluntad de la vocación. Vivir en París, participar de las tertulias de los cafés, publicar en las revistas de última hornada, codearse con los gerifaltes del *-ismo* más reciente o visitar el *atelier* de un desconocido e histriónico pintor en Montmartre constituía sin duda la ambición máxima de todo escritor de vanguardia. París era el lugar donde todo sucedía: el venero de una inagotable novedad. La ciudad, en suma, se erigía como santuario universal para la peregrinación del artista y el escritor.

En el caso de los escritores hispanoamericanos, esta peregrinación suponía una vivencia de rasgos muy definidos: para ellos París era no ya una ciudad, ni la capital de Francia, ni una de las principales urbes del viejo continente; era sencillamente un epítome de la cultura europea. Viajar a París significaba, para una cultura criolla ávida de cosmopolitismo y sofisticación, remontar la corriente de su propio origen, contemplar cara a cara el espejo en el que aspiraba a reflejarse. Londres podía constituir el modelo de ciudad industrial y sin duda Nueva York no admitía competidor alguno en eficiencia y tecnología, pero el buen gusto, el refinamiento, la exquisitez eran patrimonio de la capital francesa. París era la modernidad y la actualidad, con la ineludible caducidad que este concepto comporta, pero también el recipiente de los logros más definitivos, canónicos y duraderos: el lugar donde por la mañana se puede contemplar el inmenso cementerio de objetos del Louvre y por la tarde pasar revista al último capricho de la moda femenina entre la muchedumbre que hormiguea por los bulevares. Un espacio saturado de arqueología, pero paradójicamente dotado de una pujante vitalidad.

Esta doble condición –clasicismo y novedad, museo y experimento– es reconocible ya en el primero de los viajeros literarios hispanoamericanos en París: Domingo Faustino Sarmiento. En sus *Viajes* (1863), Sarmiento estudia esa actitud distante del observador parisino, embebido del espectáculo de las multitudes que se ofrecen a su ojos: «El *flâneur* persigue una cosa que él mismo no sabe lo que es; busca, mira, examina, pasa adelante, va dulcemente, hace rodeos, marcha; llega al fin. *Flanear* es un arte que sólo los parisienses poseen en todos sus detalles» (Pera, 57). Ni que decir tiene que estas observaciones remiten a Baudelaire por la vía más literal: *jouir de la foule est un art*, decía el poeta francés en uno de sus poemas en prosa. La observación de Sarmiento no añade aquí gran cosa a la imagen de París que la propia literatura vernácula –de la que Baudelaire era sin duda el ejemplo máximo– había construido durante la época del Imperio.

Pero junto con esta observación a pie de calle del *flâneur*, el paseante anónimo que se deleita en la variedad y el cambio constante, Sarmiento ofrece otra que no estaba aún en Baudelaire: «París –dice– es un pandemónium, un camaleón, un prisma. ¿Es usted un sabio? Entonces París tiene sus colecciones, sus archivos, su jénesis [*sic*] encerrado en el jardín de las plantas» (VV.AA., 1994, 319). La ciudad como catálogo, inventario o resumen del universo: con sus museos, sus edificios civiles, su rico anecdotario vinculado a mil rincones, su antiquísima y bien guarnecida memoria histórica, la urbe parisina se extiende ante los ojos del viajero como un mapa de la realidad universal, una representación de representaciones. ¿Cómo lee ese mapa Sarmiento? Invirtiendo la lógica de la observación antropológica característica de la literatura de viajes. No se trata ya del europeo que investiga, clasifica y diseca en el concepto la vida de las culturas precolombinas; al contrario, lo que ensaya Sarmiento es la mirada del viajero hispanoamericano que intenta reducir a un orden categorial el tumulto incesante que le abruma en la capital francesa, por recurso a un lenguaje taxonómico que lucha por domeñar el movimiento y la diversidad del espectáculo urbano: una recreación que coincide en el tiempo con los libros de literatura «panorámica» –*Les français peints par eux–mêmes*, *La grande ville*– o las «fisiologías» –*Paris la nuit, Paris à table, Paris pittoresque*– cuyas descripciones de tipos habían proliferado durante la época.

La inversión de la lógica del viajero se sustenta sobre un paralelismo evidente, a saber, el que se establece entre el espacio urbano y la jungla. La ciudad sería el ámbito de una disyuntiva absoluta: o se es depredador o se es presa, en ese territorio indómito de la exhuberancia y el eclecticismo que junto con la anonimia –cuya posibilidad destruye las barreras morales– definen París a juicio de Sarmiento. Este paralelismo está ya en Hugo y llegará hasta Burroughs y John Huston, pero sin duda el discurso más cercano a Sarmiento es, de nuevo, el de Baudelaire. ¿Qué atribuciones tenía su *flâneur*, ante todo? Las de «hacer una botánica del asfalto», en esa reedición de un paralelismo en el que el mundo de la variedad infinita, de la vida en su expresión como pura multiplicidad, tiene su perfecto correlato objetivo en el bazar; a su vez, el cristal transparente del escaparate –que supone una discontinuidad, un límite, pero un límite franqueable sólo por el sentido de la vista– escenifica como ninguna otra situación callejera la transformación del universo urbano en espectáculo[1]: el mundo queda des-realizado ante la mirada distante del *flâneur*.

Pero esa inversión –el viajero urbano como taxonomista, la ciudad como selva– supone además una voluntad de disputa tras la que asoma una y otra vez la inevitable comparación entre cultura y barbarie, entre Europa y el mundo colonial: como el antropólogo curioso ante las costumbres del nativo, ante los arcanos de esa forma de humanidad ajena e ignota, en Sarmiento aparece un mal disimulado complejo de inferioridad ansioso de comprobar si las razones que lo sostienen son fundadas. Si la ciudad es como una jungla, entonces podemos pensar que quienes la habitan son como fieras. Una vez más, Baudelaire ha puesto sobre la pista al visitante:

> ¿Qué son los peligros del bosque comparados con los conflictos y los choques cotidianos de la civilización? Ya enlace a su víctima en el bulevar, ya atraviese a su presa en bosques desconocidos, ¿no sigue siendo el hombre eterno, el animal de presa más perfecto? (Benjamin, 1998, 54).

Cabe leer la metáfora selvática de Baudelaire –y, por ende, de Sarmiento– como una invitación a aceptar definitivamente el *homo homini lupus* de Hobbes: ningún biotopo tan amenazador como ese espacio supuestamente humanizado, confortable, *preparado*: artificial; ninguna especie tan amena-

---

[1] En el capítulo segundo de *Poesía y capitalismo*, titulado precisamente «Le flâneur», Walter Benjamin (1998, 50) relaciona esta correlación entre la actitud estética del paseante y la disposición del espacio urbano con las nuevas formas de la economía burguesa.

zadora como la que ha erigido ese artificio. Lejos de un ámbito confortable y seguro, la ciudad constituiría un hábitat del desamparo y la soledad. Sin embargo, como veremos a continuación, el recorrido desde Sarmiento hasta Huidobro ofrece una variedad de respuestas. Lo que no cambia es la pregunta: ¿es realmente civilizada la civilización? Y si es así, ¿es París el lugar idóneo para averiguarlo?

Martí y Darío: la ciudad domesticada

Las descripciones de París que ofrecen Martí y Darío recogen y aumentan la de Sarmiento. Aquí la cronología acerca a ambos poetas a Huidobro y los aleja del argentino, por un hecho crucial: el París que conocía Sarmiento era un París sin Torre Eiffel; el París que visitan Martí y Darío está presidido –racionalizado, dominado, domesticado– por la Torre Eiffel. Como un gigante de hierro, la Torre custodia y vigila al mismo tiempo la ciudad: la empequeñece, trastoca la escala humana de sus dimensiones, permite abarcarla en un golpe de vista y abstrae al *flâneur*, antaño inmerso en la multitud, del escenario que contemplaba. De la imagen a pie de asfalto a la imagen a vista de pájaro.

Es más, la cronología añade en el caso de Martí y de Darío un cierto oportunismo que conviene subrayar. Sarmiento había caracterizado a París como jungla, en esa inversión de papeles –el artificio como naturaleza– que ponía sobre la mesa la cuestión del eurocentrismo y del relativismo cultural; además, había definido a la ciudad como algarabía y confusión, pero una confusión en la que se con-funden todas las formas de la multiplicidad: tipos, situaciones, atuendos, objetos, casas, vehículos, monumentos, etc., más la representación artística –fotografía, pintura, postal– y su clasificación y conservación en los correspondientes museos. Una acendrada autoconciencia: el París de Sarmiento desplegaba ante el espectador el oxímoron de una inabarcabilidad abarcable, esto es, la más desorbitada multiplicidad y su reducción a unidad. El territorio y el mapa superpuestos.

Pues bien, Martí y Darío acuden a París cuando ese solapamiento de territorio y mapa, cuando esa simultaneidad de realidad y referencialidad, cuando ese centro o catálogo del mundo lo son en su expresión máxima: durante la Exposición Universal de 1889. Es decir, cuando París convoca a los ciudadanos del mundo y, por lo tanto, se convierte ella misma en *ville universelle*, en centro del orbe, en santuario de peregrinación; pero cuando, además, los convoca a admirar una re-presentación de ese mundo que habitan, un compendio de los últimos logros de la humanidad. Y a hacerlo desde una atalaya privilegiada: tanto Martí como Darío expresan en sus crónicas la idea de peregrinación, de viaje al centro, y el optimismo antropológico, el entusiasmo de la civilización que suscita el espectáculo. La novedad –lo que los distingue del recorrido de Baudelaire y Sarmiento– estriba en la escala: el bazar se ha convertido en Exposición Universal; la terraza del café, en azotea de una inmensa torre. «Visto el espectáculo como lo vería un águila –sugiere Darío– desde la Torre Eiffel parece un sueño» (1950b, 380):

> En el momento en que escribo, la vasta feria está ya abierta. Aún falta la conclusión de ciertas instalaciones: aún dar una vuelta por el enorme conjunto de palacios y pabellones es exponerse a salir lleno de polvo [...]. Esto atrae a todo el mundo aquí, innumerables visitantes que afluyen de todos los lugares del globo. Aquí cristaliza la potencia y avance de la civilización (1950b, 379).

La descripción de Darío resume a la perfección la naturaleza monumental de la Torre Eiffel y su geocentrismo, así como la idea de peregrinación del viajero hispanoamericano: si Francia es el centro y París el centro del centro, la Torre se yergue como centro elevado a la tercera potencia: el centro del centro del centro. Acudir allí equivale a conocer, poseer el mundo entero; allí se muestra su clave, el mundo como legibilidad, ante un viajero ya inmóvil: no es él quien se desplaza sino el planeta el que gira a su alrededor. Al mismo tiempo, la monumentalidad adquiere una significación muy determinada, porque la finalidad de la Exposición y de la Torre no es otra que «celebrar la industria» y «glorificar la alegría», en ese optimismo de la civilización que recoge la confianza en la noción ilustrada de progreso: la capacidad humana de elevar sus construcciones, sí, pero también un proceso de perfectibilidad necesario, mecánico, indefectible. Además, como sucedía con la experiencia estetizante del *flâneur*, la realidad que contempla aquí el visitante –un conjunto de representaciones, una exposición que remite constantemente a referencias alejadas en el espacio– está des-realizada, parece «un sueño». Por último, la imagen de «bazar universal», ese cambio de escala del *flâneur* de Baudelaire y Sarmiento, se reconoce en la amalgama de la descripción de Darío: la Exposición Universal es «la agrupación de todas las arquitecturas, la profusión de todos los estilos: es Bagdad, es la Giralda,

lo gótico, lo románico, el Renacimiento» (1950b, 380). El viajero hispanoamericano, que al acudir a París pretendía habitar un símbolo de la cultura
europea, se encuentra con que tiene ante sí una metáfora del orbe en su
totalidad. La Torre Eiffel se ofrece como atalaya universal: desde ella se contempla el mundo.

Huidobro en París

El viaje a París de Huidobro ilustra a la perfección la idea de que el personaje se construye su escenario: embarcado en noviembre de 1916 con su
mujer, sus dos hijos, una criada y una vaca que les proporcionaba leche fresca durante el viaje, Huidobro no renuncia a ejercer su bohemia y su excen-
tricidad ni siquiera durante la singladura a bordo del Infanta Isabel de Bor-
bón. El preludio a la llegada a su destino final confirma también la vocación
parisina y vanguardista del poeta chileno: tras desembarcar en Cádiz, a su
paso por Madrid inicia dos amistades literarias muy significativas: Rafael
Cansinos-Assens y Ramón Gómez de la Serna. En suma, si el París de Martí
y Darío se encuentra ya más cerca del de Huidobro, éste a su vez supone un
adelanto del que vivirán Vallejo, Carpentier, Miguel Ángel Asturias y Arturo
Uslar Pietri: el París de la vanguardia, las tertulias de los felices años veinte,
la despreocupación de la *Belle Époque*, los proyectos y las revistas.

De hecho, la visita parisina de Huidobro no es tal: a diferencia de Martí y
de Darío, Huidobro residirá en París; la ciudad no será para él una circunstancia ni un reportaje, sino una patria. Sin ninguna duda, y por encima de
Madrid y Nueva York, París era una de *sus* ciudades. Así, en Huidobro
encuentra su expresión más acendrada la búsqueda de cultura, sofisticación y
novedad que escondía la peregrinación literaria de sus predecesores: en las
entrevistas que concede a los periódicos de su país en 1919, el poeta chileno se
esfuerza constantemente por aparecer como un escritor *parisino*. Contertulio
de Cocteau y de Apollinaire, codirector de *Nord-Sud* junto con Pierre Reverdy,
conocido de Tristan Tzara, Diego Rivera y Erik Satie, amigo de Jacques Lipchitz y Juan Gris, compañero ocasional de mesa de café de Picasso y Max
Jacob... La aventura parisina de Huidobro ofrece todos los rasgos de la forja
de una leyenda de sí mismo en la que el protagonista se habría incorporado
naturalmente a la vanguardia del momento, se habría *naturalizado* ciudadano
de París. Baste recordar el poema «Adiós» (1918) como botón de muestra:

En Notre-Dame
         Los ángeles se quejan
Al batir las alas nacen albas
Mas mis ojos se alejan [...]

París
En medio de las albas que se quiebran
Yo he reflorecido tu Obelisco
Y allí canté sobre una estrella nueva

ADIÓS

Llevo sobre el pecho
Un collar de tus calles luminosas

Todas tus calles
Me llamaban al irme
Y en todas las banderas
Palpitaban adioses
(De Costa, 1989b, 111).

La escenografía de postal (Notre-Dame, la Place de la Concorde o Montmartre y el Sena, que aparecen poco después) es sólo parte de la caracterización del personaje: Huidobro se presenta como cantor de París, casi como poeta laureado de la ciudad, a cuyo paso se animan –hablan– las calles y monumentos. El poeta y la ciudad se copertenecen: si en «Matin» Huidobro decía que el obelisco «no había florecido este año», aquí realiza una afirmación órfica de su propia poesía; es su canto quien da vida –quien hace florecer al obelisco– pero da vida no a una Naturaleza virginal e idílica como Orfeo, sino al artificio de la tramoya parisina más tópica. Y la prosopopeya y la hipérbole esconden un rasgo más de esa leyenda huidobriana de sí mismo: la vanidad. El poeta desconocido de la urbe hace pocos meses se ve ahora saludado por toda ella al verse forzado a abandonarla por la guerra. Pero conviene advertir tres elementos significativos en esta circunstancia.

En primer lugar, Huidobro no abandona propiamente París: se lo lleva consigo. Cuando en la primavera de 1918 decide salir de la capital francesa, se desplaza sólo hasta Beaulie-près-Loches, un pueblecito cercano a Tours, como si se resistiera a dejar definitivamente París; además, lo hace en compañía de Juan Gris, Jacques Lipchitz y sus familias, con las que compartirá casa durante unos meses: el cenáculo vanguardista se niega a la diáspora.

En segundo lugar, cuando en julio la familia Huidobro se ve obligada a trasladarse a Madrid por las circunstancias de la guerra, el chileno aparece ante los escritores de la vanguardia madrileña precisamente como un vocero de las novedades parisinas. Algunos documentos son sumamente elocuentes: en un artículo de Rafael Cansinos-Assens de 1918 se presenta a Huidobro como testigo «del ritmo cósmico con que las eternas apariencias cambian de forma» y se afirma que el único acontecimiento literario del año en la villa y corte ha sido la visita del poeta, «que a mediados del estío llegó a nosotros, de regreso de París, donde pudo ver las grandes cosas de la guerra y alcanzar las últimas evoluciones literarias» (De Costa, 1989b, 72). Cosmopolitismo y vanguardia: el escritor de la capital de viaje por provincias, sólo que el cambio de escala ha ampliado el alcance de la irradiación; París es más que nunca la *cité rayonnant*: su capitalidad es universal, su provincia es el mundo.

Esta condición de «vocero de la vanguardia», de iniciador y de catalizador de actividades lleva a Huidobro a constituirse él mismo en capital, en centro, en planeta alrededor del cual giran los satélites literarios, por decirlo con la metáfora cósmica de aquel cartel de Ernesto Giménez Caballero: Huidobro sigue llevando París consigo, es un epítome de París. Guillermo de Torre recordaba en una carta de diciembre del mismo año la convulsión de pequeñas dimensiones que supuso el paso de Huidobro por Madrid; una convulsión advertida sólo por los poseedores de cierto sismógrafo literario:

> Lejano ya Ud., y, a medida que íbamos recibiendo sus amables postales delatoras de tránsito feliz, percibíamos desoladamente cómo en el estanque literario madrileño emergía nuevamente la inerte linfa verdinegra, y cómo las trepidantes ondas concéntricas que Ud. había logrado distender, se constreñían tímidas en un reconcentramiento de mortuorio estatismo. Exteriormente pues, y a pesar de nuestros ademanes vivificadores, su gesta habíase desvanecido ante aquellos que pretendían constatarla, observando la grabación barométrica o la secuencia vocingleramente inmediata. Sin embargo, y para su íntima consolación, en los repliegues psíquicos intersticiales de nuestros corazones flotantes quedaba pulsátil una cordial estela de perceptiva irradiación lírica dinámicamente creadora (De Costa, 1989b, 84).

El barroquismo lúdico de Torre no debe hacernos perder de vista la metáfora repetida de la irradiación: Huidobro sigue siendo el centro, lo lleva consigo allá donde va, es capaz de galvanizar –nueva metáfora– los ambientes literarios de extrarradio. ¿Cómo? Remitiéndolos a lo que acontece en la capital: París.

En tercer lugar, conviene caer en la cuenta de lo revelador de la cronología: Huidobro se decide a acudir a París precisamente cuando París está en guerra. Esto es, en el momento menos propicio en apariencia: su viaje al centro de la tierra manifiesta una voluntad exacerbada de llegar a él que no repara en las dificultades, que no se deja cegar por los escollos. Su *parisismo* es una vocación, un destino ineludibles. Huidobro va a París en el momento en que su población intenta abandonarlo: cuando el centro se descentra. Y aquí hay que recordar la Historia: el visitante del Museo Militar de Les Invalides recordará que entre cañones, balas, fusiles y uniformes se encuentra un inmenso taxi parisino de 1916. ¿Qué hace allí? Al acercarse, la leyenda de un cartel apoyado sobre una de las puertas se lo aclara: se trata de un homenaje a los más de mil taxis que durante la Primera Guerra Mundial fueron utilizados por los soldados franceses para acudir a las trincheras y defender París del avance alemán. El frente era la *banlieue*: la capital, un territorio amenazado. «Alerta» (1918) describe precisamente una de esas situaciones de amenaza –un ataque aéreo– en plena ciudad:

> Sobre el cielo de París
> Otto von Zeppelín
>
> Las sirenas cantan
> Entre las olas negras
> Y este clarín que llama ahora
> No es el clarín de la Victoria
>   Cien aeroplanos
>   Vuelan en torno de la luna
>
> APAGA TU PIPA
>
> Los obuses estallan como rosas maduras
> Y las bombas agujerean los días (De Costa, 1989b, 105).

El «lirismo bélico» de Huidobro –con rasgos tan epocales como el zeppelín, que ha quedado como uno de los emblemas de aquellos años– supone una calculada provocación, un ejercicio de frivolidad moral: un tratamiento lúdico de una situación dramática, muy dentro del espíritu huidobriano.

Pero el maquinismo como elemento lúdico –el coche, el zeppelín, los aeroplanos, los obuses, la bombas– nos remite también a aquella «belleza de la guerra» que habían encontrado dos amigos parisinos de Huidobro: Léger y Apollinaire. Léger, movilizado, afirmaba haber hallado en medio del estruendo de la batalla «una nueva hermosura», una expresión de la vida moderna como poder y dinamismo. Apollinaire, que llegará a afirmar: «Dios mío, ¡qué hermosa es la guerra!», cantaba en «Merveille de la guerre» el deslumbramiento de los bombardeos:

> Que c'est beau ces fusées qui illuminent la nuit
> Elles montent sur leur propre cime et se penchent pour regarder
> Ce sont des dames qui dansent avec leur regards pour yeux bras et coeurs
> (Apollinaire, 1965, 271).

La imagen, con su asociación deliberadamente estetizante, no queda muy lejos de las que proponía Huidobro: en ambos casos, el arma es «desactivada», humanizada por medio de una estratagema retórica. Ver los *fusées* como señoras galantes y el cielo como un baile permite sobreponerse al dramatismo de la circunstancia, tomárselo a broma: el tropo, sí, es una defensa; el lirismo, una táctica del espíritu. Y su lógica queda emparentada con aquella des-realización de la realidad ante la mirada del *flâneur*: por un momento, y en virtud de la imagen poética, la batalla queda reducida a espectáculo. Pero lo que esta táctica no puede evitar es su naturaleza puramente retórica, una versión más de esa ironía característica de Apollinaire y que tiene como finalidad secreta discernir la realidad y sojuzgarla, eludir sus perfiles menos halagüeños. Sin embargo, la tozuda realidad va a devolver en este caso una ironía por otra: si en otro poema de guerra, titulado precisamente «Fusée», Apollinaire cantaba como Huidobro la monumentalidad de los cañones, auténticas chimeneas o falos que expulsan los obuses del calibre setenta y cinco, conviene recordar que fue precisamente uno de esos obuses quien le produjo la herida que a la postre ocasionaría su muerte. En fin, la guerra es bella como lo es la arruga: bella *ma non troppo*.

En cualquier caso, la peregrinación de Huidobro a París supone una cruzada por la vanguardia: acudir a los Santos Lugares precisamente cuando se ven amenazados por las huestes del infiel equivale a afirmar con mayor vehemencia su santidad. Ni que decir tiene que, como el cruzado que regresa al hogar y alardea de sus victorias, de sus hazañas, de sus heridas, Huidobro se cuidará de recordar su estancia parisina como una época heroica: el escenario perfecto para el personaje que se había construido. Así, codearse con los principales nombres de la vanguardia era un modo de prestigiarse ante los atónitos oídos del público provinciano. Unas declaraciones de 1941 al diario *Hoy* valen como ejemplo:

> Yo vivía entonces en Francia. Era la época heroica en que se luchaba por un arte nuevo y por un mundo nuevo. El estampido de los cañones no ahogaba las voces del espíritu. La inteligencia mantenía sus derechos en medio de la catástrofe, por lo menos en Francia. Yo formaba parte del grupo cubista [...]. En el año 1916, publiqué en París con Apollinaire y Reverdy la revista *Nord-Sud*, que es considerada hoy como un órgano capital en las grandes luchas de la revolución artística de aquellos días. Mis amigos más íntimos entonces eran Juan Gris y Jacques Lipchitz [...]. Apollinaire venía comer a casa los sábados. También venían a menudo Max Jacob, Paul Dermée, a veces llegaba Blaise Cendrars, Marcoussis, Maurice Raynal, que venían del frente de batalla (De Costa, 1989b, 64).

La lista de compañeros de armas crece conforme avanza la entrevista: Éluard, Breton, Picasso, Braque, Léger, Satie, Gleizes, Metzinger, Laurens, Soupault, Picabia, Aragon... El relato de Huidobro tiene algo de evocación del veterano, lejos ya del campo de batalla; su nostalgia nos haría sospechar que se trata de las fantasías de un anciano si no fuese por los testimonios epistolares y los documentos de todo género, en los que se comprueba el trato del poeta chileno con los principales nombres de la vanguardia parisina: Max Jacob le dedica su libro *Le cornet à dés* (1917) y ambos escriben una suerte de *cadavre exquis* después de una comida; Juan Gris le invita a almorzar ostras y pinta su retrato; Picasso comenta con él uno de los temas por los que compartían un vivo interés: el ocultismo; Apollinaire le da referencias para encontrar alojamiento en el bulevar Saint Germain; Jacques Lipchitz le regala su escultura «Arlequín» (1917); y la publicación de los libros de Reverdy, Apollinaire, Cendrars y Huidobro suscita un fuego cruzado de dedicatorias que sólo cesa con la muerte o la ruptura: sin duda Huidobro era el mejor albacea de sí mismo, el más hábil divulgador de su propia leyenda.

TOUR EIFFEL

La Torre Eiffel –el objeto y el poema– aparece en este contexto como perfecto emblema del espíritu de la vanguardia y como resumen de las aspiraciones de Huidobro en su viaje a París. No cabe duda de que para Huidobro constituía uno de los lugares, una de las imágenes, uno de los iconos más interesantes de París: una de las razones por las que París era interesante. En un artículo de *La Nación* de 1924, el periodista evoca una visita a la casa del poeta en Montmartre y comenta que sobre la pared hay enmarcados varios «poemas plásticos» –es decir, caligramas– y que entre ellos destaca «una Torre Eiffel –*guitare du ciel*, como la llama– escrita en forma de pirámide, francamente hermosa» (De Costa, 1989b, 60). La descripción es tan parca como intrigante: la definición –*guitare du ciel*– nos remite al segundo verso del poema que estudiamos, sí, pero el poema no es un caligrama. ¿Ensayó Huidobro alguna versión caligráfica de *Tour Eiffel*? ¿Se trata de un error en la memoria del periodista? ¿Habría que pensar que el caligrama en cuestión no es de Huidobro y que, por tanto, se trataría probablemente del que aparece en el poema de Apolinaire «Deuxième cannonier conducteur», cuyos versos dibujan la Torre como una esbelta pirámide sostenida por un arco?

Sea como sea, de lo que no cabe ninguna duda es de la relevancia totémica o icónica de la Torre para el Huidobro parisino. De hecho, la Torre aparece en otros poemas como parte del escenario antes de hacerlo como tema en *Tour Eiffel*. Por ejemplo, en «Matin» el sol despierta a la ciudad y sobre la Torre Eiffel canta un gallo tricolor: un juego de sinestesias que lo es también de símbolos patrios (la Torre como estampa de la capital francesa, el gallo como veleta y heraldo del amanecer, pero también como animal simbólico de Francia, la alusión a la bandera francesa...). En *Ecuatorial*, entre un imaginario sincretista en que aparecen telégrafos, zeppelines, paquebotes y locomotoras junto con los santos y los Reyes Magos, una avión se convierte en la cruz de Cristo (en un juego de asociaciones muy visual), un aeroplano trae un ramo de olivo entre las manos (en evidente alusión al episodio veterotestamentario del Diluvio) y en la última estrofa suena «el clarín aún fresco que anuncia / el Fin del universo» (en una evocación del Apocalipsis): la guerra como hecatombe universal y muerte de la civilización cristiana, pues el poeta dice que ha visto «muerta entre las rosas / la amatista de Roma» (De Costa, 1989b, 126).

La inversión de aquel tratamiento lúdico del elemento bélico supone una respuesta a Sarmiento con varias décadas de retraso. Europa, sí, es la civilización, pero una civilización que comete suicidio: la antesala monstruosa de la barbarie. ¿Qué papel juega ahí la Torre Eiffel? El de testimonio de una época pasada: Huidobro anticipa la visión de la Torre como ruina o vestigio,

al modo del género romántico iniciado por Volney y cultivado por los Shelley, Arnold, etc., pero relaciona esa visión con el mito de Babel, en plena
congruencia con el imaginario bíblico del poema. Así, la algarabía de la ciudad en guerra «era una confusión de gritos / y cantos tan diversos / como en
los puertos extranjeros», en un babelismo que invita a adivinar un futuro en
que la Torre aparezca como monumento privado de sentido, absurdo,
incomprensible: «Los hombres de mañana / vendrán a descifrar los jeroglí-
ficos / que dejamos ahora / escritos al revés / entre los hierros de la Torre
Eiffel» (De Costa, 1989, 124). La inminencia de la hecatombe empuja a contemplar el esplendor de la ciudad de la luz *sub specie archelogiae*.

Pues bien, *Tour Eiffel* ofrece otro tratamiento del motivo de la Torre: no
la perspectiva sombría o apocalíptica de la guerra, sino la de la victoria y la
paz. La Torre atestigua el triunfo de la civilización, si no su supervivencia,
sobre las amenazas que ella misma ha ideado contra sí. Y la cronología, nuevamente, es significativa: *Tour Eiffel* aparece en 1918 como un canto esperanzado ante la inminencia del armisticio. El poema dice:

Tour Eiffel
Guitare du ciel
      Ta télégraphie sans fil
      Attire les mots
      Comme un rosier les abeilles

Pendant la nuit
La Seine ne coule plus
      Télescope ou clairon

      TOUR EIFFEL

Et c'est une ruche de mots
Ou un encrier de miel

Au fond de l'aube
Une araignée au pattes en fil de fer
Faisait sa toile de nuages

      Mon petit garçon
      Pour monter à la Tour Eiffel
      On monte sur une chanson

Do
    ré
        mi
            fa
            sol
                la
                si
                    do

Nous sommes en haut

Un oiseau chante   C'est le vent
Dans les antennes   De l'Europe
Télégraphiques   Le vent électrique

          Là-bas

Les chapeaux s'envolent
Ils ont des ailes mais il ne chantent pas

Jacqueline
   Fille de France
Qu'est-ce que tu vois là-haut

La Seine dort
Sous l'ombre de ses ponts

Je vois tourner la Terre
Et je sonne mon clairon
Vers tous les mers

      Sur le chemin
      De ton parfum
      Tous les abeilles et les paroles s'en vont

   Sur les quatre horizons
Qui n'a pas entendu cette chanson

JE SUIS LA REINE DE L'AUBE DES PÔLES
JE SUIS LA ROSE DES VENTS QUI SE FANE TOUS LES AUTOMNES

ET TOUTE PLEINE DE NEIGE
JE MEURS DE LA MORT DE CETTE ROSE
DANS MA TÊE UN OISEAU CHANTE TOUTE L'ANÉE

C'est comme ça qu'un jour la Tour m'a parlé

Tour Eiffel
Volière d monde

   Chante   Chante

Sonnerie de Paris

Le géant pendu au milieu du vide
Est l'affiche de France

    Le jour de la victoire
    Tu la raconteras aux étoiles
(De Costa, 1989b, 127-130).

Tour Eiffel puede leerse como ejemplo máximo del esfuerzo huidobriano por incorporarse a la vanguardia parisina y por ser reconocido entre sus miembros más egregios: en el poema, el poeta chileno recrea un icono ya consagrado por sus compañeros Apollinaire en «Zone» (1912) y Cendrars en «La Tour» (1913), es decir, por dos de los poetas más reseñables de la primera vanguardia parisina, uno de los cuales era además el primer crítico y publicista de la vanguardia pictórica, esto es, del cubismo. La primera edición, aparecida en Madrid en 1918, lleva como cubierta una ilustración de uno de los pintores más representativos de esa vanguardia: Delaunay[2], que con su serie de 1909-1911 había rendido culto a un motivo en el que quería ver una imagen del mundo y del arte modernos; el músico Edgar Varèse –a quien Huidobro conoció probablemente a través de Satie, que frecuentaba su casa de Montmartre– incluyó un fragmento de *Tour Eiffel* en su obra

---

[2] Robert y Sonia Delaunay habían recalado en Madrid huyendo, como Huidobro, de la guerra, y no regresarían a París hasta 1921. Las colaboraciones no acabaron en *Tour Eiffel*: los Delaunay, por ejemplo, colorearon el poema de Huidobro «Moulin», un complejo caligrama que fue expuesto en el teatro Eduardo VII.

Offrandes, retitulándolo «Chanson de là-haut»; y la voz de Nina Koshetz fue la encargada de darle vida en su estreno neoyorquino, que según Louis Varèse se saldó con gran éxito y elogios para el texto. En suma, *Tour Eiffel* aparece en el historial de Huidobro como la principal carta de presentación, la credencial más definitiva, ante los escritores y artistas con los que aspiraba a codearse.

Así, la francofilia de Huidobro se revela en este contexto como una tentativa de in-culturación de la que *Tour Eiffel* constituye buen ejemplo: es evidente por las rimas, la mayoría de las cuales vale sólo para el texto francés y no se conserva en el español, que la redacción original es la francesa: *Eiffel-ciel, Eiffel–miel, garçon-chanson, télégraphiques—électrique, Terre-vers*. Un adelanto del famoso *rosiñol* de *Altazor*. Sólo en 1919 verá la luz la versión española, con traducción de Rafael Cansinos-Assens para su revista *Cervantes*. Es decir, que Huidobro hacía buena aquella declaración suya de que «se debe escribir en una lengua que no sea materna». De hecho, cabe atribuir a este auto-extrañamiento lingüístico la rápida evolución del estilo huidobriano, todavía apegado en *La gruta del silencio* o *Ecos del alma* a la dicción y la atmósfera tardomodernistas, pero sobre todo a una prosodia y a una gramaticalidad clásicas: la voz de *Horizon carré, Poemas árticos, Ecuatorial, Tour Eiffel* y *Hallali* se ha adelgazado, con esa sintaxis elíptica al gusto de Apollinaire y sus epígonos, hasta aligerar el poema notablemente. El lenguaje de Huidobro a partir de *El espejo del agua*, y aún más claramente desde *Horizon carré*, se ha atomizado, despliega ante el lector una sucesión de imágenes en apariencia inconexas que él debe asociar, sin demorarse en el regodeo verbal de tono simbolista que subsistía en poemas de 1913 y 1914.

Con este abandono de la lengua vernácula y esta adopción del francés, Huidobro se sumaba –en compañía de su amigo Juan Larrea– a una larga nómina de la que Ionesco y Beckett serían sólo los penúltimos ejemplos. Pero su doctrina había sido la de escribir «en una lengua que no sea la materna», no la de escribir en francés específicamente. ¿Por qué no en italiano, en inglés, en alemán, en croata o en malayo? La respuesta nos devuelve al vanguardismo de Huidobro: porque en el francés se encuentra el salvoconducto hacia la universalidad. Francés: *lingua franca*. Así, el francés de *Tour Eiffel* no es el del tendero de Les Halles, el del *clochard* de los muelles del Sena o el de las *concierges* de los bulevares; es el de la diplomacia internacional, la *haute culture* y los aristócratas europeos. La francofilia de Huidobro, por tanto, es una cosmofilia: lejos de un culto a localismo alguno, su incorporación a la vanguardia parisina esconde el propósito de la consagración mundial; lejos de buscar el color local y lo pintoresco, las imágenes de sus poemas de 1916-1926 recrean los iconos más universales del imaginario parisino. Y el icono máximo es aquí la Torre Eiffel.

EN EL CORAZÓN DEL MUNDO

En el mundo hispano, el deslumbramiento ante París y la admiración por todo lo parisino eran ya una tradición cuando Huidobro inició su singladura hacia la vanguardia. Alejandro Sawa, Manuel y Antonio Machado, Martí, Darío: su querida era de París. Sin embargo, que la francofilia y el *parisismo* de Huidobro eran algo más que una pose para las apariciones públicas se comprueba en sus testimonios privados. Por ejemplo, una carta de 1923 a Juan Larrea incluye una confesión terriblemente reveladora:

> HOSANNA (*sic*). Al fin se decide Vd. a sacudir su pereza y doblemente Hosanna porque el poema que me envía es un muy hermoso poema.
> Ahora puedo confesarle, mi querido amigo, que siempre he tenido un gran escepticismo sobre la sensibilidad ibérica. Su poema viene a reconciliarme con España pues al fin ha nacido en esa tierra un poeta de primera línea sin nada de esa vulgaridad entonada que es la característica de nuestros colegas peninsulares (De Costa, 1989b, 159).

No deja de ser significativo, pese a anecdótico, el galicismo del elogio: el poema de Larrea le parece a Huidobro «un muy hermoso poema», en una sintaxis que le traiciona. Pero su confidencia reviste mayor importancia por lo que tiene de juicio sumarísimo: una determinada visión de la poesía española, que trasluce un cierto esencialismo, según la cual el *Volksgeist* ibérico quedaría lastrado de una sempiterna proclividad a la expresión grandilocuente y engolada, la «elocuencia rimada» y la «música de bosquimanos» que Unamuno denunciaba por aquella época[3]. ¿Era justa esta denuncia?

---

[3] Huidobro conoció a Unamuno en 1924, durante su exilio motivado por la dictadura de Primo de Rivera. Unamuno, que había escapado de su reclusión en Fuerteventura y poco después recalaría en Hendaya, tenía entre sus lecturas de aquel momento a los poetas ingleses (al parecer, incluso llegó a intentar un traducción de unos poemas de Wordsworth), que

¿Lo era la de Huidobro? Lo cierto es que sus reproches a lo español y a los escritores españoles iban a granjearle más de una enemistad y más de una polémica literaria. Y una de ellas aprovecharía precisamente la francofilia de Huidobro para asestarle un golpe literario a su vanidad: Antonio Espina y Guillermo de Torre, con un sencillo anagrama, trasmutaron su nombre en ¡Monsieur Oui d'Aubrau! No es difícil advertir en la francofilia de Huidobro y su correspondiente hispanofobia el tono del renegado: la in-culturación de Huidobro ocultaría un complejo de inferioridad heredero del de Sarmiento, tan amigo de estratificar y jerarquizar las culturas. En cualquier caso, la descalificación de lo español tiene su correlato en el elogio de lo francés: la importación de lo parisino sería la medicina para la enfermedad ibérica. De modo que la peregrinación literaria, la odisea hacia el centro del mundo, adquiere una importancia estética además de vital.

El chauvinismo lírico no suponía tampoco ninguna novedad. Que París fuera el centro era algo que los amigos vanguardistas de Huidobro ya habían cantado con sobrada elocuencia. Apollinaire había tratado con su ingenuidad sarcástica la añoranza de París desde la lejanía y la necesidad de peregrinar hacia él: «Ah! La charmante chose / quitter un pays morose / pour Paris / Paris joli» (1965, 656). Y otro tanto sucedía con Cocteau: en «Le parisien» (1921) aborrece la confusión de Londres, «con sus capellanes y sus poetas muertos», lamenta la desgracia de quien habita sus calles y suspira por un París que le devuelve a la vida, con la sola visión de la Torre Eiffel:

> Je ne me sentis à mon aise qu'au retour
> En revoyant Paris fait comme an tour de cartes,
> Les boulevards, la Seine et la Tour
> Eiffel qui les jambes écarte
> (1999, 313).

---

le supusieron una revelación: en ellos quiso ver una alternativa al verso tradicionalmente ingenioso y altisonante de la poesía española, que ya había descalificado en su célebre carta a Juan de Arzadun y contra el que había expuesto su credo poético en «Denso, denso». En cuanto a Huidobro, su prefacio a *Adán* (1916) ya había denunciado la cerrazón de «la retórica española» y su confusión entre verso libre y verso blanco. Si el poeta antiguo atendía «al ritmo de cada verso en particular», el moderno debe lograr «la armonía total de la estrofa, en una orquestación más amplia, sin compás machacante de organillo», en una expresión reveladoramente cercana a la de Unamuno.

Pero conviene reparar en que en el caso de Apollinaire y Cocteau el viaje a París era un regreso: el retorno del parisino nativo, de quien ya conoce París. En Huidobro, en cambio, lo que hay es la peregrinación del foráneo y la añoranza posterior del desterrado: esa evocación tardía de los tiempos heroicos de la vanguardia, desde la calma de un lejano Chile. Como decía Darío en «De la necesidad de París», el que ha vivido en ella padece siempre una aguda *parisitis* cuando se aleja de sus calles: una acuñación y una patología para designar la nostalgia del centro, pero una nostalgia distinta de la que sufrían Apollinaire y Cocteau. Es decir, que en Huidobro –viajero hispanoamericano, peregrino hacia la *ville universelle*, deseoso de ocupar un puesto en la vanguardia– se produce una lógica de la paradoja: cuanto mayor es el ansia de alejarse de su propio origen, con más fuerza lo delatan su francofilia y su *parisitis*. Dicho de otro modo: el tratamiento huidobriano de la Torre, la afirmación primordial de su geocentrismo, apuntan hacia una filiación literaria que bebe de Martí y de Darío más que de Apollinaire, Cendrars y Cocteau.

Que la Torre Eiffel sea el centro del centro es cosa sobre la que merece la pena detenerse, puesto que queda subrayado de varias maneras en el poema de Huidobro. En primer lugar, su naturaleza centrípeta: la Torre, transformada en una inmensa antena de radio, «atrae las palabras como un rosal a las abejas», es el núcleo de un universo comunicado por hilos invisibles o, como se decía en la época y repite Huidobro, por «el telégrafo sin hilos». Otras metáforas insisten en esta definición de la Torre como atracción y en la imagen del rosal y las abejas, o en su variante ornitológica: en los versos diez y once la Torre es «una colmena de palabras» y «un tintero de miel», esto es, una trampa para atraer a los insectos (sólo que en esta ocasión los insectos son palabras), y en el cuarenta y ocho es la «pajarera del mundo», adonde acuden a posarse todas las aves. Por fin, en el verso treinta y ocho se dice que la «canción» de la Torre –la comunicación por mor de su antena de radio– se oye «en los cuatro horizontes», en clara alusión a los cuatro puntos cardinales, y que la Torre misma es la rosa de los vientos: un motivo geográfico que utilizó Delaunay para su ilustración, donde se ve una Torre monocroma y opaca, sin modelado ni facetado, de un rojo bermellón, al estilo de los primeros estudios de la Torre que el pintor realizó antes de acometer la serie cubista; los arcos de la Torre se sostienen sobre discos concéntricos característicos de los juegos cromáticos que Delaunay y Kupka habían acometido a partir de 1913 y a su vez los discos son flanqueados por los cuatro puntos cardinales, escritos en gruesas mayúsculas de tipografía que recuerda cierto cartelismo. La Torre equidista de los cuatro puntos.

Pero hay más: cuando el poeta sube a la azotea, desde ella ve girar el mundo, cosa que sólo puede suceder si uno se encuentra o bien fuera de él o bien en el eje sobre el que se produce el giro: con su verticalidad que apunta al cielo y al centro de la tierra, la Torre se erige como *axis mundi*. Este geocentrismo axial y este impulso ascendente vienen además subrayados por la imagen de la escala musical. En *Altazor*, el juego sustitutorio tendría connotaciones que cabe asociar con la verticalidad, ya que el viaje de Altazor, émulo de Ícaro, dibuja una irremediable caída:

> Pero el cielo prefiere el rodoñol
> Su niño querido el rorreñol
> Su flor de alegría el romiñol
> Su piel de lágrima el rofañol
> Su garganta nocturna el rosolñol
> El rolañol
> El rosiñol
> (De Costa, 1989, 283).

Tour Eiffel cambia el descenso trágico del paracaídas por el cómodo trayecto en el ascensor de la Torre. Y es que en el poema de Huidobro no hay descenso: *Tour Eiffel* comienza con una descripción –o más bien una sucesión de imágenes– de lo que sería la Torre como objeto, esto es, vista desde su base o a cierta distancia. Seguidamente tiene lugar la ascensión y, por fin, la visión panorámica desde la cúspide, donde acaba el poema con una profecía triunfal. Por otra parte, la escala musical interviene como vicaria del ascensor –uno de esos objetos mágicos al gusto de Huidobro, es decir, *tecnomágicos*– y está representada en forma de escalera, es efectivamente un itinerario de ascensión. Huidobro recoge aquí el ejercicio de los caligramas, en un intento de emplear todos los medios de producción de significado de que dispone el poeta: el dibujo acompaña a la palabra, en la tradición inaugurada –o resucitada– por Apollinaire[4]. Pero además el juego caligramático enriquece la caracterización de la Torre como *axis mundi*, eje del universo y

---

[4] E. Caracciolo Trejo (1974, 15) ha recordado cómo ya Herbert había escrito el caligrama de «Easter Wings» y, al hacerlo, en realidad perpetuaba una tradición de origen medieval.

vehículo hacia el cielo: la Torre *qua* escala reproduce el sueño de Jacob, donde el patriarca «veía una escala que, apoyándose sobre la tierra, tocaba con la cabeza en los cielos, y por ella subían y bajaban los ángeles de Dios» (Gen 28, 12).

La afirmación huidobriana de geocentrismo no puede evitar nacer en un contexto plagado de alusiones, referencias y significados: afirmar la centralidad de la Torre Eiffel supone arrebatársela a quien la había ocupado hasta entonces. Y ¿quién la había ocupado? La respuesta geográfica es obvia: Notre-Dame, que desde la Île de la Cité se erguía como kilómetro cero de París, de Francia y del mundo: la ordenación urbanística por medio de los *arrondissements*, que giran en espiral alrededor de la Île, caracterizaría la ciudad como un enorme torbellino con su centro en las torres de la catedral. Pero la respuesta literaria es más obvia aún: en el poema titulado significativamente «Au coeur du monde», Cocteau describe una centralidad cósmica en la que la Vía Láctea se cierne sobre las torres de Notre-Dame y la Osa Mayor y la Osa Menor «gruñen en torno de Saint-Merry»; pero en otra ocasión afirma que la Torre Eiffel es «la Notre-Dame de la orilla izquierda». Y Darío reproduce la secuencia: en «De la necesidad de París» recuerda la canción de Béranger sobre Jean de París, que al comparar las excelencias de las ciudades acababa invariablemente «proclamant sur son âme / en prose ainsi qu'en vers / les tours de Notre-Dame / centre de l'univers»; pero su crónica «En París» no dejaba lugar a dudas: en la Exposición de 1889, «todas las razas llegan aquí como en otros días a Atenas, a Alejandría, a Roma» (1950b, 382).

Todos los caminos llevan a París, pero dentro de París confluyen en la Torre. Ahora bien, a nadie se le escapa que la centralidad primitiva, la que ocupaba Notre-Dame, la que subyace en las manifestaciones de Cocteau y Darío, había sido sancionada por una autoridad literaria de primera magnitud: Victor Hugo, en su *Notre-Dame de Paris*. La visión panorámica del capítulo en que acontece el desenlace final, la muerte del archidiácono empujado por Cuasimodo y aferrado durante unos minutos a una gárgola, propone a Notre-Dame como parroquia universal. Una centralidad geográfica, sí, porque desde su torre se contempla la lejanía, pero una centralidad ante todo cultural y moral: el peregrino que acude a París acude a Notre-Dame. En cuanto al impulso ascensional, la inamovible referencia de Hugo había suscitado también el paralelismo –y la confrontación– entre la Torre Eiffel y la de Notre-Dame: en *Là-bas*, Huysmans echaba pestes de la arquitectura moderna, a su juicio incomparable con la grandeza del gótico, y escogía como ejemplos máximos de uno y otro polo a la Torre Eiffel y a Notre-Dame; pero además, al cantar la belleza de un mundo presidido por el campanario de la catedral –un mundo ordenado del que el campanario sería el reloj que dicta los ritmos de la actividad humana– Huysmans dice que la escalera que sube a la torre es «la escala del Paraíso» (1994, 263), en una alusión al sueño de Jacob que adelanta la de Huidobro. La Torre Eiffel como escala y centro alternativos, por tanto, manifiesta la muerte del Cristianismo, a la que Apollinaire había aludido irónicamente en «Zone»: el «mundo antiguo» de Pío X dejaba paso al mundo moderno del hierro y el aeroplano, es decir, del progreso tecnológico, del dinamismo, del *hecho* más que del *sentido*. Por la Torre se alcanza el Cielo, pero ese Cielo difiere del que prometían las religiones; se divisa el mundo, pero ese mundo se ha hecho otro.

Bibliografía

Apollinare, Guillaume. *Oeuvres poétiques*. Paris: Gallimard, 1965.
— *Meditaciones estéticas: los pintores cubistas*. Lidia Vázquez (trad.). Madrid: Visor, 1994.
Barthes, Roland. *La Torre Eiffel*. Barcelona: Paidós, 2001.
Bary, David. *Huidobro o la vocación poética*. Granada: Universidad de Granada, 1963.
Baudelaire, Charles. *Poèmes*. Paris: Hachette, 1951.
— *El pintor de la vida moderna*. Alcina Saavedra (trad.). Murcia: Yerba, 1995.
Benjamin, Walter. *Poesía y capitalismo*. Jesús Aguirre (trad.). Madrid: Taurus, 1998.
— *Selected Writings, Vol. II*. Rodney Livingstone *et al.* (trad.). London: Belknap Press, 1999.
Caracciolo Trejo, Enrique. *La poesía de Vicente Huidobro y la vanguardia*. Madrid: Gredos, 1974.
Campa, Laurence. *L'esthétique d'Apollinaire*. Paris: Sedes, 1996.
Camurati, Mireya. *Poesía y poética de Vicente Huidobro*. Buenos Aires: Fernando García Cambeiro, 1980.
Cendrars, Blaise. *Dix–neuf poèmes élastiques*. Paris: Sans Pareil, 1919.
Cirlot, Lourdes (ed.). *Primeras vanguardias artísticas: textos y documentos*. Barcelona: Labor, 1993.
Clancier, Georges-Emmanuel. *Panorama de la poésie française, de Rimbaud au surréalisme*. Paris: Segheurs, 1970.

Cocteau, Jean. *Oeuvres poétiques completes*. Paris: Gallimard, 1994.

Cornille, Jean-Louis. *Apollinaire et Cie*. Villeneuve d'Asq: Presses Universitaires du Septentrión, 2000.

Darío, Rubén. *Obras completas*, vol. II. Madrid: Afrodisio Aguado, 1950.

— *Obras completas*, vol. III. Madrid: Afrodisio Aguado, 1950.

De Costa, René. «Introducción», *Altazor. Temblor de cielo*. Vicente Huidobro. Madrid: Cátedra, 1989, 11-51.

De Micheli, Mario. *Las vanguardias artísticas del siglo XX*. Ángel Sánchez Gijón (trad.). Madrid: Alianza, 1979.

Gleizes, Albert y Jean Metzinger. *Sobre el cubismo*. I. Ramos Serna y F. Torres Monreal (trads.). Murcia: Yerba, 1986.

Hahn, Óscar. Vicente *Huidobro o el atentado celeste*. Santiago de Chile: LOM, 1999.

Huidobro, Vicente. *Poesía*, 31 y 32. René De Costa (ed.). Madrid: Ministerio de Cultura, 1989.

Huysmans, Joris-Karl. *La cathédrale*. Paris: Plon, 1964.

— *Là-bas*. Paris: Booking International, 1994.

Jacaret, Gilbert. *La dialectique de l'ironie et du lyrisme dans* Alcools *et* Calligrammes. Paris: Nizet, 1984.

Léger, Fernand. *Funciones de la pintura*. Antonio Álvarez (trad.). Barcelona: Paidós, 1965.

Marchán Fiz, Simón. *Contaminaciones figurativas*. Madrid: Alianza, 1986.

Mondrian, Piet. *La imagen nueva en la pintura*. Alice Peels (trad.). Murcia: Yerba, 1993.

Pera, Cristóbal. *Modernistas en París*. Bern: Peter Lang, 1997.

Raymond, Marcel. *De Baudelaire au surréalisme*. Paris: Librairie José Cortí, 1940.

Rodríguez Alcalde, Leopoldo. *Antología de la poesía francesa contemporánea*. Madrid: Prole, 1950.

Undurraga, Antonio de. «Teoría del creacionismo». V. Huidobro. *Poesía y prosa*. Madrid: Aguilar, 1957, 19-189.

VV.AA. *Actas del XXIX Congreso del Instituto Internacional de Literatura Iberoamericana*. Barcelona: PPU, 1994.

Ward, Patricia A. *Baudelaire and the Poetics of Modernity*. Nashville, TN: Vanderbilt University Press, 2001.

Ziolkowsky, Theodore. *The View from the Tower*. Princeton, NJ: Princeton University Press, 1998.

Zubiaurre, María Teresa. *El espacio en la novela realista*. México D.F.: Fondo de Cultura Económica, 2000.

FERVOR DE BUENOS AIRES, EN CONTEXTOS

Robin Lefere

Sabemos que es en *Fervor de Buenos Aires* (1923) donde la ciudad se convierte en tema poético. Borges había publicado poemas con temas muy variados (y en algunos casos sorprendentes, si pensamos en los que versan sobre la Revolución Rusa), pero ninguno que se centrara en aquél[1]. Ahora bien, algunos ensayos nos informan sobre las reflexiones que condujeron a *Fervor*; destacan al respecto dos textos complementarios, publicados en octubre de 1921 en la revista madrileña *Cosmópolis* (unos cinco meses después de la vuelta a Buenos Aires, y dos antes del primer número de *Prisma*): «Crítica del paisaje» y «Buenos Aires»[2].

En el primero, caracterizado por el estilo a la vez polémico y exhortativo típico de las vanguardias, observamos, entre varias reflexiones agudas (como ésta: «La palabra paisaje es la condecoración verbal que otorgamos a la visualidad que nos rodea, cuando ésta nos ha untado con cualquier barniz conocido de la literatura» 100), la idea de que «el paisaje del campo es la retórica»; es decir, «las reacciones del individuo ante la madeja visual y acústica que lo integra han sido ya delimitadas». Esta retórica ha sido tan eficaz que si bien el creador puede pretender renovarla verbalmente, es muy difícil que se emancipe de las posibilidades de sentir lo que encierra; de ahí la idea de que es preciso orientarse hacia «el paisaje urbano que los verbalismos no mancharon aún», por ejemplo hacia «cualquier casita del arrabal, seria, pueril y sosegada» (101). El segundo ensayo aparece como la realización esbozada y provisional de este programa, aplicado al paisaje porteño cuya idio-

---

[1] Esos poemas resultan hoy fácilmente accesibles gracias a la publicación en 1997 de *Textos recobrados. 1919-1929*. En el mismo volumen se encontrarán los poemas expurgados de las ediciones de *Fervor* posteriores a 1923, al igual que las versiones originales de los que más se retocaron. Sin embargo, hay que denunciar una vez más la ausencia escandalosa de una edición científica de ese poemario fundamental.

[2] Cito por *Textos recobrados. 1919-1929*, pp. 100-101 y 102-104 respectivamente.

sincrasia se va perfilando. De Buenos Aires se señalan las líneas horizontales y los horizontes, las casas, que serían «lo más conmovedor que existe» en ella, y sus plazas que, «nobles piletas abarrotadas de frescor, congresos de árboles patricios, escenarios para las citas románticas», son «el remanso único donde por un instante las calles renuncian a su geometralidad persistente». Con respecto a las casas, se precisa:

> Tan lamentablemente iguales, tan incomunicadas en su apretujón estrechísimo, tan únicas de puerta, tan petulantes de balaustradas y de umbralitos de mármol, se afirman, a la vez, tímidas y orgullosas. Siempre campea un patio en el medio, un pobre patio que nunca tiene surtidor y casi nunca tiene parra o aljibe; pero que está lleno de ancestralidad y de primitiva eficacia, ya que se encuentra cimentado en las dos cosas más primordiales que existen: en la tierra y el cielo (103).

Se habrá reconocido en esta última frase la prefiguración de un verso de los poemas de *Fervor* «Cercanías» y «Un patio», sobre el cual volveremos, y, en todo el pasaje, hitos y ecos del poemario que estaba en gestación. De hecho, la Buenos Aires que se nos presenta aquí prefigura la de *Fervor*: aunque no se insista en ello, se trata de la ciudad barrial y periférica, humilde y abierta al espacio[3] –la que había cantado Evaristo Carriego, cuya mención final concluye de manera tan significativa como piadosa el ensayo, que a pesar de este maestro no había recabado aún el interés que merecía[4].

A pesar del fervor que manifiesta «Buenos Aires», la motivación del tema porteño parece básicamente externa: estribaría en su relativa novedad y, por lo tanto, en sus potencialidades emotivas. El prefacio de 1923 a *Fervor* («A quien leyere») proporciona otra perspectiva, entre literaria y biográfica: porque quiere oponer a «la lírica decorativamente visual y lustrosa que nos legó don Luis de Góngora por intermedio de su albacea Rubén» «otra, medita-

---

[3] En la versión posterior de «Buenos Aires» que ofrece *Inquisiciones*, donde se observan variantes significativas, se explicita el componente pampeano de la capital: «Es más bien un trasunto de la planicie que la ciñe, cuya derechura rendida tiene continuación en la rectitud de calles y casas» (88).

[4] En la citada versión posterior de «Buenos Aires» se explicita también el compromiso arrabalero: «Ponientes y visiones de suburbio que están aún –perdónenme la pedantería– en su aseidad, pues el desinterés estético de los arrabales porteños es patraña divulgadísima entre nosotros. Yo, que he enderezado mis versos a contradecir esa especie [...]» (89).

bunda, hecha de aventuras espirituales», el poeta acude a Buenos Aires, que es el ámbito donde –y gracias al que– experimenta dichas aventuras.

Si consideramos el contexto de escritura, los factores explicativos se multiplican y llegamos a un esquema mucho más complejo. Para cada joven poeta se trata de afirmar su voz dentro de un campo literario y de un contexto cultural. El Borges que vuelve a Buenos Aires en 1921 ha conocido las vanguardias europeas, se ha interesado en especial por el ultraísmo y el expresionismo, y se adhiere al imperativo de la novedad[5]. Precisemos que tal como lo enfoca Borges, este imperativo no es sólo estético sino existencial: encontrar un lenguaje poético que, más allá de los códigos heredados y gastados, sea capaz de decir la realidad y la sensibilidad de hoy es, para el individuo, una condición *sine qua non* de la libertad y de la autenticidad[6]. Pues bien, en aquel entonces la novedad imponía, por una parte, romper con el modernismo de Rubén Darío y Lugones (ver el citado prefacio de *Fervor*, pero se trata de un *leitmotiv* en los textos críticos de la vanguardia argentina)[7], y por otra, instaurar un lenguaje que vinculara la poesía argentina con la vanguardia europea, sin dejar de afirmar la especificidad de la misma en el amplio ámbito de la poesía occidental (Maier). Es aquí donde interviene como condicionante el contexto cultural argentino de los primeros decenios del siglo XX, en que el problema más candente y discutido es el de la identidad nacional frente a los modelos contrarios entre sí y diversamente pujantes de los Estados Unidos (mirados como el Calibán de Rodó) y Europa (fascinante pero decadente) y, por otro lado, frente a la presión inmigratoria, a todos los cambios que ésta acarrea y a las opciones políticas que plantea (Vázquez-Rial y Sarlo, 1988). Es la época en que se exasperan las tensiones entre patricios y advenedizos, entre tradicionalistas y progresistas, en que vuelven al primer plano las encrucijadas de corte sarmientino, y en que se escriben ensayos como los de Ricardo Rojas –*La restauración nacionalista* (1909), *La Argentinidad* (1916), *Eurindia* (1924)– y de Manuel Gálvez (*El solar de la raza*, 1913); y sobre todo, con respecto a nuestro tema, en que el criollismo se constituye en una poderosa corriente cultural y lite-

---

[5] Ver el capítulo «Vanguardia y utopía» (en particular: «Lo nuevo como fundamento»), en Sarlo, 1988.

[6] Ver por ejemplo, además del citado «Crítica del paisaje», «Al margen de la moderna estética», «Lírica expresionista: síntesis», y la «Proclama» de *Prisma*.

[7] Ver aun en 1929 el polémico y largo prólogo de Nicolás Olivari a *El gato escaldado*.

raria[8]. Sabido es que Borges se sumó a ella (en parte quizás debido a su condición de recién «retornado»), pero con la voluntad, explicitada y teorizada en diversos ensayos de *Inquisiciones* (1925) y *El tamaño de mi esperanza* (1926), de trascenderla gracias a la estética vanguardista y a una perspectiva universalista, lo que define la originalidad de su criollismo poético con respecto al de Evaristo Carriego o al de Baldomero Fernández Moreno.

Si enfocamos *Fervor de Buenos Aires* como una respuesta global a los estímulos y a las cuestiones que planteaban los contextos cultural y poético de la época, y si consideramos que esa respuesta se caracteriza fundamentalmente por una triple opción temática –la ciudad, Buenos Aires, los arrabales porteños– y una doble opción estilística –la entonación espiritualista y un barroquismo formal[9] donde destacan las imágenes inesperadas–, podemos intentar identificar, a partir de los apuntes que preceden, con qué determinaciones se corresponden estas características o respuestas parciales. Lo haré de una manera esquemática, que ostenta el talante provisional del ejercicio, y desde luego se distancia de un causalismo tan ingenuo como positivista.

– La ciudad: elección de un tema «moderno» que contrasta con las antiguallas del modernismo y la gastada retórica del paisaje campestre; además, tiene el doble interés de ser relativamente original con respecto a la tradición poética argentina, y de vincularse con la modernidad poética europea y norteamericana. Se piensa enseguida en Baudelaire o en Whitman[10], pero no debería olvidarse que Juan Ramón Jiménez, a quien Borges conoció en Madrid, publica en 1916 su *Diario de un poeta recién casado*, en el que la

---

[8] Para una historia de la voz y de sus diversas acepciones, así como una contextualización del movimiento, ver Barrera y Olea Franco (78-92).

[9] «Barroquismo» *lato sensu*, por supuesto. En el prólogo de 1969 a *Fervor* (*Obras completas*, I), Borges declara, evocando su revisión del texto: «He mitigado sus excesos barrocos».

[10] En «El sentido poético de la ciudad moderna» Luis Emilio Soto escribe que «La urbe, la ciudad de ahora, babélica y multiforme, puede decirse que recién está consolidándose en cuanto nuevo valor dentro de nuestra poesía», y apunta una tradición poética que arranca de Baudelaire y sobre todo de *Les villes tentaculaires* de Emile Verhaeren. Sylvia Molloy profundiza en la herencia baudeleriana («*Flâneries* textuelles: Borges, Benjamin y Baudelaire»), pero conviene recalcar que, cuando Borges, posteriormente (en «Poetas de Buenos Aires»), evoca la tradición poética del tema urbano, se refiere a la literatura anglosajona: Wordsworth, De Quincey, Dickens, Walt Whitman (3-4).

evocación crítica de la gran ciudad norteamericana prefigura el *Poeta en Nueva York* de Lorca.

– Buenos Aires: tanto el nacionalismo vigente como la adhesión personal al criollismo y las circunstancias biográficas apuntaban hacia Buenos Aires, ciudad que no había conseguido aún la inmortalidad poética, a diferencia de París o de Londres.

– El arrabal porteño: es el Buenos Aires querido de la infancia, pero también el que daba pie a una incipiente mitología criollista, en especial gracias a Evaristo Carriego (quien representaba también la infancia de Borges)[11] y al tango, una mitología en la que Borges encontraba un «vocabulario» en el que potencialmente podían expresarse emociones íntimas. Cabe mencionar aquí el probable papel de Rafael Cansinos Assens, al que Borges había frecuentado durante su estancia en España y a quien dedicó varios homenajes, en su vertiente de teórico del tema literario del arrabal, en cuyos valores universales había profundizado[12].

– La entonación espiritualista: se corresponde sin duda con una actitud existencial, pero alentada por el expresionismo[13] y reforzada por la reacción a «el rubenianismo y el anecdotismo vigentes» (ver «A quien leyere»); además, representa un medio para universalizar el criollismo.

– El barroquismo formal: procede de la participación entusiasta en el movimiento vanguardista, en especial en su práctica de los giros y de las metáforas sorprendentes (ver el expresionismo y el ultraísmo, Quevedo y Ramón Gómez de la Serna)[14].

---

[11] Ver «Carriego y el sentido del arrabal» (en *El tamaño de mi esperanza*) y, por supuesto, *Evaristo Carriego* (1930).

[12] Investigando una pista que proporciona el mismo Borges en «La pampa y el suburbio son dioses» (23), Carmen de Mora ha estudiado la probable influencia de las ideas de Cansinos Assens, recogidas en el ensayo «El arrabal en la literatura» de 1924 (recientemente reeditado en *Variaciones Borges*, 8, 1999).

[13] Ver la interpretación borgeana del expresionismo: «tentativa de [...] superar la realidad ambiente y elevar sobre su madeja sensorial y emotiva una ultra-realidad espiritual» («Lírica expresionista: síntesis», *Grecia*, Madrid, 1 de agosto de 1920).

[14] En la obra crítica del Borges joven encontramos varios homenajes a la agudeza quevediana y a las metáforas del maestro madrileño. Conviene recordar que, al constituir dicho barroquismo el aspecto más histórico de la poesía de juventud, Borges no dejará de retocar sus poemas, al hilo de las reediciones y de las sucesivas antologías poéticas, de tal manera que el *Fervor* de las *Obras completas* es muy distinto a la edición de 1923 (Scarano).

En resumidas cuentas, *Fervor de Buenos Aires* representa una «fórmula» estética más compleja de la que propuso Beatriz Sarlo[15], si bien sigue siendo válida la feliz expresión clasificatoria «criollismo urbano de vanguardia».

Conviene recalcar que, a pesar de lo que dejaría pensar el talante auto-biográfico y el tono confidencial de *Fervor*[16], el *origen* de la temática y del enfoque general es literario y pragmático antes que expresivo. Sin embargo, por mucho que se puedan establecer las variadas determinaciones que con-dujeron al tema borgeano del arrabal y pesan sobre él, en *Fervor* ya está ínti-mamente apropiado, y se le puede aplicar este magnífico y conmovedor fragmento de «Profesión de fe literaria»:

> Pienso que las palabras hay que conquistarlas, viviéndolas, y que la aparente publicidad que el diccionario les regala es una falsía. Que nadie se anime a escri-bir *suburbio* sin haber caminoteado largamente por sus veredas altas; sin haber-lo deseado y padecido como a una novia; sin haber sentido sus tapias, sus cam-pitos, sus lunas a la vuelta de un almacén, como una generosidad... Yo he conquistado ya mi pobreza; ya he reconocido, entre miles, las nueve o diez pala-bras que se llevan bien con mi corazón (132)[17].

De tal manera que el tema resulta profundamente original. Consciente de su logro, el mismo Borges puede ofrecerse el lujo de esbozar, en un artí-culo apenas posterior («La presencia de Buenos Aires en la poesía», *La Prensa*, Buenos Aires, 11 de julio de 1926), una breve historia de los poetas que han trabajado en el «endiosamiento» de Buenos Aires, de sus calles y de sus arrabales. Entre sus precursores, menciona por orden cronológico a: Domingo Martinto[18], Eduardo Wilde, Evaristo Carriego, Marcelo del

---

[15] «Gómez de la Serna *más* Carriego» (Sarlo, 1983, 168).

[16] Ver «¿Quién es el "yo" de *Fervor de Buenos Aires*?» (Lefere, 2003).

[17] Se podría ver una prueba de esa integración en el hecho de que, a pesar de la concien-cia del carácter poéticamente desgastado del atardecer y de la declarada intención de optar por una hora huérfana en la que nadie se fija –«Por ejemplo: las dos y pico, p.m. El cielo asume entonces cualquier color. Ningún director de orquesta nos impone su pauta» («Bue-nos Aires», 102)–, Borges acabe escribiendo sobre atardeceres y ponientes. Por esas razones no observo la evolución que apunta Carmen de Mora: «En los comienzos poéticos de Borges el arrabal representaba sobre todo un tema literario y un estilo a los que el cálculo –introdu-cido en la teoría poética por Novalis y Poe– no era ajeno, con los años hizo de él, de la ciu-dad, una especie de autobiografía» (63).

[18] No he podido dar aún con este poeta, ni en los catálogos de bibliotecas ni en las anto-logías de poesía argentina que he podido consultar.

Mazo[19], Enrique Banchs y Baldomero Fernández Moreno. Y entre los contemporáneos o compañeros generacionales («Otros fueron siguiéndolo, otros que historiaré en un próximo ensayo»)[20]: Blomberg [Héctor Pedro], Herreros [Pedro], Yunque [Álvaro], Olivari [Nicolás], Raúl González Tuñón[21].

Ahora bien, basta precisamente con leer a estos autores para darse entera cuenta de la trascendencia propiamente poética de la obra de Borges, así como de la excepcional riqueza y coherencia de la visión de Buenos Aires que nos ofrece. Esto es: en vez de relativizar su originalidad, la tradición que apunta Borges no hace sino confirmarla.

Precisamente, es tiempo de que volvamos a *Fervor* para examinar en qué consiste la especificidad de la imagen de Buenos Aires que cuaja en él. Sin embargo, conviene empezar formulando algunas consideraciones que matizan lo consabido.

En primer lugar, el título del poemario resulta retrospectivamente (o sea, después de la lectura) algo falaz: de los 45 poemas que lo integran en 1923, sólo una docena (como mucho) tienen a Buenos Aires (o incluso un aspecto de la misma) como tema central. Además, entre estos, sólo cuatro están dedicados explícitamente al arrabal («Las calles», «Villa Urquiza», «Arrabal», «El sur»), y cuatro lo tematizan de manera indirecta («Barrio reconquistado», «La vuelta», «Cercanías», «Atardecer»). De esta manera, buena parte del impacto del poemario (con respecto a la imagen de Buenos Aires que logra imponer) se debe explicar como un efecto de la lectura: influido por el título y el planteamiento inicial del autor («A quien leyere») al igual que por el planteamiento contundente del poema inicial («Las calles»), el lector tiende a identificar el espacio como porteño y arrabalero. Dicho efecto es más potente aún para el lector de hoy, que descubre *Fervor* –normalmente en una versión muy distinta– también a partir de los poemarios pos-

---

[19] Es muy poco conocido este poeta también, pero Borges lo presenta y cita algunos versos en «La lírica argentina contemporánea» (133-134) al igual que en «Los poetas de Buenos Aires». Además, en «La pampa y el suburbio son dioses», apunta: «En la segunda serie de *Los vencidos* (Buenos Aires, 1910) posee algunas páginas admirables, ignoradas con injusticia» (24).

[20] No me consta que llegara a publicarse el anunciado ensayo.

[21] En «Poetas de Buenos Aires», Borges destacará también a Horacio Rega Molina (5). Hubiera podido mencionar también a Alfonsina Storni, al menos por el poema «Cuadrados y ángulos» (en *El dulce año*, 1918), que recalca la geometricidad de Buenos Aires.

teriores (como *Luna de enfrente*, que trabaja de manera más sostenida y explícita el tema del arrabal) y del conjunto de la obra.

En segundo lugar, la determinación y la definición del arrabal en *Fervor* no es nada simple, y resulta bastante equívoca. En el mismo poema inicial, «Las calles», se hace una distinción entre

> la dulce calle de arrabal
> enternecida de árboles y ocasos
> y aquellas más afuera
> ajenas de piadosos arbolados
> donde austeras casitas apenas se aventuran
> hostilizadas por inmortales distancias
> a entrometerse en la honda vision
> hecha de gran llanura y mayor cielo.

Esto es: el arrabal se desdobla en dos espacios: el «arrabal» propiamente dicho y «las afueras», con sendas características. Surge una duda: ¿cómo situar estos espacios del arrabal y de las afueras con respecto al «barrio» (palabra que aparece también en *Fervor* –ver «Barrio reconquistado»–), y estos dos con respecto a los «suburbios» o a las «orillas» (palabras que también utiliza Borges)? Si queremos respetar la distinción inicial, parece razonable, apoyándonos en el léxico común, distinguir entre, por una parte los arrabales/barrios/suburbios (sinónimos borgeanos para un espacio periférico pero urbano aún), y por otra las afueras o las orillas (sinónimos borgeanos para un espacio extraurbano)... a condición de que se recuerde que esta distinción es secundaria con respecto al rasgo esencial que comparten: se oponen al espacio céntrico de las «calles enérgicas», «molestadas de prisas y ajetreos». De hecho, en un poema determinado puede resultar difícil decidir si estamos en uno u otro espacio periférico, y el poema titulado «Arrabal» parece más bien remitir a las afueras. Por lo demás, en el conocido ensayo «La pampa y el suburbio son dioses» (1926), Borges utiliza las palabras «arrabal», «suburbio», «orillas» y «afueras» como sinónimos (curiosamente, no menciona «barrio»)[22]. En realidad, todas esas palabras apuntan

---

[22] Me limito aquí a la semántica de los textos: las determinaciones serían mucho más problemáticas aún si intentáramos establecer una correspondencia con el supuesto referente de Buenos Aires (Gorelik). Por otra parte, el mismo Borges comentó en varias ocasiones la gran diversidad de los barrios.

hacia un *espacio ideal del Arrabal*, en cuanto opuesto al espacio ideal del Centro. Cabe precisar que esta oposición, confirmada a lo largo del poemario, no empece que aparezcan en el Centro espacios que participan del Arrabal –por ejemplo, las plazas («La plaza San Martín»), el puerto («Alba desdibujada», «Llamarada»), sin olvidar que, de noche, es la ciudad toda la que tiende a convertirse en Arrabal–, y tampoco impide que, inversamente, podamos encontrar en el Arrabal rasgos céntricos (ver «El sur» y el tren, los ponientes gritones y gesticulantes...). Esta imprecisión confirma la idea de que lo que se ofrece es la contraposición –mitificadora– de dos *ideas* que son independientes de realidades concretas y se corresponden con *dos espacios axiológicos.*

Las anteriores dilucidaciones indican ya la especificidad y la originalidad del enfoque borgeano: ésta consiste no tanto en el hecho de que plasme la imagen de una ciudad constituida de dos espacios urbanística y espiritualmente opuestos, sino

1°) en la radicalización de la oposición y especialmente de los valores axiológicos que encierra, hasta el punto de que eleva a rango de símbolos los dos espacios paradigmáticos, las dos Ideas del Centro y del Arrabal, enriqueciendo considerablemente el sentido de éste (como veremos ahora);

2°) en la postura polémica que excluye de la definición verídica de Buenos Aires la ciudad céntrica y moderna («Las calles» identifica «las calles de Buenos Aires» con las arrabaleras, y el prólogo afirmaba ya dicho rechazo).

Empecemos por examinar de manera más detallada los rasgos definitorios del arrabal borgeano.

Considerándolo desde los poemas arrabaleros de los contemporáneos, lo primero que llama la atención –sin sorprender al lector de Borges– es la indiferencia con respecto a las perspectivas e incluso a los planteamientos político-sociales de, por ejemplo, Álvaro Yunque (ver «Niños del arrabal», «Fábrica», «Café del suburbio», «A la luna»), o Raúl González Tuñón (a quien, por cierto, Borges dedicará *Luna de enfrente*)[23]. No hace sino confir-

---

[23] Resulta significativo también que, en el comentario que dedica a «Sin rumbo» de Eduardo Wilde, prototipo de texto arrabalero socialmente comprometido, Borges pase totalmente por alto este aspecto (ver «La presencia de Buenos Aires en la poesía», 251-252).

mar que el arrabal borgeano es un espacio estético y simbólico, de hecho
casi exclusivamente frecuentado por un poeta *flâneur* a quien brinda experiencias espirituales.

Luego, si bien participa de la corriente de la nostalgia por la Buenos
Aires de antaño[24], motivo que constituía un tópico desde Carriego (por lo
menos)[25], que encontramos en determinados poemas de Héctor Pedro
Blomberg («La casa derribada»)[26], de Baldomero Fernández Moreno («Elegía al viejo Nacional Central»), o de Enrique Banchs[27], por no hablar aquí
del tango[28], Borges renueva y trasciende el motivo. Por lo pronto, el arrabal
se nos presenta dentro de la tradición bucólica del *locus amoenus*, perpetuo
anhelo del contemplativo (poeta, filósofo), y de esta manera permite esgri-
mir una reivindicación de la contemplación contra la acción[29]. En efecto,

---

[24] Gorelik señala que se trata de una corriente poderosa, conscientemente mistificadora y
mitificadora, que se sitúa con respecto a los debates políticos y culturales de la época (44-45).

[25] Sylvia Molloy dice que *«ya* es tópico literario (y postura ideológica) en la obra de los
escritores del Ochenta» –en la generación de Wilde y de Cané, de Mansilla, Cambaceres,
Martel, López...–, los cuales habían creado también el motivo del paseo por las orillas:
«Recuerdo de Baudelaire, el deambular borgesiano es también maniobra de inserción en una
tradición literaria precisamente argentina» (27).

[26] Figura en la sección «Intermezzo» de *A la deriva*, cuya temática urbana contrasta con
la evocación del mundo turbio y cosmopolita de los puertos que encontramos en el resto del
poemario.

[27] Ver por ejemplo ese soneto cuyo primer cuarteto reza: «Cuando en las fiestas vago en
el suburbio, / desde las tierras altas la mirada / de albatros tiendo a la ciudad cargada / de
hombres, al lado del Estuario turbio» (323).

[28] Si bien conviene matizar. En las letras de tango, se puede observar una evolución de un
tipo afirmativo a un tipo quejumbroso, como apunta de manera muy certera el mismo Borges:
«Una cosa es el tango actual, hecho a fuerza de pintoresquismo y de trabajosa jerga lunfarda, y
otra fueron los tangos viejos, hechos de puro descaro, de pura sinvergüencería, de pura felicidad del valor». La culpa de esa evolución la tendría en parte Carriego, cuyos «símbolos» (en el
sentido de *motivos*) son «tristes» («la costurerita que dio aquel mal paso, la luna, el ciego»).
«Son desanimadores del vivir y no alentadores. Hoy es costumbre suponer que la inapetencia
vital y la acobardada queja tristona son lo esencial arrabalero.» («Carriego y el sentido del arrabal», 29-30). Luego, la nostalgia es antes que nada la de la amada o de la infancia, y no se ve
más allá de la esfera de lo personal. Ahora bien, esto se puede interpretar como «la idealización
de un espacio comunitario que buscará recrear todo aquello que el barrio moderno debió des-
plazar para constituirse en el artefacto público, cívico y urbano de los años veinte» (Gorelik,
49-50, que cita un fragmento significativo del sainete *El conventillo de la paloma*, de 1929).

[29] Este trasfondo queda de manifiesto en «La Recoleta», segundo poema de *Fervor*
(«Nos place la quietud, / equivocamos tal paz de vida con el morir / y mientras creemos

este arrabal se corresponde con un tiempo y un espacio específicos: un tiempo ancho como una plaza y no mezquinamente medido (tiempo de mate, de guitarreo, de trucada... de poesía)[30], que representa como una evasión con respecto al tiempo cronométrico y apocado de los relojes y ofrece un sabor de eternidad[31], y por otra parte un espacio que está abierto al Espacio (es aquí donde el tema del arrabal conecta con los de la pampa y de los ponientes). Esto es: el planteamiento borgeano encierra un componente ético y ontológico (ahí está la vida realmente moral y plenamente auténtica), que rompe con el pintoresquismo y el romanticismo de Carriego, y contrasta con los tópicos poéticos o tangueros de la huida del tiempo. Es más, desemboca en una perspectiva metafísica: es en ese espacio-tiempo privilegiado, profundamente espiritual, donde se da la posibilidad de una aventura espiritual, de una revelación (ver «Calle desconocida», y posteriormente el famoso «Sentirse en muerte»)[32]. Es dicha perspectiva metafísica la que viene a justificar la palabra «fervor», con sus connotaciones religiosas. Tenemos aquí mucho más que una mera pose criollista, o que la creación voluntariosa de un mito: el fervor se corresponde con un profundo ensueño[33].

---

anhelar el no-ser / lanzamos jaculatorias a la vida apacible. / Vehemente en las batallas y remansado en las losas, / sólo el vivir existe»). Cabe destacar una afinidad con el enfoque de la ciudad en el *Diario de un poeta recién casado* (1916), que Borges debió de conocer, y que convendría tener en cuenta como posible influencia en la configuración de la temática borgeana; recuérdese que los espacios gustosos y verdaderos en Nueva York son: Washington Square, los cementerios, y los otros pocos donde se puede gozar de la Naturaleza (162-163, 180-181, 191-192, 198, 209-210, 211...).

[30] Ver también «La pampa y el suburbio son dioses»: «Entre Ríos, Callao, la Avenida de Mayo son la vehemencia; Núñez y Villa Alvear los quehaceres y quesoñares del ocio mateador, de la criollona siesta zanguanga y de las trucadas largueras» (23-24).

[31] Ver este pasaje significativo de «Las inscripciones de los carros», en *Evaristo Carriego*: «El tardío carro es allí [en las calles con tráfico heterogéneo] distanciado perpetuamente, pero esa misma postergación se le hace victoria, como si la ajena celeridad fuera despavorida urgencia de esclavo, y la propia demora, posesión entera de tiempo, casi de eternidad. (Esa posesión temporal es el infinito capital criollo, el único. A la demora la podemos exaltar a inmovilidad: posesión del espacio)» (148).

[32] Ver también Molloy (25). De paso observemos que, desde ese punto de vista, Borges aparece como precursor de la transfiguración surrealista de París tal como la realizan Aragon en *Le paysan de Paris* (1926) y Breton en *Nadja* (1928)... si bien, en su caso, con lucidez autocrítica y desde luego sin la mitología freudiana.

[33] Rafael Cansinos [unificado sin guión]Assens lo apuntó muy bien nada más leer *Fervor* y *Luna de enfrente*: «La musa de Jorge Luis Borges es una musa mística y religiosa [...].

Ahora bien, dicho ensueño está amenazado y arrinconado por la ciudad moderna y la modernidad en general, y en especial por el proceso de integración de los arrabales al centro (bajo la presión de las reivindicaciones populares y la acción de los socialistas. Gorelik, 58). De ahí precisamente la segunda característica del enfoque borgeano que apuntábamos: la postura polémica que excluye de la definición verídica de Buenos Aires aquella céntrica y moderna, y por consiguiente la afirmación, en los ensayos, de que todo verdadero criollo se identifica con la Buenos Aires de los arrabales (donde se habría preservado, pues, la esencia criolla de la ciudad).

Dicha postura resulta poéticamente atípica. Contrasta con el entusiasmo, con resabios futuristas, o por lo menos con la fascinación por el centro y la modernidad (electricidad, tranvías, automóviles, rascacielos...), que muestran la mayoría de los contemporáneos como Álvaro Yunque (ver «Cables», «Epístola a Stello, poeta urbano»...)[34], Oliverio Girondo (*Veinte poemas para ser leídos en el tranvía*)[35], o el mismo Héctor Pedro Blomberg (ver «La luz del rascacielo»), que cultiva, por otra parte, la elegía; en Baldomero Fernández Moreno, el yo lírico rechazaba los atractivos del centro sólo en la medida en que no tenía dinero para disfrutarlos. Sin embargo, esa postura borgeana se puede vincular con una tradición literaria muy criolla: la gauchesca (son muchos los homenajes que Borges le dedica), en especial cual celebración de una supuesta criollidad en desaparición (la muy admirada *Don Segundo Sombra* es contemporánea de la trilogía porteña)[36]. De esta manera, enlaza también con *El payador* de Lugones (a quien por otra parte condenaba) e, indirectamente, se adscribe en el plano político a la corriente

---

Buenos Aires en la poesía de J. L. Borges tiene, no obstante su enérgico realce plástico, un valor místico e ideal, es materia de símbolos, y la pampa, que se extiende a su costado, envía hasta ella ese hálito nostálgico e inmenso en que el desierto envolvía a la Jerusalén de los profetas» (40).

[34] Observemos sin embargo este «Dilema»: «Son los templos sombríos, húmedos, silenciosos... / por las calles alegres, soleadas, / cruza la vida con férvido vocear... / Y aquí surge el dilema: ¿son las calles / o son los templos los que están de más?» (70).

[35] Ver Olea Franco (161-162), que señala el comentario irónico de Borges al respecto, en una «acotación» a las *Calcomanías* de Girondo (ver *El tamaño de mi esperanza*, 88).

[36] En su ya citado ensayo de 1927 sobre Borges, Rafael Cansinos Assens observaba de paso, con notable acierto: «La tristeza criolla es la nostalgia de una época pastoril y patriarcal en los campos y sosegada y quieta en las ciudades, que ya va pasando a la Historia ante el progreso industrial y la oleada inmigratoria» (43).

nacionalista y criollista que reacciona al sarmientismo imperante[37]. En el gran debate sobre «Civilización y barbarie», la Buenos Aires céntrica, moderna, progresista viene a representar la barbarie, mientras que la civilización se ha refugiado en el espacio agreste del Arrabal, donde sopla el espíritu de la pampa[38]. Dicho sea de paso, es innegable que en aquel momento Borges incurre en una forma de pensar típica de las derechas, que lo emparenta otra vez con Lugones[39]: defensa de una esencia nacional y rechazo a la inmigración, veneración de los padres de la patria y de los héroes militares, desprecio hacia la «mezquina y logrera agricultura» y apego a la «fácil ganadería» latifundista...[40] Aunque cabe el matiz de que lo que le atrae en la pampa y en los barrios es su ámbito de anarquía (de ahí la referencia al supuesto «desgobierno de Rosas»)[41]. Así pues, al revés de tantos escritores

---

[37] Según Gorelik, se solía lamentar la falta de fronteras claras entre la ciudad y la pampa, y en particular la penetración tanto más insidiosa cuanto indirecta de la pampa en la ciudad: «La ciudad, a través de la cuadrícula, realiza la amenaza de la pampa. Su expansión no puede verse como culturización de la llanura, sino como metamorfosis» (57).

[38] Por aquellos años todas las menciones de Sarmiento por parte de Borges son negativas, y seguirán siéndolo hasta el momento en que la barbarie se vuelva una realidad histórica, de forma que ya no se puede soñar con ella. El texto pivote sería el «Poema conjetural» de 1943 (cuando Borges está combatiendo la barbarie de los germanófilos argentinos, y por otra parte se está cerniendo la dictadura populista de Perón), y sobre todo el «Prólogo» a Domingo F. Sarmiento, *Recuerdos de provincia* (1944); a partir de aquí, Borges se convierte en devoto de Sarmiento... si bien la afectividad puede discrepar aún (ver por ejemplo la «Biografía de Tadeo Isidoro Cruz (1829-1874)»).

[39] Se pueden ver a este propósito Olea Franco (46-68), Montaldo (10-11) y Barrera (18-19). Agradezco a Trinidad Barrera la referencia del excelente volumen de Montaldo.

[40] Ver en especial «Queja de todo criollo»: «Se perdió el desgobierno de Rosas; los caminos de hierro fueron avalorando los campos, la mezquina y logrera agricultura desdineró la fácil ganadería y el criollo, vuelto forastero en su patria, realizó en el dolor la significación hostil de los vocablos *argentinidad* y *progreso*. [...] suya es la culpa de que los alambrados encarcelen la pampa, de que el gauchaje se haya quebrantado, de que los únicos quehaceres del criollo sean la milicia o el vagamundear o la picardía, de que nuestra ciudad se llame Babel. [...] Ya la República se nos extranjeriza, se pierde. Fracasó el criollo, pero se altiva y se insolenta la patria. En el viento hay banderas; tal vez mañana a fuerza de matanzas nos entrometeremos a civilizadores del continente» (145). Este pasaje es muy conocido; señalaré otro que lo es mucho menos y que proviene del citado ensayo de 1921, «Buenos Aires»: «¡Pobres criollos! En los subterráneos del alma nos brinca la españolidad, y empero quieren convertirnos en yanquis, en yanquis falsificados, y engatusarnos con el aguachirle de la democracia y el voto...» (103).

[41] Sobre la reinterpretación benevolente de la figura de Rosas a partir de finales del siglo XIX, ver Olea Franco (104-105).

que se pretenden revolucionarios pero se muestran cansadamente conserva-
dores desde el punto de vista estético, el primer Borges (o el segundo si pensamos en los *Ritmos rojos*) presenta el caso insólito de un revolucionario
estético reaccionario desde el punto de vista ideológico[42].

Para terminar, conviene puntualizar que el ensueño borgeano del campo,
o de la ciudad en clave de campo, resulta intrínsecamente urbano, no sólo
en el sentido de que se corresponde con una experiencia estética (desde este
punto de vista, más que en la gauchesca se piensa en la tradición bucólica,
en el romanticismo, en Heidegger... y en la sensibilidad ecologista), sino
porque su misma celebración del campo –especialmente del Espacio– supone una experiencia indirecta del mismo. En efecto, en las afueras la presencia del Espacio (la Pampa, el cielo, el ocaso) se vuelve excesiva, y tiende a
percibirse como hostil y amenazante; entre atracción y cierta repulsión, el
sentimiento es propiamente de fascinación. Es en los arrabales donde el
Espacio llega a disfrutarse, ahí donde se *asoman* el campo y los ponientes, o
en las encrucijadas donde se *presienten* cuatro infinitas distancias, o en el
patio donde el cielo llega *encauzado*[43]... Espacio, sí, *ma non troppo*: desde la
intimidad y la protección de la casa. Espacio domesticado. Y mejor aún si se
añade la mediación artística (ver «La guitarra»)[44].

En realidad, el único espacio inequívocamente positivo, y origen de la
nostalgia más sentida, es el espacio privado, a la vez cerrado y semi-abierto
(gracias al jardín y al patio), de la casa patricia tradicional, con rejas y biblioteca; en especial, la de la infancia (ver «Cercanías», «Un patio», «La vuel-

---

[42] Sarlo, cuya citada fórmula «criollismo urbano de vanguardia» apunta a esa paradoja,
destaca el hecho curioso de que «produce una mitología con elementos premodernos pero
con los dispositivos estéticos y teóricos de la renovación» (1988, 103), recordando también
que por esos años Borges pone en entredicho las normas lingüística y ortográfica (1988, 117).
Por otra parte, tanto con el concepto de la revista mural (*Prisma*, 1921) como, más adelante,
con su participación en *El Hogar* (1936-1939; ver a este propósito Rodríguez), Borges realiza
una tarea de democratización de la cultura que lo acerca a los ideales de la izquierda martin-
fierrista que describe Montaldo; y sabemos que de manera general mezcló en cierta medida
las culturas «alta» y «popular» (piénsese en *Historia universal de la infamia*).

[43] Contrastando las topografías de Borges y de González Tuñón, Graciela Montaldo
apunta sutilmente: «Si el patio reclama conectarse con lo interior –la Pampa y también la
interioridad de lo argentino–, el puerto reclama lo extraño, lo forastero, el Mar, que se conecta con lo exterior» (187).

[44] «He mirado la Pampa / de un patiecito de la calle Sarandí en Buenos Aires. / [...]
Sólo se desmelenó / al entreverar la diestra las cuerdas».

ta»...), que de alguna manera, simbólicamente, está toda «cimentada en la tierra y el cielo»[45]. Borges lo confesó en varias ocasiones: nunca salió de aquella dichosa casa.

No obstante esta perspectiva íntima, su ensueño urbano del campo, y su reivindicación de una ciudad bucólica, acaban planteando en *Fervor* un concepto utópico de la ciudad, como espacio de fusión de la ciudad y del campo. En el contexto cultural y político de la Buenos Aires de los 20 bien podía constituir una utopía reaccionaria, pero por esos años, del otro lado del Atlántico, animaba a muchos urbanistas europeos de vanguardia: pensemos en las «cités-jardins», que, por cierto, al instituir un correspondiente democrático a los barrios residenciales de siempre, representaban también una utopía social.

BIBLIOGRAFÍA

a) Obras citadas de Jorge Luis Borges

«Al margen de la moderna estética» [1920], *Textos recobrados. 1919-1929*. Buenos Aires: Emecé, 1997, 30-31.

«Lírica expresionista: síntesis» [1920], *Textos recobrados. 1919-1929*. Buenos Aires: Emecé, 1997, 52-54.

«Crítica del paisaje» [1921], *Textos recobrados. 1919-1929*. Buenos Aires: Emecé, 1997, 100-101.

«Buenos Aires» [1921], *Textos recobrados. 1919-1929*. Buenos Aires: Emecé, 1997, 102-104.

«La lírica argentina contemporánea» [1921], *Textos recobrados. 1919-1929*. Buenos Aires: Emecé, 1997, 132-141.

«Proclama» (*Prisma*), *Textos recobrados. 1919-1929* [1922]. Buenos Aires: Emecé, 1997, 122-124.

Fervor de Buenos Aires. Buenos Aires: Imprenta Serrantes, 1923.

«Queja de todo criollo» [1925], *Inquisiciones*, Barcelona: Seix Barral, 1994, 139-146.

«La pampa y el suburbio son dioses» [1926], *El tamaño de mi esperanza*, Barcelona: Seix Barral, 1994, 21-25.

---

[45] Para un análisis de «Cercanías», ver Lefere, 1998, 228-230.

«Carriego y el sentido del arrabal» [1926], *El tamaño de mi esperanza*, Barcelona: Seix Barral, 1994, 27-31.

«Profesión de fe literaria» [1926], *El tamaño de mi esperanza*, Barcelona: Seix Barral, 1994, 127-133.

«La presencia de Buenos Aires en la poesía» [1926], *Textos recobrados. 1919-1929.* Buenos Aires: Emecé, 1997, 250-253.

«Homenaje a Carriego» [1927], *Textos recobrados. 1919-1929.* Buenos Aires: Emecé, 1997, 289-290.

«Poetas de Buenos Aires», *Testigo* 1, 1966, 3-13.

Evaristo Carriego. Obras completas I. Barcelona: Emecé, 1989.

«Biografía de Tadeo Isidoro Cruz». *Ficciones. Obras completas*. I. Barcelona: Emecé, 1989.

b) Bibliografía general

Altamirano, Carlos y Sarlo, Beatriz. *Ensayos argentinos. De Sarmiento a la vanguardia.* Buenos Aires: Centro editor de América latina, 1983.

Banchs, Enrique. *Obra poética (1907-1955).* Buenos Aires: Academia Argentina de Letras, 1981.

Barrera, Trinidad. *Baldomero Fernández Moreno (1915-1930). Las miradas de un poeta ensimismado.* Lleida: Ediciones de la Universitat de Lleida, 1998.

Blomberg, Hector Pedro. *A la deriva. Canciones de los puertos, de las tierras y de los mares.* Buenos Aires: Minerva, 1923.

Cansinos Assens, Rafael. «El arrabal en la literatura». Madrid, 1924 (reproducido en *Variaciones Borges*, 8, 1999, 30-35).

— «Jorge Luis Borges». *La Nueva Literatura*, 1927, en *Jorge Luis Borges*, Jaime Alazraki (ed.). Madrid: Taurus («El escritor y la crítica»), 1976, 35-45.

Carriego, Evaristo. *La canción del barrio y otros poemas.* Javier Adúriz (ed.). Buenos Aires: Biblos, 1985.

Díez-Canedo, Enrique. «Fervor de Buenos Aires». *España*. 413, Madrid, 15 de marzo de 1924, en Jaime Alazraki (ed.). *Jorge Luis Borges*, Madrid: Taurus («col. El escritor y la crítica»), 1976, 21-23.

Fernández Moreno, Baldomero. *Ciudad.* Buenos Aires: Buenos Aires/Sociedad cooperativa editorial limitada, 1917.

— *Las iniciales del misal.* Buenos Aires: Imprenta de José Tragant, 1915.

Gorelik, Adrián. «El color del barrio. Mitología barrial y conflicto cultural en la Buenos Aires de los años veinte». *Variaciones Borges*, 8, (número especial del Centenario, 2. «Borges y la ciudad»), 1999, 36-68.

Jiménez, Juan Ramón. *Diario de un poeta recién casado* [1916]. Michael, P. Predmore (ed.). Madrid: Cátedra, 2001.

Lefere, Robin. *Borges y los poderes de la literatura*. Bern: Peter Lang, 1998.

— «¿Quién es el "yo" de *Fervor de Buenos Aires?*». *Federico Garcia Lorca Et Cetera. Estudios sobre las Literaturas Hispánicas en honor de Christian De Paepe*. Delbecque, N., N. Lie y B. Adriaensen (eds.), Leuven: Leuven University Press, 2003.

Maier, Linda S. *Borges and the European Avant-garde*. New York: Peter Lang, 1996.

Molloy, Sylvia. «*Flâneries* textuales: Borges, Benjamin y Baudelaire». *Variaciones Borges*, 8, (número especial del Centenario, 2. «Borges y la ciudad»), 1999, 16-29.

Montaldo, Graciela (y cols.). *Yrigoyen, entre Borges y Arlt. 1916-1930*, en tomo VII *Historia social de la literatura argentina*. David Viñas (dir.). Buenos Aires: Contrapunto, 1989.

Mora, Carmen De. «La invención de Buenos Aires en la poesía de Borges», *Borges en Bruselas*. Robin Lefere, (ed.). Madrid: Visor, 2000, 49-63.

Olea Franco, Rafael. *El otro Borges. El primer Borges*. Buenos Aires: Fondo de Cultura Económica, 1993.

Rodríguez Carranza, Luz. «"Disiento suavemente". Jorge Luis Borges, periodista popular». *Borges en Bruselas*. Robin Lefere (ed.). Madrid: Visor, 2000, 21-36.

Salas, Horacio. *La poesía de Buenos Aires. Ensayo y antología*. Buenos Aires: Pleamar, 1968.

Sarlo, Beatriz. *Una modernidad periférica. Buenos Aires 1920 y 1930*. Buenos Aires: Nueva Visión, 1988.

Scarano, Tommaso. *Varianti a stampa nella poesia del primo Borges*. Pisa: Giardini Editori, 1987.

Soto, Luis Emilio. «El sentido poético de la ciudad moderna. A propósito de *Versos de la Calle* por Álvaro Yunque». *Proa* I, 1, 11-20.

Storni, Alfonsina. *Antología mayor*. Jorge Rodríguez Padrón (ed.). Madrid: Hiperión, 1994.

Vázquez-Rial, Horacio (dir.). *Buenos Aires 1880-1930. La capital de un imperio imaginario*. Madrid: Alianza, 1996.

Wilde, Eduardo. *Antología*. Buenos Aires: Kapelusz, 1970.

Yunque, Álvaro. *Versos de la calle*. Buenos Aires: Claridad, 1924.

BUENOS AIRES EN DOS VIAJEROS DE VICTORIA OCAMPO: RABINDRANATH TAGORE, JOSÉ ORTEGA Y GASSET

María Rosa Lojo

Victoria Ocampo (1890-1979) fue la anfitriona y la interlocutora de muchas figuras protagonistas del mundo intelectual y artístico de su tiempo, tanto de Oriente como de Occidente. Esto ocurría ya antes de que, impulsada por el estadounidense Waldo Frank, por el español Ortega y Gasset y apoyada por un grupo entusiasta de argentinos (especialmente María Rosa Oliver y Eduardo Mallea), decidiera fundar la revista *Sur*, duradero puente cultural de ida y vuelta entre Europa y América, entre ambas Américas. Todos los «ilustres» que pisaron Buenos Aires se relacionaron con ella de un modo u otro. Soslayarla era imposible[1]; se trataba sin duda de una personalidad extraordinaria sobre la que habían caído –dice Waldo Frank en sus *Memorias*– tres «maldiciones»: «la de la belleza, la de la inteligencia y la de la fortuna» (Frank, 274). A Victoria queda asociada indisolublemente la ciudad en el recuerdo de muchos «viajeros culturales» (Aguilar y Siskind, 2002) que llegan asiduamente entre el Centenario y la década del 30 para que la

---

[1] Es de suponer que el escritor Arturo Cancela se inspiró en Victoria Ocampo Aguirre de Estrada para componer, en su *Historia funambulesca del profesor Landormy* (1944), el personaje de doña Ayohuma Castro Allende de Orzábal Martínez, presidenta de la Asociación Amigos de Lutecia, cuyos juicios acerca de los visitantes extranjeros son inapelables. Despechada por una involuntaria grosería de Landormy, doña Ayohuma deshace en una frase lapidaria, ante los porteños, todo lo que el sabio había hecho en «cuarenta años de vida, si no del todo austera, metódica y laboriosa» (201). Por lo demás, la descripción de doña Ayohuma coincide con los retratos fotográficos y verbales que dejaron de Victoria Ocampo quienes la conocieron: «dama... de ardiente mirar y voz de palomo» (179), «dos grandes ojos negros fogosos e imperativos que buscaban los suyos como para obligar al saludo [los ojos de Victoria no eran negros, sino castaños, con reflejos verdes, pero producían el efecto de ser más oscuros por la intensidad de la mirada], más joven, más alta y más gallarda que la célebre condesa [de Noailles]» (180). La amiga y rival de Victoria en las lides del mecenazgo y la promoción cultural era Elena Sansinena de Elizalde («Bebé»), presidenta de Amigos del Arte, pero ésta, según la describe María Rosa Oliver (1969), era menuda, graciosa, suave (aunque animada por similar tenacidad y voluntad).

Argentina les tienda la mano y les pida, como una niña insegura aún de sus posibilidades y de su destino, que se sirvan hacer un diagnóstico de su «enfermedad identitaria» o señalarle los caminos del porvenir. Así lo dirá ella misma en «Quiromancia de la Pampa», donde defenderá a su amigo Ortega de la irritación que sus diagnósticos y prevenciones han causado en algunos compatriotas (Ocampo, 1929).

Ya desde 1916, fecha del arribo inicial de José Ortega y Gasset, Victoria comenzó a tratar, en Buenos Aires, con visitantes notables. Rabindranath Tagore, Ernst Ansermet, Drieu La Rochelle, Hermann von Keyserling, Le Corbusier, María de Maeztu, Gabriela Mistral, Waldo Frank, Roger Caillois, y tantos otros, conocerán y admirarán o rechazarán a Victoria en tanto exponente mayor de su ciudad y de su patria. El espacio no nos permite referirnos más que a dos de ellos: Rabindranath Tagore y José Ortega y Gasset, un poeta y un filósofo, un oriental y un occidental, uno mucho mayor que Victoria (de la edad de su padre) y otro joven para la época de su primer viaje. Ambos, con matices distintos, se dejarán envolver por su particular irradiación femenina, ambos serán amigos leales y esa amistad durará lo que sus vidas. En los dos casos, el conocimiento de Victoria, indisoluble de su experiencia argentina, los llevará a un giro existencial y creativo, a una transformación en las propias obras. A través de ella, Buenos Aires se convertirá en un paisaje de la nostalgia, donde se podría haber realizado otra vida acaso más plena y más intensa.

«... DEJA QUE ME VAYA CON LAS MANOS VACÍAS»

Rabindranath Tagore, ya Premio Nobel en la época de su llegada a la Argentina (1924), fue en realidad un visitante involuntario. Se dirigía al Perú, invitado por el gobierno con ocasión de festejos patrióticos, y el Río de la Plata era solamente una escala del viaje. Pero había contraído gripe durante la travesía, y al llegar a la Argentina las eminencias médicas que lo atendieron en el Hotel Plaza le aconsejaron desistir del periplo peruano, porque el cruce de los Andes podía perjudicar su corazón debilitado. Victoria Ocampo, devota de la obra de Tagore desde diez años atrás, se apresura a ofrecerle la posibilidad de una temporada de descanso, en las afueras de la capital. Es una mujer rica, pero entonces no del todo independiente. Sus padres no le permiten hospedar al poeta en la quinta familiar de San Isidro: Villa Ocampo. Victoria pide primero prestada a una prima una quinta cercana, llamada «Miralrío» y luego, cuando la estadía del huésped se va prolongando, malvende una tiara de brillantes para poder pagar el alquiler de la propiedad durante el tiempo que fuere necesario. De modo que si bien ella no toma parte en traerlo al país, lo acapara luego con hospitalidad espléndida, y comienza –sin saberlo– su futura carrera de mecenas.

En Buenos Aires, Tagore es recibido con gran expectativa. Tiene muchos lectores, a través de las traducciones francesas e inglesas, en las clases altas, y de las traducciones españolas debidas a Zenobia Camprubí y Juan Ramón Jiménez, en un público más extenso[2]. Su barba blanca, su aspecto de santón, su belleza física combinada con un porte dulce y venerable (las mismas crónicas de los diarios, no sólo los recuerdos de Victoria Ocampo, la resaltan), revisten todas las seducciones de la lejanía: lo exótico, y también lo trascendente. Así, la modista francesa a la que Victoria Ocampo le encarga túnicas nuevas para Gurudev (el Maestro), se empeña en probárselas personalmente para poder acariciarle la barba, que le recuerda a la imagen de *Dieu le père*; una señora, concurrente, como tantos «peregrinos», a Miralrío, le pide que interprete un sueño suyo de la noche anterior. Tagore, que no habla ni entiende el castellano, no percibe muchos de estos equívocos. O los toma con paciencia y bonhomía. Quizá porque no menos exótica le resulta a él la Argentina misma, además de inesperada. Si algo ha imaginado antes de tocar la costa del Plata, es el país decimonónico y pastoril de William Henry Hudson, cuyos libros ha leído con placer e interés. La ciudad populosa, y suntuosa por sectores, con automóviles, edificios altos, y una creciente pre-

---

[2] Por cierto, el grado en que Tagore es conocido en la Argentina lo asombra a él mismo, a poco de su llegada. Así, escribe en carta a su nuera, Pratima Devi: «On the whole they all admire me over here. I could have never imagined before how well they know me and how much they want me. If we could have brought that drama group of ours over here, it would have received a great deal of appreciation. When I made a proposal to bring it over, they were prepared to pay up to a lakh of rupees. They are pretty keen to have an art exhibition. I can see there is quite a place for us in South America» (Kushari Dyson, 1988, 166). Reitera estos conceptos en otra carta a su hija, Mira Devi: «One thing is marvellous, though: many people have read my books here and have great respect for me. That's why they're so happy just because I've come to this country and am here; they don't want anything else from me. Up to now I haven't been to any meeting; many haven't been able to catch a glimpse of me yet; all the time, though, they're sending me letters, flowers and books for me to autograph.» (Kushari Dyson, 1988, 168).

tensión de modernidad, no se parece a la «gran aldea», que en la época evocada por Hudson (el gobierno rosista) todavía duerme la siesta colonial y criolla.

No es mucho lo que Tagore llega a conocer de Buenos Aires. En la capital, la zona palaciega y arbolada de Plaza San Martín; los jardines de Palermo, por donde lo pasean; las casas elegantes que rivalizan entre sí por tenerlo de comensal. En las afueras, las quintas de San Isidro; el jardín florido de la primavera en Miralrío, la inmensa corriente leonada del Plata que ve continuamente desde su balcón; los pájaros, cuyo vuelo sigue, munido de binoculares[3]. Lo que tiene a su disposición, sin embargo, no concuerda con sus más profundos intereses, y en ese terreno, Victoria y él irán de disenso en disenso.

Tagore volverá a Europa sin poder llevarse memoria alguna de lo que ha venido a buscar en América del Sur: el pasado precolombino (por eso se había entusiasmado con el viaje a Perú), lo que él considera como específico hispanoamericano (aunque se lleva otras cosas). «Lo argentino» se le escapa, le parece una impostación, una mistificación, una copia. La gran ciudad traiciona su pasado, está vaciada de memoria histórica. Y en el campo, a donde finalmente lo transportan, después de mucha insistencia por su parte, llega al colmo del desencanto. No va a encontrar ni la «tapera» de Martín Fierro, ni araucanas descalzas con cascabeles de plata en las trenzas, ni ranchos de adobe perdidos en la inmensidad pampeana. Victoria, siempre preocupada por procurarle todas las comodidades, lo lleva a la estancia de unos amigos, los Martínez de Hoz[4]. Era una construcción de estilo inglés, amueblada también a la inglesa, con piezas de época, auténticas, que provocó la

---

[3] La estadía de Tagore en la Argentina ha sido registrada y analizada, en sus mínimos detalles documentados, por el libro *In your Blossoming Flower Garden* (Ketaki Kushari Dyson, 1988), cuya autora tuvo acceso no sólo a las fuentes de información argentinas, sino al archivo de Tagore en Santiniketan.

[4] No está probado si Tagore conoció o no alguna otra estancia, como la de Ricardo Güiraldes, y probablemente a Don Segundo Ramírez, el modelo inspirador de Don Segundo Sombra. Kushari Dyson (1988, 136) señala que no ha quedado documentación de ello por parte del secretario de Tagore. Resulta difícil que Tagore se interesara en conocer a Don Segundo, como lo señala indirectamente un testimonio de Borges recogido por María Esther Vázquez (1996, 96) porque la novela que le daría a Güiraldes fama internacional apareció en 1926, después de la visita del poeta. Sí se sabe, a través de Victoria Ocampo, que conoció a Güiraldes en Buenos Aires y que disfrutó su diestra ejecución, en guitarra, de piezas criollas.

sorpresa de Tagore, y un disgusto que se limitó a expresar con sobriedad (al contrario que un viajero posterior, el estentóreo Keyserling, era un hombre cortés). Pero si en aquel momento dijo sólo: «This house is full of unmeaning things», ampliaría su dictamen negativo en conversaciones con Romain Rolland, publicadas más tarde, y que afligirían retroactivamente a su anfitriona argentina:

> La gente se ha enriquecido de repente, y no ha tenido tiempo de descubrir su alma. Es lastimoso ver su absoluta dependencia de Europa para sus pensamientos, que deben llegarles totalmente hechos. No les avergüenza enorgullecerse de cualquier moda que copian, o de la cultura que compran a aquel continente (Ocampo, 1961, 69).

La estadía en la mansión Martínez de Hoz incluye otros desencuentros: entre ellos la traducción de un poema que Tagore ha escrito en la casa, sobre un motivo pampeano. Victoria comprueba que la versión oral –traducción directa al inglés recitada *in situ* por Tagore– es muy superior a su versión final escrita, simplificada para occidentales, a los que el poeta aparentemente no juzga capaces de comprender ciertas sutilezas... Las heridas en su amor propio se profundizarán más tarde, en Miralrío, con la lectura de los apuntes del secretario de Tagore, Leonard K. Elmhirst, tomados durante la fiesta de Navidad[5] (ese día Ocampo no está presente). La homilía del bengalí no alcanza sólo a los occidentales en sentido amplio, sino muy específicamente a lo que ha visto en la Argentina: un país cuya clase alta, orgullosa de su riqueza y de su supuesta civilización, se entrega a gozos superficiales y vive dentro de una «prisión mental», sin verdadera libertad de espíritu (Kushari Dyson, 1988, 176-178)[6]. La andanada crítica había comenzado ya el 24 de diciembre (y esta vez Tagore se dirigió, en persona, a Victoria). El poeta,

---

[5] Victoria no los acompaña. Comparte las Navidades con su familia, que no se mostró demasiado propicia al trato con el poeta. Es de presumir, apunta Kushari Dyson, que la exclusión de Tagore del círculo íntimo de Victoria por aquellos días, lo haya molestado profundamente (1988, 179-180) y le haya parecido, por lo demás, incompatible con el mismo espíritu cristiano de la festividad.

[6] Las críticas puntuales al modo de vida argentino no aparecen en un artículo alusivo de *La Nación* (27 de diciembre de 1925) donde se da, de un modo impersonal, una versión muy suavizada y maquillada de los apuntes de Elmhirst. Tampoco aparecen en un texto de Victoria Ocampo: «La Navidad de Tagore en Punta Chica», de 1961 (Kushari Dyson, 1988, 181).

que era también un educador y a esa tarea dedicaba, en Santiniketan, buena parte de sus afanes, le hace una serie de observaciones agudamente críticas acerca de la crianza de los niños de las clases dirigentes, y que sólo el libro de Kushari Dyson ha recogido. ¿Cómo podrán esos niños sentirse argentinos –se pregunta– si se los educa fuera del país y se los atiborra de libros? Tienen que conocer, ante todo, su propia tierra y para eso hay que enviarlos, ya adolescentes, a viajar por ella con mínimos medios materiales, para que, como nuevos Robinson, aprendan a sobrevivir en la naturaleza, y a amar su territorio. Victoria, que años más tarde mostrará esa patria al mundo a través de *Sur*, tanto en la geografía como en sus creaciones estéticas, sin duda no habrá sido indiferente a estas palabras[7].

Diciembre, último mes en Buenos Aires, se hace arduo para Tagore. Le preocupan la escuela y la Universidad que dirige y de las cuales se halla ausente ya hace tiempo; le entristece no poder llevar las donaciones que esperaba para esos emprendimientos educativos; llega a sentirse casi prisionero, y lo perturba la cercanía de Victoria: por momentos, la cree enamorada de él, llevado sin duda por la pasión verbal de sus cartas y por el misterio que rodea su vida (se trata de una mujer separada y por lo tanto, aparentemente sola, aunque en realidad mantiene una relación amorosa de ya larga data que sigue ocultando por no dar un escándalo social que afligiría a su familia). Quizá teme también a sus propios sentimientos hacia ella; no quiere comprometerse demasiado con una extranjera hermosa e inteligente, cuya devoción es indudable, pero a la que sería difícil incluir en el paisaje de su patria lejana.

Pese a sus declaraciones poéticas[8], Tagore no se fue con «las manos vacías». Ese amor germinal que no llega a explicitarse (salvo en la refinada simbolización de sus poemas) y menos aún, a consumarse, es el saldo bagaje más importante de su visita[9]. Victoria, el río, el jardín florido en el margen

---

[7] Paradójicamente, por ser fiel a su descubierta vocación americanista, Victoria renuncia a un viaje con Tagore en Inglaterra (Oxford) pues tiene una cita ya concertada con Waldo Frank en Nueva York para hablar de la futura revista *Sur*, de modo que se abrazan por última vez en la Gare du Nord de París, en 1930 (Ocampo, 1961, 98-99).

[8] El verso pertenece al segundo poema de Tagore escrito para Victoria Ocampo en la Argentina y traducido *in situ* del bengalí al inglés: «No me induzcas a que cargue mi nave con deuda, / deja que me vaya con las manos vacías, / no sea que el precio del amor que temerariamente pagas / sólo revele la pobreza de mi corazón» (Ocampo, IV, 1982, 46).

[9] Junto con un enorme sillón de mimbre que su anfitriona se obstinó en regalarle y que hizo instalar en su camarote, previo desmonte de la puerta demasiado estrecha. Tagore utili-

de la ciudad, se fundirán en una ensoñación perdurable que ha de iluminar toda su obra posterior, y que ya le inspira, de inmediato, un libro: *Puravi*. La correspondencia cruzada con Victoria da cuenta del creciente valor que adquiere para Tagore la experiencia argentina, a medida, también, en que el regreso se ve como imposible y las distancias crecen en el residuo insoluble de las «lenguas madres» (castellano y bengalí) que los separan:

> Por desgracia, los caminos [...] nunca podrán reandarse y cuando el corazón anhela recorrerlos de nuevo, descubre que se han perdido para siempre. La imagen de esa casa cerca del gran río donde nos hospedó, en extraña vecindad con los macizos de cactos que exageraban sus gestos grotescos en una atmósfera de remoto exotismo, a menudo vuelve en mi memoria como una invitación lanzada a través de una infranqueable barrera.
>
> Hay algunas experiencias que son como islas desprendidas del continente de la vida inmediata: sus mapas quedan siempre vagamente descifrados. Y mi episodio argentino es una de ellas. Posiblemente sepa usted que el recuerdo de aquellos días de sol y tiernos cuidados ha sido circundado por algunos de mis versos, los mejores en su género. Los fugitivos han sido capturados y permanecerán cautivos, estoy seguro, aunque no visitados por usted, separados por un idioma extranjero (Ocampo IV, 1982, 65-66).

«HE SIDO UN ARGENTINO IMAGINARIO»[10]

Como Tagore, Ortega y Gasset nunca fue, en puridad, un viajero «*de* Victoria Ocampo». La primera vez (1916) viaja junto con su padre, el periodista y novelista Ortega Munilla, invitado por la Institución Cultural Española; la segunda (1928) por la Asociación Amigos del Arte, con la colaboración de la Cultural Española; la tercera (1939), llega empujado por la guerra y el exi-

---

zó el sillón hasta el final de su vida, y hasta fue un motivo inspirador: «El sillón que usted hizo poner en el barco en el que él regresó de América ha sido siempre su mueble favorito y lo usó diariamente hasta sus últimos días, cuando ya no podía estar sentado. Más o menos un mes antes de su muerte, una mañana, en que se sentía más animado, escribió un poema acerca del sillón». Eso declara su hijo Rathi en carta a Victoria Ocampo del 17 de octubre de 1941 (Ocampo, IV, 1982, 67).

[10] «...en este invierno ha tenido mi alma su hora de danza irreal con el alma argentina. Me he preocupado íntimamente de nuestros azares y he sido un argentino imaginario» dice Ortega en «Impresiones de la Argentina» (1981, 38).

lio, y es acogido nuevamente por la Cultural, en celebración de sus 25 años, y por Amigos del Arte (Campomar, 1997). Sin embargo, como lo ha demostrado exhaustivamente Marta Campomar (2001) es imposible pensar en Ortega y la Argentina, Ortega y Buenos Aires, sin incluir, como eje referencial, a Victoria Ocampo, mitificada en «La Gioconda Austral», símbolo clave en su «cultura del amor», y disparadora de sus reflexiones en torno a la «criolla» como un tipo de feminidad nuevo y superior.

Los avatares de la relación personal Ortega/Ocampo, son variados y no siempre felices. El inicial deslumbramiento mutuo, no lo es, desde luego, en el mismo sentido para los dos. Ocampo se siente decididamente fascinada por la inteligencia de Ortega, y sólo por ella: «... quedé atónita ante su inteligencia efervescente que bebía a traguitos por el cosquilleo de agua mineral que me producía» (Ocampo, 1982, III, 109), «era yo capaz de apasionarme (al margen de la pasión amorosa) por un libro, una idea, un hombre que encarnara ese libro, esa idea, sin que mi pasión invadiera otras zonas de mi ser. Esas zonas parecían tener sus leyes, sus exigencias, oponían su veto de acuerdo con su naturaleza. [...] esto ocurrió con Ortega»[11]. En el filósofo, en cambio, la atracción es completa y devastadora. No sólo le asombra, en Victoria, la capacidad intelectual y sensitiva de comprender y de inspirar al varón, demandándole lo mejor de sí (era ésta, dicho sea de paso, la gran misión histórica: inspirar, influenciar, que él atribuía a las mujeres); cae en un estado de encantamiento total ante su «ser magnífico» (carta inédita, 1928)[12]. Por eso, quizá, Buenos Aires –años después del impacto original– se le sigue presentando como «la exigencia de estar enamorado», aunque

---

[11] En 1962, en París, Victoria escribe una larga carta en francés, a Soledad Ortega, donde explica detalladamente las circunstancias de su encuentro con Ortega, y el deslumbramiento mutuo, aunque con distintos matices, que ese encuentro implicó para ambos: «Je fus aussi éblouie par lui que lui par moi, si ce n'est davantage. Mais mon éblouissement était concentré sur le côté intellectuel, le côté sentimental de ma vie étant occupé (et il le fut durant de longes années). Pour ton père, qui aimait bien les jolies femmes (et à cette époque j'étais assez jeune pour l'être), l'éblouissement avait d'autres nuances. A ce moment, il m'écrivit des lettres, toutes très belles et très passionnées, pour autant que je m'en souvienne, sans sortir d'une tonique spirituelle, mais ne s'y limitant pas tout à fait» (Ortega Spottorno, 1984, 19). Cabe señalar que Victoria publicó buena parte de estas cartas aludidas en el tomo III de su *Autobiografía*.

[12] Reproducida parcialmente por Victoria Ocampo en «Algunas cartas de Ortega y Gasset» (1965, 3).

«no hallando meta asequible disparo al viento como el cazador que vuelve enojado porque no ha visto piezas posibles» (carta inédita, 1928).

Cuando pisa por primera vez tierra argentina, Ortega ya ha estado imaginándola antes, buscando su clave sentimental, su inminente tesoro de experiencias; ha proyectado sobre ella toda suerte de ilusiones y «esperanzas vagabundas», en pos del futuro que le niega una España detenida, donde el hoy se limita a repetir los gestos del ayer:

> ¡La Pampa, Buenos Aires! Del fondo del ánimo toman su vuelo bandadas de esperanzas confusas que van rectas a clavarse en un horizonte infinito [...]. La vida de un español que ha pulido sus sensaciones es tan áspera, sórdida, miserable, que casi en él viven sólo esperanzas, esperanzas que no tienen donde alimentarse, esperanzas escuálidas y vagabundas, esperanzas desesperadas. Y cuando en la periferia del alma se abre un poro de claror a él acuden en tropel las pobres esperanzas sedientas y se ponen a beber afanosas en el rayo de luz. ¿Qué será la Pampa vista desde la cima sensitiva de mi corazón? (Ortega, 1917, 59-60).

Ortega siguió siempre «soñando» la Argentina. Volverá a insistir, en su último viaje, que ha de llevarlo hasta los lagos de la Patagonia, en la necesidad de la anticipación imaginaria, que transforme lo exterior, lo geográfico, en una dimensión de la interioridad:

> Desde hace años sueño con esos bosques y esos riscos y esos lagos de[....]tratado de Geología y esos glaciares. Todo goce tiene que ser preparado con un soñar en lo aún no visto, con una mitología. El mito, por definición, es previo al contacto con la realidad. Por la atrofia en el soñar y la incapacidad de emitir mitos −es decir, por ausencia de imaginación− las gentes arrastran una vida nula (Ocampo, 1965, 17).

Sin embargo, al desembarcar en 1916, Ortega impresiona a la prensa como un hombre parco, más cerca de un grave «profesor alemán» que de cualquier exuberancia latina y emotiva. Sometido a los rituales inexorables de una cortesía que tiende a convertirse en «captura» del visitante ilustre, como bien lo ha parodiado Arturo Cancela en su novela funambulesca sobre las peripecias de un viajero (1944), no escapa al interrogatorio de rigor: «¿Qué les parece a ustedes la ciudad?», pregunta la revista *P.B.T.* a los dos Ortega, padre e hijo. El padre, cordial, halla enseguida una respuesta halagadora: «Esto me parece hermoso, algo nuevo», «otra cosa». El hijo, que prefiere ser sólo veraz, resulta reticente: «Yo todavía no me hallo: necesito estar algún tiempo en una ciudad para coordinar impresiones». (Asenjo y Gabaráin, 2000, 57-58). Con la misma actitud, reconcentrada, intransigente ante las fórmulas habituales, inicia días más tarde su primera conferencia (Universidad de Buenos Aires, 7 de agosto de 1916):

> Acaso es uso de los europeos que os visitan apresurarse recién llegados a tributaros largas alabanzas. Permitid que por un momento quede rota esta usanza. El tiempo que entre vosotros llevo sólo me ha permitido ver vuestras avenidas y vuestras plazas y vuestros edificios, toda esa opulencia de vuestra vida exterior que no ha acertado a conmoverme, que casi me enfada porque me parece estorbar el afán que me ha traído entre vosotros de buscar la intimidad argentina, penetrar en su morada interior, descubrir vuestro modo genuino de temblar ante la vida, inclinándome respetuoso sobre vuestra alma y hundiendo en ella una mirada leal y fraterna (Ortega y Gasset, Molinuevo [ed.], 1996, 35-36).

Autocalificado contemplador de almas, no de arquitecturas urbanas, en tal calidad se despliegan sus meditaciones argentinas. No obstante, esas almas tienen una acusada dimensión espacial: la dimensión horizontal, infinitamente abierta, de la Pampa, clave ya anticipada en el ensueño previo a la partida, desde la que Ortega se pone a «leer» el país y sus habitantes, sin reparar demasiado en la espectacular escenografía de la ciudad. El fantasma (el terror) del espacio vacío, la peligrosa voracidad de lo ilimitado están presentes en el imaginario local desde el libro fundador de Sarmiento (*Facundo*). Ortega invocará estos conceptos varias veces. Por un lado, recuerda la filosofía hegeliana sobre América, que asocia al fin del vacío la posibilidad de la Historia, y la constitución del Estado; de ahí –apunta Ortega– el retroceso del europeo colonizador transportado a la caudalosa libertad geográfica: trae una tecnología superior, y también formas jurídicas desconocidas por las sociedades primitivas, pero retrocede inexorablemente hacia un pasado prehistórico en la medida en que se abandona al espacio abierto (1981, 75-95). Por cierto, la Pampa donde se levanta Buenos Aires representa esa apertura en una dimensión exacerbada: demuele y tritura las formas que pierden toda relevancia, todo significado, en un paisaje donde lo único importante es el inalcanzable confín. Ese horizonte polariza todas las miradas, todos los deseos, todas las voluntades, de manera que la vida se vuelve «constante y omnímoda promesa» (1981, 109), a tal punto que se vive, no en lo que se es, sino en lo que se espera ser, siempre por delante de uno mismo. Esta sensación de correr detrás de una promesa incumplida genera en la mujer argentina (la criolla) un «divino descontento», una actitud positiva, demandante de una realización superior.

No pasa lo mismo con el varón argentino, al que Ortega dedica un ensayo «El hombre a la defensiva». Distante, narcisista, vive en guardia, pendiente de su posición social. La actitud se justifica en parte por la continua competencia, y también por la íntima inseguridad que el argentino siente acerca de sus méritos. En un país nuevo, donde hay más necesidades que capacidades, más improvisación que estudio, no todos están preparados para ocupar el puesto que ocupan. El argentino oculta tras la máscara arrogante su vacuidad interior. Cree ser ya, el que imagina ser, entregado a su futuro yo prometido y esto lo paraliza[13]. La sociedad entera disimula su inestabilidad interna, sus precariedades constitutivas, con la afirmación, a menudo prepotente, de un destino grandioso y con la hipertrofia de la actividad económica colocada por encima de cualquiera otra meta. A pesar de la gran maquinaria de su Estado regulador, casi autoritario, el país corre el riesgo de parecerse a una factoría aún más que las vecinas naciones sudamericanas, riesgo que encuentra, potenciado, en su segundo viaje[14].

Las observaciones de Ortega promovieron respuestas en varios frentes intelectuales[15]. Tanto, que el filósofo se sintió obligado a escribir una justificación: «Por qué he escrito "El hombre a la defensiva"». Más allá de asumir el *contenido* de su tesis, Ortega afirma en ella su actitud crítica como *pago de una deuda*[16]: la gran deuda de quien reconoce deber a la Argentina «una parte sustancial de mí mismo», los «capítulos centrales» de una posible biografía virtual (1981, 149). En Buenos Aires, «ciudad tan áspera» que «por

---

[13] La ya legendaria exhortación «¡Argentinos, a las cosas!» aparece en su «Meditación del pueblo joven» (1939) asociada a la perentoria necesidad de abandonar suspicacias y narcisismos (1981, 211).

[14] Los artículos que comentamos aquí: «La Pampa... promesas», y «El hombre a la defensiva» fueron reproducidos en el libro *Meditación del pueblo joven* (1981).

[15] Entre otros, Giusti (1930) y Coni (1930).

[16] En carta personal ya citada (Ocampo, 1965, 3) Ortega refiere su gran deuda específicamente a Victoria Ocampo: «Yo tengo contigo una deuda enorme, tan grande como estos Andes que en este instante veo ante mí y a los cuales me da gana de darles una palmada en el lomo como se hace con el elefante del Zoo. Esa deuda gigantesca eres tú misma [...] el simple hecho de que te tomes el trabajo de existir [...]. Esta deuda ya tan antigua que arrastro no te la podré pagar nunca».

bien o por mal, pone en carne viva, desuella nuestra persona, la hiperestesia» (1981, 106), ha sentido estremecerse «una raíz de mí mismo, ignorada por mí... una ideal raíz de que brotase no sé bien qué posible vida criolla, no vivida, claro está, por mí» (1981, 107). Ese juego sutil de estar y no estar, de ser y no ser, de mirar desde dentro y desde fuera, define siempre su posición: por un lado se dice «argentino imaginario» o «argentino de afición» (1981, 188). Por otro lado, es el extranjero, el que llega y se va, «que suscita emociones casi religiosas y que parece un poco divino» (1981, 194). No ya el individuo Ortega, sino la «institución extranjero», forma susceptible de ser llenada por sucesivos huéspedes, y adornada por la fantasía con «todas las virtudes y todas las gracias» (1981, 195) La condición de extranjería le concede un pasaporte de invulnerabilidad (y veracidad) transitorias; la ciudadanía imaginaria, una identificación simpática. Ortega se considera capaz de *sentir* como un argentino[17] (el que hubiera podido o hubiera deseado ser), pero también es capaz de ver más allá de ese sentimiento, y mirarlo, comprenderlo, como si fuera el de otro. Esta doble mirada, este sincero artificio, le permite mostrar a los locales *otra perspectiva* de la verdad de sí mismos. Parte de esa verdad es lo que los pueblos *parecen* al viajero. Es su figura imaginaria en la apreciación ajena, no tan sólo lo que ellos creen ser (1981, 31). De ahí que Ortega reivindique, como máxima de conocimiento, una paradoja: «la verdad del viajero está en su error».

Por otra parte, ¿qué busca él, para sí propio, en la ciudad del Plata? Tanto en su primero como en su último viaje, lo desborda el desencanto de España: en el primero, porque la «España oficial» (atrasada, cerrada, sorda, envidiosa) resiste las incitaciones creativas de la generación joven (una de cuyas cabezas visibles es Ortega). En 1939 carga con el fracaso de la República y el destrozo –para España– de su proyecto de «modernidad alternativa» (Molinuevo, 1997, 95 y ss.). Durante años, Ortega encuentra, en la Argentina y en Buenos Aires en particular, el «aire eléctrico» (1981, 179, 226), la estimulante, selectiva receptividad que no acaba de hallar en sus propios compatriotas, y que anula distancias oceánicas y viejas jerarquías (metrópoli/colonia; centro/periferia)[18]. Por eso, promete, «*El Espectador*

---

[17] «Digan ustedes de mí lo que quieran, menos que no los siento, que no los siento con todo mi ser» (1981, 232).

[18] España, señala en 1917, no es el centro, sino una provincia más en el mundo cultural de habla española, y un escritor español no debiera sentirse a más distancia de Buenos Aires

será en lo sucesivo tan argentino como español» (y hasta quizá más argentino que español, ya que «tal vez será mejor entendido –mejor sentido– en la Argentina que en España» (1981, 47). Sin embargo, tanto esta receptividad entusiasta como el «enamoramiento argentino» de Ortega, habían menguado en su último viaje (Campomar, 2001, 284-286), y también había cambiado la ciudad, más cerca del modelo norteamericano (ejecutivo y utilitario) que del europeo. Quizá por eso un ensayo de 1939 («Balada de los barrios distantes»), publicado póstumamente, es de algún modo una alabanza protectora de lo que aún pervive, como legado del mundo pastoril[19], de la virtud familiar y la paz provinciana, en la periferia de ese centro afiebrado con «veredas angostas por las cuales no se puede pasear», y que es cifra de la «factoría».

CONCLUSIONES

Cabe observar que ni los escritos de Tagore ni los de Ortega se detuvieron en el rico espesor material de Buenos Aires. Esto parece coherente en el poeta indio, cuya estética se aleja de las imágenes del mundo urbano, para buscar una inspiración mística en los escenarios abiertos y los elementos naturales. Resulta más curioso, en cambio, en Ortega: filósofo de la modernidad occidental, que no dejó de interrogar metrópolis, pueblos, sociedades. De alguna manera, los dos pasan por encima o a través de la ciudad: Tagore desemboca en el río y el cielo, Ortega en el inalcanzable confín de la llanura. Quizá, por distintas razones, ambos sienten a la «Reina del Plata» como «ciudad imaginaria» en otro sentido (el de ficción, o impostación): un dinámico, poderoso espejismo de los nuevos tiempos levantado sobre la pampa por un pueblo cuya verdad (cuyo deseo) está en otra parte: eternamente diferido, más allá de sí mismo, en el caso de Ortega; una copia, o

---

que de Madrid (1981, 48). Ese entusiasmo nivelador se atenúa en escritos posteriores, como cuando afirma en 1925 que, por ser los americanos narcisistas, «más sensibles que precisos» y carentes de verdadera disciplina, «dependerán... íntegramente de Europa en el orden intelectual» (1981, 69). La crítica al narcisismo se acentúa en los artículos comentados, de 1929, fruto de su segundo viaje.

[19] Para Martínez Estrada, en su *Radiografía de la Pampa*, también la Pampa entra en la ciudad y la domina, claro que en un sentido negativo, inverso al de Ortega: con la Pampa entrarían el caos, el desorden, la «barbarie».

parodia, o remedo de un mundo distante y ajeno (Europa) que no obstante los argentinos se han empeñado en considerar como la fuente de la que dimana o debe dimanar su propia realidad, olvidando la Argentina interior y las culturas autóctonas.

El poeta que vino por casualidad encontró una mujer y un paisaje aparentemente despojado de Historia propia, y tácitamente colonizado, para su sorpresa, por la misma nación imperial que dominaba la India y con la que él mismo, caballero de Inglaterra, pero también patriota de la India, mantenía una relación difícil y tensa. Sus juicios más críticos y sus recetas pedagógicas (que no hubieran disgustado al protonacionalista Ricardo Rojas, con quien debió de tener pocas ocasiones de diálogo) quedaron en la intimidad y del otro lado, en sus archivos personales, pero también en la memoria creativa de Victoria Ocampo, a quien ofreció la mejor versión imaginaria de la Argentina que había conocido: un delicado espacio poético.

El filósofo cumplió buena parte de sus propósitos: fue extranjero ideal y argentino virtual. La Argentina constituyó para él un objeto de deseo tan intenso como para los argentinos lo era Europa. Dice Victoria Ocampo: «Él ha imaginado esas tierras como nosotros hemos imaginado a Europa. Las ha habitado en sueños. Las ha poblado. Las ha querido. Para mí no hay otra forma de conocimiento» (1957, 52). Desde ese conocimiento imaginario, Ortega le brindó a Victoria, en particular, un decisivo regalo simbólico: el mismo nombre de *Sur* (Vázquez, 2002, 167), la revista emblemática que enriquecería el mapa cultural de Latinoamérica. Legó a los argentinos sentencias especulares donde aún nos reconocemos, y que han pasado, casi (como «¡Argentinos, a las cosas!») al reservorio de sabiduría anónima que se maneja en la calle. También pasaron, reformuladas y reinterpretadas, al pensamiento nacional posterior. Es difícil concebir obras como *Historia de una pasión argentina* de Eduardo Mallea, o *Radiografía de la Pampa* de Ezequiel Martínez Estrada, o textos de Leopoldo Marechal y de Bernardo Canal Feijóo, sin el antecedente –aunque los autores no lo reconozcan en forma explícita– del pensamiento orteguiano (Videla de Rivero, 1991).

Ortega no pudo evitar que esa Pampa, creada para la ilusión y el desengaño, para la frustración y la promesa, le negara dos sueños, destinados al perpetuo incumplimiento. Uno de ellos fue pasar de argentino imaginario a argentino de hecho –había venido para quedarse, en 1939, pero lo impidieron sus disputas con la editorial Calpe, sus dificultades para insertarse en el competitivo espacio laboral argentino, y la mala disposición de las autoridades y la Universidad–[20]. Otro, acaso, ser el elegido por «la gigantesca criolla»: Victoria Ocampo. Buenos Aires –la ciudad paradójica, la «ciudad absurda» que declara amar justamente por ese motivo (*je n'aime que l'absurde*)[21] y que sin embargo siempre imaginará asociada a Kant por sus diarios de nombres filosóficos (*Crítica*, o *La Razón*)[22] – será para él, sobre todo, en el más amplio sentido, «la exigencia de estar enamorado»: esto es, de tender hacia lo mejor y aún no descubierto de sí mismo.

BIBLIOGRAFÍA

a) Obras citadas de Victoria Ocampo

«Quiromancia de la Pampa» [1929]. *Testimonios. Serie Primera a Quinta*. Buenos Aires: Sudamericana, 1999, 29-36.
«Tagore», *Testimonios. 1ª serie*. Buenos Aires: Sur, 1941, 429-455.
«Mi deuda con Ortega», *Testimonios. 5ª serie*. Buenos Aires: Sur, 1957, 39-56.
Tagore en las Barrancas de San Isidro. Buenos Aires: Sur, 1961.
«Algunas cartas de Ortega y Gasset», *Sur*, 296, 1965, 3-18.
Autobiografía III. La rama de Salzburgo. 2ª ed., Buenos Aires: Sur, 1982.
Autobiografía IV. Viraje. Buenos Aires: Sur, 1982.

b) Bibliografía sobre Victoria Ocampo

Matamoro, Blas. *Genio y figura de Victoria Ocampo*. Buenos Aires: EUDEBA, 1986.
Meyer, Doris. *Victoria Ocampo. Against the Wind and the Tide*. New York: Braziller, 1979.
Mizraje, María Gabriela. *Argentinas de Rosas a Perón*. Buenos Aires: Biblos, 1999.

---

[20] Ver, al respecto, Soledad Ortega Spottorno (1983, 54); Máximo Etchecopar (1997, 91-93).

[21] «A ratos, despierto, hojeaba mi vida de Buenos Aires, ciudad absurda que cada día adoro más –*tu sais, je n'aime que l'absurde*–» (Ocampo, 1965, 3).

[22] «Por ejemplo, he tardado mucho en averiguar por qué las calles de Buenos Aires a prima noche me hacen pensar en Kant con incongruente frecuencia. Por fin he sorprendido la sencilla explicación. A esa hora los vendedores de periódicos pregonan: ¡*Crítica*!, ¡*La Razón*!, y en la asociación, calamburescamente, surge inevitable el título de la obra de Kant (Ortega, 1981, 107).

Ortega Spottorno, Soledad. «Victoria Ocampo al trasluz de una doble amistad». *Revista de Occidente,* 37, 1984.

Sarlo, Beatriz. «Victoria Ocampo o el amor de la cita», *La máquina cultural. Maestras, traductores y vanguardistas.* Buenos Aires: Ariel, 1998, 93-194.

Vázquez, María Esther. *Victoria Ocampo.* Buenos Aires: Planeta, 1991.

— *Victoria Ocampo. El mundo como destino.* Buenos Aires: Planeta, 2002.

Victoria Ocampo. An Exercise in Indo-Argentine Relationship. Ed. Embassy of Argentina in India & Susnigdha Dey. Delhi: B.R. Publishing Corporation, 1992.

c) *Obras citadas de José Ortega y Gasset*

«Azorín: primores de lo vulgar» [1917]. «El Arquero». *Ensayos de crítica. El Espectador II.* 2ª ed. Madrid: Revista de Occidente, 1963, 57-81.

«El rostro maravillado», y «Estafeta romántica. Un poeta indo» [1927]. *Espíritu de la letra.* 5ª ed. Madrid: Revista de Occidente: 151-157, 181-198.

La rebelión de las masas. Obras de José Ortega y Gasset [1930]. 1ª ed. Galagorri, Paulino (ed.). Madrid: Revista de Occidente, 1979.

Estudios sobre el amor. Obras de José Ortega y Gasset [1939]. 2ª ed. Galagorri, Paulino (ed.). Madrid: Revista de Occidente, 1981.

Meditación del pueblo joven y otros ensayos sobre América. Madrid: Revista de Occidente en Alianza Editorial, 1981.

Meditación de nuestro tiempo. Las conferencias de Buenos Aires, 1916 y 1928. 1ª ed. Molinuevo, José Luis (ed.). México D.F.: Fondo de Cultura Económica, 1996.

d) *Bibliografía sobre José Ortega y Gasset*

Aguilar, Gonzalo y Siskind, Mariano. «Viajeros culturales en la Argentina». *Historia crítica de la literatura argentina.* Jitrik, Noé (ed.). *6. El imperio realista.* Gramuglio, María Teresa (ed.). Buenos Aires: Emecé, 2002, 367-389.

Asenjo, Carmen y Gabaráin, Iñaki. «Viaje a la Argentina, 1916. Primera Parte». *Revista de Estudios Orteguianos,* 1, 2000, 29-64.

— «Viaje a la Argentina, 1916. Segunda Parte». *Revista de Estudios Orteguianos,* 2, 2001, 49-59.

— «Viaje a la Argentina, 1916. Tercera Parte». *Revista de Estudios Orteguianos,* 3, 2001, 33-76.

— «Viaje a la Argentina, 1916. Cuarta y Última Parte». *Revista de Estudios Orteguianos,* 4, 2002, 29-86.

Campomar, Marta. «Los viajes de Ortega a la Argentina y la Institución Cultural Española». *Ortega y la Argentina*. Molinuevo, José Luis (ed.). MéxicoD.F. : Fondo de Cultura Económica, 1997, 119-149.

— «Controversias americanistas: el colonialismo de Ortega y Gasset». *Revista de Estudios Orteguianos*, 1, 2000, 171-197.

— «Victoria Ocampo en la cultura del amor de Ortega y Gasset». *Revista de Estudios Orteguianos*, 3, 2001, 209-290.

Coni, Emilio Ángel. «El hombre a la ofensiva». *Nosotros*, 251, 68, 1930, 46-56.

Etchecopar, Máximo. «Ortega y los argentinos». *Ortega y la Argentina*. Molinuevo, José Luis (ed.). México D.F.: Fondo de Cultura Económica, 1997, 85-93.

Giusti, Roberto. «Los ensayos argentinos de Ortega y Gasset. La Pampa... Promesas». *Nosotros*, 248, 67, 1930, 5-13.

— «Los ensayos argentinos de Ortega y Gasset. El hombre a la defensiva». *Nosotros*, 249, 67, 1930, 145-160.

Ortega, Soledad (ed.). *José Ortega y Gasset. Imágenes de una vida 1883-1955*. Madrid: Ministerio de Educación y Ciencia/Fundación Ortega y Gasset, 1983.

Videla de Rivero, Gloria. «Ortega y Gasset en las letras argentinas: Mallea, Marechal, Canal Feijóo». *Anales de literatura hispanoamericana*, 20, 1991, 165-178.

e) Bibliografía sobre Tagore

Kushari Dyson, Ketaki. *In Your Blossoming Flower Garden, Rabindranath Tagore and Victoria Ocampo*. Delhi: Sahitya Akademi, 1988.

f) Bibliografía sobre la ciudad, la época

Abós, Álvaro. *El libro de Buenos Aires, Crónicas de cinco siglos*. Buenos Aires: Mondadori, 2000.

Cancela, Arturo. *Historia funambulesca del profesor Landormy. Novela porteña*. Buenos Aires: Espasa-Calpe Argentina, 1944.

Frank, Waldo. «Triunfo y derrota en la Argentina» en *Memorias*. Eduardo Goligorski (trad.). Buenos Aires: Sur, 1975, 271-284.

Korn, Francis. *Buenos Aires: Los huéspedes del 20*. Buenos Aires: Grupo Editor Latinoamericano, 1989.

Liernur, Jorge F. y Silvestri, Graciela. *El umbral de la metrópolis. Transformaciones técnicas y cultura en la modernización de Buenos Aires (1870-1930)*. Buenos Aires: Sudamericana, 1993.

Oliver, María Rosa. *La vida cotidiana*. Buenos Aires: Sudamericana, 1969.

Scobie, James. *Buenos Aires, del centro a los barrios (1870-1910)*. Buenos Aires: Solar/Hachette, 1977.

Vázquez, María Esther. *Borges, esplendor y derrota*. Buenos Aires: Tusquets, 1996.

EL MAPA DEL CAOS:
CIUDAD Y ENSAYO EN HISPANOAMÉRICA

Esperanza López Parada

Suponiendo que alguna vez lo tuviera, la ciudad contemporánea ha extraviado irremediablemente su rostro.

Semidesarrollada, nacida ya en ruinas, invisible pero ampliamente poblada, multiplicada hasta el hacinamiento, contaminada y anónima, resulta difícil orientarse en un espacio como el suyo, que cambia cada hora. El estupor y el desencuentro se generalizan y la pérdida, que Benjamin recomendó para visitar París, se erige ahora en emoción obligada, único modo de recorrer sus calles.

El iluso vecino que, por ejemplo, regresa confiado una tarde a su hogar –especula Juan García Ponce en un ensayo sobre México– descubre que la ruta se ha modificado, los edificios han sido derruidos, trasladadas las paradas de transporte, que incluso su casa está en obras. Aquello que un día fue una iglesia o un colegio se ha transformado en centro comercial, en parking, simple boquete o descampado en cuestión de horas. Las coordenadas no se mantienen estables y nada asegura que ahí se encuentre mañana lo que suponemos ver hoy.

> Un escritor amigo mío –continúa García Ponce– me reveló, angustiado, que, una noche de fervor alcohólico, encontró que la calle de Valerio Trujano, donde él vive, había desaparecido convirtiéndose en Río Mixcóac. Cuando a la mañana siguiente arribó a su hogar después de una desesperada búsqueda, su mujer, por supuesto, no aceptó la excusa (10).

La provisionalidad es la naturaleza de las megalópolis; la irregularidad o el desorden, su constante y su ley. Camaleónicas, el ritmo vertiginoso con que se alteran las hace incapaces para incorporar a sus ciudadanos.

Los habitantes de una zona urbana ni se asimilan ni se identifican con ella, sino que, distribuidos en células y pequeños gremios de resistencia, la vuelven un terreno minado de división o de riesgo, dentro de una suerte de «guetización generalizada». Así bautiza Paul Virilio a este fenómeno contemporáneo de desintegración en las ciudades, «de yuxtaposición precaria de individuos solitarios y grupos difusos claramente inestables» (157-158).

Suburbios, barrios de tolerancia y barrios marginales, *home-lands* africanas, *inner-cities* inglesas, cinturones de miseria –la barraca, según Pasolini, constituye el paisaje universal–, condominios, zonas ajardinadas y privatopías: en medio de esos cotos resentidos que se vigilan mutuamente, la pertenencia es un concepto olvidado y caído para siempre en desuso. Las capitales contemporáneas no son sólo espacios agrestes y gélidos. Están además produciendo la curiosa especie de los emigrantes nativos, *extranjeros de aquí mismo* a quienes resulta imposible establecer un lazo de procedencia con la provincia natal.

El presente diagnóstico, válido para las urbes europeas, se cumple con igual acritud en sus hermanas de América. Éstas suman a lo anterior dolorosos matices. La inyección económica de los 50, que parecía iba a darles una distinta fisonomía, demostró su déficit en las décadas siguientes, dejando inacabados procesos y estímulos modernizadores. La ciudad universitaria en Caracas o la Torre Latinoamericana en México D.F. testimonian la inviabilidad de un desarrollo que, apenas iniciado, debió abandonarse a medias.

Ni anticuada del todo ni reciente, la ciudad americana crece de modo patológico, se desborda como un tumor. El colapso postmoderno del primer mundo le alcanza cuando ella anda todavía sumergida en la premodernidad y desencantada de cualquier despegue económico e ilusorio. Es más, en sus márgenes, dicho colapso ha ocurrido ya, se está viviendo permanentemente. Sería una tierra de nadie, un territorio «postapocalíptico o postcatastrófico» –el calificativo es de Robert Kurz–, puesto que habría soportado de antemano la decadencia occidental de los viejos contenidos y la defunción de los grandes relatos modernos. Desde esta perspectiva, Bolivia, Buenos Aires, Río, Santiago de Chile se nos presentan como adelantos proféticos del futuro que aguarda a barrios y moradas del mundo. Antes de haberse realizado modernamente, ya ellas están viviendo la desilusión general, la decepción presente respecto a todos los proyectos posibles de una desprestigiada modernidad[1].

---

[1] Para el colapso de los proyectos modernizadores en Latinoamérica, ver Schwartz, 1994. Para el término «postcatastrófico», aplicado a estos territorios, Kurz, 1991; Moreiras, 1990, 105-119. Es Beatriz Sarlo la que llama la atención sobre el grado de agresividad con que el debate entre post- y modernidad se produce en las urbes hispanoamericanas, dentro de su artículo «Modernidad y mezcla cultural» (1996, 183-195).

Como mucho, del progreso se sufren sus peores consecuencias, caos, ruido, polución, violencia, los síntomas de la ferocidad y el salvajismo en que devienen hombres sometidos a la férula de un presunto desarrollo. Esto es lo que hace de las ciudades espacios del terror y la desmesura, verdaderas capitales de la demencia.

De Perú habla con términos tan duros Sebastián Salazar Bondy, en el primero de una serie de ensayos diversos que, a lo largo del continente, recogen el estupor de una vida urbana degradada. La conciencia de que, heredera del burgo medieval, la ciudad en Latinoamérica crea sus propios laberintos y sus rituales del caos, origina una creación no fictiva, una prosa de reflexión llamada a señalar su enfermedad, trazar su diagnóstico y escuchar las jergas del siempre móvil lenguaje citadino. Podríamos conceptuar esta prosa una variante del pensamiento americanista, inscrita sin embargo en el territorio limitado de la urbe y tendente a analizarla desde una postura lúcida y pesimista: algo que Julio Ortega ha llamado una identidad del menoscabo, identidad en negativo, sentimiento de la minusvalía y de la propia impotencia[2].

De Murena a Monsiváis, de Elena Poniatowska a Severo Sarduy, escritos en varios países durante los sesenta, estos ensayos parecen especialmente sensibles al cambio de imagen que experimenta entonces un continente metamorfoseado de región joven y prometedora en subdesarrollada y carente. El retraso ya no se considera consecuencia lógica de una evolución venidera: es simplemente síntoma del estancamiento. Un cambio tan brutal en la concepción de lo americano tiñe la escritura que se le dirija de un cierto fatalismo, cuando no de una sólida y real desesperación.

Lima la horrible (1964), el título de Salazar Bondy que se ampara en un verso de César Moro, levantó ampollas en su momento, pese a decirse redactado desde el amor y la aflicción por una capital afantasmada, dormida en su pereza y en su ineficacia. Los limeños viven saturados de pretérito. Alienados por él, miran hacia atrás. Alimentan la falacia de un pasado noble que anula los intentos presentes y paraliza o contamina cualquier proyección de porvenir. Volcados hacia lo que hubo antes, no toman las riendas de su ahora.

---

[2] En efecto, Julio Ortega bautiza así, como identidad del menoscabo, la configurada por textos en los sesenta que indagan en los males americanos y los explican desde una condición de carencia (1997, 15-33). El cambio en la imagen americana, que transfiere el continente de joven en pobre y ancestralmente retrasado, aparece enunciado por Antonio Cândido (1972, 335-349).

La ciudad es el espacio de una extraviada nostalgia, la melancolía hacia una Arcadia colonial que nunca fue tal cosa, sino una época de agravios y de diferencias. Aun más, ese tiempo que se considera fundacional y primigenio lo era en realidad de privilegios, de castas, de abusos, de una sociedad escindida entre siervos y amos. A una exaltación tan ciega y tan patriotera, a una historia tan mendaz y manipulada Salazar Bondy la califica de contrabando, de verdadero secuestro nacional. El criollismo, el populismo, el perricholismo, el españolismo *tauromáquico y flamenco*, el prurito de antigüedad y de genealogía, la supuesta e invocada idiosincrasia peruana, las posturas conservadoras, el atraso industrial o universitario, las tradiciones de Ricardo Palma, hasta el estilo literario y la crónica periodista contribuyen a ello y son fórmulas encubiertas de lo mismo.

Nada puede hacer Lima para salir de su encantamiento: el pasado la anega, la embota, ocupa como un invasor *el corazón abúlico de sus gentes*. Y en síntesis, para Bondy, ahí radica la ambivalencia de la ciudad: hay usufructuarios de este sistema según el cual *el ayer* satura *el hoy* y combate toda tentación de *mañana*.

La ciudad –denuncia el ensayo– se vuelve criminalmente anacrónica. Para Luis Cardoza y Aragón, en cambio, el problema de Antigua Guatemala reside en que es arcaica: una antigualla y un remanente de viejos usos, donde el analfabetismo convive con la ostentación, el mendigo maya que se olvidó de morir con el automóvil de bencina. También la capital duerme «el sueño del embrión perenne», un letargo de linaje y de prosapia.

Pero hay algo entrañable y entrañado en el modo en que Cardoza y Aragón traza su retrato en títulos como *Dibujos de ciego* (1969). Porque si la ciudad es megalópolis, también es portal en penumbra, casa de la madre, cuarto de los niños, patio de los juegos. Su desproporción la faculta para estas coincidencias: Chichicastenango es macro y microcosmos, el reino extendido y la región de la infancia. Allí «recordamos nuestra vida y la vida»: ninguna se da sin la otra, lo general y común con lo íntimo y privado.

En los textos de Cardoza, la escritura urbana resulta autobiográfica, un relato personal y una experiencia intransferible. Por eso, llama a su ciudad «escenario para las primeras sensaciones», vasto *teatro fetal* de los primeros días, lugar de la memoria inicial y del recuerdo. Pasear por ella implica experimentar el asalto de imágenes anteriores, de impresiones previas que regresan al ritmo con que se anda el asfalto o se transitan las calles.

En general, los ensayos que estudian la urbe tienen este carácter reminiscente y suponen un verdadero recorrido mnemotécnico: la historia de cada uno se descifra a medida que se descifra su urbanismo. Hay lugares cargados de existencia propia y anterior.

Además, si podemos añadir otro dato, esta suerte de escritura se inscribe en la categoría discursiva de los mapas. Procede con el orden y el rigor de las cartografías y trabaja como una planta o un callejero cuyo despliegue fuese lineal y sintagmático o que hiciese de la gramática y del léxico su escala y su simbólica. Una plaza es quizá una frase, el icono de un monumento se sustituye con su nombre, la división en zonas organiza el párrafo con la eficacia pictográfica del cuadrante[3].

Carlos Monsiváis, por ejemplo, asume el caos del D.F. observándolo por barrios. Cada región posee un espíritu y suministra un rasgo del gran código morfosintáctico que es la urbe más poblada del planeta junto con Tokio.

En la colonia Roma está la sede de los que viven con pretensiones, los que buscan ascender pese a todo y contra todo. La Candelaria es, en cambio, la «corte de los Milagros, el refugio del lumpenproletariado y la villa miseria del hampa» con su conducta límite y su resistencia al orden. En La Lagunilla se enseña al mexicano a saber perder. Tepito funciona como «cementerio de ambiciones», donde cada quien se acuesta pobre y se levanta más pobre, donde se congrega una iconografía de «cobradores de camión, vendedores de paletas, raspados, taqueros ambulantes, muéganos, papas, [...] marquezotas, cirqueros con el insustituible oso vencido, damas de la madrugada que se disponen a insultarse al mediodía. Hasta hay quien vende botellas con aires encapsulados de Tepito» (1970, 283).

Los barrios, igual que sus gentes, se levantan unos contra otros. El espacio urbano hierve de larvadas luchas, de litigios domésticos que no se declaran. Monsiváis estudia estos enfrentamientos como quien trabaja con la dinámica de las placas tectónicas o la oposición de zonas verdes y zonas masificadas en las isobaras de un mapa sociológico. Está hablando de una guerra civil y de una dialéctica del enfrentamiento o de la supervivencia, en

---

[3] La consideración del discurso urbano como una forma lingüística de cartografía es especialmente fecundo en Louis Marin, «La ville dans sa carte et son portrait» (1994, 204-218).

tanto estructurantes de toda gran aglomeración contemporánea –la ciudad, en definitiva, como campo de batalla[4].

El estilo que para ello emplea es el de la descripción a ultranza. Sólo con descripciones se puede responder el cúmulo de «preguntas melodramáticas» que, según Monsiváis, la ciudad despierta[5]. Ella es el territorio del pormenor y del detalle: no cabe entonces ni la abstracción ni la ontología, ni la disquisición en torno a la identidad nacional o el estado de la raza. No cabe tampoco otra forma de ensayo que no sea el de la crónica de sucesos y el relato casi policial. La escritura se deshace en precisiones con el mismo prurito de exhaustividad que pretenden las cartas de navegante o los planos de un edificio. A Monsiváis le interesa definitivamente la casuística ciudadana. Cualquier intento de definición le parece falsificar la fenomenología del barrio, su nebulosa de hechos particulares y de modismos.

Pero la descripción, sin embargo, no es nunca neutra. Proponiendo un desplazamiento determinado por la ciudad y no otro, ofrece una estrategia espacial que ya implica un juicio o un criterio. Con eso, entraña una dimensión ideológica y una perspectiva muy localizada en los datos que prefiere transmitir y la orientación que elige para ello. Así, nada tiene que ver el mapa político y marxista que dibuja Juan José Sebreli en *Buenos Aires, vida cotidiana y alienación* (1965) con el arquitectónico itinerario de casas y recursos ornamentales que emprende Carpentier en *La ciudad de las columnas* (1970).

En este caso, la prosa se va deteniendo en cada una de las anécdotas puramente constructivas del morar cubano, en cada minucia de las mansiones, en el esplendor perdido y señorial con que se embellecen los palacetes de La Habana vieja. El recuento de rejas, vidrieras, mamparas, balcones, portafaroles, guardacantones, guardavecinos, arcos de medio punto, abani-

---

[4] Monsiváis detecta esta guerra interior en la vida de la Ciudad de México mucho antes de que lo enunciara Hans Magnus Enzensberger para el primer mundo en el polémico análisis *Perspectivas de guerra civil* (1993). También en este punto América parece adelantarse y realizar lo que será el destino posterior, común y europeo.

[5] «¿Qué es la ciudad de México? ¿Un complot, el bienaventurado cielo de la explosión demográfica, el fin de un país? ¿Es condena, expiación o rito iniciático que desemboca en la imposible madurez? ¿Es un largo y penoso viaje de la casa al trabajo y del trabajo a la disipación o la orgía hogareña frente a la TV o es la molestia disculpada ante las facilidades para el éxito? Ante ese cúmulo de preguntas melodramáticas, mi respuesta, de nuevo, es descriptiva» (Monsiváis, 1979, 312).

cos de cristal y columnatas reduce el ensayo a tratado de arte y a catálogo de posibilidades en el adorno de edificios.

De igual forma, nada se parece este registro básico y externo, este mapa-mapa, representación objetiva y nítida –donde columnas y fachadas sustituyen las voces sociales del texto de Monsiváis– al encuadre mítico y sacro que de la metrópolis latinoamericana intenta Héctor Murena hacia el año 69.

Imperio de lo utilitario y servil, la ciudad para este escritor argentino no se diferencia del desierto de los eremitas y patriarcas: una extensión yerma, cedida a los dominios del rédito, el rendimiento y el plutonismo. Todas las tentaciones del lucro y de la codicia asaltan en ese terreno que no produce sino intereses y usura. El reproche, que adquiere ribetes bíblicos, eleva el tono para denunciar la aceleración y la tecnocracia que convierten toda urbe en un peligrosísimo campo magnético. «Atrae hacia sí a millones de hombres con el espectro de la comodidad y la abundancia»[6]. A partir de ahí, los animaliza mediante la mecanización, los convierte en rehenes. Despierta en ellos espejismos, detiene y frustra la esperanza, favorece su contigüidad obscena, manosea y traiciona su amistad o su amor, desautoriza su lenguaje. La palabra urbana es ahora mercancía, otro objeto más de compraventa. El simple gesto de hablarse inicia el malentendido y el despropósito. Cada ciudad actual representa de nuevo la tragedia de Babel. En cada ciudad ocurre todos los días el fin de la comprensión y del mundo.

Hay, por tanto, en el circuito ciudadano un exceso de ruidos, de discursos publicistas e informativos –que en el lenguaje apostólico de Murena equivale a discursos inservibles– y no se da, en cambio, el verbo real, no se da el sustantivo que crea.

Frente a Roma y su origen sagrado, las urbes americanas carecen de sacralidad, porque carecen de nombre secreto. Éste, oculto para el vulgo, acompañaba en los ritos fundacionales los demás títulos impuestos a la población

---

[6] «En cien años la tecnocracia con aceleración creciente, cambió la faz de las ciudades. Si la ciudad se ha convertido en el irresistible punto magnético que atrae hacia sí a millones de hombres con el espectro de la comodidad y la abundancia, los animaliza mediante la mecanización y el dominio. Si favorece una contigüidad de apariencia protectora, en el fondo obscena, persiguió al amor que ha debido volverse furtivo. Si despierta pasajeras ilusiones, que se suceden una a otra, expulsó la esperanza. El nervio de la ciudad como reino del titanismo utilitario saltó a la vista en la plenitud de su realización. La ciudad como instrumento de tortura: lo útil como desgracia radical» (Murena, 1971, 259).

recién levantada y aseguraba su sentido. La antigua ciudad nacía así de un trazado altamente representativo, con una fuerte carga simbólica que compartían sus habitantes como un código trascendente común. Por eso se convertían en vecinos y ciudadanos del centro del mundo (Zolla, 167).

Pero en América –insiste Murena– los conquistadores no edificaban verdaderos asentamientos sino campamentos provisionales en medio de la pampa donde no pensaban permanecer. Sus fundaciones obvian el nombre secreto y adolecen, por ello, de una falta de significación, de santidad, de mito y de valores[7].

De acuerdo con esta hipótesis de Murena, todos los ensayos urbanos de la década estudiada perciben también una resta de algún tipo y un ausentarse la ciudad americana respecto a sí misma.

Esa carencia puede ser en efecto mítica –según un proceso secularizador que la convertiría en capital de una realidad sin dioses y sin misterio– o puede tener una naturaleza social –la desarmonía entre tribus que Monsiváis analiza no es sino el resultado de una imposibilidad de acuerdo y de pacto común–. En el texto de Salazar Bondy, Lima muere de nostalgia por una historia escamoteada. Lo que huye en Cardoza es, en cambio, la propia biografía. García Ponce cree que lo desaparecido de las ciudades no es sino su primer privilegio: la cultura misma que en ellas tenía origen se ha transformado en un conjunto de actos vacíos. En vez de territorios de creación, lo son de gestión y burocracia.

En cambio, para Carpentier, la carencia tendría su manifestación en un «estilo sin estilo», en una arquitectura sin orden y en un mal urbanismo, deliberadamente buscado. La distribución de las calles no pretende distribución en absoluto. Enredadas, trazadas sinuosamente, juegan al escondite con la luz y persiguen una disminución del sol. La Habana se descubre como una región negativa, no de luminosidad sino de regencia de la sombra y del claroscuro.

Enunciando así la falta, buscando sus razones, los ensayistas nombrados estarían tocando otro de los puntos neurálgicos en el habitar de las urbes. Tras la Revolución Industrial se insinúa en ellas una distinta forma de espacio que se caracteriza por no serlo.

---

[7] Ver el más crítico ensayo de Murena en esta dirección, llamado precisamente *El nombre secreto* (1967).

La ciudad americana sería así exponente del *no-lugar* postmoderno, territorio sin carácter, sin espíritu, territorio no vinculante ni fundador de comunidad, apenas un sitio de paso y de comercio, pululante de aeropuertos, estaciones de servicio, autopistas, vías rápidas, centros comerciales, paradas para repostar y bocas de metro: una región entonces para la funcionalidad y el intercambio.

Los viejos lugares antropológicos, es decir, los lugares de la identidad compartida y de la colectividad, dadores de valor, los lugares de «la propia casa», lo que llamaríamos la *morada* en su acepción más íntima, ceden su puesto –dentro de un proceso rapidísimo que estudia la reciente etnología de Marc Augé (1992) o de Michel de Certeau (1990)– ante el abrumador empuje de vacíos y puntos huecos, donde no se ofrece refugio al vivir colectivo y con significado.

Como vimos, sin embargo, las líneas de conducta de esta nueva espacialidad –despersonalización, anonimia y caos– habían sido detectadas para el ensayo urbano de los años sesenta en Hispanoamérica.

Realizando hasta sus últimas consecuencias este no-lugar de las relaciones humanas contemporáneas, con su política de carencias históricas, arquitectónicas, éticas, con su ramillete de minusvalías, la urbe latinoamericana se perfila tristemente actual. Por una vez, precede a otros enclaves del planeta y se ofrece ante ellos como su futuro inmediato: laberinto, ciudad e infierno, penosamente adelantándose a sí misma.

BIBLIOGRAFÍA

Augé, Marc. *Non-lieux. Introduction à une anthropologie de la surmodernité.* Paris: Seuil, 1992.
— *Le temps en ruines.* Paris: Galilée, 2003.
Cândido, Antonio. «Literatura y subdesarrollo», *América Latina en su literatura.* César Fernández Moreno (ed.). México D.F.: Siglo XXI, 1972, 335-349.
Cardoza y Aragón, Luis. *Dibujos de ciego.* México D.F.: Siglo XXI, 1969.
Carpentier, Alejo. *La ciudad de las columnas.* 2ª ed. La Habana: Editorial Letras Cubanas, 1982.
Certeau, Michel de. *L'ínvention du quotidien, 1. Arts de faire.* Paris: Gallimard, 1990.
Enzensberger, Hans Magnus. *Aussichten auf den Bürgerkrieg.* Frankfurt a.M.: Suhrkamp Verlag, 1993.

García Ponce, Juan. «De la ausencia», *Desconsideraciones*. México D.F.: Joaquín Mortiz, 1968.

Kurz, Robert. *Der Kollaps der Moderniserung*. Frankfurt a.M.: Eichborn, 1991.

Marin, Louis. «La ville dans sa carte et son portrait», *De la représentation*. Paris: Gallimard/Seuil, 1994, 204-218.

Monsiváis, Carlos. «Tepito como leyenda», *Días de guardar*. México D.F.: Ediciones Era, 1970.

— «El gran púas de la cultura mexicana es un gato tierno y trabajador», *Cartas marcadas*. Margarita García Flores (ed.). México D.F.: Universidad Autónoma de México, 1979, 312.

Moreiras, Alberto. «Transculturación y pérdida de sentido: el diseño de la postmodernidad en América Latina», *Nuevo texto Crítico,* 3,1990, 105-119.

Murena, Héctor A. *El nombre secreto*. Caracas: Monte Ávila Editores, 1967.

— «Visiones de Babel», *La cárcel de la mente*. Buenos Aires: Emecé, 1971.

Ortega, Julio. «Identidad y postmodernidad en América Latina», *El principio radical de lo nuevo. Postmodernidad, identidad y novela en América Latina*. México D.F.: Fondo de Cultura Económica, 1997, 15-33.

Ruby, Christian. *L'art public. Un art de vivre la ville*. Bruxelles: La lettre volée, 2001.

Salazar Bondy, Sebastián. *Lima la horrible*. México D.F.: Ediciones Era, 1964.

Sarlo, Beatriz. «Modernidad y mezcla cultural», *Buenos Aires, 1880-1930. La capital de un imperio imaginario*. Horacio Vázquez-Rial (ed.). Madrid: Alianza Editorial, 1996, 183-195.

Schwartz, Roberto. «La referencia nacional: ¿olvidarla o criticarla?», *Las culturas del fin de siglo en América Latina,* Josefina Ludmer (ed.). Buenos Aires: Beatriz Viterbo, 1994.

Virilio, Paul. «Mañana el fuego», *Un paisaje de acontecimientos*. Barcelona: Paidós, 1997.

Zolla, Elémire. *Che cos'è la tradizione*. Milano: Adelphi, 1998.

Vistas de ciudad moderna en la literatura venezolana. Presencias en dos novelas de Miguel Otero Silva[1]

Meridalba Muñoz Bravo y *Arturo Almandoz Marte*

Introducción

En la imperiosa necesidad de reescribir las historias de las ciudades, revisando antiguas versiones generales y sesgadas por visiones estrictamente disciplinares y por tanto incompletas, las miradas transversales cumplen un rol fundamental. Acudir a la literatura como instrumento para indagar verdades sobre la ciudad, se convierte, entonces, en una de las alternativas para descifrar los difíciles cambios de la compleja estructura urbana.

En un contexto como el de Venezuela, en el que la ciudad se ha extendido como un magma violento, encontrar las claves de su conformación es tarea compleja; máxime aún cuando vemos que su propia morfología revela una condición de construcción detenida o, más bien, de perenne construcción. Esa condición metamórfica –cambiante–, es aplicable a cualquier ciudad del mundo con mayor o menor intensidad, aunque en las nuestras, dicha transformación va de la mano de una in-conclusión también permanente. La razón fundamental de este «mientras tanto» de la ciudad moderna venezolana, tiene que ver con la irrupción violenta en Venezuela de un cambio económico y de una asunción a-crítica de las maneras de los países más desarrollados, ávidos del *stercus demonis* que brotaba espontáneamente en nuestras tierras[2] sin que aquéllas se adecua-

---

[1] Una primera versión de este texto fue presentada por Meridalba Muñoz Bravo y Arturo Almandoz Marte en el XXIX Simposio de docentes e investigadores de la literatura venezolana. Caracas, octubre de 2003.

[2] La presencia del petróleo en nuestro país se remonta a la época prehispánica y la primera exportación del mismo a los orígenes de la colonia. El cronista de la Venezuela «española» Gonzalo Fernández de Oviedo y Valdés reseña que para la primera mitad del siglo XVI, la Reina de España había ordenado que en todos los navíos que partieran de la isla de Cubagua, debía enviársele «del aceite petróleo» para aliviar la gota de su hijo Carlos V (*Diccionario de Historia de Venezuela*, 231).

ran a las condiciones particulares del país. Provisionalidad convertida en sino o estigma.

Aceptando que responsabilizar al petróleo como causa de todos los cambios, ha resultado cómodo y ha servido para explicar las transformaciones urbanas[3], es indiscutible, sin embargo, que el violento crecimiento económico del país operado hacia los años 40 se basó en la sustitución del énfasis productivo agrícola por el de los hidrocarburos, y que lo anterior condicionó la conversión en urbano de un país cuya población rural era de casi el ochenta por ciento en 1920 (Baptista, 29). Además de poner su acento en la capital como centro administrativo, tal conversión se produjo de forma violenta y sin que el propio país estuviese preparado para enfrentarlo. Este desajuste lo confirman las atribuciones que se tomaron las empresas petroleras extranjeras, al establecer casi de forma unívoca las condiciones según las cuales se daría la explotación, y en las que ellas resultaban las principales beneficiarias. La burguesía venezolana se constituyó en una suerte de intermediario ante el gobierno del país, al facilitar a las empresas extranjeras los mecanismos para las concesiones[4].

Es suficientemente conocido que desde la segunda década del siglo XX, cuando la eclosión petrolera comienza a tener impacto en la economía venezolana, se acelera el abandono del campo y de las actividades agrícolas. El atractivo de la nueva actividad empleadora se ofrecía como una alternativa ante el estado de deterioro que padecían muchas pequeñas ciudades debido a las fiebres palúdicas, al primitivismo de muchas comunidades y a la desatención que sufrían por parte del gobierno. La migración del campo a la

---

[3] El petróleo, atractivo principal para las empresas extranjeras, desplaza violentamente a la agricultura como fuente de ingresos para el país y se opera un crecimiento indiscutible tanto poblacional como físico de sus ciudades. Marco Negrón insiste en aclarar el equívoco que a su juicio se ha sostenido sobre la responsabilidad de tal crecimiento por la dependencia petrolera de la economía venezolana, y que como consecuencia del «estiércol del demonio» el país fue condenado a la macrocefalia y a que sucumbieran las pequeñas ciudades prósperas de ayer. Señala que el mayor crecimiento demográfico de la capital respecto a las ciudades de provincia ha sido un hecho constante en nuestro país, no dependiente del cambio de vocación productiva, e intenta demostrar a través de sus análisis estadísticos el hecho de que incluso en la segunda mitad del siglo XX el aparente mayor crecimiento de la ciudad capital haya sido superado por otros centros urbanos (Negrón, 2001, 154).

[4] Sobre esta condición de cedentes e intermediarios de los nacionales frente a las empresas extranjeras ver Vallenilla (43) y Araujo (247).

ciudad constituyó entonces un capítulo dramático de nuestra geografía física y humana. A los golondrinos del campo se suma el importante contingente de europeos que huyen de los rigores de las guerras internas de y entre sus países; y mientras a inicios del siglo XX, el urbanismo se ha consolidado como práctica autónoma en Europa y los EE.UU., Venezuela vive esa eclosión petrolera con un urbanismo incipiente.

A pesar del reclamo constante de una necesaria inmigración, del que se hicieron eco escritores y políticos desde mediados del siglo XIX, y de las iniciativas que en torno a ello se impulsaron, la masiva llegada de naturales y extranjeros a las ciudades cayó como por sorpresa; no fue, entonces, el crecimiento de la ciudad venezolana un hecho previsto, ni medianamente planificado; ni siquiera fue producto de una intensa industrialización; fue, en todo caso, el resultado de una detonación inesperada. Los principales centros administrativos concentraron la mayor oferta de servicios y empleos, lo que explica el que se haya operado en ellos el aumento en los índices de urbanización y la mayor concentración demográfica del país, quedando el espacio rural sumergido en un fatal abandono.

Todos esos que representaron para el país una suerte de nuevo nacimiento –revolución para algunos estudiosos–, fueron registrados por nuestros escritores. La literatura, y dentro de ella con más fuerza la novela, se constituyó en el más expresivo y apasionado de los registros, verdadero documento histórico, dado el marcado realismo que de ella emana, y pieza fundamental en nuestra investigación dado el retraso en la aparición de literatura especializada y en la conformación de una cultura urbana. La ausencia de una cultura de la vida ciudadana tiene una responsabilidad ineludible en el discrepante crecimiento social y urbano de nuestras ciudades (Almandoz, 2000).

TRES PAISAJES

La literatura que, sobre todo en el contexto europeo, fue co-constructora del mito de lo urbano, no parece haber podido en el caso venezolano anticiparse, ni actuar como ideóloga de un proyecto de desarrollo de la ciudad. Asumió un rol más bien crítico de la realidad surgida como consecuencia de ese desbordamiento urbano. Desde fines del siglo XIX, en el marco de las transformaciones del hacer literario en su pugna por la autonomía disciplinar[5], sumada a la interna venezolana en su búsqueda de una definición de lo propio, de lo nacional, nuestros escritores transitaron temas comunes, y ello nos permite distinguir tres «paisajes» fundamentales, recreados en la mayoría de las novelas de la primera mitad del siglo XX: el campo, la ciudad y la «ciudad del petróleo». Siendo todos expresión de una realidad común, es frecuente encontrarlos coexistiendo en algunas de las novelas. Sin pretensión de establecer clasificaciones, que además de encasillar y condicionar posibles otras lecturas, y que por reduccionistas serían erróneas, intentaremos reunir algunas de las novelas más emblemáticas que comparten una cierta visión, o al menos abordan un tema similar, a objeto de ilustrar esos «paisajes» referidos.

Una vertiente la constituyen las novelas que recrean un cierto pugilato entre lo rural y lo urbano, desestimando en ocasiones la forma de la ciudad y privilegiando la naturaleza; humanizándola y a la vez impregnando de caracteres y simbolismo a los «actores» de la misma. Literatura que hurga incisivamente al interior de la realidad venezolana, y que trascendiendo la mirada contemplativa de los primeros costumbristas, reconoce finalmente que la construcción del país sólo será posible tomando en cuenta ese campo, salvaje y miserable, pero alternativo al desamparo y al encandilamiento petrolero. Esta literatura se aproxima a un país incauto y primitivo todavía, el de la miseria y la dictadura; el del costumbrismo y la ingenuidad, y con un indiscutible aliento ideológico, busca orientar el camino –muchas veces predicado por Quijotes–: *La casa de los Abila* (1921), *Doña Bárbara* (1929), *Sobre la Misma Tierra* (1943), *Casandra* (1957), *Borburata* (1960), *La Trepadora* (1925), entre otras.

Otra mirada es la del desencanto, de la ironía, de la impotencia. Son las novelas que se muestran hostiles ante la confusión social imperante; bien sea previa a la irrupción petrolera, o bien, observadora de la mutación que esta última opera en la sociedad venezolana. No ve en el entorno rural la cristalización de los sueños, ni en la ciudad emergente el paraíso prometido. Mucha de esta literatura aspira a la preeminencia de la sociedad tradicional (oligarquía/burguesía), y ve en ella el único camino para aproximarse a realidades urbanas más seductoras, más cercanas a los ejemplos paradigmáticos; o bien reclama el glorioso pasado de la urbe republicana de fines del

---

[5] Sobre la autodeterminación a la que la literatura se vio compelida por los procesos de especialización propios de la sociedad industrializada, ver Ramos (50-112).

XIX, devota del discurso europeo: *Ídolos rotos* (1901), *Sangre Patricia* (1902), *El hombre de hierro* (1907), *El doctor Bebé* (1913), *La casa de los Abila, Ifigenia* (1924), *Ana Isabel, una niña decente* (1949). Otras novelas, aunque muy críticas, se muestran más optimistas: *Los Riberas* (1957) por ejemplo, más que un cuestionamiento de la ciudad, increpa a una sociedad que califica de servil y corrupta, y a la que opone una joven y esperanzadora conciencia crítica[6]; *Casas muertas* (1955) por su parte, sin abogar por un retorno al pasado, alude al sueño de un nuevo nacimiento.

Otra vertiente, igualmente ejemplar, ejerciendo una suerte de eslabón con la literatura contemporánea, es la que cuestiona la ciudad que nace enferma, el caos urbano; sin atisbo de romanticismos provincianos. Es la literatura del juicio político, de la conciencia crítica de una transformación soñada pero fracasada, de una ciudad moderna que no se corresponde con una modernidad social; es la del «crecimiento sin desarrollo», la de la «ciudad del petróleo». Son estas novelas las que esbozan más claramente las contradicciones de la ciudad moderna emergente: *Mene* (1933), *Mancha de aceite* (1935)[7], *Casandra* (1957), *Oficina Nº 1* (1961). Algunas pinceladas aparecen en novelas como *Ifigenia*, o *Los Riberas*, sobre todo en sus descripciones de los miserables y caóticos barrios pobres que el viajero se encontraba a su entrada a la gran ciudad.

Una primera hipótesis, entonces, es la de que la construcción literaria de la ciudad moderna venezolana es una consecuencia de la propia emersión de lo urbano, y como se dijo anteriormente, la misma está signada por un sentimiento de rechazo por aquella agobiante realidad que se cierne sobre un país sorprendido, o quizás, desprevenido.

VISIONES DE UN NOVELISTA: MIGUEL OTERO SILVA

La novelística de Miguel Otero Silva (1908-1985) –versátil hombre de letras en sus distintas vertientes de periodista, escritor, humorista, y político–,

---

[6] La figura de Vicente Alejo, hijo del protagonista y joven conciencia en la que germina un posible futuro mejor.

[7] Esta novela, escrita por el colombiano César Uribe Piedrahita, recrea el entorno físico del occidente venezolano en los jóvenes campos petroleros de Zulia y Falcón, a partir de la experiencia del escritor cuando se desempeñó allí como médico.

representa un apartado por demás destacado y valioso, en tanto recoge una visión amplia de la realidad venezolana en ese tiempo de tan agudos cambios y contrastes. *Novelista tarado de periodismo* como él se auto-definía, su obra ofrece la certidumbre histórica cifrada en la investigación como mecanismo de fundamentación de sus escritos (Sanoja, 1998, 7). Sus novelas hablan igualmente de la muerte de la ciudad tradicional, o del nacimiento de nuevos pueblos; de la emergencia petrolera y de las crisis políticas. *Fiebre* (1929)[8], *Casas muertas* (1955), *Oficina Nº 1* (1961), *La muerte de Honorio* (1963) y *Cuando quiero llorar no lloro* (1970) coinciden todas en ser una suerte de boceto de la realidad venezolana desde la dictadura gomecista, cruel y cristalizadora del atraso, a la Venezuela de los grandes contrastes, la del auge petrolero, la de la guerrilla urbana; en fin, un recuento de la historia del país que al autor correspondió vivir.

En dos de estas novelas: *Casas muertas* y *Oficina Nº 1*, escenificadas en la Venezuela de los años gomecistas, e inmediatos a la muerte del dictador en 1935, enmarcadas más claramente en esa dialéctica entre vida y muerte, como lo señalara Orlando Araujo, laten imágenes, datos, trazos, de ese instante dramático y voraz de la transición del pueblo tradicional a la nueva ciudad «moderna». Será entonces ese umbral o frontera, el hilo estructurador de esta aproximación.

LA DIALÉCTICA VIDA-MUERTE EN *CASAS MUERTAS*

En *Casas muertas* Otero Silva acude al estilo de la literatura regionalista como instrumento para exacerbar una imagen de muerte y desolación en las entrañas venezolanas. Ya Orlando Araujo validó su elección de estilo como acorde con la decadencia de que tales paisajes son objeto. «Miguel Otero Silva [...] para reflejar una realidad agonizante escogió un modelo moribundo» (Araujo, 1988, 139). Aunque sin pesimismo, intenta el escritor mostrar la materialización del fin, la muerte expresada en la degeneración lenta e implacable de las casas, calles y plazas de un pueblo: Ortiz –pueblo agrícola en decadencia–; imagen erigida en símbolo que centra en un poblado

---

[8] Aunque la novela fue escrita en 1929, sólo fue publicada en 1939 cuando ya la dictadura gomecista había terminado.

desahuciado o en un personaje moribundo la imagen del acabamiento final, del más amplio *derrumbamiento* de la provincia latinoamericana (Almandoz, 2001, 51). El comienzo mismo de la novela ejemplifica la desolación, al tomar el entierro de Sebastián[9] –principio y fin de la novela–, junto a la imagen propia de Ortiz, como la representación de un pueblo que agoniza, que se sumerge en el pasado a la espera de la muerte. Habitantes de pueblos desdeñados transformados en espectros; imágenes fantasmagóricas de la nostalgia por un ayer lleno de vida.

> [...] Una casa muerta, entre mil casas muertas, mascullando el mensaje desesperado de una época desaparecida [...]. Nunca, en ningún sitio, se vivió del pasado como en aquel pueblo del Llano. Hacia delante no esperaba sino la fiebre, la muerte y el gamelote del cementerio. Hacia atrás era diferente [...] (2000, 34).

Esta brevísima novela recoge a casi todos los personajes del pueblo. Desde el cura y el jefe civil, constantes en la novelística de principios del siglo XX, la pequeña clase media, los intelectuales y pensadores, la gente común del pueblo, hasta los inmigrantes extranjeros, atraídos por la esperanza que despierta el hecho de «estar todo por hacerse»[10]. Un apartado breve por su reducida presencia directa, aunque posible excusa para desencadenar emociones, lo tienen los estudiantes presos. El paso circunstancial de estos jóvenes por el pueblo de Ortiz, lugar ajeno para la mayoría, sirve para subrayar el grado de aislamiento en el que se vivía en los pueblos de la provincia respecto al centro administrativo del país[11]. En su afán por recoger en una sola obra tanta diversidad de temas, la inclusión de los estudiantes que son conducidos por la policía del régimen a los trabajos forzados en Palenque –lugar tan remoto como esos mismos pueblos del interior–, luce

---

[9] Símbolo de fuerza, arrojo y voluntad, el novio de la protagonista, Carmen Rosa, es, también, un recurso elegido por el escritor para encarnar los sueños de lucha y la rebeldía de los jóvenes estudiantes universitarios.

[10] Optimismo del extranjero ante la oportunidad de un «escenario» prácticamente virgen. Para 1930, apenas el diecisiete por ciento de la población venezolana se localizaba en centros poblados de más de 2.500 habitantes.

[11] Especie de paréntesis, recordatorio del papel fundamental desempeñado por esos jóvenes en las primeras décadas del siglo, el tema le permite nuevamente un instante autobiográfico. Otero Silva, el estudiante conspirador y perseguido del régimen gomecista, el actor político.

como algo marginal a la obra. El recuerdo de esa juventud idealista y luchadora, de la que él formó parte y a la que ya retrató en *Fiebre*; y más aún, la fe y la demanda de una acción más comprometida por parte de la generación que les seguía, explicaría esa pincelada de los estudiantes, obedeciendo a su intención de trocar el ingenuo optimismo de la protagonista –Carmen Rosa– en pasión e idealismo. La trama, sin embargo, queda irresuelta; salvo el ímpetu de Sebastián, poca trascendencia pareció haber tenido dicho acontecimiento en los pobladores de Ortiz, sumado a la prematura muerte de éste, su más ferviente defensor. ¿Expresión de la propia frustración del escritor, o intención suya de confirmar la suspensión de la energía vital en los pobladores de Ortiz?

La polarización de los elementos protagónicos: vida y muerte, nobleza y vileza, buenos y malos, suprime matices en las historias que allí se narran y radicaliza las posturas. Esta posición, común en sus novelas de más franco sabor político: *Fiebre*, *La muerte de Honorio*, *Cuando quiero llorar no lloro*, y calificada de maniquea y oportunista por Mario Szichman (62), puede, sin embargo, explicarse por la impotencia y frustración experimentada por los jóvenes estudiantes durante la prolongada dictadura de Juan Vicente Gómez, y la necesidad de Otero Silva de reivindicar sus luchas. Puede también entenderse como una consigna, la de prohibir el olvido. Olvido y abandono que eran, sin embargo, lo que predominaba en esas casas muertas diseminadas en el interior del país, en las que, en el decir de Orlando Araujo, *vegetaba* una buena parte de la población venezolana (1988, 139).

Trasponer el umbral de lo autorreferencial, de lo limitado y moribundo exigía cambios sustanciales, que en el orden físico no parecían encontrar posibilidad en el viejo pueblo de Ortiz. A pesar del bastión siempre firme de la protagonista, el resto de personajes no parecían superar la frustración y el desencanto. La muerte de la Venezuela agrícola –del campo–, y el tácito deseo de la muerte de la Venezuela clasista no permitían postular un renacimiento. Sólo quedaban algunas ocasionales referencias a la firmeza de valores pasados. Aludiendo a la iglesia, escribe Otero Silva:

[...] sólido templo en construcción que en construcción quedóse para siempre (2000, 35).
[...] Es cierto que nunca concluyeron la construcción, pero la parte levantada era sólida y hermosa, no enclenque y remilgada capillita a merced del viento y del aguacero, sino robusto templo (2000, 56).

Paradójicamente, ante aquella solidez y firmeza pretendida en un tiempo histórico más reposado y lento, en el vértigo de las primeras décadas del XX resulta fundamental esta idea de la in-conclusión, de lo provisional, del *mientras tanto*. El proyecto inconcluso no ha sido sólo la modernidad, es la historia de «reiterados incumplimientos», como lo señala Julio Ortega (1998) citando a Agnes Heller. Sin embargo esa supuesta modernidad que arriba a nuestro país es fuerza implacable, constructora y destructora al mismo tiempo, estallido nuclear en tanto fuerza y en cuanto núcleo. A la voracidad de la «modernidad» violenta e impuesta, se suma el carácter centralizador, que expone a los principales centros urbanos a un vértigo irreflexivo, y a la periferia, en cuando receptora de una onda expansiva siempre matizada y ralentizada, al remedo, a la in-conclusión. Quizás para Otero Silva el cambio profundo requerido sólo era posible a partir de la muerte definitiva del pueblo.

Como contrapunto surge Carmen Rosa, una joven inteligente, hija de buena familia, que reparte su historia entre el amor a Sebastián y su curiosidad infinita, satisfecha fundamentalmente en la escuela. La resistencia al acabamiento final, la necesidad de un nuevo nacimiento –que no es renacimiento–, germinó en Carmen Rosa y permitió exorcizar aquel decreto de muerte. La escuela, ventana al conocimiento, y su baluarte, la maestra Berenice, representaron para la protagonista el umbral a lo infinito, agua fresca para su sed de conocer.

La escuela, la única escuela, funcionaba en el corredor de la casa de la maestra. Apenas unos «largos bancos sin espaldar» y una veintena de alumnas, casi todas mal nutridas, ausentes, ajenas al horizonte que allí modestamente se ofrecía a sus disminuidos entendimientos:

[...] Aspiraban todos a pasar al quinto grado... Con anquilostomas, con paludismo, con miseria, con olvido, no era posible que aquel puñado de rapaces infelices aprendiera lo suficiente para aprobar un examen que iba a cumplirse de acuerdo con las sinopsis elaboradas en Caracas para niños sanos y bien nutridos (2000, 52-53)[12].

---

[12] El escritor, periodista ante todo, denuncia a través de la desilusión de la protagonista, la imposición que la capital hacía de sus programas y exigencias, aún cuando no suministraba a la provincia las herramientas para garantizar una buena educación. En un estado fuertemente centralista, como el que caracterizó la Venezuela de hasta bien entrada la segunda

Cuántas orticeñas, hijas de familias influyentes, habían sido educadas en la capital, aprendido francés y piano. Pero la muerte de Ortiz había sido decretada; la llegada de la peste, de las enfermedades, las oleaginosas emanaciones en otros lugares, le condujeron inexorablemente a la parálisis. Tal como la novela lo refleja, la frustración de Carmen Rosa ante la imposibilidad de que se ofertara el quinto grado en el pueblo, dado que sólo ella consiguió aprobar el nivel anterior, muestra que la posibilidad de que los niños venezolanos soñaran mejores tiempos, chocaba en la realidad con las profundas limitaciones y desatención de que era objeto la educación en la provincia. De acuerdo a los datos del Ministerio de Fomento, aún para 1950, el índice de analfabetismo era de un 67,7% en el ámbito rural y de un 29,2% en el urbano.

> Señorita Berenice, ¿a qué distancia de nosotros queda la estrella más lejana? (2000, 52).

Pero insiste Otero Silva en la niña soñadora, la que florece en medio de un pueblo agonizante, con hierbas abriéndose paso entre las grietas de las calles, con casas en tránsito de desplomarse; con algún muro que se conserva enhiesto como desafiando a la implacable muerte, con esqueletos exhibiendo las entrañas del desahucio. Pero encarna Carmen Rosa la esperanza, el anhelo de «reedificar [...] una imagen viva de la ciudad muerta». En la mente de Carmen Rosa, ese *personaje excelente* que tan insistentemente exaltaran Paz Castillo y Orlando Araujo, la evocada no es propiamente la ciudad antigua, sino una nueva construida de la conjunción de algunos retazos de Ortiz, rememorados por el señor Cartaya y de la fresca e inquieta imaginación de la optimista jovencita.

La imperiosa necesidad de construir una nueva prosperidad, propia, arraigada en los hombres, en la tierra, en las aspiraciones; trocar en optimismo nostalgia y melancolía:

> –Y cuando se acaba un pueblo, Olegario, ¿no nace otro distinto, en otra parte? Así pasa con la gente, con los animales, con las matas.

---

mitad del XX, no resultaba extraño que la capital extendiera sus propios modelos a realidades provincianas diferentes; poco más o menos lo que sucedía con la irrupción de nuevas formas urbanas des-adaptadas.

–Y también con los pueblos, niña. He oído decir a los camioneros que, mientras Ortiz se acaba, mientras Parapara se acaba, en otros sitios están fundando pueblos.

[...]

–Debe ser maravilloso, Olegario. Ir levantando la casa con las propias manos en medio de una sabana donde solamente hay tres casas más, que mañana serán cinco, pasado mañana diez y después un pueblo entero [...]. No como esto, Olegario, de ver caerse todo. Cada día una casa menos, un techo más en el suelo. ¿Queda muy lejos el petróleo, Olegario? (2000, 120-121).

La suya es la imagen de quien se niega a vivir de los recuerdos, que no se doblega, y huye, escapa de la fatal degradación de su pueblo. Aquel árbol asomando sus ramas por entre las ventanas ruinosas de la casa de los Vargas: «...el interior derrumbado explicaba la fuga del árbol, su atormentado afán de escapar de aquella desolación». La plenitud de la protagonista al escuchar los relatos sobre el esplendor del Ortiz de otros tiempos, poco o nada tiene que ver con la resignación y el autismo en el que se sumen muchos habitantes de esos pueblos fantasmas. Muestra Carmen Rosa una imagen esperanzada; la de quienes entienden los valores tradicionales como consustanciales con el bienestar y el progreso, entendido este último no en la aceptación irrestricta del pueblo irracional que emerge tras la negra sierpe que brota de la tierra, sino en la conciliación del pasado y el presente, en la ciudad que tiene tiempo de echar raíces.

No busca este personaje la salida fácil, huye porque lamentablemente en aquel tiempo, permanecer en Ortiz, es decir, en cualquier pueblo sin petróleo o alejado de la capital, significaba arriesgarse a vegetar o morir. Huye, pero lo hace sin nostalgia, llevando como equipaje los recuerdos de un pueblo que ella no conoció, sino que imaginó y que construyó en sus fantasías cuando veía pasar los camiones llenos de gente que iban a fundar pueblos.

No hay capitulación ante el fantasma de la muerte. Es una invitación simulada a buscar nuevos caminos en un orden también nuevo: el de una modernidad necesaria y propia. No pareció haber en su búsqueda de salvación, espacio para la regeneración del campo. Había que salvarse de la hecatombe, lo importante era salir con vida, los proyectos, de ser posible, vendrían después. Nos conduciría esto a pensar en el interés del escritor por conciliar el inminente nacimiento simbolizado en la partida de Carmen Rosa y la pervivencia de ciertos valores tradicionales, sin embargo, la trama de su siguiente novela, indiscutiblemente entrelazada con *Casas muertas*, no parece revelar la consecución de esa armonía.

Del «acostumbramiento» en *Oficina N° 1*[13]

Para *Oficina N° 1*, a la que el mismo Otero Silva gustaba llamar «Casas mal nacidas», adopta una estructura igualmente capitular, como en *Casas muertas*, aunque a manera de pequeñas historias independientes, que brotan todas de una raíz común[14]. Historias de muerte y nacimiento de pueblos, de hombres que vienen y van, sin pertenecer, sin enraizar. En esta novela, sigue siendo Carmen Rosa, aquel personaje central de *Casas muertas*[15], quien lidera la acción narrada.

Como un manifiesto de confianza en lo porvenir y sin mirar los despojos de pueblo que quedaban atrás, Carmen Rosa, materialización de los ideales del propio escritor, se encamina a un futuro incierto llevando consigo su historia, sus esperanzas y unas pocas mercancías para vender. La principal virtud de ese futuro incierto era la de la promesa de nacimiento, en oposición al ocaso y la muerte precedentes. Razón había en su lógica infantil: tras el pueblo que se acaba viene otro nuevo y distinto, «como pasa con la gente, con los animales, con las matas». El nacimiento se estaba operando ya en ese homólogo eje levante-poniente[16], que recorría la geografía venezolana en sus estados más caribeños. A mitad del camino la capital, sin petróleo pero con el control.

A un lugar anónimo arriban las esperanzas de bienestar. El capataz de la empresa petrolera, Luciano Millán, viéndoles sus pocos aperos y el rostro de quien anhela llegar a algún lugar, les invita a establecerse:

---

[13] Todas las citas referentes a la novela *Oficina N° 1*, son extraídas de la edición del año 1996 de CMR, Producciones Culturales. Detrás de cada cita y entre paréntesis, aparecerá el número del capítulo al que corresponde.

[14] Estructura de núcleos irradiantes (Araujo, 1988).

[15] «Personaje estructura», de esta manera ha sido definida por los estudiosos de Otero Silva. Carmen Rosa sirve al autor para vertebrar esa historia del país que ofrece Otero Silva en las dos novelas referidas.

[16] Con apenas un año de diferencia se perforan los dos primeros pozos petroleros en el país: Mene Grande (1913) en occidente y Campo Guanoco (1914) en oriente. El petróleo ya se comercializaba en Venezuela desde finales del siglo XIX, gracias a los rezumaderos que manaban espontáneamente en distintas regiones.

–También pueden quedarse aquí y montar una tienda que nos hace falta. En mi opinión tendremos trabajo y gente por largo tiempo en esta meseta.

–¿Quedarnos aquí? –Y Carmen Rosa extendió la mano hacia la sabana despoblada–, ¿dónde? (1996, 9).

Faltaban entonces el cura, el jefe civil; no había pequeña burguesía, ni intelectuales, ni estudiantes... incluso casi ni casas. Esta virginidad del espacio confería a los pocos arriesgados un cierto aire de colonizadores. Así fue fraguando el pueblo, con las interminables idas y venidas de inmigrantes nativos o extranjeros, siguiendo el ojo hipnótico del nuevo Dorado: el Oro Negro.

Las casas nacían sin plan ni concierto, una aquí, otra cincuenta metros más allá... Solamente los margariteños se pusieron de acuerdo para levantar seis ranchos en fila, como embrión de la calle Nueva Esparta. Los demás no pensaron nunca que aquel campamento desordenado pudiera llegar a ser una cosa diferente a lo que era en aquel momento: un puñado de techos de palma aventados al azar sobre la sabana, en espera de que surgiera el petróleo y se los tragase (1996, 29).

Para acentuar aún más esa provisionalidad y espontaneidad del asentamiento, se apoya Otero Silva en las «cayapas» nocturnas de quienes desobedecían la norma impuesta por el comisario:

–A partir de hoy nadie podrá levantar un rancho en esta sabana sin permiso de la autoridad, que soy yo.
[...] Y siguieron despuntando en cualquier sitio ranchos desgaritados. Pero eso sí, ahora los construían a media noche (1996, 30).

Así nació y así creció el poblado. Así nacían y crecían casi todos los poblados petroleros por el orbe. Ello queda testimoniado en películas como *Giant*, basada en la novela homónima de Edna Ferber[17], o en textos como *Ciudad violenta* del escritor norteamericano James Mayer (Jim) Thompson (1906-1977), en el que refiere los poblados surgidos en tierras tejanas:

---

[17] Novela escrita en 1952. La película fue filmada en 1955 y contó con Liz Taylor, Rock Hudson y James Dean como protagonistas.

[...] Sobre un armazón elemental se colocaba una tela de arpillera que se impermeabilizaba con alquitrán. Y en aquella jungla improvisada, corroídas por el sulfuro y los vapores cáusticos, las cabañas se extendían por la pradera en todas direcciones, colándose y metiéndose en el bosque de torres petrolíferas (8).

Oficina N° 1 siguió recibiendo gente, a fin de cuentas para los empresarios del petróleo aquello no era un pueblo, mucho menos una ciudad, eran sólo los barracones de unos cuantos miserables que acudían buscando remediar su pobreza, u otros, ávidos de enriquecerse rápidamente.

Aquella esperanza de salvación, que movió a Carmen Rosa a abandonar el moribundo pueblo de Ortiz la condujo a ese espacio incierto de la nueva construcción, en la que, necesario es recordarlo, a una Venezuela productora, sucedió una dispensadora de productos. Y vemos en la novela a la terciarización como la reificación o triste cosificación de un sueño de vida. Son pueblos que nacen enfermos, y que sufren parecida suerte a Ortiz, aquel pueblo que murió de mengua y del que escapó Carmen Rosa. Casas mal nacidas que se llevan consigo el espíritu y la esperanza que movieron a la protagonista, y que en esta ocasión no deja cabos sueltos, no lanza semillas al viento para futuras germinaciones.

En esta novela, más que en la anterior, son frecuentes las descripciones de ambientes, tanto que incluso el autor vuelve sobre los pasos anteriores, aportando bocetos de las nobles casas orticeñas, plenas de luz y de presencia, antes de su perniciosa agonía. La conformación espontánea de los nuevos poblados, común a cualquier asentamiento nacido de una violenta e intensiva actividad extractiva como el petróleo y otros minerales, forman, junto a la trama paralela de la protagonista, esa suerte de raíz común que estructura el contenido de la obra. Las descripciones llegan a ser muchas veces experiencias vívidas, casi palpables; como cuando Tony Roberts, un técnico estadounidense[18] informa a un coterráneo sobre el crecimiento vivido por el pueblo:

---

[18] Extraño pero cautivador personaje ese de Tony Roberts. Concurre Otero Silva «al mito del buen yanqui», imagen criticada por Orlando Araujo aunque posteriormente admitió sentir simpatía por la vitalidad y frescura del mismo (1988, 140). Explicable la simpatía que despierta, pues en un entorno marcadamente favorable a las tesis políticas de izquierda como lo era el ambiente intelectual de los años 60 del siglo XX, complacía recrear una figura cuestionadora de las motivaciones e intereses norteamericanos, en detrimento de los nacionales.

–Cuando nosotros clavamos el primer taladro esto era una sabana sin más habitantes que las matas de chaparro y las lagartijas. Ahora es casi una ciudad. A Harry Rolfe le interesó el laberinto pintoresco de las calles construidas al azar. A veces desembocaban seis en una misma explanada; a veces una concluía porque se había cruzado inesperadamente con otra que descendía en diagonal; aquí se torcían como serpientes o se quebraban en zig-zag; más allá se estrechaban en callejones absurdamente angostos que remataban en una pared (1996, 68).

Abandono, agonía y olvido, paradójicamente dejan tras de sí una reverencial admiración por los «musiú» del Norte. A un costado de aquella imagen lastimera, pero convenientemente distanciada y separada por una valla de alambre, crecía el campamento de los «americanos»[19], «sólidas quintas levantadas con ánimo de permanecer por tiempo indefinido en una zona que comenzaba a figurar señalada por asteriscos rojos en los mapas petrolíferos que se editaban en Nueva York y en Londres»[20]. Las minuciosas descripciones de las casas y jardines permiten perfectamente formar un retrato de esa suerte de «oasis» anclado en el territorio violado, desvirgado, caótico, mixto y palpitante. Contraste, diferencia, segregación expresa de los que siendo naturales son obligados a sentirse ajenos.

En los poblados surgidos a la vera de los campos petroleros se yuxtaponen dos formas de hacer ciudad: la que aparece como respuesta a las necesidades perentorias de los trabajadores, siempre orgánica, siempre provisional, siempre espontánea; impregnada algunas veces de asociaciones a sus lugares de procedencia; y por otro lado, la que emerge como postulado de eficacia según la exigencia de la nueva actividad productiva: la extracción del petróleo primero, y de otros minerales después. Ambas terminan fraguando y coexistiendo pacífica aunque pocas veces armónicamente. Sobre su yuxtaposición originaria se suceden las metamorfosis inevitables, y la fuerza de la costumbre y la historia, aunque bizarra, terminan decretando su reconocimiento, la aceptación pacífica de su inarmonía. Así culmina su novela Otero Silva:

---

[19] A pesar de la flagrante exclusión a los demás pobladores del continente, también muchos de los escritores que con más encono criticaban los afanes imperialistas de los Estados Unidos acudían al lugar común del término.

[20] Una amplia y pormenorizada aproximación a este aspecto de los campamentos petroleros y sus suburbios, es abordada en la tesis doctoral de Muñoz Bravo.

Al pie de un farol jugaban cuatro muchachos: un negrito descalzo, el hijo rubio de un perforador americano, un chinito de la lavandería y Lucas Tadeo, el menor de la catira Hortensia. [...]

Todos cuatro habían nacido en el pueblo y se sentían orgullosos de su origen, tal como si hubieran venido al mundo en una gran ciudad (240).

BIBLIOGRAFÍA

a) *Obras citadas de Miguel Otero Silva*

Oficina N° 1. Caracas: CMR Producciones Culturales, 1996.
Casas muertas. Caracas: Los Libros de El Nacional, 2000.

b) *Bibliografía general*

Almandoz, Arturo. «Campamento y Urbanización en la literatura del petróleo, De Mene a 1958». *Actas Simposio: Agustín Codazzi, arquitecto del territorio*. Caracas: FAU-UCV, 2000.
— «Urbanización, modernidad urbanística y crítica intelectual en la Venezuela de mediados del siglo xx», *Argos,* 34, 2001, 45-80.
— *La ciudad en el imaginario venezolano. Del tiempo de Maricastaña, a la masificación de los techos rojos.* Caracas: Fundación para la Cultura Urbana, 2002.
Araujo, Orlando. *Narrativa Venezolana Contemporánea*. Caracas: Monte Ávila, 1988.
— «La Industrialización de Venezuela», *Venezuela. Crecimiento sin Desarrollo.* VV.AA. México D.F.: Editorial Nuestro Tiempo, 1978, 239-255.
Baptista, Asdrúbal. *Bases cuantitativas de la Economía Venezolana, 1830-1995.* Caracas: Fundación Polar, 1997.
Dirección General de Estadística y Censos Nacionales. *Censo General de Población VIII. 1950.* Caracas: Ministerio de Fomento, 1957.
Diccionario de Historia de Venezuela. Caracas: Fundación Polar, CD-Rom, 2000.
López Álvarez, Luis. *Literatura e Identidad en Venezuela.* Barcelona: Promociones y Publicaciones Universitarias, 1991.
Medina, José Ramón. *Noventa años de Literatura Venezolana.* Caracas: Monte Ávila Latinoamericana, 1991.
Negrón, Marcos. *Ciudad y Modernidad. 1936-2000. El rol del sistema de ciudades en la modernización de Venezuela.* Caracas: Instituto de Urbanismo-UCV, 2001.

Ortega, Julio. «Literatura y Futuridad». Folios 32-3, en *Tres Décadas de Monte Ávila*, 1998, <http://www.analitica.com/bitblioteca/jortega/futuridad.asp>

Paz Castillo, Fernando. *Obras Completas*. Tomo IV. Caracas: Ediciones La Casa de Bello, 1994, 205-275.

Ramos, Julio. *Desencuentros de la modernidad en América Latina. Literatura y Política en el siglo XIX*. México D.F.: Tierra Firme, 1989.

Szichman, Mario. *Miguel Otero Silva. Mitología de una generación frustrada*. Caracas: UCV, 1975.

Thompson, Jim. *Ciudad violenta*. Pedro Costa Musté y Alfonso Gil Olivares (trads.). Barcelona: Los libros de la frontera, 1976.

Toro Hardi, José. *Fundamentos de Teoría Económica*. Caracas: Panapo, 1993.

Uribe Piedrahita, César. *Toá y Mancha de Aceite*. Medellín: Autores Antioqueños, 1992, 181-322.

Vallenilla, Laureano. *Petróleo venezolano. Auge. Declinación y porvenir*. Caracas: Monte Ávila, 1975.

LA ROSA OXIDADA:
LA CIUDAD EN LA OBRA DE JORGE TEILLIER

María José Naudon

Las publicaciones críticas consagradas a la obra de Jorge Teillier han dedicado largos espacios a resaltar la importancia que, en la construcción de su obra, cumple la figura del pueblo, específicamente la de los pueblos del sur de Chile. Lo anterior es bastante razonable pues el núcleo de la construcción poética teilleriana tiene su sustento en lo rural. La poesía lárica, nombre que recibe la corriente poética fundada por Teillier, es una creación arraigada a un espacio concreto: la región de la Frontera, ubicada en los territorios que corresponden a la región austral de Chile.

Sin embargo, la arquitectura teilleriana, considerada de forma global, incorpora otros espacios, distintos a los rurales, cuya representación interesa descubrir. Éste es el caso de la ciudad. La integración de este espacio en la obra del poeta no debiera llamar mayormente la atención. Recordemos que, como muchos estudiantes provincianos, Teillier abandona, a temprana edad, la tierra materna para continuar sus estudios en Santiago, la capital. De este modo, gran parte de la vida del poeta se desarrolla en la ciudad. Y por la misma razón, muchas de sus obras fueron escritas y publicadas en dicho espacio. Tomado en cuenta estas circunstancias parece lógico aceptar que el espacio de la ciudad constituye una experiencia significativa tanto en la vida del poeta como en su poesía.

Sin embargo, es necesario ahondar en dicha experiencia para revelar la real significación de dicho espacio. Como primer aspecto consideremos que el viaje iniciático, realizado por el poeta a la metrópolis, significa un quiebre doloroso. Refleja la ruptura de un modelo: aquel que el poeta ve representado en el territorio sureño. Este patrón no sólo se refiere al espacio y a la naturaleza, sino también al tiempo y a la historia que está contenida en él.

Es curioso constatar que no es sólo Teillier quien recuerda este rito con aflicción, sino también Neruda[1] o Mistral[2] por nombrar a algunos grandes

---

[1] «Ay, pequeño estudiante / ibas cambiando / de tren y de planeta, / entrabas / en poblaciones pálidas de adobes / polvo amarillo y uvas. / A la llegada ferroviaria, caras / en el sitio

poetas de origen provinciano. El recuerdo negativo de dicha iniciación transforma a la ciudad, al menos desde una perspectiva general, en un espacio también negativo. Sin embargo, esta transformación no deja de ser llamativa, pues muchas veces estos mismos poetas han anhelado el encuentro con la ciudad, entendiendo a ésta como espacio de la libertad, como un escape a la vida provinciana. Esta visión puede confirmarse en los versos que siguen, tomados del poema «A mi madre», escrito por Teillier poco tiempo antes de su muerte:

> Ahora te recuerdo
> muchos que más que cuando se te empañaban los ojos
> cuando yo partía alegremente a la ciudad
> esa ciudad que era tu enemiga (1996, 43).

Las experiencias de la madre y del hablante contrastan en los versos anteriores. El hijo representa el anhelo al que nos hemos referido, la madre la frustración del mismo. El adolescente ansía el encuentro con la ciudad, lo espera «alegremente». La madre, por el contrario, ya ha hecho de la ciudad su enemiga y sufre por la partida de su hijo. En una obra en la que la presencia de los antepasados es tan fundamental no deja de ser decidor que sea la madre quien se erija como enemiga de la ciudad. La representación de la figura materna evoca intuición, protección, sabiduría, favoreciendo y fortaleciendo su visión de la urbe.

Parte del dolor inherente al abandono de la tierra natal está dado pues, una vez practicado el rito iniciático; la ciudad se alzará como espacio perma-

---

de los centauros, / no amarraban caballos sino coches, / primeros automóviles. / Se suavizaba el mundo / y cuando / miré hacia atrás, / llovía, / se perdía mi infancia. / Entró el Tren fragoroso / en Santiago de Chile, capital, / y ya perdí los árboles, / [...] / me acosté en una cama que no aprendió a esperarme, / fatigado dormí como la leña, / y cuando desperté / sentí un dolor de lluvia: / y al salir asustado por la calle / supe, porque sangraba, / que me habían cortado las raíces» (50-51).

[2] Como afirma Quezada: «Si la ciudad de Vicuña fue el lugar de su nacimiento, Montegrande será el de su infancia. Esa geografía natal, que tiene las cosas que los hombres pueden pedir a una tierra para vivir en ella: la luz, el agua, el vino, los frutos, será su patria y, para siempre, los años de su dulzura: *que linda vida emocional tuvimos en medio de nuestras montañas salvajes, qué ojo bebedor de luces y de formas y qué oído recogedor de vientos y aguas sacamos de esas aldeas.* El paisaje de sus niñeces, que tanto va a necesitar después cuando ande mucha tierra, [...]» (9).

nente y los regresos a la patria de la infancia, a la Frontera en el caso de Teillier, serán esporádicos, transitorios. Algo patético se oculta siempre tras
estos regresos. Un dolor que se funda en la conciencia de que el retorno ya
no es posible[3]. La edad de oro de la infancia, el paraíso perdido, representado por las tierras de la niñez, quedan atrás para siempre.

> Temo llegar al pueblo,
> porque a otros esperan allí
> las mujeres que duermen en montones de heno.
> Para otro salen los amigos a cazar perdices.
> Para otro van a amasar pan las hermanas esta noche.
> Para otro contarán historias
> [...]
> Voy hacia un pueblo donde nadie me recuerda (1961, 18).

Así, la soledad y el desamparo serán los sentimientos que reinen durante
la estancia en la ciudad. Sentimientos fundados no sólo en la angustia que la
ciudad provoca en el hablante sino, primeramente, cimentados en el dolor
provocado por la partida de la tierra natal. Abandonar la Frontera será para
Teillier abandonar también la infancia y la adolescencia, etapas que, en la
constitución de su obra, no sólo conforman un período de referencia, sino
que se asocian a la plenitud que el poeta anhela recuperar.

Esta primera experiencia dolorosa va tomando cuerpo a lo largo de la
obra, de modo que aquel temprano rechazo a las ciudades se va volviendo
centro mismo de esta teoría poética. Las ciudades no sólo representarán ese
destino fatídico al que todo estudiante provinciano se lanza sin calibrar las
consecuencias. Éstas simbolizarán todo lo que aísla al hombre de su verdadero mundo. En la ciudad, destaca Teillier, «el yo está pulverizado y perdido» (1963, 43)[4].

La ciudad se consolida, de este modo, como un espacio infeliz. Característica que, como sostiene Hernán Neira, se funda en la imposibilidad de

---

[3] «Pero ahora el viento ignora quien vuelve a casa / Por eso grita en este espacio más
fuerte que en las ciudades» (1981, 51).

[4] «Acompáñennos, / porque aunque los días de la ciudad / sean espejos que sólo pueden
reflejar / nuestros rostros destruidos / porque aunque confiamos nuestras palabras / a quienes decían amarnos / sin saber que sólo los pájaros y los girasoles / no nos traicionarían
nunca, aún escuchamos el llamado de los rieles.»

resolver los conflictos que en ella se producen: «La angustia que forma parte de la imagen de la ciudad contemporánea no proviene tanto del simple hecho de que en ella haya conflictos, sino de que es imposible escapar a los conflictos a pesar de que, además, su resolución no llega a una plenitud [...]. En la imagen de la urbe existen medios infinitos para ser feliz, pero en ella la felicidad parece siempre inalcanzable».

Este concepto aparece muchas veces repetido no sólo en la obra de Teillier sino, también, en la de muchos otros poetas provincianos chilenos que, dicho sea de paso, constituyen un número nada despreciable. Neruda, por ejemplo, nacido en Parral y criado en Temuco, destaca en la ciudad «un olor atroz de gas, café y ladrillos». En sus calles, como afirma Federico Schopf, «se desplazan "trajes" no personas como en la Frontera: seres anónimos, alienados y hostiles y no el padre, los deudos, los ferroviarios evocados épicamente como "centauros del camino"» (120). Lo mismo ocurre en el caso de Parra. En la antipoesía el hablante antipoético anhela el encuentro con la ciudad. Cifra en ella la posibilidad de ser libre, de superar sus pequeñísimas expectativas rurales. Sin embargo inserto en ella experimenta exactamente lo contrario. De este modo los antipoemas expresarán «la cadena inesperada de desengaños que sufre el protagonista respecto de las expectativas de todo orden con que ha llegado a la ciudad».

En el caso de Teillier el fenómeno se repite de forma muy similar. Sin embargo hay una variante que lo distingue de los autores a los que nos hemos referido. Teillier no sólo defrauda sus expectativas citadinas sino que opone a ellas una visión idílica de la Frontera, de lo rural y del pasado. Frente al caos del mundo moderno Teillier propone una solución diferente: crear un lugar fuera del tiempo y del espacio reales que recree una aspiración de mundo anhelada por el poeta. Ese lugar será la «aldea» cuya existencia puede verificarse sólo en la poesía, pero cuya aspiración excede a la misma. Ésta será el arma con la que el poeta buscará transformar el mundo.

La aldea y la ciudad constituirán un binomio opuesto en la obra. La primera representará el espacio positivo que encarna las aspiraciones láricas del poeta (reintegrarse a la tierra, ejercer el realismo secreto, ser «guardián del mito», redescubrir la grandeza de las cosas cotidianas, entre otras). La ciudad, por el contrario, será el espacio negativo reflejo del progreso y la modernidad que se opone, como es de suponer, a las aspiraciones láricas.

Teillier utiliza muchas y diversas formas para expresar esta oposición. Entre ellas destaca el hecho de que la descripción de la ciudad carece de todo por-

menor. Las palabras utilizadas para referirse a ella parecen privarse de toda
función representativa, parecen evitar todo detalle descriptivo en pos de lograr
una anhelada desfiguración de la ciudad. Esta constatación se vuelve impor-
tantísima si consideramos que la obra teilleriana es una creación donde el
espacio cumple un rol fundamental y en la que cada detalle ha sido contem-
plado. Básicamente son tres los espacios que podemos distinguir: La Frontera,
que actúa como territorio marco y que constituye un lienzo o telón de fondo
sobre el que se pinta la obra de Teillier; la aldea, inserta en la Frontera, y la ciudad. Los dos primeros son descritos con muchísimo detalle. La enumeración
de personajes, flora, fauna, colores, olores, sabores es casi interminable. Por el
contrario, el espacio citadino está privado de dichas descripciones.

En este entendido el mismo uso de las palabras hace de la ciudad un
espacio carente de sentido, en el que el poeta deambula sin dirección alguna. En ella «vivo desterrado, sólo para ganarme la vida, sin integrarme a ella,
en repudio hacia ella» (1998, 62). El poeta no se detiene a mirar la ciudad, la
recorre sin detenerse en los colores, olores, formas y sonidos como lo hacía
en el paisaje del pueblo. Más que relatar o describir un paisaje el poeta expone sentimientos, negativos en mayor o menor grado, que la ciudad trae a su
encuentro. Es el caso de los versos que siguen, pertenecientes al libro *Los
Trenes de la Noche*, obra en la que Teillier relata un viaje de ida y de regreso
de la ciudad a la aldea. En el trayecto, el hablante, utilizando la imagen
visual del tren y del viaje, nos invita a mirar por la ventanilla y, junto a él,
descubrir la grandeza de lo lárico y las carencias de la ciudad.

> Recuerdo la Estación Central
> en el atardecer de un día de diciembre.
> Me veo apenas con dinero para tomar una cerveza,
> despeinado, sediento, inmóvil,
> mientras parte el tren en donde viaja una muchacha que se ha ido diciendo que
> [nunca me querrá,
> que se acostaría con cualquiera, menos conmigo,
> que ni siquiera me escribirá una carta.
> Es la Estación Central
> un sofocante atardecer
> de un día de diciembre (1963, 3).

Como podemos corroborar en estos versos, las descripciones espaciales
son mínimas. Sabemos que estamos en la Estación Central, de donde par-

ten y a donde llegan todos los trenes de la ciudad de Santiago. El marco espacial debe recrearlo el mismo lector y si éste nada sabe de la dichosa estación no será mucho lo que pueda avanzar en ello. Sin embargo, en el plano de las sensaciones, de las vivencias, es mucho lo que el poeta entrega. El sofocante calor configura el marco adecuado para la descripción, confusa y agobiada, del fin de una relación amorosa. El hablante se encuentra en duras condiciones: dolido, despechado, sofocado, sediento, solo, pobre y aparentemente condenado a que esta situación se prolongue. Parece no haber salida al destino fatal que la ciudad le presenta. Todo el drama que le rodea es profundo. Su pobreza no alcanza ni para un vaso de cerveza, la mujer no sólo no le quiere sino lo desprecia, prefiere a cualquier otro antes que a él. El calor es sofocante, le provoca sed y una inmovilidad que no puede superar.

De este modo constatamos cómo la intención del poeta no es situarnos en la ciudad desde el punto de vista del espacio, sino hacernos partícipes de lo que significa vivir en la ciudad, de sus crueldades, de su deshumanización. El propósito que hay detrás es, como ya lo señalábamos, desfigurar la imagen de la ciudad, pero también hacer de ella un espacio que sea aplicable a cualquier otra. No es la ciudad de Santiago, en exclusiva, la que produce los funestos efectos, es cualquier ciudad en cuanto representación de una modernidad y deshumanización que el larismo deplora.

Otro de los medios que Teillier utiliza para resaltar la oposición del binomio pueblo-ciudad es la utilización de elementos similares, que en una y otra parte producen efectos diametralmente distintos. Generalmente en el contexto de la aldea representan valores positivos, mientras que en la ciudad, por el contrario, simbolizan el menoscabo y la desintegración. La enumeración de dichas figuras podría ser ilimitada pero seleccionaremos dos que nos parecen significativas en cuanto cumplen una función muy importante en el espacio del pueblo: la lluvia y el bar.

La lluvia es una presencia constante en el paisaje de la Frontera, tierra «acostumbrada a la lluvia». Su figura acompaña el ritmo cotidiano de la vida y es posible encontrar referencias a ella en distintos contextos y situaciones. Su carácter es tranquilo y pacífico, particularidad que encaja perfectamente en el contexto del paisaje teilleriano y que la distancia de otras visiones como podrían ser, por ejemplo, la nerudiana.

La lluvia es una presencia intemporal que cumple, en el pueblo, un importante papel como elemento de purificación. Limpia y aclara aquello que toca, por eso, su papel aparece en ocasiones asociado al de la luz: «Brilla el cerezo tras la lluvia», el «aguacero azul, hace más claro el bosque». Pero su función catártica va aún más allá. La lluvia permitirá el regreso a la edad dorada cuando el pasado parezca perdido. La lluvia, como veremos en los versos siguientes, hará posible el reencuentro con la ruta que dirige al tiempo verdadero, aquel que el poeta busca recuperar en la poesía.

> Si atraviesas las estaciones
> conservando en tus manos
> la lluvia de la infancia que debimos compartir
> nos reuniremos en el lugar
> donde los sueños corren jubilosos
> como ovejas liberadas del corral
> y en donde brillará sobre nosotros
> la estrella que nos fuera prometida (1963, 41).

Mientras en la aldea la lluvia se asocia con la vida y con la luz, en la ciudad pierde su sentido, se desdibuja, transformándose en imagen visible de una realidad que se desmorona. «Letras de tango», poema que corresponde a la obra *Poemas Secretos*, expone esta realidad. En él el poeta incorpora a la ciudad como espacio preferente y se refiere, básicamente, a dos momentos provocados en la ciudad a raíz de la lluvia.

> La lluvia hace crecer la ciudad
> como una gran rosa oxidada
> la ciudad es más grande y desierta
> después que junto a las empalizadas del barrio Estación
> los padres huyen con sus hijos vestidos de marineros
> globos sin dueño van por los tejados
> y las costureras dejan de pedalear en sus maquinas (1965, 162).

En estos versos la lluvia sigue cumpliendo su función vivificadora, pues hace crecer la ciudad. Sin embargo, ese crecimiento es «monstruoso, deforme, una mutación que se presenta como un objeto radicalmente alterado» (Sarmiento, 209). Por otra parte, la lluvia es también aquí el motor que mueve a la ciudad. Pero, fundándose en la oposición de los comportamientos, la lluvia hace de la ciudad un territorio desierto, porque los padres «huyen» frente a ella, llevándose consigo a sus hijos que, irónicamente, no pasean libres por la ciudad sino «vestidos de marinero». Del mismo modo, los globos pierden su dueño y las costureras detienen su labor.

Mirada de esta manera, la acción de la lluvia en la ciudad se vuelve negativa y, aún más allá, carece de sentido. La ciudad transforma la imagen de la lluvia, así como lo hará con cualquier otro elemento que se integre en ella, incluido el hombre.

Respecto del bar, su importancia en la obra teilleriana es indudable. Su alcance reside no sólo en cuanto lugar físico sino, también, en cuanto se asocia a la presencia del alcohol, elemento central en esta obra. Espacialmente el bar es un lugar cerrado y adornado, exclusivamente, con unas cuantas mesas y sillas. En su interior los clientes se encuentran y, mediante el diálogo entre conocidos o desconocidos, tienden lazos de amistad. La posibilidad de crear esta clase de vínculos y estas relaciones fraternales constituye uno de los aspectos mas destacados por el hablante. Ejemplo de lo anterior son estos versos en los que los «nuevos amigos», las «nuevas botellas», sellan un pacto dentro del bar. La bebida es el elixir que bendice el encuentro y los vínculos gestados bajo su amparo.

> En el bar del Hotel estuve esperando las campanadas
> que anunciaban la llegada del tren.
> Pero los nuevos amigos hicieron llegar nuevas
> botellas
> y allí estuvimos hasta el alba de los trenes de carga (1986, 26).

El mundo del bar se configura, en palabras del propio Teillier, como un universo cerrado: «Un lugar donde tú te encuentras [...]. Un lugar donde no te molestan. Nadie te exige nada, los pasajeros no tienen estrés, no les importa naufragar. No van a ninguna parte y a todas al mismo tiempo» (Olivares, 74). Esta cofradía formada en torno al alcohol pone de relieve el carácter ritual con el que el poeta, al menos en una primera etapa de su obra, rodea todo aquello que se relaciona con la bebida. Como señala Niall Binns, el «acto de beber, para el hablante y los demás personajes de los primeros libros de Teillier, es un rito básico de la comunidad del pueblo» (100). Por esta razón la bebida, y particularmente el vino, adquiere en el pueblo un carácter sagrado. Veamos los siguientes versos:

> Porque en un gesto inmemorial nos han sido
> ofrecidos el pan y el vino

[...]
cabe en un solo momento de esta herrumbrosa
noche de invierno
un tiempo verdadero
del que sobreviven las semillas del pan del vino (1963, 37).

Frente a este espacio se opone el bar de la ciudad. Por una parte el bar citadino ofrece también una vía de escape. Es precisamente el alcohol el medio que el hablante elige para evadirse de los dramas que la ciudad le ha causado. Sin embargo, el hablante comienza a alcoholizarse y la ebriedad va a tomar protagonismo en la obra cada vez más. Aquella amistad de bar empieza a degradarse, «convirtiéndose en un compañerismo basado menos en una relación fraternal que en el simple hecho de estar juntos –más o menos azarosamente– en el mismo lugar» (1963, 103).

A medida que la figura del borracho va dando un giro de lo positivo a lo negativo varían también las relaciones entre bebedores y, consecuentemente, se corrompe la vida al interior el bar. Esta evolución se hace evidente al comparar los bares del pueblo frente a los de la ciudad en los que, salvo excepciones, se eliminan los aspectos positivos y alegres del bar de provincia para terminar siendo un simple refugio de solitarios bebedores necesitados de satisfacer su adicción.

Este abandono, reflejado en el borracho de la ciudad, tiene también su reflejo en la obra misma. A medida que el alcohol va haciéndose con el hablante, la simbología enriquecedora del vino pasa a un segundo plano para sucumbir ante un biografismo vacío. Desde esta perspectiva, la anulación del simbolismo, en la última producción de Teillier, no puede sino traer aparejada una notable y palpable decadencia artística que culmina plasmándose en poemas en los que el poeta se vuelve trivial y marcadamente confesional.

La evolución de la ciudad en la obra teilleriana se dirige cada vez con más fuerza a consolidarse como un espacio hostil, enajenante y deshumanizador que se opone al espacio idílico del pueblo. La imagen citadina se nutre de desencuentros, fracasos y sinsabores que van privándola de todo elemento que no sea enfermedad, alcohol y clínicas. El hablante comienza a aislarse, perdiendo la esperanza de recuperar el mundo anhelado, y sus últimos versos son más bien un grito de asfixia en un mundo al que no pertenece.

Es demasiado tarde para que se abran nuevos circos
Es demasiado tarde para llamar a alguien por teléfono
Es decir, a nadie que quisiera en esta Ciudad
Envenenada (1996, 30).

BIBLIOGRAFÍA

a) Obras citadas de Jorge Teillier

Árbol de la Memoria. Santiago de Chile: Arancibia Hnos., 1961.
Poemas del País de Nunca Jamás. Santiago de Chile: Arancibia Hnos., 1963.
«Los trenes de la noche», *Mapocho*, Tomo 2, 2, 1964.
«Poemas Secretos». *Anales de la Universidad de Chile*, 135, 1965.
Crónica del Forastero. Santiago de Chile: Arancibia Hnos., 1981.
Hotel Nube. Concepción: Lar, 1996.
Prosas. Ana Traverso (ed.), Santiago de Chile: Sudamericana, 2000.

b) Bibliografía general

Binns, Niall. *La Poesía de Jorge Teillier: La Tragedia de los Lares*, Concepción: Lar, 2001.
Neira, Hernán. «La urbe como espacio infeliz», *Cuadernos salmantinos de Filosofía*, XXIV, 1997, 247-261.
Neruda, Pablo. *Memorial de Isla Negra*. Buenos Aires: Seix Barral, 1993.
Olivares, Carlos. *Conversaciones con Jorge Teillier*. Santiago de Chile: Los Andes, 1993.
Quezada, Jaime. Prólogo a *Obras Completas de Gabriela Mistral*, Santiago de Chile: Andrés Bello, 2001.
Sarmiento, Óscar. *El diálogo entre la poesía de Enrique Lihn y Jorge Teillier: la ciudad y el pueblo*, Tesis doctoral en la Universidad de Oregón, inédita.
Schopf, Federico. «La ciudad en la poesía chilena: Neruda, Parra, Lihn», *Revista Chilena de Literatura*, 26, 1985, 37-53.

LA MIRADA TURÍSTICA DE CARPENTIER

Javier de Navascués

¿Qué es hacer turismo? Ante una pregunta tan obvia en apariencia, los diccionarios son concluyentes. El de la Real Academia define en su última edición que es la «actividad o hecho de viajar por placer». María Moliner dice más o menos lo mismo: «Acción del que viaja por placer». Si acudimos al origen de la palabra, encontramos que su datación es bastante reciente, del siglo XIX. Procede del inglés *tourism* que, a su vez, viene del francés *tour* que quiere decir «vuelta». En el *Diccionario etimológico* de Corominas la palabra nos remonta al latín *tornus*, instrumento que da vueltas. El turista, por tanto, es aquel que viaja por placer y regresa al lugar de donde salió. Todo viaje placentero cuenta con el deslumbramiento ante lo nuevo, lo pintoresco, pero parte de ese disfrute reside en su relación con lo que hemos abandonado. Se dejan el hogar y su rutina por un tiempo, lo cual resulta bastante agradable, pero se sabe que luego habrá de volverse a ellos, como el torno da vueltas sobre sí mismo. Esta perspectiva puede no ser tan apetecible, pero transmite la tranquilidad de que el desplazamiento no rompe completamente la existencia, sino que se trata de una alteración prevista y necesaria. Tal vez por todo esto hacer turismo es lo contrario que exiliarse o emigrar, sobre todo en Hispanoamérica, pero no adelantemos acontecimientos.

Hasta la llegada de la Modernidad en Europa, el viaje sólo se justifica socialmente por algún tipo de obligación, ya sea económica, religiosa, política o militar. Todavía durante la Ilustración los libros de viajes tienen ante todo una finalidad utilitaria, como sucede con los casos de Antonio Ponz en España o Carrió de la Vandera en Hispanoamérica. Ahora bien, ya a finales del siglo XVIII empieza a observarse un cambio de actitud vinculable con el ascenso de la burguesía. Como ha estudiado Alain Corbin en su espléndido libro sobre la fascinación del mar en la sensibilidad prerromántica, son numerosos los relatos de intrépidos excursionistas de riberas rocosas y acantilados. He aquí la búsqueda de lo pintoresco, consecuencia de una nueva sensibilidad que gusta de experiencias nuevas y sorprendentes. Entre los dos siglos, XVIII y XIX surgen, en efecto, las primeras ciudades de veraneo en las playas: Bath, Biarritz, San Sebastián, etc. Después, los escritores románticos del Norte de Europa descubren Italia: Goethe, Stendhal, Byron, Shelley, Keats... Todo esto no es sino un lujo de privilegiados que pueden acceder a los lugares de prestigio. Sólo avanzado el siglo, con el desarrollo de los medios de transporte (ferrocarril y barcos de vapor), así como con la modernización de los hoteles, el turismo empieza a masificarse.

En la periferia las cosas van más despacio. La evolución de las sociedades hispanoamericanas independientes sólo permite encontrar estas actitudes bien avanzada la centuria. Alrededor de la década del ochenta, cuando los países más importantes gozan de una relativa estabilidad política y económica, las oligarquías miran a Europa, no sólo como un modelo social de desarrollo, sino también como un espacio placentero, a la vez que de distinción. Un ejemplo característico sería el del argentino Lucio Victorio Mansilla, *dandy* por excelencia y cronista en sus *Causeries* de sus vagabundeos por las principales ciudades de Europa, África y América, pero también muchos escritores argentinos de su generación como Miguel Cané, Eduardo Wilde o Martín García Mérou. Se instaura por entonces el mito de París, la ciudad luz a la que van a rendir pleitesía los modernistas encabezados por Rubén Darío y guiados por las crónicas frívolas de Gómez Carrillo[1]. Este último constituye la perfecta representación del escritor *turista* (Pera, 97-115) por su afán de novedades y su visión hedonista de la ciudad. En efecto, el modernismo se abre a las transformaciones que sufren las sociedades industrializadas en el cambio de siglo, de manera que la relación del intelectual hispanoamericano con Europa abandona los ideales utilitaristas legados por las primeras generaciones de próceres para hacerse cada vez más compleja. Asimismo, en la propia Hispanoamérica los cambios se hacen patentes: surgen las «grandes ciudades burguesas» (Romero), entre 1880 y 1930 aproximadamente, gracias a la afluencia de capital extranjero, y asciende una burguesía ansiosa de modernización. En ese ponerse al día juega un papel fundamental la proyección hacia Europa, ya sea mediante la asunción de modas y lecturas, la imitación de la arquitectura o la enseñanza de los idio-

---

[1] Para la imagen de París en la literatura hispanoamericana del siglo XIX es imprescindible el estudio de Cristóbal Pera que se extiende desde los apuntes de Sarmiento, imbuidos de un carácter «explorador» hasta la mirada desengañada de los postmodernistas Quiroga y Güiraldes.

mas de prestigio, francés e inglés. Inevitablemente la educación del gusto pasa por el viaje al mundo desarrollado, experiencia iniciática en la que participan los intelectuales procedentes de las élites criollas.

Todo este panorama, repasado en un esbozo por necesidad de espacio, es el caldo de cultivo en el cual va a prosperar una literatura que, ya sea a través de la crónica o de la ficción, propondrá las complejas relaciones del intelectual hispanoamericano trasplantado a Europa a lo largo de todo el siglo XX. El propósito de este trabajo es, justamente, examinar el caso de uno de los nombres mayores de esa literatura, Alejo Carpentier, en relación con dos elementos fundamentales de este nuevo panorama social y cultural: el fenómeno del turismo y las ciudades. Dicho de otro modo: me interesa exponer cómo se produce la mirada del autor sobre las urbes americanas y europeas. Esta mirada se verá influida por una diversidad de factores: el nacimiento incierto de su autor, su existencia itinerante y su experiencia de turista en muchos de los lugares que llegó a visitar. Con este fin me detendré en algunos escritos de juventud y me apoyaré después en ciertos textos de ficción para desembocar en *Concierto barroco*, a mi modo de ver, la novela más «turística» que escribió Carpentier.

CARPENTIER, EL TURISTA

Así pues, el elemento que guía nuestras reflexiones es la dimensión viajera del escritor cubano y, para ir profundizando en ella, empezaremos con un recorrido por los itinerarios fundamentales que marcan el asentamiento de su poética americanista. Hay un viaje europeo de ida y vuelta, como de todos es sabido, en su percepción de la realidad cultural del continente. Ese viaje, que significa una estadía de once años, entre 1928 y 1939, está vivido desde la identidad de un hombre marcado por unas raíces familiares francesas y eslavas, así como por un nacimiento suizo mantenido durante largos años en la oscuridad, según se ha demostrado recientemente (González Echevarría, 69-72).

La primera estación del viaje se remonta a 1928, cuando Alejo Carpentier sale de Cuba en dirección a Francia. Por entonces él era un buen conocedor del mundo periodístico de La Habana, ya que había sido redactor jefe de la revista *Carteles*. Y para la misma publicación continúa trabajando al enviar numerosas crónicas de lo que más le llama la atención de

Europa. Por sus artículos se asoman las estampas pintorescas de ciudades como París, Bruselas, Brujas, Madrid, Toledo, Niza, Cannes, Marsella, etc. Basta leer los títulos de los primeros artículos para entrever las intenciones de su autor. «Descubrimiento del Mediterráno: Cannes, la ciudad lujosa», «Niza, ciudad pintoresca», «Introducción al conocimiento de Bruselas», etc. En efecto, las crónicas del joven Carpentier, descubridor de Europa, cumplen las expectativas de quienes desean introducirse en un mundo desconocido y acariciado con la imaginación. Es una manera de ofrecer al lector curioso una serie de estampas europeas que expliquen ese otro mundo soñado al otro lado del Atlántico. Pero, además, como ha señalado Patrick Collard, «para un estudioso de la obra de Carpentier, una de las dimensiones interesantes de dichas crónicas europeas es la presencia en ellas de numerosas descripciones o reflexiones en las que se descubren no sólo anuncios de futuros fragmentos novelescos e ideas, sino también de [...] profundo americanismo» (8). En efecto, el carácter infatigablemente curioso de Carpentier no puede reducirse al de ser un simple heredero de la crónica modernista a lo Gómez Carrillo. El clima cultural era otro bien distinto en Europa del que vivió el periodista colombiano a principios del siglo XX. Las vanguardias y el surrealismo estaban valorando las culturas de la periferia, desde el arte africano a la música brasileña de un Heitor Villa-Lobos, y esto no pasó inadvertido a la atenta observación del escritor cubano.

Si hacer turismo es, etimológicamente, «dar vueltas», entonces habrá que pensar que en esta historia por lo menos habrá un regreso. Éste se produce en 1939, cuando, recién llegado a La Habana tras once años de ausencia, Alejo Carpentier escribe su conferencia «La Habana vista por un turista cubano». Él ha vivido sobre todo en París, la ciudad mitificada por el modernismo y con la que él mismo guarda una relación particular debido a la procedencia francesa de su padre. De tal manera se ha entrañado con la capital francesa que, al llegar a La Habana, se siente ajeno y, por tanto, turista en su propio país:

> Once años de ausencia confieren indiscutiblemente al regresar a la patria un alma de turista a quien ha estado alejado durante tanto tiempo... Se sitúa uno ante las cosas propias –ante aquellas que sirvieron de marco a la infancia y de complemento a los sueños de adolescencia– con ojos nuevos y espíritu virgen de prejuicios... (243).

A lo largo de las páginas siguientes Carpentier va enumerando los detalles pintorescos (rótulos de comercios, pinturas, oraciones populares, etc.) que sorprenden al atento viajero[2]. De inmediato ciertas asociaciones de palabras oídas por la calle pueden recordarle a los disparates surrealistas, tan de moda en Francia, pero que en La Habana tienen el sabor de lo auténtico, de lo no traspasado por la cultura letrada europea. Leyendo la crónica hasta el final, advertimos que este mecanismo mental de asociación con lo occidental y adhesión a lo criollo puede recordarnos al Carpentier que, pocos años más tarde, va a defender su teoría sobre lo real maravilloso. Ciertamente el valor de este texto descansa en su carácter premonitorio. Sin embargo, el tono general es todavía el del turista distraído que se entretiene encontrando semejanzas entre los sitios que transita:

> Por asociación de imágenes, me divierto en hallar analogías auténticas con rincones de Europa que habían retenido mi atención. Porque, si bien La Habana tiene una fisonomía, un color, una atmósfera inconfundibles, nos ofrece a veces, al doblar una esquina, al asomarnos a una bocacalle, desconcertantes evocaciones de poblaciones remotas... Cádiz, Almería, Ondárroa, Pasajes, Bayona, Morlaix, Perpiñán, Niza, Valencia... (245).

De esta manera la mirada va registrando lugares y relacionándolos con otros, coleccionándolos en la memoria para después enumerarlos. Jonathan Culler señala que el turismo es una práctica cultural intrínsecamente semiótica, en la medida en que implica una constante descodificación de signos que representan significados arquetípicos: «In their most specifically touristic behavior, however, tourist are the agent of semiotics: all over the world they are engaged in reading cities, landscapes and cultures and sign systems» (Culler, 155). El turista lee ciudades, contempla y colecciona (mental o físicamente) objetos que se diferencian de los conocidos a priori y los relaciona con identidades que no son la suya. Va estableciendo así un repertorio de novedades que significan lo «típico» de cada país. De la misma forma

---

[2] Salta a la vista el paralelo biográfico con Borges al regresar éste de Europa a Buenos Aires a comienzos de la década de los veinte. Ambos escritores han sido acusados frecuentemente de cosmopolitas por el nacionalismo literario. Borges desdeñó estas acusaciones mientras que Carpentier formuló su conocida teoría de lo real maravilloso americano tratando de integrar su bagaje cultural europeo en una solución mestiza.

actúa Carpentier en sus crónicas europeas. Y después hace lo propio en su conferencia de turista habanero, husmeando en calles y rincones en busca de una identidad propia que, a veces, se muestra difícil de definir debido la ausencia aparente de pintoresquismo. Por eso tiene que recurrir, con esfuerzo voluntarista, al *salero* de la gente de La Habana para inventar esa idiosincrasia que no pueden otorgar los monumentos:

> No conozco calle más *viviente* –en el exacto sentido de la palabra– que la calle habanera. Y no se trata de confundir aquí *viviente* con *pintoresco*. Las calles andaluzas, los corsos marselleses, las avenidas de las ciudades mediterráneas pueden dar análoga sensación de vida. Pero esa sensación se afirma en función del pintoresquismo. Intervienen acentos, trajes típicos, sedimento –si bien lo analizamos– de tradiciones añejas.
>
> Nada de esto ocurre en La Habana. Hay barrios enteros que no poseen un edificio antiguo capaz de otorgar decorado a una escena actual [...]. Y, sin embargo, la calle habanera se crea una vida nueva cada día. Se inventan comercios, industrias, humildes modos de buscárselas con pasmoso poder imaginativo. Brota la frase oportuna, la salida ingeniosa, con un *salero* eminentemente tropical (Carpentier, 1991, 263).

Siempre inquieto por encontrar lo genuinamente habanero, cuando no lo encuentra en los signos consagrados por las guías turísticas y culturales, Carpentier se fija en el movimiento humano de la ciudad para extraer la diferencia esencial tras el cotejo con las calles de otras ciudades europeas. De ahí que proclame lo *viviente* como el hecho distintivo que llama la atención al visitante. Este salero viviente, esta gracia particular tan indefinible, conoce muy diferentes modulaciones, desde imágenes devotas a billetes de lotería y apodos inventados con un gracejo singular. Nada regocija más al cronista, según confiesa él mismo, que asistir a los pregones de los vendedores de billetes de lotería y admirarse de la imaginación con que venden sus cupones... El turista no pierde nunca la capacidad de asombro ante el espectáculo que le ofrecen sus viajes. Aunque el texto lo refute, *viviente* es una forma de pintoresquismo.

El deleite ante lo sorprendente y exótico forma parte de la columna vertebral de la escritura de Carpentier. En la etapa anterior a *El reino de este mundo*, sobre todo en esta conferencia de 1939, ya se detectan notas características de quien será después el brillante catalogador de objetos innumerables en sus páginas más barrocas. Así, para las décadas posteriores la capital cubana se convierte en el escenario principal de textos memorables como *El acoso*, o bien ocupa algunas panorámicas de *El siglo de las luces*. Y recordemos que todavía más tarde La Habana sigue siendo su centro de atención cuando publique ese bello libro fotográfico, *La ciudad de las columnas*, en el que el autor oficia de cicerone para visitantes curiosos[3].

Hacer turismo para la trayectoria literaria de Carpentier fue más determinante que otro tipo de viajes hechos por obligación más o menos voluntaria. Aun haciendo caso de su versión sobre su primer viaje a Francia (la persecución política de Machado que le llevó a un breve encarcelamiento), su estadía en aquel país resulta menos decisiva que el período abierto a partir del viaje a Haití en compañía de su mujer y el actor Louis Jouvet[4]. Allí, como es sabido, se maravilla ante la presencia viva de la cultura popular afroantillana y siente la «revelación» de lo real maravilloso americano. Ésta es la base biográfica de su primer texto auténticamente importante, *El reino de este mundo* (1949). Lo que de inicio se planteaba como un viaje de placer, significó a la postre un descubrimiento de mayores consecuencias que la vuelta a La Habana y su conferencia de 1939, porque, a pesar de que allí asegurase haber visitado su ciudad con mirada de turista, Haití era mucho más novedoso para Carpentier[5]. Había que ejercer a priori de forastero para

---

[3] Incluso, como ya señala Paco Tovar (254-255), las vivencias de 1939, el redescubrimiento de La Habana y su paseo por los múltiples lugares con ojos nuevos, se ficcionalizan años más tarde en pasajes de *La consagración de la Primavera*. Carpentier aquí hace uso de sus largas enumeraciones de lugares y objetos, mecanismo verbal de su madurez como escritor que apenas está esbozado en la crónica de juventud. La mirada catalogadora se ha reafirmado en la escritura con el paso del tiempo.

[4] Como la crítica más solvente se ha encargado de exponer en los últimos tiempos, hay un buen número de contradicciones y datos apócrifos en las versiones que sobre su vida dio el propio Carpentier. Existen pruebas de que su nacimiento no se produjo en La Habana, sino en Lausana (Suiza) y también se puede dudar de su «exilio» en París de 1928 (González Echeverría).

[5] Otra de las nieblas que envuelven la vida de Carpentier tiene que ver con este viaje. Según el escritor cubano fue el actor francés Louis Jouvet quien animó a él y a su esposa a acompañarle en una gira teatral que iba a realizar en Puerto Príncipe (Chao, 137). Sin embargo, ahora se sabe que viajó en calidad de representante cultural de Cuba y que incluso pronunció alguna conferencia (Birkenmaier, 19). La cuestión incurre en lo morboso si se piensa que por aquella época gobernaba Cuba un tal Fulgencio Batista. ¿Son compatibles las dos versiones, o bien estamos ante una nueva fabulación de Carpentier? Sea como fuere, lo que ahora importa es que el escritor sintió una curiosidad enorme por Haití, como antes la había sentido por Europa. Sin embargo, es obvio que las consecuencias no fueron las mismas, por

reconocer, en esa isla marcada por el vudú y la magia de lo cotidiano, unos puntos en común con el entorno cubano familiar. Carpentier se había interesado, ya desde los años veinte, por la etnología del pueblo haitiano, por lo que no era un perfecto desconocedor, ni mucho menos, de cuanto iba a encontrar. Pero fue la vivencia misma de ese encuentro lo que le conmovió en profundidad. A partir de aquí su mirada ya no fue en absoluto la de un turista corriente[6].

EL GRAN TEATRO DE LAS CIUDADES

Si hemos recordado que la piedra de toque para la formulación de las ideas sobre lo real maravilloso tiene su origen con ocasión del viaje a Haití, es porque nos interesa subrayar esa raíz hedónica, de asombro placentero, que tiene la aproximación de Carpentier hacia el mundo que le rodea. Así, su trayecto intelectual, aunque parezca desembocar en tesis nada epicúreas como la responsabilidad del escritor ante su sociedad y el compromiso con la revolución, tiene su justificación biográfica en la fascinación por los sentidos que experimenta ante la rareza de un mundo nuevo, redescubierto por él, integrado por una multitud variopinta de experiencias asociadas con la historia, iconografía, antropología, cultura popular, geografía física y humana, estructura social y hasta gastronomía de las sociedades americanas[7].

Más aún: la sensibilidad visual y barroquizante que subyace en su poética impregna también sus textos de ficción. De ahí que no nos extrañe

---

lo que el «turismo» practicado en Haití afectó decisivamente a la obra y, de rebote, a la vida de su autor.

[6] Es un síntoma interesante que *El reino de este mundo* no se desarrolle exclusivamente en Puerto Príncipe, sino que también transcurra en plantaciones, costas y montañas del interior de la isla. Movido por el deslumbramiento por las culturas populares, Carpentier amplía su curiosidad más allá de los límites de las ciudades, sin renunciar a ellas del todo o, más bien, siendo ese deslumbramiento una manifestación más de su cultura irrenunciablemente urbana. En la siguiente década publica su novela más volcada hacia el mundo natural, *Los pasos perdidos*, en la que, contra la voluntad del autor, se pone de relieve la formación ciudadana del protagonista y de su creador, como ya mostró González Echevarría (1983) en un estudio clásico.

[7] El mundo culinario en Carpentier tiene una extraordinaria riqueza que ahora empieza a descubrirse, como se detalla en el reciente estudio de Rita De Maeseneer.

encontrar tantas escenas en las que se regodee en el entorno, natural o artificial, que rodea a sus personajes. Toda la realidad se erige en espectáculo, es decir, como cosa que se ofrece a la vista o a la contemplación intelectual provocando deleite y asombro en el narrador. Las muchas ciudades europeas y americanas que asoman por sus relatos se disponen como un gran muestrario de variedades para el espectador goloso de nuevas sensaciones. Por supuesto es el caso de *La ciudad de las columnas*, en donde Carpentier, experto en arquitectura habanera, abría la puerta de la ciudad al viajero curioso. De la misma forma, hay en *El recurso del método* una página elocuente que informa desde el punto de vista del protagonista –el tirano frecuentador de países civilizados– de las carencias principales de las capitales europeas. Una tras otra van desfilando las imágenes pintorescas asociadas a monumentos y lugares emblemáticos:

> En su boca, Berlín era una ciudad que no había usurpado su nombre primitivo de lugar de osos, con la pesadez arquitectónica de su Puerta de Brandemburgo [...]; Viena, pese a una fama de elegancia y voluptuosidad debida a la opereta y los valses, era, en realidad terriblemente provinciana con sus oficialillos sacados de tintorería, sus diez o doce restaurantes ansiosos de parecerse a los de acá, tras de un Danubio café-con-leche que sólo se azulaba algún día 29 de año bisiesto; Berna, burgo tedioso, con sus estatuas de heraldos hélvetas en medio de calles que eran un muestrario de relojes y barómetros; en Roma, cada plaza, cada bocacalle, era un escenario de ópera, con transeúntes que, vestidos como lo estuvieran, [...] estaban siempre en tónica de coristas [...], en tanto que Madrid era cosa de género chico, con sus puestos de agua, azucarillo y aguardiente, sus serenos de llavero en la cintura, y sus tertulias de café donde los amaneceres se pintaban sobre un aldeano panorama de chocolates trasnochados y picatostes de ayer... (Carpentier, 1984, 95-96).

Este desengaño sólo es posible para quien ha pisado muchas veces todos esos lugares. De alguna forma estas líneas replican desde la madurez a la fascinación de aquellas primeras crónicas de los años treinta. Por lo demás, en este párrafo Carpentier recurre a una constelación de imágenes bastante habitual en él, la que hace referencia al tópico de la teatralidad del mundo (Navascués, 2005). Viena es una ciudad de «opereta», Roma parece «un escenario de ópera» y Madrid es «cosa de género chico». Sólo parece salvarse un París filtrado a través de la óptica esnob del personaje, extraída de un ingenuo encandilamiento modernista que el autor cubano no deja de satirizar:

París, en cambio, era Tierra de Jauja y Tierra de Promisión, Santo Lugar de la Inteligencia, Metrópoli del Saber Vivir, Fuente de Toda Cultura, que, año tras año, en diarios, periódicos, revistas, libros, alababan (Carpentier, 1984, 95-96).

Por supuesto, París es la ciudad por excelencia en *El siglo de las luces*, obra que también dedica atención a La Habana, Paramaribo, Cayena o Madrid. Todas estas ciudades son pretexto para la estampa llamativa de una sociedad que expone su singularidad ante los ojos del visitante. Pero por encima de cualquiera de ellas siempre nos quedará París. A Esteban, al llegar por vez primera, todo le sorprende: la multitud yendo de un lado para otro, los cafés y las tabernas, los trajes y las banderas, los coches de caballos y los funambulistas, los soldados de la Revolución y las alegorías revolucionarias. La gran capital francesa se revela como un espectáculo exótico y pintoresco, digno de toda admiración. Justamente este carácter de *admirable*, de infinitamente seductor para la vista, es el que prevalece en la retina del personaje y en la perspectiva del narrador. En una característica descripción, Carpentier hace hincapié en la mirada desde fuera de Esteban, asombrado turista, a la vez que relaciona el espectáculo con el *topos* del teatro del mundo:

> Todo era singular, imprevisto, gracioso: el traje del barquillero y el muestrario de alfileres, los huevos pintados de rojo y los pavos, pregonados como «aristócratas» por una desplumadora del Mercado. Cada tienda le resultaba un teatro, con el escaparate-escenario que exhibía perniles de carnero sobre encajes de papel (Carpentier, 2003, 100).

París también es una gran representación, «el Máximo Teatro del Mundo» (108) revolucionario en su caso. Ahora bien, en *El siglo de las luces* esta ciudad no pierde su poder fascinante. En Carpentier el recurso a este venerable tópico no tiene siempre una significación negativa, sino que puede servir para reflejar, a través de la multiforme variedad de los sentidos del mundo, una conducta individual que se mejora a sí misma y a los demás mediante el compromiso con la realidad (Navascués, 106-108).

CONCIERTO BARROCO: EL TURISMO TRASCENDIDO

No obstante, para encontrar los relatos más centrados en una ciudad de Carpentier habremos de ir a dos textos menos conocidos: *El acoso* y *Concierto barroco*[8]. Esta última, por ser justamente la novela más «turística» que escribió Carpentier, centrará el tramo final de mi trabajo. Otras obras como *La consagración de la primavera* o *El siglo de las luces* podrían disputarle el derecho por su alto grado de cosmopolitismo. Sin embargo, en ninguna de ellas encontraremos tal acumulación de elementos vinculados con el fenómeno del turismo. Ya desde sus páginas iniciales nos percatamos del carácter ocioso del viaje que emprende el Amo protagonista y asistimos al acto ritual de embalar el equipaje. Luego vienen las peticiones de *souvenirs* por parte de los amigos: que si un juego de naipes o un muestrario de mármoles italianos, o una colección de partituras... El trayecto se hace con escalas: La Habana y Madrid. Y el destino final, Venecia, no deja de ser una elección curiosa, ya que pareciera más lógico que fuera París de acuerdo con la tradición viajera hispanoamericana[9]. En la decisión, probablemente, pesó la idea de hacer un homenaje a Vivaldi y su ópera ignorada, *Moctezuma*, frente a la posibilidad de ambientar la novela en Francia, con otra pieza contemporánea de tema similar, *Las indias galantes* de Rameau[10]. Pero a Carpentier le debía de atraer más la figura del compositor italiano. Además, Venecia le permitía jugar con otro elemento dilecto: el Carnaval y sus máscaras, que se remitían a su concepción teatralizadora de la vida.

Las impresiones del itinerario también responden a las definiciones tradicionales sobre el sentido del viaje turístico (Burns, 30-31): búsqueda de placeres, consumo, asimilación de nuevas conductas culturales... En Madrid, por ejemplo, se hace mención de los principales monumentos, todos decepcionantes con la excepción de la Plaza Mayor, la pobreza de los hostales y las comidas, la visita a librerías de viejo y hasta la sordidez de los prostíbulos. La capital española ejerce de contrapunto negativo de la espléndida vista de Venecia, inaugurada en el capítulo cuatro con una larga descripción sacada de otro icono turístico: un cuadro de Canaletto.

---

[8] *El acoso* tiene como escenario La Habana, como es sabido. La configuración de La Habana como espacio teatral, de escisión entre la apariencia y la realidad, entre el exterior y el interior, ha sido analizada por Vásquez.

[9] No así la de otras tradiciones culturales, como las de los países del Norte de Europa. Basta pensar en *Los papeles de Aspern* de Henry James o *La muerte en Venecia* de Thomas Mann. Por cierto, en estos dos relatos no es difícil ver a Venecia como el espacio de la enfermedad y la muerte, mientras que para Carpentier es exactamente lo contrario: el Carnaval como celebración de la vida.

[10] De hecho, en la nota final de *Concierto barroco*, Carpentier indica la precedencia de la obra vivaldiana sobre la de Rameau en dos años (99).

A continuación los dos viajeros, el Amo y su esclavo Filomeno, disfrazados como si fuesen otros venecianos más, conocen a tres músicos (Haendel, Doménico Scarlatti y Vivaldi) con quienes comparten una noche de juerga. A través de las aventuras vividas y del símbolo de la máscara (el Amo va vestido de indio y el negro no tiene que disfrazarse), van a reconocer su identidad americana. *Concierto barroco*, en sus últimos compases, supera su carácter de divertimento puro para presentarse como un relato de toma de conciencia política y cultural. El turismo deja su finalidad lúdica para convertirse en experiencia simbólica.

Por último, si París había sido descartada como decorado de la acción, no podía faltar una referencia de homenaje en el final. Filomeno y el Amo, tras la juerga vivida en Venecia, se despiden en la estación de ferrocarril. En una escena de mágico anacronismo, la relación entre los dos personajes ha cambiado por completo y todo lo que les rodea ya no pertenece al siglo XVIII sino al XX. El antiguo esclavo confiesa a su antiguo amo que viajará a París. ¿Qué le atrae de allá? «¿Las hembras? ¿La torre Eiffel?» (85). En las preguntas que le hace el Indiano se recogen los alicientes clásicos de la Ciudad Luz[11]. Pero no: ahora se trata de un turismo nuevo, trascendido. Filomeno viajará allí para sentirse respetado, para ser Monsieur Philomène. Carpentier ha empleado un esquema de viaje turístico a Europa de dos arquetipos latinoamericanos, el criollo y el negro, el rico y el pobre, el opresor y el oprimido, para que, viendo las diferencias que allí encuentran con su propio mundo, se hermanen al final. Ambos se despiden como amigos en la estación de tren, porque se afirman en su orgullo de pertenecer a otro mundo, mestizo pero distinto. «Es que mucho se aprende viajando» (86), sentencia Filomeno.

Última estación

Mucho se ha escrito acerca del interés de Carpentier por la Historia y sus implicaciones ideológicas. Bastante menos se ha insistido en la enorme

---

[11] La asociación de París con el placer erótico es un tema literario frecuentísimo en Hispanoamérica (Pera; Zubiaurre, 294-304). En cuanto a la Torre Eiffel, constituye el icono mundial del turismo, como han señalado los textos de antropología que se han ocupado de la cuestión. «Probably one of the world'most obvious tourist icons. This edifice symbolises both the city of Paris and, in a sense, tourism itself.» (Burns, 24).

curiosidad que sintió por la Geografía, no sólo como simple ejercicio erudito, sino como aventura vital. La inquietud por conocer lugares nuevos, propia de ese fenómeno de la Modernidad que conocemos como turismo, se desarrolló en su juventud europea y acabó madurando en América. ¿Cómo no reconocer en algunas páginas deslumbrantes de viajes y escenarios urbanos diversos la afición por almacenar, coleccionar, recolectar cosas de lugares distintos tan propia del viajero moderno? Ya la literatura decimonónica, desde Sarmiento a José Asunción Silva, había empleado con profusión las imágenes del almacén, la colección, el museo o el archivo para definir el deseo del intelectual sobre la codiciada realidad parisina (Pera, 190), pero en Carpentier ese afán sólo se despliega para acabar desembocando en una reflexión sobre la propia identidad cultural. He hablado de *turismo trascendido* para la novela *Concierto barroco*. Si hacer turismo es dar vueltas, como decíamos al principio, para Carpentier el periplo debe desembocar necesariamente en ese origen cultural que quiso que fuera también su origen biográfico, o sea, América.

En la novela de Jesús Díaz *Las palabras perdidas*, se lee una divertida escena en la que aparece un Carpentier de ficción, entrevistado por unos jóvenes aprendices de escritores. Parece evidente que se trata de hacer una parodia y un homenaje al autor de *El siglo de las luces*. En cierto momento, uno de los muchachos le dedica un epigrama que juguetea justamente con uno de los puntos más íntimos de la personalidad del maestro: su afrancesamiento.

> Anuncia el cementerio de La Habana
> Que deben apurarse para ver
> El cadáver de Alejo Carpentier:
> ¡Vuelve a París la próxima semana! (84).

A Carpentier no le hace ninguna gracia este chiste sobre sus orígenes (que ya sabemos cuán manipulados estaban) y, de inmediato, pregunta al deslenguado de dónde es él. El otro responde un poco turbado que de Cuba... Sirva la contrarréplica magistral que Jesús Díaz pone en boca de Carpentier como broche final de este paseo por una gran sensibilidad erudita y geográfica:

> –Ajá... –Carpentier hizo una pausa y dejó reposar sus manazas sobre los muslos–. ¿Quieres decir que eres de Cuba? –El Encíclope asintió, pasándose la lengua por los labios resecos–. ¿De Cuba, Portugal a unos ciento cincuenta kiló-

metros al sureste de Lisboa? ¿De Cuba, en Okinawa, Japón? ¿Del pueblo de La Cuba, en España? ¿De las cercanías del lago Cuba, en Sicilia? ¿Del reino de Kuba, situado entre los ríos Kasai y Sankuru, en la provincia occidental de Kassia, Zaire? ¿De Kuba, en la República Soviética de Azerbaiján, setenta kilómetros de Bakú? ¿Acaso eres de Cuba, Bali, Indonesia? ¿O tal vez naciste en la mezquita de Kuba, en Argel? (203).

BIBLIOGRAFÍA

a) Bibliografía citada de Alejo Carpentier

El siglo de las luces. Madrid: Alianza, 2003.
El recurso del método. México D.F.: Siglo XXI, 1984.
Conferencias. México D.F.: Siglo XXI, 1991.
Concierto barroco. Madrid: Alianza, 2000.

b) Bibliografía general

Birkenmaier, Anke. «Carpentier y el Bureau d'Ethnologie Haïtienne. Los cantos vodú de *El reino de este mundo*», *Foro hispánico*, 25, 2004, 17-34.
Burns, Peter M. *An Introduction to Tourism and Anthropology*. London: Routledge, 1999.
Corbin, Alain. *El territorio del vacío*. Barcelona: Mondadori, 1993.
Collard, Patrick. «Presentación: el legado de Alejo Carpentier», *Foro hispánico*, 25, 2004, 7-16.
Coromines, Joan. *Diccionario crítico etimológico castellano e hispánico*. Madrid: Gredos, 1997.
Culler, Jonathan. «The Semiotics of Tourism», *Framing The Sign. Criticism and Its Institutions*. Oxford: University of Oklahoma Press, 1988.
Díaz, Jesús. *Las palabras perdidas*. Madrid: Destino, 1992.
Diccionario de la Real Academia. Vigésimo segunda edición. Madrid: Espasa, 2001.
González Echevarría, Roberto. «La nacionalidad de Alejo Carpentier: Historia y ficción», *Foro hispánico*, 25, 2004, 69-86.
González Echevarría, Roberto. *Alejo Carpentier. El peregrino en su patria*. México D.F.: UNAM, 1993.
Maeseneer, Rita De. *El festín de Alejo Carpentier: una lectura culinario-intertextual*. Genève: Droz, 2003.
Moliner, María. *Diccionario de uso del español*. Madrid: Gredos, 1990.

Navascués, Javier de. «La representación teatral de la historia en Alejo Carpentier», *Alejo Carpentier: un siglo entre luces*. Álvaro Salvador y Ángel Esteban (eds.). Madrid: Verbum, 2005, 95-118.

Pera, Cristóbal. *Modernistas en París. El mito de París en la prosa modernista hispanoamericana*, Bern: Peter Lang, 1997.

Romero, José Luis. *Latinoamérica: las ciudades y las ideas*. México D.F.: Siglo XXI, 1976.

Tovar. Paco. «Al compás de La Habana en la obra de Alejo Carpentier», *Escrituras de la ciudad*. José Carlos Rovira (ed.). Madrid: Palas, 1999, 229-258.

Vásquez, Carmen. «La Habana: exteriores e interiores en *El acoso* de Alejo Carpentier», Jacqueline Covo (ed.). *Historia, espacio e imaginario*. Paris: Septentrion, 1997, 99-106.

Zubiaurre, María Teresa. *El espacio en la novela realista*. México D.F.: Fondo de Cultura Económica, 2000.

LA CIUDAD EN(AJENA)DA DE ENRIQUE LIHN

Francisca Noguerol Jiménez

> Buscas en Roma a Roma, peregrino
> y en Roma misma a Roma no la hallas.
>
> Francisco de Quevedo

En un congreso de tan sugestivo título como «La ciudad imaginaria» no podía faltar una aproximación a la obra poética de Enrique Lihn (1929-1988), autor chileno en cuyos textos el marco urbano adquiere una importancia fundamental. Así lo detectó Federico Schopf en un temprano artículo –«La vida del sujeto de su escritura transcurre en la ciudad. Ésta no es mero escenario de su habitación y desplazamientos, sino un medio que lo traspasa y conforma» (49)– y así lo han analizado en posteriores investigaciones Gloria Favi, Óscar Sarmiento, Niall Binns o Juan Medrano, entre otros críticos.

En las siguientes páginas, se explorarán las representaciones de la ciudad que manifiestan muchos de los poemas lihnianos, marcados por una escritura que responde a la complejidad de los centros urbanos. Aunque el poeta exploró formas plurales de discurso y escribió quince poemarios a lo largo de su vida, centraré mi análisis en aquellos títulos que, editados desde los sesenta y hasta la fecha de su muerte, reflejan con mayor virulencia la idea de una modernidad en crisis.

Mi comentario se dividirá en dos partes de acuerdo con los grandes modelos urbanos presentes en su escritura. En principio, abordaré el sentimiento de alienación en las ciudades del Primer Mundo, recorridas por el sujeto poético en los títulos que reúnen las notas de viaje: *Poesía de paso* (1966), *Estación de los desamparados* (1972), *París, situación irregular* (1977), *A partir de Manhattan* (1979) y *Pena de extrañamiento* (1986). Por su parte, *El Paseo Ahumada* (1983) y *La aparición de la Virgen* (1987) se presentan como crónicas de Santiago de Chile bajo el régimen autoritario de Pinochet y destacan la idea de la imposible filiación del hablante a la ciudad de origen. En este movimiento dual, el espacio urbano se evidencia como permanentemente en(ajena)do, lo que explica el título de la presente reflexión.

Al analizar la postmodernidad en América Latina, Julio Ortega destaca la importancia de la «dicción urbana» de Lihn:

> Ya [...] en el tránsito fluido y diseminado del texto postmoderno, habla la nueva poesía [...]. Allí se produce la dicción urbana de Enrique Lihn [...]. Su poesía es como el residuo del lenguaje que pasa por las exploraciones del postmodernismo pero sin ilusiones [...]. Lo cual es prueba de que en estos tiempos de la postmodernidad sin las esperanzas de la modernización, la poesía dice el malestar exacerbado, desasido, en un desgarramiento del lenguaje; es, en esta instancia de la negatividad, una metáfora de los desastres. Para Lihn, como para Carlos Germán Belli, la escritura nace como una reformulación de la catástrofe de Occidente en América Latina, donde los documentos de la civilización son los de la barbarie, y donde se requiere dar forma a una palabra de la crisis (Ortega, 1995, 416-417).

Los textos de Lihn se integran, por consiguiente, en un corpus literario que, desde los sesenta a nuestros días, explica los males americanos desde la condición de la carencia o, lo que es lo mismo, a través de lo que el crítico peruano llama «la identidad del menoscabo» en una posterior elaboración de esta idea (Ortega, 1997, 17).

El hablante de Lihn sufre una pena de extrañamiento universal, siempre está de paso o en situación irregular con respecto a los demás, sea en el espacio y la cultura extranjeras (no encuentra su lugar en los centros hegemónicos del Primer Mundo) o en la ciudad de Santiago de Chile, descrita como una aberrante corte de los milagros marcada por la ignominia desde el momento de su fundación.

Como ya señalé en un artículo anterior, el motivo del extrañamiento se desarrolla a través de una serie de imágenes constantes en su poesía: el hombre se ve a sí mismo como un peregrino de paso que nunca encuentra habitación y que se limita a ver pasar la vida (Noguerol, 2001, 404). Y es que ya en 1969 el autor defendía una literatura que plasmara la enajenación contemporánea:

> El propósito de una nueva literatura latinoamericana sería el de expresar o el de configurar poéticamente una imagen analítica, una visión crítica del hombre; y del hombre en un mundo histórico de situaciones perfectamente concre-

tas y determinadas [...] que lo enajenan [...], pero de las que es preciso rendir cuentas, dar testimonio [...] Describir desde dentro una situación histórica entendida en su doble cara individual y colectiva (Lihn, «Momentos...», 1969, 187-188).

Para Schopf, «la de Enrique Lihn es una ciudad de individuos solitarios. Ellos son *los otros*, los sujetos que ocupan las casas y se mueven por las calles, realizan negocios, se adelantan en todo, poseen todo y conservan celosamente la distancia» (49). En este espacio de soledad, las miradas jamás se devuelven (así lo demuestran los poemas dedicados al viaje en metro de *A partir de Manhattan*), y si lo hacen, es para reflejar la hostilidad, como una chica que lanza al hablante «una mirada obviamente glacial, un cuchillo que podía desprender el alma del cuerpo» (*A partir de Manhattan,* 76).

A partir de la publicación de *Poesía de paso*, Premio Casa de las Américas 1966, se abre un periodo en que Lihn escribe los libros de viaje *París, situación irregular, A partir de Manhattan, Estación de los desamparados* y *Pena de extrañamiento*[1]. Tras recorrer durante un año diversas ciudades europeas gracias a una beca de museología concedida por la UNESCO, edita un libro que recoge sus experiencias en forma de anotaciones fragmentarias, en las que se entrecruzan sus comentarios sobre arte con el reflejo de la «obsesiva inquietud de un hablante que se siente solo y desamparado» (Lértora, 174).

Los textos se estructuran alrededor del motivo del viaje y del registro inmediato de múltiples situaciones. La hibridez genérica de estos libros refleja la inestabilidad permanente del sujeto, que en *Poesía de paso* aparece definido por primera vez con el sema de la extranjería: «Para siempre, estoy de paso / como la muerte misma, poeta y extranjero» (*Poesía de paso*, 9).

---

[1] Otros poetas publicaron poemarios de estas características en la década de los sesenta. Es el caso de *Postales europeas* (1967) de Ernesto Cardenal, superficial en su observación del espacio ajeno; mucho más afines a los textos de Lihn son *Canto ceremonial contra un oso hormiguero*, de Antonio Cisneros, que recibió el Premio Casa de las Américas 1968 y en el que conviven el diario de viaje, la crónica del presente y la autobiografía para poner de manifiesto las diferencias culturales entre el Viejo y el Nuevo Mundo; asimismo, *No me preguntes cómo pasa el tiempo* (1969), de José Emilio Pacheco, se opone y afirma al mismo tiempo la declaración del virrey Sebastián de Toledo que, en la carta de 1669 utilizada como epígrafe del libro, asegura: «inútil es que los naturales de la Nueva España traten de vivir en la Europa, porque siempre estarán con los ojos fijos de la memoria en su tierra» (81).

Como señala Carmen Foxley en el prólogo a *París, situación irregular*, «las obras de este periodo se constituyen como una recolección y conservación de los documentos que una cultura ha dejado tras sí bajo las formas de escritura o idiolectos, formas testimoniales de una circunstancia en la que el sujeto impersonal participa por exclusión y muy de paso» (Foxley, 1993, 14).

En este mundo, «los desplazamientos de este hombre de paso se resuelven como desencuentros que originan un discurso antiutópico, corrosivo, disfórico, crítico de sí mismo y del contorno que registra sin complacencia» (Lastra, 66), resumido en el verso «Error y horror de un viaje a cuyo término no / llego» (*París, situación irregular*, 36). Los visitados son «lugares de ensoñación» en la terminología de Walter Benjamin, a los que nunca se puede llegar porque han desaparecido antes de ser conocidos. Podría establecerse un paralelo entre estos espacios y la Zora descrita por Italo Calvino en *Las ciudades invisibles*:

> Zora tiene la propiedad de permanecer en la memoria punto por punto [...]. Su secreto es la forma en que la vista se desliza por figuras que se suceden como en una partitura musical donde no se puede cambiar o desplazar ni una nota [...]. Inútilmente he partido de viaje para visitar la ciudad: obligada a permanecer inmóvil e igual a sí misma para ser recordada mejor, Zora languideció, se deshizo y desapareció. La Tierra la ha olvidado (30-33).

Así, los libros de viaje de Lihn implican, según Oscar Galindo, «una voluntad de apropiación de la identidad cultural del otro y la noción de pertenencia a una cultura dominante, y en consecuencia, sancionada por criterios filosóficos, históricos y religiosos etnocentristas» (102). El propio autor es consciente de este hecho, reconociéndolo en sus conversaciones con Pedro Lastra: «La casa de antigüedades es lo que más se parece a esa parte de la memoria en la que todo escritor hispanoamericano es un europeo de segundo o de tercer orden. No por mediocridad sino por fatalidad histórico-cultural. Porque Hispanoamérica está todavía por fundarse. Es un terreno de aluvión y a veces un inmenso baldío» (Lastra, 51). Esto explica el comentario de Marcelo Coddou:

> La cultura [derivada] se asienta en una realidad-fantasma [...]. Dicha realidad fantasma se llamó Europa y sigue siendo, en aspectos varios, el original de nuestros calcos. La condición de modelo se viene desplazando, desde hace cien

años, a los Estados Unidos, [...] pero en otros planos Europa sigue dictando la
pauta en «la perfecta inutilidad del mimetismo» (Coddou, 86).

París, por ejemplo, es vista como espectáculo en un poemario que presenta la forma del diario de viaje y recuerda el caos urbano a través de una
estructura cercana al *collage*. Foxley realiza un significativo inventario de las
modalidades de escritura presentes en el texto:

> Entre esas escrituras se pueden señalar las citas extraídas de periódicos pari-
> sinos, los títulos de obras pictóricas, esquemas de las CORRESPONDENCIAS
> del Metropolitano, citas de escritores y críticos de arte, inscripciones en monu-
> mentos. También, formas del código de comunicación social: dedicatorias, des-
> pedidas, testamentos, instrucciones para el usuario. Formas de comunicación
> del código estético-literario: las frases antes señaladas, más algunas estrofas tra-
> dicionales. Formas de escritura propias de la crítica pictórica, o de la descrip-
> ción científica. A todas ellas se agregan los signos gráficos, las llaves, ideogramas
> y palabras invertidas (Foxley, 1977, 22)[2].

Pero la fragmentación no sólo se percibe en este poemario. Desde el
punto de vista semántico la poética lihniana se caracteriza por la fractura de
la coherencia textual mediante rápidos cambios de enfoque, bruscos desplazamientos cronoespaciales y confusión de las voces poéticas; en el pragmático, el lector se ve obligado a contextualizar poemas que no ofrecen demasia-
das pistas sobre el contexto de comunicación al que se refieren; en el
morfosintáctico, son frecuentes las alteraciones rítmicas, los guiones super-
fluos que cortan el discurso, las incongruencias y las figuras de contradicción, que constatan la inconsistencia del concepto de identidad y develan la
existencia de un espacio roto. Así se aprecia en las frecuentes oposiciones:
«Una ruina de lo que no fue entre los restos de lo que fue» (*Pena de extrañamiento*); contradicciones: «profundidad exterior», «un muerto que les
habla», «se dejan no se dejan ver», «todo en un sitio sin lugares» «sabe que
no sabe», «sólo veo que no veo» (*A partir de Manhattan*); o paradojas: «La
catedral más grande del mundo está vacía», «se necesita todo el peso de
Dios / para que al otro lado del fiel de la balanza / vayan subiendo esos

---

2 José Emilio Pacheco realiza una experiencia semejante en la sección «Postales/Conver-
saciones/Epigramas» de *No me preguntes cómo pasa el tiempo*.

pobres de espíritu», «aunque no puede florecer insiste en sus raíces» (*Pena de extrañamiento*).

De acuerdo con esta visión, París cobra sentido por sí misma: «Le sobran a París todos sus habitantes. La ciudad funciona por sí sola, es un bello espectáculo que puede ciegamente contemplarse a sí mismo. Las innumerables variantes de este espectáculo del que se participa por exclusión, entre paréntesis» (*París, situación irregular*, 66). El narcisismo de su espacio queda destacado a través de los espejos: «La economía del espacio, compensada por espejos que la delatan, imprime a esta ciudad el ritmo de una escalera de caracol y el carácter estrechamente narcisista que duplica personas y objetos» (*París, situación irregular*, 49).

La sociedad moderna, concepto vacío percibido a partir del «éxtasis de lo que por fin se pudre para siempre» (*A partir de Manhattan*, 12), encuentra su mejor manifestación en las ciudades que funcionan como centros hegemónicos de poder. Así ocurre en *A partir de Manhattan*, que ofrece en «Hipermanhattan» una visión degradada de la megalópolis neoyorquina: «Si el paraíso terrenal fuera así / igualmente ilegible / el infierno sería preferible / al ruidoso país que nunca rompe / su silencio, en Babel» (*A partir de Manhattan*, 20).

El hablante pierde su ubicación en un mundo que ha olvidado sus verdaderas dimensiones. De ahí el frecuente uso en este poemario de la hipérbole —«chimeneas gigantescas», «hombres diminutos», «perros mínimos», «metro [...] terrible de no ocupantes», «frío aterrador», «la guitarrista más hermosa del mundo»— y de la metonimia: «Charco de carne membranosa», «pieles ya de trapo», «modernidad cargada de muerte»[3]. Ante la imposibilidad de conocer el espacio ajeno —«Entramos en las Ramblas Adriana y yo, /

---

[3] Ya Neruda había mostrado esta imagen distópica de la ciudad en «Residencia en la tierra» (1925-1935), específicamente en poemas como «Desespediente», «Walking around», «Un día sobresale» o «Caballero solo», donde el individuo aparece fragmentado: «Así, pues, como un vigía tornado insensible y ciego, / incrédulo y condenado a un doloroso acecho, / frente a la pared en que cada día del tiempo se une, / mis rostros diferentes se arriman y encadenan / como grandes flores pálidas y pesadas / tenazmente sustituidas y difuntas» (76). Asimismo, Nicanor Parra se hace eco de la pesadilla urbana en «Los vicios del mundo moderno» y «El peregrino» entre otros textos (*Poemas y Antipoemas* y *Obra gruesa*). Sobre el personaje que da título al último poema citado, hay que comentar la coincidencia de su naturaleza con la del Pingüino de Lihn. El sujeto poético se enmascara tras un vendedor de feria, un charlatán que (se) vende solicitando nuestra atención (ver Schopf, 48).

Ariadna guiando al rencoroso Teseo topo y viajero de todos los laberintos / pero reiteradamente incapaz de atravesarlos por sí mismo, / sólo acostumbrado a la penalidad de sobrellevarlos» (*A partir de Manhattan*, 44), siente el desarraigo que, según el propio autor:

> Se extiende a la propia existencia entendida como un viaje [...]. Una combinación de familiaridad y extrañamiento respecto de los lugares que te recuerdan tu antiorigen. La condición de extranjero me parece a mí particularmente entrañable para el tipo de hispanoamericanos al que pertenecemos como personas, por decirlo así, cultas (Lastra, 58).

El sujeto poético utiliza recursos variados para encontrar su filiación en la cultura extranjera:

– *La memoria*. En el poema que abre *Poesía de paso* se apropia de una ciudad europea –Bruselas bajo la nieve– gracias a un recuerdo infantil: «La nieve era en Bruselas otro falso recuerdo / de tu infancia, cayendo sobre esos raros sueños / tuyos sobre ciudades a las que daba acceso / la casa ubicua de los abuelos paternos» (*Poesía de paso*, 3). Como señala Calvino en relación a Zaira, otra de sus *ciudades invisibles*: «la ciudad no está hecha de esto [materiales], sino de relaciones entre las medidas de su espacio y los acontecimientos de su pasado» (25).

Puesto que «las ciudades son imágenes» (*Poesía de paso*, 13), el hablante trae a ellas «el cansado recuerdo de sus libros de estampas» (*Poesía de paso*, 39). Un buen ejemplo de este procedimiento de apropiación se encuentra en la reflexión que provoca la película *Topper*, vista en una sala de Manhattan. Ante el beso de Cary Grant e Irene Dunne en la pantalla, el sujeto poético comenta: «Lo que me ata a la ciudad es todavía más irreal que ese beso / [...] Esta ciudad no existe para mí ni yo existo para ella / [...] Existe para mí, en cambio, en la medida en que logro destemporalizarla» (*Pena de extrañamiento*, 8-9). Así, Nueva York, «esta ciudad hacia la que todas confluyen» (*A partir de Manhattan*, 58), genera «recuerdos del presente»:

> No me voy de esta ciudad con la resignación de los visitantes / en tránsito. / Me dejo atar, fascinado por ella / a los recuerdos del presente: / cosas que no tuvieron, por definición, un futuro / pero que, ciertamente, llegaron a envejecer, / pues las dejo a sabiendas / de que son, tal vez, las últimas elaboraciones del deseo / los caprichos lábiles que preanuncian la vejez (*Pena de extrañamiento*, 7).

– *Las imágenes culturales*. Como señala el propio Lihn, «el poeta de paso no conocerá nunca Europa; se limitará a recorrerla separado de ella como por un cristal de seguridad, una galería de imágenes. La Europa que él reconoce se funda en un terreno movedizo e inconexo, en una informe *herencia cultural*. Nada de eso lo liga a la verdadera Europa» (Lastra, 51). Las ciudades visitadas son percibidas a partir de referencias culturales. Rouen es la catedral que pintó Monet (*Poesía de paso*, 67-69), Viena, el poema «Homenaje a Freud» (*Poesía de paso*, 63-66) y «Muchacha florentina» la celebración de una belleza «Alto Renacimiento» que va «camino de Sandro Botticelli» (*Poesía de paso*, 48).

– *Las analogías con el propio pasado*. El hablante identifica las calles del barrio de Pigalle con las de Santiago de Chile: «Cerca de la Place Pigalle hay callecitas de mi barrio de arrabal, calles tranquilas, de buenos hábitos, por las que circulan en situación regular las prostitutas vecinas, sólo exhibiendo nalgas y senos allí por razones estrictamente profesionales» (*París, situación irregular*, 42). Pero el recuerdo siempre es engañoso: «La isla dispone de fantasmas artificiales / con que llenar los huecos de la contrahistoria [...]. / Esas muchachas caídas de la luna a la nieve / vestidas de pierrot y sus acompañantes andróginos / fueron y no fueron mis amigos de juventud» (*Pena de extrañamiento*, 8).

– *La fotografía*. Se descubre como otra forma fallida de apropiarse de la realidad deseada: «Acto gratuito: tomarle una fotografía a la Tour Eiffel [...]. El turista y sus actos gratuitos (la reproducción como primera fase de la producción) [...]. El robo de la imagen deja intacta la realidad que aquélla representa» (*París, situación irregular*, 72-73); por su deseo de arraigarse en Nueva York, el hablante compra incluso «a vil precio» (nótese lo irónico de esta expresión) unos «antepasados instantáneos»:

> En una barraca, cerca de Nueva York, el martillero liquidó el saldo de su negocio / –un stock de fotografías antiguas– / ofreciéndolas a gritos en medio de las risotadas de todos: / "Antepasados instantáneos", por unos centavos / Esos antepasados eran los míos, pues aunque los adquirí a vil precio / no tardaron, sin duda, en obligarme a la emoción / ante el puente de Brooklyn (*Pena de extrañamiento*, 7).

– *El idioma*. Frente a otras capitales europeas, Madrid es recorrida con una emoción nueva, fundada en la esperanza de encontrar la ansiada filiación en el español. Así se aprecia en el siguiente cuarteto de tonos vallejianos: «Vámonos vieja, vámonos a España / del exilio pasemos al exilio, / pues quizá de allí venga el auxilio, / de nuestra propia lengua» (*París, situación irregular*, 103). Sin embargo, se produce de nuevo el fracaso de la identificación: el hablante afirma mantener «un soliloquio en una lengua muerta» (*A partir de Manhattan*, 50), por lo que espeta en un resentido verso «no sé qué mierda estoy haciendo aquí» (*A partir de Manhattan*, 50).

«Exiliado» (*Poesía de paso*, 32), «meteco» (*París, situación irregular*, 71), «vagabundo» (*París, situación irregular*, 87), «náufrago» errando «entre plásticos restos del naufragio» (*París, situación irregular*, 93) o «náufrago en la tierra» (*Al bello aparecer de este lucero*, 62), el sujeto siempre está destinado al desencuentro, a la participación «por exclusión, entre paréntesis» (*París, situación irregular*, 66) y a la «peregrinación solitaria» (*Poesía de paso*, 3). Su única virtud es adorar el becerro de oro extranjero. Como él mismo señala, «el meteco aporta a París una cualidad que la megalópolis no posee de por sí o al menos para sí: la fascinación» (*París, situación irregular*, 71)[4]. Al marcharse de la ciudad se desdobla para ocupar un lugar de intersección entre el mundo del que procede y el espacio ajeno. Esta experiencia se manifiesta en el habla –«Hasta las palabras tienen que desdoblarse / esralbodsed» (*París, situación irregular*, 55)– y en la propia conciencia:

Hoy me siento el extranjero, descifro / otra mano en la palma de la mía (*Pena de extrañamiento*, 24).
[Tomo el avión]. Eso en lo que concierne a mi cuerpo, mientras el invisible / ciudadano / de esos rincones y esas calles / tan innotorio como lo son, al fin y al cabo, entre sí, / diez millones de habitantes / seguirá aquí, delegado por la memoria, / que llega a la aberración y toma entonces / no sólo la forma de mi sombra: / mi existencia hecha de algo que se le parezca. / Ese doble abrirá en mí un hueco que yo mismo no podría llenar / con las anotaciones de mi diario de viajes (*Pena de extrañamiento*, 10).

Es irónico que las prostitutas parisinas se encuentren en situación regular frente al extranjero, marginado también ante el travesti que vende su cuerpo –«El travestista excepcional minifaldero y con botas / caladas hasta

---

[4] Este aspecto ha sido analizado en profundidad en los trabajos de Binns y Noguerol (1997 y 1998).

las nalgas atiende su negocio / sin perder el tiempo en irregularidades»
(*París, situación irregular*, 36)– o los mendigos: «la mendicidad de capa y
espada. Antiguos favoritos de la reina, play boys, actores de cine, hombres
de negocios, nos salen al paso en los bulevares de la Rive Gauche [...]. Estos
señores nos piden limosna gratis y todavía tenemos la tupé de pasar de largo
farfullando una excusa» (*París, situación irregular*, 70). Un poco más adelante incluso implora el reconocimiento a una vieja parisina, marginada en el
contexto social por su edad pero de nuevo superior al meteco: «Anciana de
París que cierras al atardecer tu ventana inimaginable, ten piedad de mi
amor por esta ciudad que, como tú, no me reconoce» (*París, situación irregular*, 70).

Finalmente, la ciudad mítica es rechazada, pues se trata de un monumento cultural que incentiva las «situaciones regulares», esto es, las estrategias para mantener a la sociedad bajo un régimen conservador, alienante y
superficial: «Oh, vieja, vieja civilización / madre fálica en la que / t-to-todas
nuestras monstruosidades pueden / decir su nombre / y son buenos negocios / situaciones regulares» (*París, situación irregular*, 37). El extranjero se
permite entonces la irreverencia ante el mito: «Una parte de la inhibición
que me infundía esta ciudad ha desaparecido desde que sigo el consejo de
orinar en sus calles» (*París, situación irregular*, 68). De este modo, la experiencia de Lihn cuestiona la idea del intelectual cosmopolita defendida en el
modernismo y la vanguardia. De ella se concluye que nunca podremos inte-
grarnos en una cultura extranjera.

Pero la solución no se encuentra tampoco en el regreso al origen, con lo
que se desecha definitivamente la utopía mundonovista. El retorno a Hispanoamérica hará que el poeta sienta su mundo como copia defectuosa del
que ahora abandona[5]:

> [Será] mañana, cuando como un cuerpo sin la mitad de su alma / despojado del
> terror que fascina, habite / en cualesquiera de esas medio-ciudades, defectuosas
> copias de Manhattan / y, por lo tanto, ruinas –nuestros nidos– / antes, después y
> durante su construcción, / algunos de mis puntos de destino / cuando me vaya y
> no me vaya de aquí (*Pena de extrañamiento*, 10).

---

[5] He analizado este aspecto en relación a ciudades mexicanas contemporáneas en
Noguerol, 1996.

«Sólo he vivido en Chile, pero he muerto –con perdón– de ciudad en ciudad o, más bien, he sido en todas ellas un ciudadano fantasma, prescindible y apasionado», leemos en el prólogo a *Pena de extrañamiento* (*Pena de extrañamiento*, 18). ¿Significa esto que Lihn mantiene una relación positiva con su país de origen? Ya veremos que no. En su literatura no existe posibilidad de encontrar el propio espacio, que se revela como un *continuum* sin identidad, el «no lugar» al que Marc Augé ha dado nombre y entidad en sus recientes estudios etnológicos (56).

Como muchos autores de su generación, Lihn rechaza el concepto de patria y considera que el lugar en que nació, al que califica como «ese horroroso país trivial» en *Diario de muerte* (*Diario de muerte*, 83), lastró su existencia de forma decisiva:

> Nunca salí del horroroso Chile / mis viajes que no son imaginarios / tardíos sí –momentos de un momento– / no me desarraigaron del eriazo / remoto y presuntuoso. / Nunca salí del habla que el Liceo Alemán / me infligió en sus dos patios como en un regimiento / mordiendo en ella el polvo de un exilio imposible. / Otras lenguas me inspiran un sagrado rencor: / el miedo de perder con la lengua materna /toda la realidad. Nunca salí de nada (*A partir de Manhattan*, 53)[6].

«Como el locústido me hubiera gustado ser», exclama el hablante de *El Paseo Ahumada*. Es decir, hubiera deseado amar su lugar de origen. Sin embargo, el reflejo de Chile bajo el gobierno autoritario de Pinochet da lugar a un poemario claramente distópico, sobre el que comenta: «Intenté hacer con palabras algo tan injusto, violento, estridente, agobiador, cómico, irrisorio y desesperado como el Paseo Ahumada» (Lihn, 1984, 26). Y aquí es necesario adjuntar su explicación sobre el significado de este enclave urbano:

---

[6] El espíritu del poema lihniano es afín al de los poetas de su generación. Léase si no «Cepo de Lima» de Carlos Germán Belli: «...Por tu cepo es, ¡ay Lima!, bien lo sé, / que tanto cuna cuanto tumba es siempre / para quien acá nace, vive y muere» (140), o «Crónica de Lima» de Cisneros, que plantea cómo todo se oxida en «Lima, la horrible»: «Así, / tus deseos, / tus empresas / serán una aguja oxidada / antes de que terminen de asomar los pelos, la cabeza» (23). En otras ocasiones, Cisneros presenta al Perú como «una banda del Pacífico que ninguno codicia», «finisterre» donde se está «en el límite exacto de la tierra», «la frontera» donde «se disuelve el paisaje como una costa imaginaria que los navíos evitan». Todos estos autores podrían hacerse eco de las siguientes palabras de José Emilio Pacheco en «Alta traición»: «No amo a mi Patria. Su fulgor abstracto es inasible» (12).

El Paseo Ahumada iba a ser la pista para el despegue económico, un espacio para la descongestión urbana. Se trataba de cultivar un oasis peatonal en medio de una ciudad tan próspera como vigilada. La vigilancia es lo único que recuerda el proyecto, se la mantiene con armas y perros policiales. En todo lo demás ocurrió lo que tenía que ocurrir. El Paseo Ahumada es el pabellón en que se exhibe el quiebre del modelo económico. Las vitrinas elevan los precios al infinito y los importadores de baratijas a precios botados inundan el suelo del paseo, haciendo su negocio por medio de los héroes del trabajo. Éstos, para evitar ser decomisados, [...] deben correr constantemente por el Paseo, imprimiéndole un ligero aire de estadio en vísperas de las Olimpíadas. El Paseo [...] es la dura escuela en que impedidos de toda clase, especialmente ciegos nunca antes vistos aquí en tal cantidad, se ven forzados al autofinanciamiento. Son razones de economía las que lo han convertido [...] en el Gran Teatro de la crueldad nacional y popular, donde se practican todos los oficios de la supervivencia, desde los más espectaculares hasta los más secretos, sin que ninguno de ellos escape a la publicidad (*El Paseo Ahumada*, 28).

Este duro y esclarecedor prólogo concluye significativamente con las palabras «Santiago del Nuevo Extremo, postrimerías de 1983». De este modo, Lihn nos remite al discurso de las crónicas de Indias, mostrando un mundo lastrado por las irregularidades producidas en los procesos coloniales[7].

El poemario, dividido en diferentes escenas del Paseo, presenta el formato de los periódicos sensacionalistas de bajo precio, con titulares de prensa para los textos y un diseño transgresor. Marcado por el color rojo característico de las crónicas de sucesos, hace gala de una tipografía descuidada, ofreciéndose como un objeto desechable más de los encontrados en la calle.

---

[7] Las alusiones a conocidas crónicas, analizadas por Favi como claves de lectura tanto en *Estación de los desamparados* como en *El Paseo Ahumada*, se repiten a lo largo de este último poemario, parodia de la representación heroica del país instituida en las *Cartas* de Pedro de Valdivia, *La Araucana* de Alonso de Ercilla o *La histórica relación del reino de Chile*, de Alonso Ovalle. Así, destaca la degradación del pasado chileno en fragmentos como los siguientes: «La Prostitución ese camino + fácil que pasa / x el laberinto Ahumada / Santiago del Nuevo Extremo» (*El Paseo Ahumada*, 12); «Santiago medieval con sus garitas de flora aciaga y su fauna / ciegamente acampada en el Vivac / fluyendo ociosamente a toda hora / tan cesantes como estábamos los araucanos en el decir de los conquistadores» (*El Paseo Ahumada*, 14). Asimismo, El Paseo se presenta como una corte de los milagros copada por juglares, mendigos, músicos ciegos y bufones, calificados irónicamente como «orgullo nacional» o «dioses» (*El Paseo Ahumada*, 12).

En el mismo sentido, el sujeto poético ya no se presenta como extranjero, sino que resulta un bufón más entre las anónimas criaturas que pueblan el espacio representativo de la dictadura. Como señala Lihn a Marcelo Coddou:

> Me interesa ver qué ocurre para los individuos que escriben in situ, en el lugar de la represión, como lo estuvo Cervantes, como lo estuvieron los autores de la picaresca [...]. Y que, por eso, son ambiguos: hacen una literatura de la que sólo puede dar cuenta una lectura polidimensional. Son tipos, por ejemplo, que asumen para hablar el papel de bufón, que puede decir todas las verdades que quiera a condición de reconocer la situación objetiva en que ha sido colocado: la de bufón (Coddou, 149).

Esta voz se hace eco de las palabras de Octavio Paz en *Posdata* (1970), cuando éste señala que en el momento en que una sociedad se degrada, política y socialmente, lo primero que se gangrena es el lenguaje (42). Esta «parresia» o «rudeza verbal», propia del personaje cínico, se opone a la mentira incentivada por la dictadura. Siguiendo este principio, el hablante de *El Paseo Ahumada*, que toma a un mendigo como su «tomacorrientes» de la realidad, descubre la única lengua en la que se puede hablar de la dictadura:

> En una lengua muda tendría que cantar y que no generalizara / Para eso basta con nuestro monumento / el Paseo Ahumada; en una lengua de plástico debiera intrínsecamente amordazada y, por supuesto, desechable. Usted / le da cuerda y ella dice su Canto General sin necesidad de la pila eléctrica, únicamente por cien pesos (*El Paseo Ahumada*, 10).

El lugar desde el que habla este nuevo sujeto no es ya el que ocupaba el hablante inspirado de la poesía tradicional, quien se reconocía como poseedor de un privilegio. Ahora se deconstruye permanentemente un discurso que ha perdido su vigencia y autoridad. El hablante de *El Paseo Ahumada* asume su propia desmitificación en la figura de un vate marginal, negativo del «yo» nerudiano en «Canto general»: «Canto general / Mi Canto particular (que te interprete, pingüino), producto de la recesión y de otras restricciones / Soy un cantante limitado, un minusválido de la canción» (*El Paseo Ahumada*, 9).

En cuanto al lenguaje, el mismo Lihn reconoce en el prólogo la necesidad de hablar del Chile del Decenio haciendo gala de un discurso desgarrado, en verso libre y paroxístico:

Así pues, en verso libre (¡algo que lo sea!) [el poeta] le ha tomado el pulso a este brazo de alborotado mar humano, cuidando de hacerlo en el estilo paroxístico que se impone, por sí solo, a autores, moribundos o vendedores ambulantes. Entre la vida y el paro cardíaco, entre la letra y el borrón, entre el hambre y el plato de tallarines [...] Dicho todo lo cual, el autor de estas páginas agradece al Decenio la oportunidad que le ha dado de escribir con las manos amarradas; proeza que quiere agregar a las que realizan, día a día, los subempleados y mendigos del Paseo, sus semejantes, sus hermanos (*El Paseo Ahumada*, 28).

La tiranía se refleja incluso en las fuentes que flanquean el Paseo, guardianas del régimen por impedir las manifestaciones con su estratégica disposición: «La Estética del Vivac salpica a sus mirones / son *fuentes* que mantienen el orden y la ley del chorro / en el Paseo Ahumada» (*El Paseo Ahumada*, 5). Las comparaciones irónicas con enclaves culturales prestigiosos evidencian la degradación del espacio que define el Decenio: «¿No se sienten ellos en las proximidades de Versalles? / ¿No les recuerda la Fuente de Trevi / y a los modernistas la fuente Castalia / y a los wagnerianos la cueva del cisne?» (*El Paseo Ahumada*, 5). O, en «Las siete plagas en el paraíso terrenal», donde se habla de «Talca, París y Londres y el Paseo Ahumada. / El sueño del pibe hecho realidad en la palabra / florida del discurso inaugural» (*El Paseo Ahumada*, 12).

En definitiva, a lo largo de las páginas precedentes hemos podido comprobar cómo el hablante de Lihn se siente enajenado en cualquiera de los espacios urbanos por los que transita. Inmerso en la confusión de la ciudad, anónimo y solitario, busca una habitación imposible.

Bibliografía

a) Obras citadas de Enrique Lihn

Poemas de este tiempo y otro. Santiago de Chile: Renovación, 1955.
Poesía de paso. La Habana: Casa de las Américas, 1966.
Escrito en Cuba. México D.F.: Era, 1969.
«Momentos esenciales de la poesía chilena», *Panorama de la actual literatura latinoamericana*. La Habana: Casa de las Américas, 1969, 187-188.
París, situación irregular. Santiago de Chile: Aconcagua, 1977.
A partir de Manhattan. Valparaíso: Ganymedes, 1979.

Estación de los desamparados. México D.F.: Premiá, 1982.
El Paseo Ahumada. Santiago de Chile: Minga, 1983.
«Entrevista a Enrique Lihn». *La Bicicleta*, 42, 1984, 17-24.
Pena de extrañamiento. Santiago de Chile: Sin fronteras, 1986.
La aparición de la Virgen. Santiago de Chile: Cuadernos de Libre (E)lección, 1987.

b) Bibliografía general

Augé, Marc. «Los *no lugares*. Espacios del anonimato», *Una antropología de la sobremodernidad*. Barcelona: Gedisa, 1998, 52-68.

Belli, Carlos Germán. *Canciones y otros poemas*. México D.F.: Premiá, 1982.

Binns, Niall. «Tres poetas metecos: Darío, Huidobro, Lihn», *Quaderni Ibero-Americani*, 83-84, 1998, 5-18.

Calvino, Italo. *Las ciudades invisibles*. Barcelona: Siruela, 1996.

Cisneros, Antonio. *Canto ceremonial contra un oso hormiguero*. La Habana: Casa de las Américas, 1968.

— *Como una higuera en un campo de golf*. Lima: Inc, 1972.

Coddou, Marcelo. «Lihn: a la verdad por lo imaginario», *Texto crítico*, 2.11, 1978, 13-21.

Favi, Gloria. «Enrique Lihn, cronista de la ciudad», *Revista Chilena de Literatura*, 43, 1993, 131-36.

Foxley, Carmen. «Enrique Lihn y los juegos excéntricos de la imaginación», *Revista Chilena de Literatura*, 41, 1993, 15-24.

— *Enrique Lihn: escritura excéntrica y modernidad*. Santiago de Chile: Editorial Universitaria, 1995.

Galindo, Óscar. «Escritura y viaje en la poesía de Enrique Lihn», *Revista Chilena de Literatura*, 46, 1994, 101-109.

Lastra, Pedro. *Conversaciones con Enrique Lihn*. Xalapa: Centro de Investigaciones Lingüístico-Literarias: Universidad Veracruzana, 1980.

Lértora, Juan Carlos. «Sobre la poesía de Enrique Lihn», *Texto Crítico*, 8, 1977, 170-180.

Medrano Pizarro, Juan. «El resplandor del polo de Manhattan: Fantasma y ciudad en *Pena de extrañamiento* de Enrique Lihn», *Revista de Crítica Literaria Latinoamericana*, 27, 53, 2001, 129-141.

Neruda, Pablo. *Obras completas*. vol. I. Barcelona: Círculo de Lectores/Galaxia Gutenberg, 1999.

Noguerol, Francisca. «De ciudades y distopías», *Industria y ciudad en la literatura*. Manuel Maldonado y Eva Parra (eds.). Sevilla: Agathon, 1996, 207-220.

— «El poeta como isla: alienación en la poesía de Enrique Lihn». *La isla posible.* Carmen Alemany *et al.* (eds.). Alicante: Universidad de Alicante, 2001, 403-414.

— «Atraídos por Lutecia: el mito de París en la narrativa hispanoamericana», *Iberorromania*, 46, 1997, 75-100.

— «De parisitis y rastacuerismo», *Rubén Darío, poeta hispánico.* Alfonso García Morales (ed.). Sevilla: Universidad de Sevilla, 1998, 143-165.

Ortega, Julio. «El postmodernismo en América Latina», *Homenaje a Alfredo Roggiano. En este aire de América.* México D.F.: IILI, 1995, 407-420.

— «Identidad y postmodernidad en América Latina», *El principio radical de lo nuevo. Postmodernidad, identidad y novela en América Latina.* México D.F.: FCE, 1997, 15-33.

Pacheco, José Emilio. *No me preguntes cómo pasa el tiempo.* México D.F.: Joaquín Mortiz, 1969.

— *Islas a la deriva* [1976], en *Tarde o temprano.* México D.F.: FCE, 1980.

Paz, Octavio. «Alrededores de la literatura hispanoamericana», *In/mediaciones.* Madrid: Seix Barral, 1979, 25-37.

Sarmiento, Óscar. «El diálogo entre la poesía de Enrique Lihn y Jorge Teillier: la ciudad y el pueblo», *Dissertation Abstracts International,* 52.9, 1992, 3302A.

Schopf, Federico. «La ciudad en la poesía chilena: Neruda, Parra, Lihn», *Revista chilena de literatura,* 25, 1985, 37-53.

Teillier, Jorge. *Crónica del forastero.* Santiago de Chile: Talleres Arancibia, 1968.

— *Para un pueblo fantasma.* Valparaíso: Ediciones Universitarias, 1978.

Manuel Gutiérrez Nájera: de la Ciudad de los Palacios a la Ciudad Cosmopolita

Álvaro Salvador

La Ciudad de México sufre una extraordinaria transformación en el último tercio del siglo XIX que coincide en el tiempo, casi exactamente, con la biografía de Manuel Gutiérrez Nájera. Efectivamente, en la década de los años sesenta, sobre todo a partir del gobierno del emperador Maximiliano se emprende la transformación de la ciudad, a imagen y semejanza del París del Segundo Imperio, y se adopta la filosofía positivista como fundamento teórico de la modernidad, aunque el cambio definitivo hacia la modernización económica del país no se aborda hasta el primer gobierno de Porfirio Díaz en 1877. Son los años en que Manuel Gutiérrez Nájera está iniciando su carrera literaria.

En 1860, aproximadamente, la población de la Ciudad de los Palacios se había duplicado, desde ciento doce mil a doscientos y pico mil, en relación al número de habitantes censados al acabar el siglo precedente; sin embargo sus límites permanecían prácticamente idénticos. La reforma del espacio urbano era, por tanto, una necesidad objetiva, impelida por la superpoblación que provocaba la aparición de arrabales y zonas marginales, la antiguedad de los servicios y la transformación que estaban experimentando tanto las comunicaciones como la industria y los transportes. Quizá la obra que simboliza el extraordinario cambio que va a experimentar la ciudad en las décadas siguientes sea la trasformación que sufre la llamada Calzada del Emperador, que más tarde se llamará Calzada de Chalputepec y finalmente Paseo de la Reforma. Manuel Rivera Cambas hizo una muy interesante descripción del nuevo panorama:

> ¡Cuán gratas son las horas de la mañana en el paseo de la Reforma y las calzadas que lo rodean! ¡Contémplase desde allí la neblina y entre las armonías misteriosas e indefinibles que revela el despertar de la salida del sol tras los velos de la naturaleza. Campos pintorescos que de uno y otro lado de la calzada forman vasto horizonte limitado por las alturas que ciñen el Valle y por el castillo de Chapultepec rodeado de bosques seculares; hermosas amazonas de flotante

falda que en alegre comitiva recorren la distancia en elegantes corceles, multitud de paseantes que van a buscar la soledad respirando las frescas auras matinales: tal es el cuadro que allí se contempla en la mañana (83).

El emperador Maximiliano acometió igualmente la reforma y reordenación del Palacio de Chapultepec, que le pareció «el Schönnbrun de México» y a los catorce días de su llegada a México se trasladó a él, iniciando las obras de reforma. La contemplación del paisaje que se divisaba desde Chapultepec hizo exclamar a José Zorrilla: «Quien no ha visto Méjico desde Chapultepec no ha visto la tierra desde un balcón del paraíso». Las dificultades que presentaba el camino que por entonces unía el palacio con la capital, bordeando el acueducto que surtía de agua a la misma, hicieron a Maximiliano adquirir toda una serie de terrenos colindantes y encargar, al parecer, al arquitecto Ramón Agea el trazado del paseo de la Reforma. La avenida no se abre completamente al público hasta 1877 y, al haber crecido ya los árboles, se convierte en el paseo más frecuentado de la capital. La reforma del palacio de Chapultepec fue dirigida por el arquitecto Ramón Rodríguez y Arangoity, profesional de formación europea que había estudiado y trabajado en Roma y París antes de regresar a México.

De cualquier modo, es en el llamado período del Porfiriato, desde 1877 a finales de siglo, cuando se culmina la transformación de la Ciudad de los Palacios, la «ciudad barroca», en una ciudad moderna y cosmopolita que en muy pocos años llegará a ser una verdadera megálopolis. De la mano de importantes arquitectos civiles como Emilio Dondé, Eleuterio Méndez y Antonio Torres Torija, la Ciudad de México fue transformándose en un espacio que nada tenía que ver con la antigua ciudad religiosa y provinciana de la época de la Independencia. Israel Katzman en un texto ya clásico, nos describe minuciosamente esta transformación, así como el desarrollo y poblamiento de las colonias Guerrero, Juárez, Hidalgo y Santa Julia (Katzman, 30-35). Para José Luis Romero, México creció de un modo diferente al resto de las capitales latinoamericanas que se transformaban en estos años. En México «fueron las clases medias y altas las que se desplazaron hacia los nuevos barrios –las "colonias"– que surgieron en las vecindades de Chalputepec, en tanto que el casco viejo alojaba cada vez más a las clases populares que transformaban en casa de vecindad las viejas casonas y los palacios» (Romero, 251).

No obstante, la transformación de la ciudad no se circunscribe solamente a lo arquitectónico, es también el producto de una modernización. Los primeros trenes urbanos de tracción animal empezaron a funcionar en el año 1857; los tranvías eléctricos se inauguran en 1899. La primera concesión para el ferrocarril México-Veracruz, se hizo en el año 1837; no obstante, después de muchos problemas no pudo inaugurarse hasta 1873. El suministro de agua, desde la época virreinal, se realizaba a través de la fuerza de gravedad, trasportando los caudales a través de acueductos por arcadas desde los yacimientos a las fuentes de la ciudad. En total, había más de sesenta fuentes en toda la ciudad. En 1852 se comenzaron a demoler algunos acueductos con la intención de sustituirlos por tubería subterránea de plomo y ya en 1902 había 6.800 casas con toma de agua.

Los primeros focos eléctricos se instalan en 1881 en la capital y en Guanajato en 1884, aunque hay que decir que tendrán que transcurrir muchos años para que se generalice el consumo de la electricidad y se sustituyan completamente los sistemas anteriores.

El telégrafo, tan importante para la actividad periodística, fue introducido en Ciudad de México, en 1853, por el ingeniero español, nacionalizado mexicano más tarde, Juan de la Granja. En 1876 el país contaba con 7.000 kilómetros de líneas telegráficas y para 1885 la red de todo el país se extendía en 21.158. En cuanto al teléfono, la primera línea que existió en México fue la que se tendió entre el castillo de Chapultepec y el Palacio Nacional en 1878. Para 1896, podemos decir que las principales ciudades mexicanas estaban integradas ya en el servicio telefónico nacional (Casasola, 1971, 815 y 1978, 7.605-7.607).

Uno de los problemas fundamentales que la Ciudad de México, ciudad construida sobre una laguna, tuvo que padecer durante años, fue el de sus desagües, tanto el de los desagües habituales de alcantarillado y aguas fecales, como los problemas de achique, y sus consecuencias, que provocaban las fuertes lluvias. A partir de 1864, el ingeniero Francisco de Garay, que había presentado los mejores proyectos, fue nombrado director de los trabajos para canalizar los desagües del Valle de México. En 1895, estos proyectos fueron mejorados con la aprobación de uno nuevo que contemplaba la construcción de, además de grandes colectores y atarjeas, tuberías de agua para el lavado de dichas atarjeas. Las obras no pudieron finalizarse hasta 1900. Tampoco el problema del empedrado de calles y plazas pudo solucionarse satisfactoriamente hasta que, desde 1891 a 1900, se pavimentan 146.000 metros cuadrados de calles céntricas con adoquines de asfalto comprimido. Como señala Katzman, «todavía en el siglo XIX era frecuente encontrar en tiempo de lluvias, cuadrúpedos sumergidos y carros volteados en el fango de las calzadas que rodeaban a la capital» (36 y 37).

El Duque Job, seudónimo con el que Manuel Gutiérrez Nájera firmaba sus crónicas, y a quien encantaba el paisaje urbano bajo la lluvia, no es ajeno a estos problemas que tuvo que padecer prácticamente durante toda su vida. Así lo cuenta en «Stora»:

> Para vivir ahora en México, como para leer una novela de Zolá [sic], se necesita irremisiblemente llevar cubiertas las narices. Las primeras lluvias han convertido la ciudad en un mar fétido, donde se hospedan las amarillas tercianas y el rapado tifo. ¡Quién estuviera en París! Cuando los primeros chaparrones descargan sobre la ciudad privilegiada –dice Banville– y cuando las primeras brumas, a la vez transparentes y espesas rodean su atmósfera, París es abominable y delicioso (1963, 167).

Como podemos ver, el fango de Ciudad de México se transforma enseguida, por la pluma del Duque Job, en el fango de una ciudad más sublime, el fango de París. ¡Hasta para el fango, el modelo de los modernistas es la Ciudad Luz! Sin embargo, sabemos que el Duque Job nunca estuvo en París, nunca la conoció, así que nos es lícito sospechar que las descripciones callejeras que hemos citado con anterioridad debieron ser tomadas de la Ciudad de los Palacios, aunque fuesen atribuidas a la capital parisina.

De este modo, el poeta-periodista que es Manuel Gutiérrez Nájera se ve impelido a abandonar su gabinete, su «refugio de arte» y a lanzarse al exterior a buscar la noticia que le reporte el sustento de cada día. El exterior no es ya el de la naturaleza, ni siquiera el de la naturaleza culta, el exterior es el continuo deambular por las calles de una ciudad que está experimentando en esos años un proceso de transformación vertiginosa. El poeta, por lo tanto, se transforma, también a su pesar, en un *flâneur* («Las misas de navidad»):

> He salido a flanear un rato por las calles, y en todas partes, el fresco olor a lama, el bullicio y el ruido de las plazas y la eterna alharaca de los pitos han atado mis pensamientos a la Noche Buena. Es imposible que hablemos de otra cosa (1963, 37).

Ciertamente, durante mucho tiempo fue imposible para Gutiérrez Nájera hablar de cualquier otra cosa que no fuese la ciudad o los asuntos relacionados con ella. Como señala Belem Clark «las necesidades del público determinaron en buena medida la orientación de las publicaciones, en una ciudad cuya población iba en considerable crecimiento, que comenzaba a despertar al desarrollo económico y a verse transformada por vías de comunicación, es decir, "que cambiaba constantemente", que necesitaba descubrirse, reconocerse, describirse e informarse, y que, por lo mismo, otorgó esa función a los escritores» (36). Así se lee en «La novela del tranvía»:

> No, la ciudad de México no empieza en el Palacio Nacional, ni acaba en la calzada de la Reforma. Yo doy a ustedes mi palabra de que la ciudad es mucho mayor. Es una gran tortuga que extiende hacia los cuatro puntos cardinales sus patas dislocadas. Esas patas son sucias y velludas. Los ayuntamientos, con paternal solicitud, cuidan de pintarlas con lodo, mensualmente (1963, 6).

La ciudad se transforma, por tanto, en una nueva aventura que abre sus posibilidades ante este nuevo modo de ser escritor, artista, que supone ser cronista. La ciudad es una nueva selva, llena de ruidos inquietantes producidos por los carruajes, los landós, los *trois quarts*, los *coupés* que pasean por la Reforma, Bucareli o Plateros. «En la calle» lo cuenta así:

> Los carruajes pasaban con el ruido armonioso de los muelles nuevos; el landó, abriendo su góndola, forrada de azul raso, descubría la seda resplandeciente de los trajes y la blancura de las epidermis; el faetón iba saltando como un venado fugitivo y el mail coach, coronado de sombreros blancos y sombrillas rojas, con las damas coquetamente escalonadas en el pescante y en el techo, corría pesadamente, como un viejo soltero enamorado, tras la griseta de ojos picarescos. Y parecía que de las piedras salían voces, que un vago estrépito de fiesta se formaba en los aires, confundiendo las carcajadas argentinas de los jóvenes, el rodar de los coches en el empedrado, el chasquido del látigo que se retuerce como una víbora en los aires, el son confuso de las palabras y el trote de los caballos fatigados. Esto es: vida que pasa, se arremolina, bulle, hierve; bocas que sonríen, ojos que besan con la mirada, plumas, sedas, encajes blancos y pestañas negras; el rumor de la fiesta desgranando su collar de sonoras perlas... (1963, 50).

O bien por los gritos de los voceadores de los distintos periódicos (*La Libertad, El Imparcial, El Partido Liberal, El Universal*), el barullo de restaurantes (Fulchieri, la Concordia Recamier, El Jockey Club, etc.) cervecerías y

billares, o grandes almacenes (La Camiseria Elegante, El Puerto de Veracruz, La Sorpresa), como se ve en «Martha»:

> Acabé de saborear una opípara chuleta, seguida de una docena de ostiones
> suculentos, rocié todo esto con una senda copa de vino del Rhin; encendí un
> puro y clopin clopant me encaminé al teatro. Confieso que una buena cena y
> más que todo, una buena digestión, favorecen como poco mi habitual benevo-
> lencia... (1974, 89).

O en «La vida en México»:

> Ya casi todos los cafés habían cerrado sus puertas. Nada más los billares per-
> manecían iluminados, siendo como son el último refugio de trasnochados y noc-
> támbulos... Y luego, abandonando aquel balcón, espiamos por los cristales del
> Casino, los grandes preparativos de la fiesta. Las notas se estaban vistiendo en el
> aire, y como entran los cómicos al teatro, antes de que comience la función, se
> metían a la caja del violín, al tubo de la flauta y los agujeros del clarinete (1963,
> 247 y 251).

Así se lee en «Memorias de un paraguas»:

> Una tarde, por fin, miré la luz, en los almacenes de una gran casa de comer-
> cio. No podía quejarme. Mi nueva instalación era magnífica. Grandes salones,
> llenos de graderías y corredores, guardaban en vistosa muchedumbre un núme-
> ro incalculable de mercancías: tapetes de finísimo tejido, colgados de altos
> barandales; hules brillantes de distintos dibujos y colores cubriendo una gran
> parte de los muros; grandes rollos de alfombras, en forma de pirámides y torres;
> y en vidrieras, aparadores y anaqueles, multitud de paraguas y sombrillas, pre-
> ciosas cajas policromadas, encerrando corbatas, guantes finos, medias de seda,
> cintas y pañuelos... (1963, 229)[1].

O el murmullo de las muchedumbres a la salida de los espectáculos, del
teatro, del circo, de la ópera, de la hípica, de la aeronáutica (el Teatro Nacional, el Principal, el Arbeu, el circo Orrín y el Chiarini, el hipódromo del
Peralvillo o La Condesa, las exhibiciones en la Alameda, etc.). El texto pertenece a «Función en beneficio de Sofía Alverá»:

---

[1] Ver Apéndices, 172.

Volví a ver el reloj y era la una. Como la función anunciada era bastante larga, calculé que en aquellos momentos, comenzaría el desfile de la concurrencia. Maquinalmente encendí un puro y quise levantar el cuello de mi paletot. ¿Quiénes habrían ido? Un simple esfuerzo de memoria, me bastó para figurarme el teatro precisamente como había estado. Me figuré clavado como la estatua del Comendador, viendo bajar por la escalera a nuestras diosas y semi-diosas de salón, como dicen los gacetilleros mitológicos... Por ahí pasa la señora Refugio Terreros de Rincón, una dama que recuerda esos cuadros de Watteau célebres en la corte de Luis XV... (1974, 265 y 266).

En «La hija del aire» lo cuenta así:

...Algunas noches hace... entré a la tienda alzada en la plazoleta del Seminario. Un saltimbanco se dislocaba haciendo contorsiones grotescas, explotando su fealdad, su desvergüenza y su idiotismo, como esos limosneros que, para estimular la esperada larguesa de los transeúntes, enseñan sus llagas y explotan su podredumbre. Una mujer –casi desnuda– se retorcía como una víbora en el aire... (1963, 32).

En «En el hipódromo» se dice:

Es imposible separar los ojos de esa larga pista, en donde los caballos de carrera compiten, maravillándonos con sus proezas... esta manía hípica... se extiende hasta las damas, que también siguen, a favor del anteojo, los episodios y las peripecias de la justa... El caballo pasea con arrogancia dentro de la pista, como una hermosa en el salón de baile. Sabe que es bello y sabe que le miran...
En este gran reinado de los monstruos, Cantolla es de la primera nobleza, cuando menos. El buen aeronauta es un monstruo de la fortuna. Cada vez que el explorador de los tejados sube empíricamente por el aire, me parece que las erguidas cruces de las torres y las esferas oblongas de las cúpulas, esos pechos ubérrimos de la arquitectura, van a hacerle un cordial recibimiento... (1963, 17)[2].

Es cierto, como señala Clark de Lara, que el periodismo «ofreció a Manuel Gutiérrez Nájera la posibilidad de enfrentar la dualidad» surgida

---

[2] Se refiere a Joaquín de la Cantolla y Rico (1837-1915), el más popular de los aeronautas mexicanos de finales del siglo XIX y principios del XX. Su ascensión vestido de charro y montado a caballo le proporcionó mucha fama. Son famosas las fotografías aéreas tomadas desde el globo de Cantolla, como las realizadas por Casimiro Castro (Gutiérrez Nájera 1984, 47).

de un síntoma de modernidad muy característico: la oscilación entre una posición «pastoral» ante la necesidad de ser «absolutamente moderno» o moderno sobre todo y la reacción «contrapastoral» frente a los excesos de la modernización y el utilitarismo (ver el capítulo «Modernismo pastoral y contrapastoral» de Bermann, 132-141). El periodismo «le permitió su incorporación a la vida "industrializada", al integrarse con su "mercancía" a un proceso productivo, y por la otra presentó el camino idóneo para que el creador, desde su posición estética, señalara a la sociedad la vía de la redención, todo ello mediante un producto final: su escritura» (Clark de Lara, 69). Es cierto que la «crónica» supone para Gutiérrez Nájera el lugar en el que pueden convivir sus dos tendencias escriturales, la que le pide sosiego y reflexión para lograr el proceso de creación estética y la que le llama al exterior de la realidad, a las calles de la ciudad en donde encontrar la noticia que le permita rellenar las cuartillas necesarias para el sueldo del día siguiente. No obstante, también es cierto que la actividad «noble» del poeta-periodista acaba por contaminarse de «intensificación nerviosa» y da lugar a productos literarios insólitos que se adecúan de un modo inopinado a las necesidades y los gustos de esas nuevas muchedumbres clasemedieras, de ese nuevo publico que se está conformando al calor de la revolución de las ciudades.

Estos productos pueden ser detectados, como hemos dicho, fundamentalmente en los escritos en prosa de Gutiérrez Nájera, en las llamadas «crónicas», pero también en esos híbridos que no sabemos –y tampoco sabía el propio autor– si pertenecen a la crónica, al cuento o al poema en prosa, los llamados cuentos «frágiles», «de humo», etc. Como analiza brillantemente Julio Ramos, la actividad «informativa» y «flaneadora» de Gutiérrez Nájera ante la trasformación extraordinaria que la ciudad está experimentando le transforma en un *voyeur* que describe, fascinado, ese nuevo paisaje que acaba de descubrir. Ramos alude a una de las crónicas de Nájera en las que la personalidad de «mirón» se hace más evidente, la titulada «Una cita» (Ramos, 131 y ss.):

> Acostumbro en las mañanas pasearme por las calzadas de los alrededores y por el bosque de Chapultepec, el sitio predilecto de los enamorados.
> Esto me ha proporcionado ser testigo involuntario de más de una cita amorosa. Hace tres días vi llegar en un elegante coche a una bella dama desconocida, morena, de ojos de fuego... Algunas frases llegaron a mi oído: no eran dos enamorados: eran madre e hijo... (1958, 307).

La curiosidad de este improvisado Peeping Tom le lleva a descubrir un drama familiar, abierto a cualquier interpretación, esto es, a cualquier «narración» posible. En este caso, Nájera no la desarrolla, se trata de una de sus crónicas más cortas, pero sí lo hará, y con largueza, en otras ocasiones, como veremos. No obstante, me gustaría señalar antes otro ejemplo de voyeurismo, «En el hipódromo», en el que la atracción de la mirada por el objeto se complementa con una muy pintoresca sublimación de ese erotismo subyacente en casi todas las relaciones de este tipo, una sublimación que desemboca en una suerte de zoofilia muy divertida:

> Mme. Bob no se jacta de sus títulos, pero sí se vanagloria de sus caballos, que descienden de "Gladiator" y "Lady Tempest". Y cuentan que cuando vuelve de algún baile, escotada, con los ebúrneos brazos descubiertos y abrochados los catorce botones de sus guantes, entra en las caballerizas, alumbradas por el gas, y allí dilata su nariz para sentir el acre olor de las repletas pesebreras, y despierta los caballos, y les rodea el cuerpo con los brazos y los besa... (1963, 20).

Cuando la ciudad aparece como una desconocida, como ocurre en «La novela del tranvía», el Duque Job reinventa la ciudad, reiventa sus itinerarios, sus calles, pero también reiventa sus personajes desde la propia individualidad del sujeto creador, desde el espacio interior de su *boudoir*:

> ...No, la ciudad de México no empieza en el Palacio Nacional, ni acaba en la calzada de la Reforma... Más allá de la peluquería de Micoló, hay un pueblo que habita barrios extravagantes, cuyos nombres son esencialmente antiaperitivos. Hay hombres muy honrados que viven en la plazuela del Tequequite y señoras de invencible virtud cuya casa está situada en el callejón de Salsipuedes...
> ¿Quién sería mi vecino? De seguro era casado, y con hijas. ¿Serían bonitas?... (1963, 3).

Al romper la conexión con esta ciudad desconocida, vemos cómo la manera de vivirla que nos presenta el poeta-periodista es una manera internalizada, un modo de vivir la ciudad desde la «subjetividad» y sin establecer nunca una relación real con ella. El *voyeur* se convierte así en «chismoso», recuperando la tradición decimonónica latinoamericana de la *causerie*. Como señala acertadamente Julio Ramos, «la extrañeza, más allá de la ciudad, se proyecta sobre las relaciones de la gente misma. El sujeto, a lo largo de la crónica, no simplemente informa sobre la ciudad; por el reverso de la información, conjetura, inventa, haciendo de la crónica, en última instancia, un relato de ficción» (131 y 132):

> ¿Quién será?... Siempre baja del vagón en la plazuela de Loreto y entra a la iglesia. Sin embargo, no tiene cara de mujer devota... Tiene una mirada que si hablara sería un grito pidiendo bomberos. Viene cubierta con un velo negro... Esa mujer es como las papas: no se fíen ustedes, aunque las vean tan frescas en el agua: queman la lengua...
> ¿A dónde va? Con un tiempo como este nadie sale de su casa, si no es por una grave urgencia... La única explicación de estos viajes en tranvía y de estos rezos, a hora inusitada, es la existencia de un amante. ¿Quién será el marido? (1963, 8 y 9).

El mismo Gutiérrez Nájera siempre tuvo muy en cuenta –y valoró, por ejemplo en «Crónicas de "El nacional", de Marcial [Gonzalo A. Esteva]» (1959, 263-265)– el carácter un tanto frívolo, de conversación intrascendente, de *causerie* que la crónica debía tener, recogiendo las enseñanzas de Villemesant para la *chronique* parisina. Como señala muy acertadamente Belem Clark, Nájera «consideró que para un artista de la crónica, como lo era él, la diferencia estaba cifrada en que nunca perdiera el escritor el toque íntimo, el perfume del *boudoir*, en que las charlas amables recordaran a las del elegante gabinete en donde se hablaba de los sucesos actuales o del pasado» (105 y 106).

No obstante, y volviendo al arranque de este capítulo, nos gustaría llamar la atención sobre el hecho de que también sobre la actividad artística que Nájera consideraba más noble, la poesía, –tan noble como para no «sentirse digno» de confeccionar un libro con sus poemas sueltos–, también, decimos, sobre esta actividad estética, sobre esta producción literaria, se deja sentir la transformación general del inconsciente colectivo que provoca el tremendo cambio experimentado en las ciudades durante el último tercio del siglo XIX, y que igualmente abre una nueva escenografía para las relaciones interpersonales, un nuevo sentido en las percepciones de la colectividad y la subjetividad, así como un extraordinario campo de posibilidades al entender de un modo totalmente inédito las dimensiones tanto del espacio como del tiempo. Podríamos citar el poema dedicado a la «Duquesa Job», pero también otros muchos («Después del teatro», «La Noche de San Silvestre», «Cuadro de hogar», «Carta abierta», «El primer capítulo», etc.) en los que puede verse cómo la dialéctica entre tradición y modernidad deja paso a la interiorización poética de las nuevas condiciones colectivas e individuales provocadas por la transformación que las ciudades y las sociedades latinoamericanas están experimentando en esos años. Esa interiorización de las condiciones de vida que impone la sociedad industrial y la ciudad moderna se manifiesta como rechazo, como reacción contrapastoral, como huida hacia el interior estético, pero también como canto pastoral de la modernidad y sus recursos. Bástenos para concluir con un último ejemplo, un poema fechado en 1879 que se titula «Después del teatro»:

> Salíamos del teatro: tú apoyada
> con languidez artística en mi brazo;
> muy cerca de mi pecho, tu regazo,
> muy cerca de mi alma, tu mirada.
>
> Bajamos la escalera: enmudecían
> nuestros labios, tus ojos se entornaban,
> y los que así tan juntos nos miraban
> ¡Cómo se ve que se aman! –repetían
> ....
>
> ¿Te acuerdas? Avanzamos muy despacio
> por la angosta calleja, en oleajes,
> mirando deshacerse los celajes,
> caleidoscopio inmenso del espacio.
>
> Así cruzamos por la calle muerta,
> y en amorosa plática estuvimos,
> hasta que pronto por mi mal nos vimos
> de tu escondido hogar junto a la puerta... (1969, 35 y 36).

BIBLIOGRAFÍA

a) Obras de Manuel Gutiérrez Nájera

Cuentos completos y otras narraciones. Erwin Kempton Mapes (ed.). México D.F.: Fondo de Cultura Económica, 1958.
Obras. Crítica Literaria I. Ernesto Mejía Sánchez (ed.). México D.F.: UNAM, 1959.
Cuentos y cuaresmas del Duque Job. México D.F.: Porrúa, 1963.
Los cien mejores poemas de Manuel Gutiérrez Nájera. Madrid: Aguilar, 1969.

Obras III. Crónicas y artículos sobre teatro I (1876-1880). Alfonso Rangel (ed.). México D.F.: UNAM, 1974.

Obras IV. Crónicas y artículos sobre teatro II. Yolanda Bache y Ana Elena Díaz Alejo (eds.). México D.F.: UNAM, 1984.

b) Bibliografía general

Bermann, Marshall. *Todo lo sólido se desvanece en el aire*. Madrid: Siglo XXI, 1988.

Casasola, Gustavo. *Seis siglos de historia gráfica de México 1325-1925*, tomo II. Gustavo Casasola (ed.). México D.F.: Editorial Gustavo Casasola, 1971.

— *Enciclopedia de México*, tomo 12. México D.F.: Editorial Gustavo Casasola, 1978.

Clark de Lara, Belem. *Tradición y Modernidad en Manuel Gutiérrez Nájera*. México D.F.: UNAM, 1998.

Katzman, Israel. *Arquitectura del siglo XIX en México*. México D.F.: Centro de Investigaciones Arquitectónicas, UNAM, 1973.

Ramos, Julio. *Desencuentros de la modernidad en América Latina*. México D.F.: Fondo de Cultura Económica, 1989.

Rivera Cambas, Manuel. *México pintoresco, artístico y monumental (1880)*. México D.F.: Secretaría de Obras y Servicios del Distrito Federal, 1975.

Romero, José Luis. *Latinoamérica: las ciudades y las ideas*. México D.F.: Siglo XXI, 1976.

Cafés, confiterías, bares, fondas de la lírica argentina contemporánea. Aproximación a *Café Bretaña* (1994) de Santiago Sylvester

Víctor Gustavo Zonana

Introducción

El presente estudio parte de una concepción del espacio como entidad que presupone, en virtud de sus fines, su morfología, su historia y de las interacciones sociales que promueve, un conjunto de guiones[1] o situaciones posibles. De este conjunto, la literatura en general y los géneros en particular, seleccionan en forma predominante algunos, de acuerdo con los contenidos y valores simbólicos que tradicionalmente expresan. La selección y transformación poética de tales situaciones determina que el espacio devenga un *topos*, en el sentido retórico del término.

A partir de esta forma de entender el espacio, se intenta examinar la representación de los cafés, bares y fondas en la lírica argentina del siglo XX. La inclusión de estos espacios urbanos en una misma categoría se debe a que, al menos en los ejemplos literarios escogidos, se comportan de manera análoga: promueven el desarrollo de guiones semejantes y asumen similares valores simbólicos. La selección del corpus de análisis se ha realizado según un recorrido diacrónico (desde 1907 hasta la actualidad). En los textos incluidos (secuencias de poemas, poemas o poemarios enteros), el espacio bar/café constituye el eje de la indagación poética, aunque aparece generalmente asociado a otros temas. La selección no atiende a la ubicación geográfica del café (no se limita a las ciudades argentinas), sino a la recuperación de este ámbito como espacio urbano prototípico y, puede decirse, universal. Dado que los registros culto y popular suelen relacionarse, que la lírica ciudadana abunda en ejemplos de excelente factura artística, y que incluso poetas «cultos» han escrito poemas con el fin de formar parte del circuito popular, se

---

[1] En el sentido de «secuencias estereotipadas de eventos o acciones» (Coulson, 20).

incluyen en el corpus letras de tango. Para constatar que la lírica se comporta como un subsistema que selecciona programas específicos del espacio café, se ha utilizado además un corpus complementario de textos de los otros géneros.

El análisis se orienta a reconocer las constantes conceptuales y figurativas que hacen del espacio un *topos* literario y cultural. Para ello es necesario sintetizar el valor sociocultural del espacio, indagar acerca de lo que históricamente significa en el contexto ciudadano moderno. A partir de estas significaciones asociadas, de las historias vinculadas a él, el espacio deviene *topos*, gracias a la reiteración de imágenes y valores en un sistema determinado como el de la lírica. Esta transformación tópica es importante, ya que en el ciudadano lector, pasa a formar parte de su horizonte de comprensión del espacio real. De allí que sea posible reconocer la pervivencia de esta tradición, su desarrollo y transformación en textos contemporáneos como por ejemplo *Café Bretaña*, del escritor Santiago Sylvester.

EL CAFÉ: UNA MIRADA SOCIOCULTURAL

En el contexto de la ciudad moderna y cosmopolita, pero también en el del suburbio, cafés, bares y fondas constituyen espacios semipúblicos de socialización. Bares de barrio, céntricos o portuarios, con o sin espectáculos incluidos, constituyen ámbitos de valor institucional, de gestación casi espontánea, herencia de la cultura europea y más precisamente hispánica. Los tipos de sociabilidad que imponen están, en cierta medida, determinados por sus dimensiones. Al respecto, señala Sandra Gayol que «la proximidad física permite el conocimiento de los hábitos de cada cual e impone la comunicación por medio de los gestos y de la apariencia» (55). En el café, el asistente ocasional se entretiene, deja pasar el tiempo o espera el encuentro con alguien, hace un alto en el trabajo o antes de regresar al hogar; el parroquiano se encuentra con su grupo de amistades para intercambiar ideas, discutir, exhibirse o simplemente sentirse acompañado, escuchar un poco de música, seguir en grupo las alternativas del partido de su equipo favorito, transmitido por radio o televisión.

Ya se encuentre solo o en compañía, el asistente improvisa un territorio de privacidad, furtivo y transitorio, en el contexto público de la cosmópolis o el barrio (Gayol, 65). Una privacidad diferente a la del hogar y altamente significativa en los casos en que éste no da lugar a que el individuo desarrolle propiamente esa esfera de su vida[2].

La socialización y la privacidad transitoria del café poseen además un carácter democrático y heterogéneo. El espacio del café se abre a todo el mundo, mezcla nacionalidades, profesiones, gustos (Gayol, 54), y establece entre los asistentes, dada la reducción de la distancia interpersonal a la que obligan su espacio y su mobiliario, una singular comunidad. Desde una perspectiva histórica, el café se opone al club en el cual privacidad y comunidad están sujetas a un reglamento y a cierta selección social. Al respecto señala David Viñas que hacia fines del siglo XIX, el café se opone al club y «preanuncia bohemia, clases medias y profesionalización de la literatura» (193).

El papel del café como espacio de reunión de tertulias o peñas artísticas aparece atestiguado en numerosas crónicas de la cultura argentina, al menos en un período comprendido entre principios y mitad del siglo XX[3]. En su crónica del *Café de los Inmortales*, Vicente Martínez Cuitiño destaca el valor de bares y cafés como verdaderos hogares espirituales para el artista bohemio: «islas del ensueño y de la esperanza donde el joven promisorio [...] por alada solidaridad con la belleza fúgase de su particular mundo material para prolongarse en el de las puras manifestaciones del espíritu» (15). A través de la narrativa, el teatro y el ensayo (especialmente) se ha realizado un registro de cafés y bares de Buenos Aires, memorables por sus peñas artísticas. Entre otros, el ya mencionado *Café de los Inmortales*, el *Royal Keller*, el *Aue's Keller*, la *Confitería del Águila*, el *Café Tortoni,* por citar sólo algunos.

A principios de siglo XX, el espacio del café está marcado genéricamente: es territorio preferentemente masculino (Salas, 268), aunque es posible identificar a personajes femeninos prototípicos como las camareras de los bares de La Boca (Lara; Roncetti de Panti, 181) o las célebres integrantes de las «orquestas de señoritas». Según Horacio Salas,

---

[2] A principios del siglo XX, en Buenos Aires y otras ciudades latinoamericanas, es sustituto de la vivienda miserable y corresponde a un espacio de privacidad dentro de una vida desarrollada especialmente «afuera» del hogar (Gayol, 57).

[3] Ver, por ejemplo, Cócaro y Cócaro; Lagorio; Martínez Cuitiño; Petit de Murat; Saldías.

el ingreso femenino era permitido también en aquellos bares que conta-
ban con un «salón familiar» (Salas, 268). Progresivamente la mujer
toma posesión del bar, ya sea en compañía de un hombre, con otras
mujeres o sola.

El ingreso femenino habla de la transformación de las funciones y
del público en este espacio ciudadano. Así, por ejemplo, el café de
barrio desaparece progresivamente con la reducción del tiempo de ocio
ante la necesidad de acumular horas de trabajo para subsistir. Desaparecen también las tertulias de los cafés céntricos, transitados preferentemente por asistentes ocasionales. De allí también el florecimiento de
textos poéticos que lamentan la desaparición de bares fundamentales
en la vida del cantor, ante el influjo de la modernización urbana y la
transformación de las costumbres. En numerosos ejemplos de las últimas décadas se advierte incluso la sustitución de los tipos de socialización del café, por formas de relación más circunstanciales y aleatorias.
El encuentro constituye ahora, por ejemplo, un medio para tolerar el
fracaso de la propia vida, fracaso que, aisladamente, sería insoportable
(Kovadloff, 2).

LA REPRESENTACIÓN LITERARIA DEL ESPACIO CAFÉ/BAR

El análisis sociohistórico es un peldaño inicial en la comprensión de la
configuración del café como *topos* cultural. En la constitución de dicho
artefacto juegan un papel capital las representaciones, es decir, las imágenes y significados que genera en el campo de la cultura y en el más
acotado de la poesía lírica[4].

La representación del café como espacio literario está íntimamente
ligada a las imágenes de la ciudad moderna, burguesa. Antecedentes ilus-
tres se encuentran, por ejemplo en la literatura española: en el capítulo
«Costumbres turcas» de *Fortunata y Jacinta*, por ejemplo, Benito Pérez
Galdós diseña un cuadro sociológico del café a través del personaje de
Juan Pablo Rubín[5] y lo instituye como espacio literario tipo de la novela.

---

[4] Para esta distinción remito a Armus, 13.
[5] Horacio Salas menciona también la *Comedia Nueva o El café*, de Leandro Fernández de Moratín (266) como antecedente, aunque en este caso el café oficia de escenario

Este proceso de transformación cultural y artística supone la puesta en práctica de estrategias de representación lingüísticas y literarias. En la pintura del espacio y la expresión de sus valores fundamentales, se activan imaginariamente categorías como escala, esquemas lógicos y referencias específicas. La escala ofrece una idea de dimensión espacial con respecto a un parámetro que suele ser el cuerpo humano. La categoría de escala incluye otras: perspectiva (relaciones cerca/lejos), volumen (en función de los objetos que el espacio incluye), y desplazamiento. Los esquemas lógicos que coadyuvan en la representación de la espacialidad son, entre otros, las relaciones adentro/afuera, centro/periferia, adelante/atrás, arriba/abajo. Por su parte, las referencias específicas son marcadores concretos de índole geográfica o topográfica. Por ejemplo, denominaciones de calles, monumentos urbanos, edificios representativos, plazas, etc. que dan una idea precisa de localización (Bailly, 53-56).

Aplicadas estas categorías a la construcción imaginaria del espacio «bar» en la poesía, en el corpus seleccionado se observa lo siguiente. La representación depende de un sujeto perceptor que opera como coordenada axial y representa lo que le sucede a él (cuando la voz enunciadora y la percepción coinciden) o a otros. La dimensión total del espacio es acotada ya que suele ser abarcada por la vista, el oído y eventualmente, el olfato[6]. La idea de un espacio abarcable es reforzada por las referencias a una superposición de objetos que promueven el acortamiento del espacio personal[7] y la distancia interpersonal. Las cosas se ven, oyen, tocan y huelen próximas al sujeto que percibe. La referencia a estos objetos se realiza mediante trazos breves y perceptivamente salientes que concentran haces de significación y remiten metonímica/sinecdóquicamente a la escena del bar: bebidas (vino, café, generalmente); comidas; humo (cigarrillos, vapor de las comidas o de la máquina de

---

en el cual se desarrollan las acciones y el verdadero asunto de la comedia es la crítica de Fernández de Moratín al teatro español de su época. Con todo, hay referencias al espacio como centro de reunión de la gente de teatro (autores, actores y críticos) y de los falsos eruditos a los que les gusta predicar por la noche lo que han leído por la mañana.

[6] El predominio de un aroma que envuelve de manera persistente el ámbito, habla también de su reducción.

[7] Zona que circunda inmediatamente al individuo y que es vista como proyección del yo. Ver Ricci Bitti; Zani, 138.

café); mobiliario (el espejo, la ventana, las mesas, las sillas, el piano, la lámpara, el reloj, el almanaque; las tazas o vasos). Los objetos poseen una gravitación especial en la escena: connotan el estado de ánimo del observador o asumen valencias simbólicas determinadas. Al conjunto de objetos se suma la mención de personajes habituales: parroquianos, hombres y mujeres solitarios, la pareja de amantes; la puta, la/el mendiga/o, el loco, la adivina; los músicos o la orquesta de señoritas que interpretan generalmente jazz o tango; el observador, el escritor, entre otros.

En estos indicadores descansa la impresión de que el espacio genera ipso facto un clima de comunidad entre los asistentes, por su mera copresencia y sin necesidad de una comunicación verbal efectiva.

Los esquemas lógicos activados en forma insistente son las relaciones adentro/afuera, centro/periferia, adelante/atrás. Puertas y ventanas del bar sirven para realzar las relaciones de inclusión y exclusión. Dichas relaciones pueden marcar un límite entre lo público de la ciudad y lo privado del café o pueden, metafóricamente, entenderse como un estar adentro o afuera del yo que indican grados de ensimismamiento o dispersión. En este caso, el espacio bar oficia de ámbito excluyente y el propio sujeto, de espacio incluyente. La localización del sujeto perceptor puede ocupar en el bar una posición periférica –próxima al afuera del entorno urbano– o central. El sujeto puede describir lo que percibe visualmente por delante o auditivamente por detrás. A su vez, en el contexto de la ciudad, el bar puede tener una localización central (en la zona principal, más poblada, más moderna o antigua del entorno urbano) o periférica con relación a este centro. El carácter periférico o central se apoya además en la mención o descripción de los alrededores (salida del metro; barrio/esquina; zona del puerto).

Los referentes concretos se mencionan habitualmente en los títulos, aunque pueden aparecer en el cuerpo del poema. Entre otros se encuentran: nombres de bares, calles, personajes habituales o referencias a datos históricos concretos (acontecimientos políticos, por ejemplo). El valor de anclaje referencial de estos indicadores depende de su combinatoria con las otras categorías mencionadas y de la enciclopedia cultural del lector. Dicho valor puede además modificarse o anularse en virtud del efecto estético que el autor desea provocar.

Otras categorías importantes para la gestación de la idea del espacio, que surgen a partir de la lectura de los textos del corpus, son la luz (con las variantes claridad/oscuridad, en función del momento del día en el que se desarrolla la escena y de la estación del año) y la percepción del movimiento ajeno (de la calle, los asistentes, los objetos), que incide en percepción subjetiva del tiempo.

La reconstrucción imaginaria del espacio aparece asociada a la asignación de guiones y valores simbólicos específicos. Dicha asignación depende de un juego de oposiciones explícito o implícito en los textos. Entre las más frecuentes se encuentran las siguientes: privado/público; homogeneidad/heterogeneidad; caos exterior/orden interior; desamparo/amparo; identidad/anonimato; compañía/soledad; realidad/deseo; presente/pasado. En función de este juego, en los textos del corpus, el bar selecciona una serie de guiones que pueden manifestarse aisladamente o en conjunto. A continuación se detallan los más frecuentes:

1) Es ámbito de educación, formación e iniciación, del sujeto. Esta prerrogativa se halla vinculada a la sociabilidad de los parroquianos y al papel que desempeña en el aprendizaje del sujeto que lo evoca («Como una escuela de todas las cosas, / ya de muchacho me diste entre asombros: / el cigarrillo, la fe en mis sueños / y una esperanza de amor». «Cafetín de Buenos Aires». Santos Discépolo, en Romano, 376).

2) Permite el despliegue de la ilusión de quien lo frecuenta («Pero este hombre se agarra a la vida / porque tiene un secreto a falta de sopa, / yo le oí decir, con voz conmovida / ¡Ah, cuando se represente por fin mi ópera!». «El piano solitario». Olivari, 45). En el bar el sujeto recuerda el tiempo pasado, idílico. Este valor se advierte especialmente en los poemas dedicados a los bares de La Boca en los que el inmigrante italiano constata el fracaso de sus ilusiones americanas y rememora su tierra natal («Con el codo en la mesa mugrienta / y la vida clavada en el suelo / piensa el tano Domingo Polenta / en el drama de su inmigración / Y en la sucia cantina que canta / la nostalgia del viejo *paese*, / desafina su ronca garganta / ya curtida de vino Carlón». «La violeta». Olivari, en Romano, 176). Es también ámbito que da lugar a la divagación («En el rincón oscuro del café solitario, / entre un ebrio que llora y un gato que dormita, / silabea mi idea por el abecedario / de las cosas triviales que el desgano limita // y la pereza esfuma». «El café». Banchs, 98). Finalmente, el bar permite el desarrollo de la capacidad creadora («Dispersar como un mazo / De naipes el espíritu en la hora / Silenciosa y al vuelo recogerlo / Con mano de tahúr; sacar / Libreta y lapicera y escri-

bir / Lo poco que la vida le presta a la palabra». «La mesa de café». Anadón, 53).

3) Invita a realizar un balance de la propia vida. («Y ahí está, nuevamente, todavía, / Frente a una taza de café, dudando / Si era ésa la vida que quería. / Diga que sí o que no, fumando / La decisión se irá como un hilillo / De humo sutil, azul, distante / Y quedará en su mano la ceniza». «La mesa de café». Anadón, 55).

4) Constituye el espacio ideal de encuentro de los amantes, sea para mantener su amor o para sellar su ruptura («Del último café / que tus labios, con frío / pidieron esa vez / con la voz de un suspiro... / Recuerdo tu desdén, / te evoco sin razón, / te escucho sin que estés: / "lo nuestro terminó"». «El último café». Castillo, en Romano, 434)[8].

5) Es el espacio donde se refugian seres marginales, marginados, abatidos por la vida, desarraigados o sin rumbo cierto. Personajes que han arribado a él por costumbre, necesidad o indolencia y que están fuera de su espacio originario. Al congregarlos, el bar exhibe la heterogeneidad de la ciudad cosmopolita («Veo que escuchan silenciosos / los parroquianos del café / parecen esos haraposos / dos personajes de Andreiev. // ...Toca el flautín, negro ambulante, / sueña en tu suelo de Jamaica. / Sueña en tu nieve, ruso errante / y suena, suena, la balalaika». «Sinfonía en rojo y negro». González Tuñón, 1948, 12)[9].

6) Es el espacio que atestigua la vitalidad de la ciudad y exhibe como microcosmos, el macrocosmos urbano. («Siempre la veré así: gente que habla / de lo que ocurre y lo que va a ocurrir. / Luna y sol de vereda popular / o la garúa penetrando en el muro. / La mariposa muerta en la tulipa / y un niño que dibuja en la ventana / algo que tiene forma de futuro. // Algo que tiene forma de país». «Óleo neorrealista con luz sur». González Tuñón, 1983, 91). Se trata de una técnica de reducción que permite observar la complejidad del todo en una muestra pequeña (Zubiaurre, 232-233). Por otra parte, esa vitalidad que el sujeto percibe

---

[8] Esta función del espacio se desarrolla ampliamente en la obra teatral *Los de la mesa 10*, de Osvaldo Dragún.

[9] En ocasiones, esta congregación se asocia con la idea del mal y con la presencia de Dios incluso en un antro de abandono: «Oh Dios, / entre matones, tangos y desoladas prostitutas / siento Tu Presencia / como un forajido que hubiera hallado en mi corazón / un sótano seguro». «Bar "La Cristina"». Calvetti, 64.

a su alrededor puede ser garantía de la propia existencia («...se trata de vivir en la corriente / se trata de existir por la existencia de otros». «En un bar». Rossler, 84).

7) Hace posible la representación, mediante proyección metafórica, del estado de alma del propio sujeto que lo frecuenta («Escribo desde un bar, desde una mesa / con tazas, quemaduras, / manchas de suciedad antigua. / Es una mesa de madera, / es una mesa de silencio, / es una mesa hecha con tablas, / con paciencia, con tedio, con rutina, / es una mesa y es también / un estado de alma». «En un bar». Rossler, 83).

8) Favorece la recuperación o evocación de bienes que el tiempo se ha llevado. La acción de recordar un bar ahora inexistente sirve como memorándum del pasado de la ciudad («Los amigos estaban allí; la noche, el humo / –su pequeño país de ansias y sueños vagos–. // Los poemas ya escritos y los que se agitaban / detrás de la vigilia; los últimos cocheros; / Pelito Verde, el Sábalo, canillitas, bohemios / sin melena...». «El Puchero Misterioso». González Tuñón, 1983, 55). Se trata de un valor asociado a la tópica del *ubi sunt*. Volver al bar es además una manera de recuperar esos bienes perdidos («¡Cuántas veces, oh padre, habrás venido / de tus graves negocios fatigado, / a fumar un habano perfumado / y a jugar el tresillo consabido! // Melancólico, pobre, descubierto, / tu hijo te repite, padre muerto». «Viejo Café Tortoni». Fernández Moreno, 48).

Estos guiones y su simbolismo se expresan directamente o a través de metáforas específicas que adquieren un carácter tradicional por su repetición. Así, por ejemplo, la idea del bar/café como espacio de protección se representa mediante las imágenes de isla, cueva, pequeña patria, puerto de almas, etc.

Vistas en su conjunto, las situaciones y sus valores simbólicos ponen de manifiesto que de todas las actividades posibles en el espacio, sólo algunas son aprovechadas expresivamente por la lírica, al menos en forma predominante y en lo que se refiere al corpus de trabajo escogido. Prevalece, por lo general, una visión que oscila entre la tristeza, la melancolía, o el registro descriptivo «neutro». Los textos no poseen un tono exultante. Incluso, la representación de aspectos que hacen a la jovialidad del bar se remiten al pasado o se refieren a una alegría «superficial» o, finalmente, son síntomas de la mezcla, el desorden, el

abigarramiento moderno[10]. Tampoco se observa la referencia a las tertulias literarias, las cuales aparecen ampliamente evocadas en la ficción
narrativa, la crónica y el teatro[11]. La aparición del espacio «bar/café»
parece además demarcada en el contexto de vertientes estilísticas del
sistema: lírica de carácter o tema urbano, con componente descriptivo
fuerte, próxima a un cierto «realismo» o mirada a lo social, lo cotidiano, lo próximo.

TODOS LOS CAFÉS DEL MUNDO: *CAFÉ BRETAÑA* (1994)

En *Café Bretaña*, Santiago Sylvester ofrece una síntesis poética del sentido del tránsito y la permanencia en el café[12]. En el contexto del corpus
de trabajo, la originalidad del volumen está dada por cierto viso reflexivo que, a partir de la descripción del café, sus visitantes, los hábitos que
tienen lugar en él, se proyecta hacia una meditación sobre aspectos inherentes al ser urbano contemporáneo: las relaciones entre orden y dispersión, casualidad y causalidad, arraigo y desarraigo, necesidad y azar, el
lenguaje. Esta forma de proceder constituye tal vez un rasgo de estilo, ya
que la mirada de Sylvester descubre la secreta complejidad de lo cotidiano o inviste la realidad de un dinamismo insospechado. Tales cualidades
de lo existente se revelan mediante un poderoso lenguaje metafórico el

---

[10] Como sucede por ejemplo en «Milonga» de Oliverio Girondo o «Jazz Band», de
Leopoldo Marechal.

[11] Por su parte, la ficción narrativa o dramática y la crónica sí recuperan algunos de
los guiones aquí presentados.

[12] Poeta y narrador. Nació en Salta, en 1942. «Vivió durante años en Madrid, donde
fue codirector de la revista de literatura *Estaciones*. Actualmente reside en Buenos Aires.
Su obra poética comprende: *En estos días* (1963), *El aire y su camino* (1966), *Esa frágil
corona* (1971), *Palabra intencional* (1974), *La realidad provisoria* (1977), *Libro de viaje*
(1982), *Perro de laboratorio* (1987), *Entreacto* (antología, 1990), *Escenarios* (1993), *Café
Bretaña* (Premio Jaime Gil de Biedma, 3ª ed., 1994) y *El punto más lejano* (1999). Ha
publicado dos colecciones de cuentos: *La prima carnal* (1984) y *¿A mi hotel o al tuyo?*
(Premio Internacional Jorge Luis Borges de la Secretaría de Cultura de la Nación,
1999)». Actualmente se halla en prensa una colección de ensayos, *Oficio de lector*. Para
estos datos biográficos ver Castro, 212-213.

cual, por lo singular de los dominios conceptuales que asocia, renueva el *elan* de la poesía de vanguardia[13].

Con respecto al origen del volumen, Santiago Sylvester señala lo siguiente:

> He perdido y ganado bastante tiempo en cafés; y en este sentido sí saqué algo de varios cafés reales, y de uno de Madrid que tenía como nombre *Café Bretón*. Lo modifiqué por «Bretaña» porque no me gustaba el agudo y también porque está en Madrid el célebre *Café Gijón* (muy literario, demasiado simbólico) y no quería que se pensara que era ése. El *Café Bretón* no tiene ningún prestigio y hasta es posible que ya no exista: era simplemente algo que tenía a mano. Allí iba todas las mañanas, a hacer un alto laboral (Sylvester, 2003, 1).

Se trata de un espacio que reaparece en su poesía, por ejemplo en «El bar del puerto» de *Libro de viaje* (1982) y «El café» de *Escenarios* (1993). El poeta concibe a este último como núcleo y antecedente directo de su libro posterior. En todos ellos, el ámbito del bar/café constituye un «escenario cerrado y a la vez abierto, con puertas, ventanas y gente de paso, donde entra y sale la vida» (Sylvester, 2003, 1).

Café Bretaña está constituido por 54 secuencias poéticas, a la manera de escenas, que corresponden a distintos momentos del día y del año. En su conjunto, generan progresivamente la idea de un espacio vivido, a través de la aparición de los elementos y los personajes típicos del café[14]. La apertura y el «cierre» del libro coinciden con el ingreso y el egreso de los personajes al espacio. En realidad, no se trata propiamente de un cierre, ya que la secuencia N° 54 consiste en una enumeración descriptiva cuya última palabra, «etcétera», quiere provocar en el lector la idea de un transitar permanente. Para Sylvester, «un café es más o menos eso: algo que no concluye» (2003, 2). El eje temático/espacial da unidad al

---

[13] El mismo poeta ha expresado como *desideratum* para la poesía actual esta «prudente» recuperación del impulso rupturista, mediante la cual es posible ampliarle al lector, «la zona destinada hasta entonces a la poesía». (Sylvester 2002, 21).

[14] Entre los elementos típicos que a través de la alusión sinecdóquica dan la idea del espacio se encuentran las mesas, la puerta la ventana, el humo (de cigarrillo), las bebidas (café, grapa), el reloj, el espejo, el almanaque. Entre los personajes, la pareja, el borracho, la mendiga, el músico, el camarero, el lector, etc.

conjunto, pero dicha unidad se refuerza mediante otros recursos. Por ejemplo, el desarrollo de la misma idea, asociada al café[15].

En cada secuencia se advierte un componente descriptivo que permite el diseño imaginario del espacio. Se trata de un espacio acotado, ya que el sujeto lo percibe en su totalidad. En este diseño, la saturación de datos perceptivos (visuales, auditivos, táctiles, olfativos, gustativos) coadyuva en el «efecto de realidad» de los pasajes descriptivos. Sin embargo, este efecto es trascendido cuando a la mirada le siguen la interrogación o la afirmación reflexivas. Además, no hay indicadores explícitos en el texto acerca de su ubicación precisa en el contexto ciudadano, ni referencias concretas[16]. Esta dialéctica le permite al poeta provocar en el lector la idea de un café real, pero prototípico, adaptable a la imagen de cualquier café del mundo.

En la configuración progresiva del espacio, el sujeto perceptor –que coincide con la voz enunciadora– adquiere una relevancia destacada. Ya en el epígrafe que antecede a las secuencias, se anuncia que el libro ofrecerá al lector «Lo que sucede en el Café Bretaña [...]», que se despliega imaginariamente en virtud de ser «lo que el hombre ve desde su mesa» y «lo que, sentado en su rincón, dice / para que le crean [...]» (Sylvester, 1994, 7). La mirada cobra entonces un papel protagónico[17]. Con justicia pueden transponerse a este libro las observaciones que Pedro Provencio realizara acerca del volumen anterior, *Escenarios:*

---

[15] Las secuencias 1 a 6 se refieren a una pareja que ingresa en el espacio; 8 a 9 constituyen una reflexión sobre las relaciones de articulación/ desarticulación; 25 a 27 desarrollan la pregunta por el paso del tiempo; 29 a 30, la pregunta por la totalidad; 32 a 33, se refieren a la visión de una mujer; 34 a 36 exhiben al café como paradigma de la complejidad; 41 a 42 describen el ingreso de la adivina; 43 a 44 se refieren al ojo observador; 47 a 48 describen al café como espacio en el que se superponen tiempos e historias; 52 a 53, desarrollan la pregunta por la unidad.

[16] En la secuencia Nº 1 el poeta afirma: «Ese hombre ha salido de la boca de un metro en erupción/ y está sentado allí, apagando el humo de su ropa». (Sylvester 1994, 9). La indicación sin embargo no permite hacer ninguna conjetura acerca de la ubicación, periférica o central, del café. En realidad, este dato es irrelevante. Lo que cuenta es que se trata de un café ciudadano y que este contexto constituye en telón de fondo permanente de lo que sucede en el espacio descrito.

[17] Mirar es la actividad o enfermedad crónica del habitante de las ciudades (Zubiaurre, 361).

El ojo es el dramaturgo, el director de escena y uno de los principales actores. Nunca se limita a actuar de espectador. A veces, es incluso el escenario donde se representa la controversia permanente entre el tiempo que pasa y la palabra que lo sobrepasa. No estamos ante «el gran teatro del mundo», sino dentro del espectáculo que los ojos descubren y viviseccionan sin contemplaciones (Provencio).

Este papel central se revela además en las múltiples referencias a la actividad del observador, ya que la dialéctica del mirar y ser vistos oficia de gesto que vincula sin palabras a los asistentes del café. El observador no es sólo el que ve desde su mesa, sino también, metafóricamente, «el pescador que afirma en / el anzuelo ese animal extraordinario que tal / vez no merece» (Sylvester, 1994, 11). En el texto se hace mención tanto a su papel en la reconstrucción del espacio, como al *modus operandi* de la mirada, tal como se observa en la secuencia N° 43:

> Se desplaza por ahí,
> averigua cada cosa y su posible desarrollo,
> y en la incursión recibe el chaparrón del que habla a gritos,
> explora esa bufanda de conspirador,
> sorbe el café del vecino,
> un perfume le palpa la avidez oculta,
> un manotazo lo desconcierta (Sylvester, 1994, 52).

Esta mirada husmeadora, que parece emanciparse del propio yo, realiza sus recorridos de un modo estratégico. No siempre se exhibe. Transita interioridades: desde la propia del sujeto a la del café, alternativamente. De allí que pueda caracterizarse como «una mirada que sale a la superficie como / un sábalo, caza una mosca y vuelve con su / bocado al fondo» (Sylvester, 1994, 10). Este juego de idas y vueltas condice con el modo de enunciación de cada secuencia poética: éstas resultan de las esporádicas y certeras salidas del yo observador a la superficie, a la caza de imágenes significativas.

Como sucede con el resto de los textos del corpus, la configuración del espacio se asocia paralelamente a un conjunto de valores simbólicos particulares. Estos valores son sensibles a la transformación de la ciudad contemporánea, espacio contextual aludido explícitamente o presupuesto implícitamente en la caracterización. Tal como ya lo indicaba el autor al comentar el origen el libro, el ámbito del café resume la vitalidad de la ciudad cosmopolita y multitudinaria:

> La muerte es provisoria, pero la vida está definitivamente aquí,
> aunque todo indique lo contrario:
> en el gusto que el café deja en la boca,
> en la brasa que se consume en el cenicero,
> en el rugido de los automóviles, más allá de la ventana,
> y también en la memoria que gira en sentido contrario a las agujas del reloj [...]
> (Sylvester, 1994, 15).

Puede advertirse en el pasaje que el poeta resalta esa vitalidad inmanente en todos aquellos índices que señalan el paso del tiempo y que, por ello, podrían interpretarse como símbolos de caducidad y de muerte. Transitoriedad/síndrome de la aceleración contemporánea del tiempo, vencida en el ámbito del café por el ejercicio de una memoria que se aferra a sus exiguos bienes terrestres.

La vitalidad ciudadana es además el resultado de las múltiples vidas que congrega. Por esta razón, el café se ofrece como una muestra o microcosmos ilustrativo de la multiplicidad. El poeta representa al *Café Bretaña* como una feria extraordinaria de casos humanos:

> ¿Le gusta la palabra simulacro?: mire a ese hombre.
> ¿Ama las ciudades antiguas?: he ahí una alegoría de la ruina.
> ¿Tiene fe en el porvenir?: basta esa pareja que, salvo de futuro, carece de
> [todo.
> Si le gustan las bromas, no tiene más que oír; si quiere llorar, contrate un
> [tenor.
> En esa mesa hay alguien con aspecto de haber vivido siempre en el pasado;
> aquella chica comunica al mundo su inocencia;
> aquel señor termina su trago mientras la natural parábola
> lo convierte en un abuelo sabio y distraído (Sylvester, 1994, 38).

La variedad es solidaria con la idea de totalidad. La enumeración de la cita enlaza polos conceptuales de diversa índole que comprenden en su interior los grados nocionales no mencionados: pasado/futuro, alegría/tristeza, inocencia/experiencia.

Si el café resume la vitalidad, la heterogeneidad y la totalidad de la vida ciudadana, es, a la vez, reflejo de su carácter complejo. Aunque se compruebe la repetición de individuos y acciones, la mirada del conjunto (sólo ella) descubre la singularidad del «estilo», del gesto personal que salva la idiosincrasia y hace del café un paradigma de la complejidad. Se trata de una mirada aguda que identifica, junto a otras paradojas, la que resulta de la diversidad de lo aparentemente similar. Así se observa, por ejemplo, en el siguiente pasaje de la secuencia N° 35, en el que se enumeran acciones habituales en un café, y, paralelamente, se confirma su condición de irrepetibles:

Cómo saber, sin el conjunto, que ese hombre bostezando es único
que esa mujer se arregla un peinado irrepetible,
que un tropezón es el prodigio del paso en falso.
Quién reconoce el mérito de la mirada que se encuentra con otra,
la singularidad del que lee un periódico mientras su café se enfría en la mesa
el llamado individual de esa mano en el aire.

Una excepción, para serlo, necesita de las otras.
Complejidad bautizada de distinto modo,
lo que cuenta es la seducción del mecanismo:
      estilo, punto de apoyo o reflejo,
      para que un hombre bostezando
      no sea intercambiable con otro que bosteza (Sylvester, 1994, 45).

A pesar de lo diverso, lo complejo y lo heterogéneo, el espacio del café logra amalgamar la realidad ciudadana. Tal vez ésta sea su función primordial, entre los múltiples espacios de la ciudad contemporánea: provocar, a su modo, un vínculo, en un contexto que, por las condiciones de vida que impone, tiende más bien a la dispersión, a la incomunicación entre los hombres. De allí que, al reflexionar sobre esta condición de la existencia contemporánea, el poeta señale:

Pero el misterio es éste: lo que se rompe tiende a recomponerse,
lo disperso a juntarse
y a unirse lo que nunca ha tenido relación.

No se trata ya de la unidad,
sino de quién pega los pedazos:
      como está la cicatriz en el centro de la herida,

el remiendo en el secreto de la tela
o el sentido de este café, que no está en ninguna mesa sino en el
[camarero que,
al desplazarse, integra (Sylvester, 1994, 17).

Ya no se habla entonces de una vinculación efectiva –como la que
podía darse entre los parroquianos del café a principios de siglo, por
ejemplo– sino aleatoria. Vínculo alcanzado por la inercia del ser que
desea la recomposición, por el azar de la convivencia transitoria en el
mismo espacio, por el ejercicio de una mirada o el diseño de una persona como el mozo, que establecen momentáneamente el nexo.

Como correlato de esta función, el café propone un espacio de arraigo en el territorio desarraigante de la ciudad. Conserva, entonces, ese
valor de protección señalado anteriormente en los textos del corpus.
Frente a la intemperie amenazadora de la megápolis, constituye un refugio alternativo. Se trata, sin embargo, de uno precario, casi inexistente:

Sin embargo, ese extrañamiento comporta un método de arraigo:
        casi el único donde lo fijo no tiene más entidad que el movimiento;
        donde esa estaca hundida no está más en la tierra que la evolución
        de un helicóptero.

Esa gente lo sabe, y hace casa donde no hay razones para mantener comunidad.
(Sylvester, 1994, 57).

Puede reconocerse en el tono de estas afirmaciones que, aunque se
habla de los disvalores de la urbanidad contemporánea, no se utilizan
las retóricas del lamento, la visión apocalíptica o la censura. La voz de
Café Bretaña, no pertenece a un poeta de «gesto antagónico» que se
enfrenta a la ciudad por sus juegos alienantes, como la de Federico García Lorca en *Poeta en Nueva York* (Scarano, 1999). Ni padece melancóli-
camente sus cambios como el Charles Baudelaire de los *Tableaux parisiens* (Benjamin, 1980; Berman, 1989) o el Jorge Luis Borges de *Fervor
de Buenos Aires* (Grau, 1995; Marini Palmieri, 1996; Molloy, 1984).
Tampoco los acepta con «gesto cómplice» (Scarano, 1999). Se trata más
bien de un poeta resignado, hecho a la medida de un desarraigo adheri-
do a su ser. Por esta razón, a pesar de todas las catástrofes, para él, el
café sigue siendo un refugio. Aún oficia su parte de resistencia, al permi-

tir un corte con el ritmo ciudadano, con su lógica. Espacio para detener
la toma de decisiones, para quebrar la ejecutividad poscapitalista, para
jugar todavía con la indecisión y demorarse en ella:

> La carta que no se escribe,
> el juramento no expresado,
> la mirada que no llega de tanto hacerse esperar.
> ¿Adónde va a parar lo que no hacemos?
>
> A un sitio como éste,
> donde siempre hay alguien frente a un vino que no prueba,
> alguien que no saluda y alguien
> que no espera ese saludo,
> una mujer que, por miedo, desactiva su seducción,
> un hombre ausente en el momento de decidir
> (Sylvester, 1994, 30).

El mismo movimiento de la mirada que observa y representa el espacio pone de manifiesto la posibilidad de encontrar en la ciudad un sitio
donde el sujeto puede ejercer su derecho a la evasión. Y el café es todavía ese lugar por antonomasia. La descripción de este ejercicio en la
secuencia Nº 31 muestra una vez más el papel que desempeñan las relaciones adentro/afuera, en conjunción con la mirada, para caracterizar
las actitudes típicas de los asistentes:

> Ese hombre merodea para no estar;
> esto se ve en la mañana inmóvil frente al vaso
> y sobre todo en la técnica mayor:
>> dejar que la mirada caiga afuera
>> y se extinga lejos de él como un rumor imaginario
> (Sylvester, 1994, 41).

Pero en ese mismo juego de entrar y salir, la delimitación de un espacio
claramente definido se debilita. No se trata sólo de la complejidad, el desarraigo o la pérdida de una idea de centro en una ciudad de límites inabar-
cables. Sino también de la sensación de no estar en el lugar que se ocupa.
Si el sujeto puede evadirse, si al mirar a través de una ventana no se vuelca
hacia fuera, sino que ingresa en su profundo yo, o en el espacio otro de su

imaginación o su memoria[18], el acto de ingresar no es garantía de un estar adentro. En un contexto de representación de la experiencia como éste, las relaciones de espacialidad se complican indefectiblemente. Frente a la puerta, elemento del bar que permitiría establecer los deslindes del adentro y el afuera, la voz poética manifiesta sus perplejidades y se pregunta:

> Esa puerta supone una reversión,
> y así ya no sabemos si alguien entra o sale,
>   si consiste en algo hacerlo.
> No se sabe quién está del otro lado,
>   si hay otro lado,
>   sea ajeno o propio.
>
> La mujer que está en esa mesa ¿está adentro?
> Su amiga, la que se ríe sin problemas, ¿se ha quedado afuera?
> ¿Dónde estoy yo para ellas: yo, que soy un lugar?
> (Sylvester, 1994, 58).

En los ejemplos citados se observa cómo el escenario del café y sus valores simbólicos asociados en el contexto de la lírica argentina adquieren un sentido nuevo. Esta transformación se oficia no sólo en virtud de las transformaciones de la ciudad moderna que *Café Bretaña* presupone, sino también, gracias a ese modo de proceder de la mirada poética de Santiago Sylvester, que plantea metódicamente paradojas a lo cotidiano. Analizado desde el conjunto de la obra del autor, este trasvase de horizontes, desde lo próximo hacia un plano más profundo de sentido, no desea sin embargo el alivio, ni la falsa sabiduría de una respuesta. Sólo busca un territorio o punto de observación desde el cual se alcance la pregunta correcta. Un espacio que, tal vez, pueda ser el de un café.

PALABRAS FINALES

En el presente estudio se ha efectuado un recorrido crítico que comprende: a) el estudio de los sentidos y funciones de un espacio urbano

---

[18] Sobre esta experiencia, representada en forma tópica en la novela moderna, ver Zubiaurre, 354 y ss.

como el café, desde una perspectiva sociocultural; b) el análisis de los modos de representar ese mismo espacio en un sistema como el de la lírica y el examen de los valores simbólicos que en dicho sistema se le asignan para, finalmente, c) reconocer cómo operan estos modos de representación y estos valores simbólicos en un texto concreto como *Café Bretaña*. El recorrido se propone mostrar la transformación de un espacio real en un *topos* cultural.

Se ha preferido la noción retórica de *topos* o lugar común, a la hoy sumamente difundida por Bajtin de «cronotopo», por dos razones fundamentales. En primer lugar, la reflexión bajtiniana surge de un corpus novelesco y cobra verdadero sentido como categoría analítica de dicho género[19]. En segundo, la idea de lugar común condice cabalmente con el sentido atribuido a las representaciones del café en el análisis. Imágenes y valores simbólicos, como los lugares comunes, forman parte de la cultura y la experiencia compartidas de una comunidad. Son representaciones a las que se recurre sin esfuerzo, como monedas corrientes del pensamiento y la imaginación, ya que están allí, «en el aire», en el lenguaje, en la vida. Su presencia en los textos del corpus y su persistencia en *Café Bretaña* no se entiende como filiación o deuda de unos a otros, sino como apelación efectiva a un patrimonio común y al alcance de la mano.

La originalidad de Santiago Sylvester se mide, entre otros parámetros, en su capacidad para volver a sacar lustre de estas imágenes prototípicas, ya incorporadas a la experiencia misma de transitar y permanecer en un café. Con palabras tomadas acerca de su reflexión sobre la poesía de hoy, el vuelo del poeta se mide en su ingenio para ensanchar la zona destinada a la poesía. En el caso de *Café Bretaña*, este espacio se amplía cuando el poeta revitaliza el poder de sugerencia del lugar común, cuestiona su validez o crea nuevas imágenes que, por su propio poder, se incorporan luego al patrimonio cultural de su comunidad.

---

[19] Para el análisis de la categoría remito a Zubiaurre, 63-72.

BIBLIOGRAFÍA

a) Obras citadas de Santiago Sylvester

Entreacto. (Poesía 1974-1989). Madrid: Cultura Hispánica, 1990.
Escenarios. Madrid: Verbum, 1993.
Café Bretaña. Madrid: Visor, 1994.
«La dificultad de la ruptura», *Fénix. Poesía~Crítica.* 12, 2002, 15-22.
«Acerca de *Café Bretaña*». Comunicación personal electrónica con el autor, 2003.

b) Bibliografía general

Anadón, Pablo. «*La mesa de café*», *Fénix. Poesía~Crítica* 7, 2000: 52-55.
Armus, Diego. «Introducción», *Mundo urbano y cultura popular. Estudios de Historia Social Argentina.* Diego Armus (comp.). Buenos Aires: Sudamericana, 1990, 7-15.
Bailly, Antoine S. *La percepción del espacio urbano. Conceptos, métodos de estudio y su utilización en la investigación urbanística.* Jesús J. Oya (trad.). Madrid: Instituto de Estudios de Administración Local, 1979.
Banchs, Enrique. *Obra poética.* Buenos Aires: Academia Argentina de Letras, 1981.
Benjamin, Walter. *Poesía y capitalismo. Iluminaciones II.* Jesús Aguirre (pról. y trad.). Madrid: Taurus, 1980.
Berman, Marshall. *Todo lo sólido se desvanece en el aire. La experiencia de la modernidad.* Andrea Morales Vidal (trad.). Buenos Aires: Siglo XXI, 1988.
Castro, Silvana. *Breve diccionario biográfico de autores argentinos desde 1940.* Dirección y crítica literaria de Pedro Orgambide. Buenos Aires: Ediciones Atril, 1999.
Cócaro, Nicolás y Emilio E. Cócaro. *Florida. La calle del país.* Buenos Aires: Fundación Banco de Boston, 1989.
Coulson, Seana. *Semantics Leaps. Frame-Shifting and Conceptual Blending in Meaning Construction.* Cambridge: Cambridge University Press, 2001.
Fernández Moreno, Baldomero. *Antología 1915-1950.* Buenos Aires: Espasa-Calpe, 1954.
Gayol, Sandra. «Conversaciones y desafíos en los cafés de Buenos Aires (1870-1910)». *Historia de la vida privada en la Argentina.* Fernando Devoto y Marta Madero (dirs.). Buenos Aires: Taurus, 1999, 47-69.
González Tuñón, Raúl. *Selección de poesía 1926-1948.* Buenos Aires: Edición del Autor, 1948.

— *Poemas de Buenos Aires.* Antología y notas de Luis Osvaldo Tedesco. Buenos Aires: Torres Agüero Editor, 1983.

Grau, Cristina. *Borges y la arquitectura.* 2ª ed. Madrid: Cátedra, 1995.

Kovadloff, Santiago. «Charlas de café», *La Nación.* Buenos Aires, 2003, 6ª sección, 1-2.

Lagorio, Arturo. *Cronicón de un almacén literario.* Buenos Aires: Ediciones Culturales Argentinas, 1962.

De Lara, Tomás y Leonilda Roncetti de Panti, Inés. *El tema del tango en la literatura argentina.* 2ª edición corregida y aumentada. Buenos Aires: Ediciones Culturales Argentinas, 1968.

Marini Palmieri, Enrique. «Topos du passage dans *Cercanías* de Jorge Luis Borges. Cheminement vers un au-delà du verbe», *Borges, Calvino, la literatura. (El coloquio en la Isla).* vol. 1, Centre de Recherches Latino-Américaines de l'Université de Poitiers. Madrid: Fundamentos, 1996, 131-144.

Martínez Cuitiño, Vicente. *El Café de los Inmortales.* Buenos Aires: Guillermo Kraft, 1954.

Molloy, Silvia. «*Flâneries* textuales: Borges, Benjamin y Baudelaire». *Homenaje a Ana María Barrenechea.* Lía Schwartz Lerner e Isaías Lerner (eds.). Madrid: Castalia, 1984, 487-496

Olivari, Nicolás. *La musa de la mala pata.* González Carballo (pról.). Buenos Aires: Deucalión, 1956.

Petit de Murat, Ulyses. *Borges. Buenos Aires.* Buenos Aires, Municipalidad de la Ciudad de Buenos Aires, 1980.

Provencio, Pedro. Comentario de contratapa a *Escenarios.* Santiago Sylvester. Madrid: Verbum, 1993.

Ricci Bitti, Pio y Bruna Zani. *La comunicación como proceso social.* Manuel Arbolí (trad.). México D.F.: Grijalbo/Consejo Nacional para la Cultura y las Artes, 1986.

Romano, Eduardo (coord.) *Las letras del tango. Antología cronológica 1900-1980.* Rosario: Fundación Ross, 2000.

Rossler, Osvaldo. *Osvaldo Rossler.* Presentado por Fermín Estrella Gutiérrez. Buenos Aires: Ediciones Culturales Argentinas, 1968.

Salas, Horacio. *El tango.* 4ª ed. Buenos Aires: Planeta, 1999.

Saldías, José Antonio. *La inolvidable bohemia porteña. Radiografía ciudadana del primer cuarto de siglo.* Buenos Aires: Freeland, 1968.

Scarano, Laura. «Ciudades escritas. (Palabras cómplices)». *CELEHIS* 11, 1999, 207-234.

Viñas, David. *Literatura argentina y realidad política.* Buenos Aires: Jorge Álvarez Editor, 1964.

Zubiaurre, María Teresa. *El espacio en la novela realista. Paisajes, miniaturas, perspectivas.* México D.F.: Fondo de Cultura Económica, 2000.

Anexo

Corpus

Serie culta

Enrique Banchs. *Las barcas*. 1907, «Tres bocetos», «El café».
Evaristo Carriego. *La canción del barrio*. 1913, «En el café».
Oliverio Girondo. *Veinte poemas para ser leídos en un tranvía*. 1922, «Milonga».
Nicolás Olivari. *La amada infiel*. 1924, «Fumambulismo».
— «Autorretrato»
Baldomero Fernández Moreno. 1925, «Viejo Café Tortoni».
Leopoldo Marechal. 1925, «Ba-ta-clán».
Raúl González Tuñón. *El violín del diablo*. 1926, «Sinfonía en rojo y negro».
Nicolás Olivari. *La musa de la mala pata*. 1926, «El piano solitario».
— «Cuarteto de señoritas».
_ «El musicante rengo».
Leopoldo Lugones. *Poemas solariegos*. 1927, «Estampas porteñas».
Raúl González Tuñón. *La calle del agujero en la media*. 1930, «Jazz Band».
— *Canciones del tercer frente*. 1941, «La última orquesta de señoritas».
Alfredo Bufano. *Marruecos*. 1951, «Cafetín de moros».
Francisco Urondo. *Historia antigua*. 1956, «Bar "La Calesita"».
Raúl González Tuñón. *A la sombra de los barrios amados*. 1957, «El Puchero
     Misterioso».
Jorge Calvetti. *Imágenes y conversaciones*. 1965, «Bar "La Cristina"».
Osvaldo Rossler. *Cantos de amor y soledad*. 1965, «En un bar».
— «En otro bar».
Raúl González Tuñón. *Poemas para el atril de una pianola*. 1971, «La pianola
     del café».
— «Óleo neorrealista con luz sur».
— *El banco en la plaza*. 1977, edición póstuma), «Réquiem para un bar de
     camareras».
Santiago Sylvester. *Libro de viaje*. 1982, «El bar del puerto».
Santiago Kovadloff. *El fondo de los días*. 1991, «Músicos».
Carlos Levy. *Café de náufragos*. 1991.
Santiago Sylvester. *Escenarios*. 1993, «El café».
— *Café Bretaña*. 1994.
Tamara Kamenszain. *Tango bar*. 1998.
Pablo Anadón. *La mesa de café*. 2000.
Eduardo D'Anna. *Cumpleaños en un bar*. 2002, «Cumpleaños en un bar».

Serie popular. Tangos

José González Castillo. «Aquella cantina de la ribera». 1926.
Nicolás Olivari. «La violeta». 1929.
Enrique Cadícamo. «Niebla del Riachuelo». 1937.
Cátulo Castillo y José Razzano. «Café de los angelitos». 1944.
Homero Expósito. «Cafetín». 1946.
Enrique Santos Discépolo. «Cafetín de Buenos Aires». 1948.
Cátulo Castillo. «La cantina». 1952.
— «El último café». 1963.
Chico Novarro. «Nuestro balance». 1964.
Cacho Castaña. «Café "La humedad"». 1972.

CIUDADES ROTAS, URBES MECÁNICAS, METRÓPOLIS DE CARTÓN: MODERNISMO, VANGUARDIA Y POÉTICA DE LO URBANO EN MANUEL DÍAZ RODRÍGUEZ, MARTÍN ADÁN Y ARQUELES VELA

Maite Zubiaurre

Este trabajo es un estudio sobre la representación del espacio urbano en *Ídolos rotos* (1901), la novela modernista del venezolano Manuel Díaz Rodríguez, en *La casa de cartón* (1928), la novela vanguardista del peruano Martín Adán y en *La Señorita Etcétera* (1922) y *El café de Nadie* (1926), dos novelas estridentistas del mexicano-guatemalteco Arqueles Vela. En los cuatro textos, como ocurre con sintomática frecuencia a lo largo de la literatura, mujer y ciudad se convierten en sinónimos. No sólo eso: en las cuatro novelas –y éste es, precisamente, el factor que el presente trabajo quiere resaltar– la mujer introduce, en apariencia, el caos. Pero a la vez, funciona como principio estructurador del texto literario y del espacio urbano que éste retrata.

La metrópolis, en la novela realista y modernista, y más adelante, en la prosa vanguardista y surrealista, acumula con frecuencia una serie de rasgos presuntamente femeninos. Mujer y entorno urbano, como ya ocurría en *Santa*, de Federico Gamboa, en *L'Education sentimentale*, de Gustave Flaubert, en *Cecilia Valdés*, de Cirilo Villaverde, en *La Regenta*, de Leopoldo Alas, «Clarín», en tantas otras novelas, fuera y dentro del ámbito hispánico, se convierten en espacios intercambiables y redundantes. En el caso de *Ídolos rotos*[1], esta estrategia espacial y simbólica se enriquece, complica y consolida.

El protagonista, Alberto Soria, inicia un obligado viaje a París. Su intención inicial es realizar estudios de ingeniería, pero muy pronto esos estudios

---

[1] Para un análisis más detallado de la novela de Manuel Díaz Rodríguez, remito al capítulo «El mito de París: ciudad, "femme tentaculaire" y decadencia nacional en *Ídolos rotos*» de mi libro (2000). En este trabajo, mis comentarios resumidos sobre la novela modernista-realista del autor venezolano sirven, más que nada, de punto de partida para reflexionar sobre la narrativa surrealista y estridentista latinoamericana (Martín Adán, Arqueles Vega) y para demostrar cómo el estereotipo mujer = ciudad –tan obstinadamente presente en la narrativa realista– sigue perpetuándose en la ficción de las vanguardias.

serán sustituidos por el aprendizaje apasionado de la escultura. Fiel a las convenciones al uso, Soria se enamora de una francesa (Julieta) que desempeñará el obligado papel tripartito de acompañante fiel, amante y musa. Julieta, como nuevamente dicta el cliché, se convertirá en fiel reflejo de París, y viceversa. Más adelante, cuando desde la distancia y ya en tierras peruanas Soria recuerde la capital francesa, ésta evocará automáticamente la rubia belleza de su amante parisina. No obstante, y a pesar del retrato en general perfectamente estereotipado que Díaz Rodríguez hace de París y de su contraparte y reflejo femeninos, el escritor venezolano se atreve a introducir una curiosa novedad: el París de *Ídolos rotos*, lejos de ser esa ciudad/mujer convertida en belleza funesta y capital del vicio, se vuelve discreta, hacendosa y trabajadora, con modestos aires de pequeñoburguesa. Soria trabaja con frenesí y dedicación absoluta en su obra escultórica, junto a la fiel compañía de Julieta. Pero, aunque el París depredador, con aires de vampiresa y de mujer fatal, aparentemente se diluya en las páginas de *Ídolos rotos*, lejos de desvanecerse del todo, volverá a aparecer con fuerza al otro lado del Atlántico. Por lo pronto, se materializará en la ciudad de Caracas, y... en cuatro de sus personajes femeninos: una compañera de viaje, en quien Alberto Soria reconoce a una famosa prostituta caraqueña; María, su novia; Teresa, su amante; y, por fin, su hermana Rosa. Nuevamente, es la mujer la encargada de ser espejo, espejo esta vez de cuatro hojas en el que la capital venezolana estudia su bello y maligno rostro.

La sed de simetría de la que padece tan agudamente la novela realista necesita que el rubio esplendor de Julieta, a quien Soria recuerda con renovada pasión desde el tren que lo lleva de vuelta a Caracas, encuentre su reflejo, uno cualquiera, aunque sea mostrenco y esperpéntico. No sorprende, pues, que la voz que rompe el éxtasis rememorativo y erótico del escultor sea la voz de una mujer igualmente

> joven, rubia, con labios rojos, frescos, sensuales, lujosamente vestida y sentada entre una multitud de cachivaches: abanicos, abrigos y cajas de cartón de varios estilos y dimensiones. [En ella, reconoció] a una vendedora de caricias, antaño muy de moda en la capital, por cuyos paseos y calles arrastraba, como nuncios de su impudor, trajes llamativos y escandalosos (47).

No sorprende tampoco que la viajera de hermosura aparatosa con quien Soria comparte vagón a su regreso de París se vuelva sinónimo de una Cara-

cas corrompida (de la misma forma en que Julieta lo era de una París honra-
do). El escultor, con evidente disgusto moral, reconoce en su compañera de
viaje a una meretriz de postín del *underground* venezolano.

La imagen doble de Julieta y de París reverbera, por violento contraste,
en la imagen de la prostituta y de Caracas. Pero Julieta y París también estarán presentes –igualmente distorsionados y defectuosos, por cierto– en
María, la novia de Alberto Soria, la novia caraqueña a través de la cual
Alberto Soria vanamente pretende recuperar su feliz existencia parisina:

> Creía capaz [a María] de [una] comprensión clara y absoluta, fuente de la
> abnegación y la fidelidad supremas, indispensables en la compañera de un artis-
> ta; él, entonces, la adoraba, no tan sólo como novia o amante, sino como una
> fuerza más, necesaria a la fuerza creadora de su genio, como una armonía más,
> necesaria a la perfecta armonía de su glorioso mundo de estatuas. Pero lo que
> duraba aquella luz fugaz en los ojos de María, duraba la divina ilusión de Alber-
> to. Pronto, mil pequeñeces de la vida real venían como a decirle: te engañas. No
> de otra suerte le hablaba la actitud asumida por María, después de la exposición
> de su última obra. A Alberto le chocó su aparente indiferencia y despego. María
> afectaba ignorar la exposición de su última obra (251).

Alberto, con mente europeizada e ingenua, todavía ilusionada con la
existencia de la utopía, se figuraba desde París una Venezuela y una Caracas
que son, o al menos se fingen, «un rincón primitivo y sano, en cuyo suelo
abren las virtudes espontáneamente como flores y en donde las vírgenes son
almas cándidas, como brillar de linos, en cuerpos impolutos de ninfas montañesas» (186). A cambio, se encuentra con un «pequeño París», con ese
París que irónicamente nunca halló en el París de verdad, con una Caracas
«aparisada», «capital de los vicios, donde el adulterio, la prostituta y la *demi-
vierge* son la moneda admitida de salones y calles, el argumento único de
dramas y comedias, el asunto indispensable de cuentos y de libros, como si
la infamia sexual fuese la sola expresión y el solo fin del hombre» (186).
Naturalmente, en la Caracas desilusionante y perversa con que se encuentra
Soria no hay vírgenes, ni ninfas montañesas, si acaso semivírgenes, como lo
es, por ejemplo, María, que es todo «a medias», medio virgen, medio amante, medio musa tan sólo, o como Caracas, que quiere ser París, pero sólo
llega a ser, según el narrador de *Ídolos rotos*, su mitad menos favorecida y
más canalla.

El ansia de Caracas de ser París se manifiesta igualmente en el ansia de sus moradoras femeninas de ser parisinas. Por de pronto, el público femenino lee con avidez todo lo que instruye acerca de las costumbres galantes francesas. Pedro Soria le dice con sorna a su hermano Alberto que

> de los libros que presté a Matildita, ninguno mereció tantos honores como [*Demi Vierges*], de Prévost. Fue el más leído, el más gustado, y recibió en su lomo, en su cubierta amarilla y en sus páginas blancas los apretones, halagos y caricias de muchas, pero de muchas manos bellas. No creas que el libro ha emponzoñado el alma de ninguna de ellas. Estas, en la historia impresa a lo largo de las páginas del libro, han visto una glosa pálida, inexacta, más o menos imperfecta [...] de la historia de su propia virginidad, que, como diría tu amigo Romero en su lenguaje primoroso, voló bajo muchas bocas y entre muchas manos con un gran deshojamiento de lirios (183).

Quizá, el ejemplo más pertinente de ese «querer ser París» se encarne en la figura de Teresa Farías, la amante de Soria:

> Teresa, igual a tantos otros que no traspusieron jamás los límites de su patria, se representaba a París como el más acabado resumen de cuantas delicias y primores abarca el Universo. De tal manera que de representarse a París provenía el soberano prestigio que realzaba a sus ojos la persona trivial de Urrutia. A través de la amiga admiraba la gran ciudad hermosa. Y por el solo hecho de haber vivido largos años en esta ciudad, consideraba a la amiga como un ser privilegiado [...]. En Teresa, las palabras de la Urrutia eran como semillas en un campo fértil: completaban la múltiple acción enervante del rigorismo devoto, de los tibios olores de incienso, de la semioscuridad soñolienta de templos y capillas y de los muelles baños de leche y de perfumes. E indudablemente la inagotable seducción y hechizo de su París imaginario, cuyo solo reflejo la mareaba y se le imponía en la persona de la Urrutia, fue una de las tantas fuerzas que la empujaron a los brazos de Alberto Soria (297).

También para Alberto, Teresa es París, aunque no el París genuino que Teresa sueña, sino el París falsario e importado, el retrato esperpéntico de una cultura europea mal asimilada: «Con los daños cada vez mayores del cosmopolitismo en (Venezuela) y quizás en todos los pueblos de la tierra latino-americana, era posible hacer un gran volumen, al cual se diese por sólo título "París [...] grande influencia nociva en el desarrollo y costumbres de aquellos pueblos"» (222).

Para reforzar esa idea (nada original, por cierto, y parte constituyente del deseo de independencia y de autonomía de las recientes repúblicas hispano-americanas) de que la importación de la cultura europea y sus valores no sólo es perjudicial sino que inevitablemente se malogra, Díaz Rodríguez incluye en su novela otra mujer, Rosa, a quien además de hermana de Alberto, hace jardinera. Y en ese jardín, Rosa planta una flor importada de Europa, la romántica (y tan literariamente francesa) camelia. Pero, a pesar de todos los esfuerzos de Rosa, la camelia no logra aclimatarse: «tan sólo produce una mata, que da una flor, feúca y ruin» (71). Es, en tierra venezolana –como lo es París en Caracas– «una limosna de planta con una lástima de flor» (71).

Lo europeo –epitomizado en la camelia– no sólo se debilita y malogra en territorio americano, sino que contribuye a su vez a debilitar y restar fuerza a la cultura autóctona. De acuerdo con Díaz Rodríguez, dos factores foráneos entran con fuerza destructora en la ciudad (Caracas) y en la mujer (Teresa), corrompiéndola y debilitándola por igual: el catolicismo, tan rígido como sensual, de los españoles y «la inagotable seducción y hechizo de un París imaginario», equiparado, con estereotipada frecuencia, a una prostituta, a una «pindonga vestida de gemas, encajes y tules» (223). De hecho, Teresa es, por partes iguales (y no menos que Caracas), intensamente voluptuosa (a la parisién) y fervorosamente católica, con ribetes de exaltada beatería:

> Teresa hallaba su más alto gozo en sentirse deslizar y caer en la culpa, después que la oración y las penitencias limpiaban su alma de inmundicias. Creyente, angustiosos conflictos morales y mil oscuros temores la sobrecogían, cuando en medio de sus prácticas devotas la rozaba el pecado con sus alas de fuego; pero conflictos y temores, en realidad aumentaban su deleite enfermizo, haciéndola ver el pecado mayor y más dulce (192).

Antes sostuvimos que para Alberto, Teresa era París, o, más bien, ese París adulterado pasado por Caracas, o esa Caracas en la que París sólo halla un espejo distorsionador. El efecto que esa ciudad prostituida y mentirosa produce en Alberto se parece mucho al impacto que le causa Teresa. Cuando habla de Caracas (su patria) dice que era «como dos grandes brazos ávidos de estrecharle tiernos y amorosos y dos labios tendidos a besar su boca y su frente con amor inflamado de orgullo. Pero los brazos empezaban a ceñir su garganta como un dogal de hierro y los labios a besarle humedecidos en un

brebaje venenoso. ¿Por qué? ¿Por qué?» (125). Cuando habla de su futura
amante, distingue en ella la misma doble intención, la misma apariencia enga-
ñosa: «Así como Teresa era ambigua en su persona, por sus aires devotos y el
prestigio fluente de las aventuras de amor que le atribuían, así era de ambigua la sensación que en Alberto despertaba. Parecía hecha de atracción y de
grima. Teresa le inspiraba la repugnancia que inspiran las culebras y al mismo
tiempo le atraía, como el vaso colmo atrae al labio sitibundo» (246). Otra
vez, ciudad y mujer juegan el tedioso juego de la sinonimia. Otra vez, se sola-
zan en la mentira, y pérfidamente se visten de atracción y de grima. Otra vez,
por fin, el misterio amenazador y traicionero que son, por partida doble, la
ciudad y la mujer no radica tan sólo en la perniciosa influencia de occidente,
sino en el influjo de un oriente siempre enigmático. Cuando Alberto ve por
primera vez a Teresa la compara una turca de Estambul», cuya belleza se
esconde tras un «negro velo impenetrable» (90). Pocas líneas después, entre
repelido y fascinado por las sucias calles de Caracas, por su «tierra árida
color de ocre», Alberto siente que dentro de él «relampaguea la visión de la
ciudad nativa como una visión de ciudad oriental, inmunda y bella» (90).

En el París y en la Caracas de Díaz Rodríguez, en el París de Balzac y de
Zola, en el Madrid de Galdós, en el Berlín de muchas de las novelas de Fon-
tane, la novela realista se propone, como objetivo principalísimo, resolver el
galimatías urbano y, por ende, el enigma (oriental, occidental, no importa)
que obstinadamente se vincula con la instancia femenina. En cambio, la
novela vanguardista parece abandonar esa meta, y se identifica más bien con
la intención de resaltar lo que la metrópolis (y la mujer) tienen de laberinto.
Esa impresión laberíntica se hace patente en la breve novela poética del
peruano Martín Adán, *La casa de cartón* (1928), novela construida a base de
viñetas, o pequeños poemas en prosa, que se suceden sin aparente orden,
aunque José Carlos Mariátegui, en el colofón a la novela, señale que «su
desorden está previamente ordenado» (113). Sin duda, la ciudad de Barranco, colindante con la gran Lima en *La casa de cartón*, es ya la ciudad cubista,
distorsionada, el espacio difícilmente organizable y laberíntico tan caro a la
estética vanguardista. Pero por otro lado, tampoco el surrealismo narrativo
de Martín Adán, no menos que el modernismo de Manuel Díaz Rodríguez,
sabe substraerse a esa severa fuerza estructuradora que es la representación
estereotipada de la mujer como sinónimo inevitable y redundante del espacio urbano. Por de pronto, tanto en *Ídolos rotos* como en *La casa de cartón*,
el misterio de la metrópolis, disfrazado de extranjería, una vez más se mate-

rializa en una mujer. Si en la novela venezolana esa mujer era Teresa, con esos aires de «turca de Estambul que se cubre el rostro con un negro velo impenetrable» (90), en *La casa de cartón* lo es Miss Annie Doll, una gringa medio loca, fotófoba, fotógrafa, delicia de una pensión de visillos limpios y cortinas de cretona. La gringa (que se paseaba día y noche por Barranco)

> era un camino ambulante, ciego de sol, por el que se iba a las tundras, a un país de nieve y de musgo donde se empinaba una magra y lívida ciudad de rascacielos con todo el misterio de la mecánica en las fábricas sombrías. La vida de Miss Annie Doll había que remontarla en trineo y en aeroplano, en automóvil y en trasatlántico. Y el fin de ella, Miss Annie Doll era un crío rojizo amamantado con biberón sanitario. Leche sintética, carne de conserva, alcohol sólido, siete años de liceo deportivo, renos y ardillas, viajes a China, colecciones de arqueología en una maleta de Manchester en que cabe la civilización entera, tabletas de aspirina, olor de aserrín de los comedores de hotel, olor de humo en alta mar, a bordo... ¡En cuánto haces pensar, gringa fotófoba, gringa fotógrafa, que vives en una pensión que es un edificio descomunal con su tercer piso de tablas grises, con sus tristezas de estación de ferrocarril y de gallinero! Gringa, camino de resolana que lleva a la tundra, a Vladivostock, a Montreal, al Polo... (32).

Así como Teresa no sólo encarna lo misterioso, lo exótico que encierra toda ciudad, sino también la ciudad misma, en este caso, ese París trasplantado a Caracas, Miss Annie Doll no sólo simboliza el enigma de Barranco, sino que en ella se materializan otras metrópolis extranjeras: Miss Annie Doll es Manchester, es Vladivostock, es Montreal en Barranco. María es Caracas, Julieta es París, Teresa es París en Caracas.

En *La casa de cartón*, París, otra vez convertido en mujer, inevitablemente se espeja en el rostro femenino de Lima, de la misma forma en que en *Ídolos rotos* encontraba su reflejo distorsionado en Caracas: «Y ahora era París con su olor de asfalto y su rumor de usina y sus placeres públicos. [...] Y ahora era Lima con su olor de sol y de guano y sus placeres solitarios» (39). Curiosamente, y en el instante en que las dos ciudades –la europea y la americana– se miran a los ojos, la primera se masculiniza (es asfalto, fábrica y vida pública) mientras que la segunda, irremediablemente, se afirma en su feminidad: es campo, es naturaleza, antes que civilización: huele a sol, a guano, prefiere la soledad al bullicio.

Claramente, en esta doble imagen reverbera el viejo cliché según el cual la potencia colonizadora –Europa– masculinamente se aprovecha de la

femenina debilidad del continente colonizado (América). Pero el estereotipo aún alcanza mayor complejidad en *La casa de cartón*. Uno diría, por ejemplo, que la equiparación de la mujer con la ciudad está reñido con otro cliché igualmente tenaz, a saber: aquel que iguala a la figura femenina con la
naturaleza, y al hombre, con la civilización, y con la ciudad como cuna de
ésta. A pesar de su aparente contradicción, estos dos estereotipos –la ciudad
es mujer; la naturaleza es mujer–, lejos de anularse mutuamente, siguen
vigentes y, en ocasiones, conviven pacíficamente dentro de un mismo texto.
Es el caso, sin duda, de *Ídolos rotos*, novela habitada no solamente por ese
famoso trío femenino ya mencionado –Julieta, Teresa, María– que alegoriza
la metrópolis, sino por Rosa, la hermana de Alberto, devota jardinera de un
jardín del cual se vuelve inevitable metonimia. Un caso aún más extremo lo
constituye, precisamente, *La casa de cartón*. En la novela peruana, la propia
Miss Annie Doll es, a la vez que ciudad o ciudades, naturaleza. El narrador
inmediatamente la identifica con un «Jacarandá (uno de esos árboles que
echan flores moradas), con el Jacarandá de la calle Mott, que es joven o viejo
a la vez, como la gringa –larguirucho, casi calato del todo, con un solo brazo
foliado, con un muñón de flores violadas, libre, que parece haberlo echado
al aire» (32). Por fin, para reforzar esa idea de que mujer y naturaleza son
perfectamente intercambiables, el narrador nos dice que «el Jacarandá que
está en esa calle es el que yo digo que es la gringa, no sé si es un Jacarandá
que es la gringa o si la gringa que es un Jacarandá» (32). Otro personaje de
la novela, Catita, «catadora de mozos que todavía no ha llegado a los quince
años» se reconoce en una estrella y, como consecuencia, todas las estrellas se
transforman en mujer: «Ellas mismas –las estrellas– no son quizá sino
muchachas con enamorado, con mamá y con dirección espiritual» (86). Por
fin, a lo largo de toda la novela, y en viñetas que destacan por su intensidad
poética y su concentración semántica, la mujer se vincula irremediablemente con el mar. De hecho, el mar se convierte en *La casa de cartón* en esa fuerza vinculante –en ese espejo exacto– en el que el cuerpo de la mujer y la
silueta de la ciudad se reflejan y se confunden.

La mujer –su «esencia»– se materializa, en la novela del jovencísimo
autor peruano (hay que recordar que cuando escribió *La casa de cartón* apenas llegaba a los veinte años), en la figura de una extranjera, doblemente
misteriosa e intangible (si comulgamos con el cliché) por mujer, y por forá-
nea. Pues bien, ese halo de misterio y de intangibilidad que los poetas y
narradores vanguardistas (también los realistas, como vimos) atribuyen por

igual a la ciudad y a la mujer se acentúa en la novela breve *La Señorita Etcétera*, de Arqueles Vela.

La señorita Etcétera sólo revela su nombre en el último de los ocho brevísimos capítulos que componen la novela. A lo largo de los siete restantes, y aun en el octavo (puesto que el autor sólo bautiza a su personaje femenino en el último párrafo de su relato), la señorita Etcétera es tan sólo «ella». Un «ella», no obstante, que, a pesar de su identidad enigmática y nada perfilada, toma, al igual que sus «hermanas» en *Ídolos rotos* y en *La casa de cartón*, firmemente las riendas del ritmo de la narración y confiere orden a un texto aparentemente caótico. Ya en el primer capítulo, «ella» dirige los pasos del protagonista masculino que, si bien «[había comprado] su pasaje hasta la capital, por un caso de explicable inconsciencia, [resuelve] bajar en la estación que ella abordó. Al fin y al cabo, a mí me era igual... Cualquier ciudad me hubiese acogido con la misma indiferencia. En todas partes hubiera tenido que ser el mismo...» (89). La ciudad –bella indiferente– en que provisionalmente se queda el protagonista y su misteriosa acompañante «era una ciudad del Golfo de México» (89). Y en esa ciudad, «sentado allí, junto a ella, en medio de la soledad marina y de la calle, me sentía como en mi casa... Disfrutaba de un poco de música, de un poco de calor, de un poco de ella» (89). Ella, súbitamente, adquiere virtudes domésticas, tras haber sido viajera, y reproduce en la ciudad extraña –que también se vuelve casa– un remedo de calidez hogareña. Más adelante, se enfatiza ese grado de calidez, cuando la mujer, dormida, «dobla su languidescencia sobre (los brazos del hombre) con la intimidad de un abrigo» (90).

El «desliz», el exceso de intimidad, el abandono de la mujer en el abrazo masculino se justifica de la siguiente forma: «Era natural. Seis días de viaje incómodo, la hacían perder su timidez. No era por nada... El cansancio también le desligaba a ella de todas sus ligaduras» (90). Como era de esperar, a la rendición femenina le sigue la tentación masculina de huir, de abandonar a su suerte a la ciudad que lo acoge (atrás queda, en el relato ese emplazamiento urbano en el que el lector adivina Veracruz) y a la mujer que se entrega: «Pensé... Ella podría ser un estorbo para mi vida errátil. Para mis precarios recursos. Lo mejor era dejarla allí, dormida. Huir...» (90). El protagonista duda, se acuerda de su soledad, se pregunta si aquella mujer no será la verdadera y única: «Acaso ella, era ELLA...» (90). Pero, previsiblemente, puede más el afán de libertad y el desprecio de las ataduras: «Y me eché a andar yo solo. Hacia el lado opuesto de su mirada» (90).

Poco o nada hay de original en esta versión condensada (verdadero microrrelato con hechura de *mise en abyme*) de la seducción y abandono dobles de una mujer y de una ciudad, tan repetidas en la tradición literaria hispánica, en la que el culto al mito de don Juan se vuelve obsesivo. Igualmente estereotipado es que, en sus correrías y al amparo de diferentes espacios (el vagón de un tren, un café, la habitación de un hotel, un tranvía), el protagonista se encuentre, invariablemente, con distintas versiones del «eterno femenino», con diversas «ellas» que en el fondo son una misma. La única novedad –en relación con la novela de cuño realista– reside, si acaso, en el hecho de que la figura femenina se transforma, abiertamente, en una cosa. La cosificación de la mujer, que en el relato decimonónico era, hasta cierto punto, disimulada y oblicua, en el texto vanguardista se vuelve deliberadamente transparente. Observamos cómo ya en el primer capítulo, el narrador en primera persona de *La Señorita Etcétera* no duda en comparar a «ella» con un abrigo, metáfora, en ese caso, de esa calidez de gallina clueca que se atribuye al género femenino, o, como en la cita que sigue, imagen para sugerir la naturaleza intercambiable, prescindible, de las mujeres: «Los hombres la tomaban equivocadamente, como se toma un abrigo en la incongruencia de una noche de fiesta» (*El Café de Nadie*, 231).

En el segundo capítulo, la segunda «ella» (¿será la misma que fue cobija?) ofrece la impresión de un mueble arrinconado: «Cuando la vi por primera vez, estaba en un rincón oscuro de la habitación de su timidez, con una actitud de silla olvidada, empolvada, de silla que todavía no ha ocupado nadie...» (91). La metáfora de la silla para designar a la mujer –y, por extensión, a la dimensión sexual de la hembra– se vuelve aún más poderosa y explícita en otra de las novelas de Arqueles Vela, *El Café de Nadie*. En ese café, que existió de verdad, que fue sede de innumerables reuniones y francachelas estridentistas, que sin duda es el café retratado en *La Señorita Etcétera* y que esta segunda novela del vanguardista mexicano, ya desde el título, termina por inmortalizar,

los meseros se dan cuenta de que en ese momento surge el alba del Café y empiezan a deshacer, a ordenar la catástrofe de la noche anterior. Las sillas son desprendidas de sus actitudes pornográficas en las que las han dejado los barrenderos, preciosamente, después de haberle puesto el gabán al más arraigado cliente, acaso para no dejar que se vaya acumulando en los gabinetes, el lastre inevitable con que anclan los visitantes esporádicos. Entre todas las sillas hay siempre unas que no quieren desprenderse la una de la otra, que no quieren desistir de su posesión descarada, que se abrazan fuertemente, impidiendo que se les coloque en el lugar estricto, aquel que ocupará el parroquiano consuetudinario.

Los meseros luchan contra ellas, como las madrotas con las pupilas que se resisten a abandonar los brazos de ese hombre que no toma nada, que no mira a ninguna de las otras mujeres, que no compra, en esa casa, ni siquiera los cigarrillos y que sin embargo, se le ve todas las noches, como un misionero. Los meseros huyen de aquellas sillas y se dicen recíprocamente: –Desacomódalas tú. –Desacomódalas tú. –Desacomódalas tú. Hasta que el más reciente, el más encogido –el mesero de los meseros– se acerca buscando el momento estratégico en que estén desprevenidas, para separarlas de la insolencia con que se aferran a su actitud de mujeres viciosas, hiperestésicas, histéricas, atacadas de los peores males (229).

Interesante observar cómo, una vez más, es precisamente la entidad femenina convertida en objeto inmóvil la causante del movimiento, de los distintos ritmos y acciones de las dos novelas mencionadas. En *La Señorita Etcétera*, por de pronto, la mujer-cosa es la que hace al protagonista salir de un tren y quedarse en una ciudad, la que lo hace volver una y otra vez al café, subirse, un día tras otro, al tranvía, frecuentar determinados hoteles... El personaje femenino, ya sólo con eso, se convierte en el verdadero motor y *Leitmotiv* del relato, en lo que hace avanzar al protagonista y, con él, a la propia narración. Pero, sobre todo, la mujer es, en la narrativa de Arqueles Vela, ese espacio-tiempo en que se materializa el maquinismo de la ciudad, su naturaleza de gran prodigio mecánico y robotizado. La ciudad es, por excelencia, la sede de los milagros tecnológicos, cantados por los futuristas y, a la vez, esos milagros son los que hacen que las grandes metrópolis se acerquen y –saltándose el campo, ninguneando la existencia rural– se den la mano. Luis Mario Schneider señala que uno de los aspectos más sobresalientes, precisamente, de los manifiestos del estridentismo mexicano es «la imperiosa urgencia de cosmopolitismo en la vida humana» (12). Y cita a Maples Arce, para quien «ya no es posible tenerse en capítulos convencionales de arte nacional, puesto que el telégrafo, el ascensor eléctrico, las locomotoras, que se atragantan de kilómetros, los vapores que humean hacia la ausencia, transforman y modifican el medio histórico a la vez que influyen en la vida de los pueblos, creándose la unidad psicológica del siglo» (12). Los personajes femeninos, en la prosa de Arqueles Vela, son los catalizadores y exponentes privilegiados de esa «unidad psicológica del siglo» y de esa pasión urbana y cosmopolita por la máquina. En *El Café de Nadie*, se dice de la protagonista, la difusa Mabelina, que sus senos «tienen la misma luminosidad, la misma incandescencia de las lámparas que adornan las grandes salas» (228). De las mujeres en general se afirma que «tocándoles esa especie de timbres que son sus senos, se despiertan en ellas una serie de personalidades que acuden con el desconcierto de los sirvientes de los hoteles, sin saber si el número encendido en el cuadro de llamadas es el suyo» (230). Por fin, los senos de las mujeres que frecuentan el café suenan como los timbres de los relojes despertadores, impertinentemente» (230).

Muy pronto, no sólo el artefacto fetichizado de los senos, sino la mujer de cuerpo entero se transforma en un complicado ingenio mecánico, hecho de diferentes partes, que hay que «presentar, ensamblar, aunar, confundir». Las mujeres, reza el siguiente párrafo, «no son más que unos aparatos sensuales, ideológicos, espirituales, sentimentales. Se les puede llenar como a los acumuladores, de cualquier fuerza, de cualquier tensión» (230).

El concepto de que en una mujer se condensan todas las mujeres, o, dicho de otra forma, que para «construir» a la mujer «total» hace falta casar los trozos de varias, es un concepto añejo. Ciertamente, la idea de la mujer como organismo fundamentalmente hecho de fragmentos cuya unidad es difícilmente discernible se repite *ad nauseam* en la estética vanguardista, la cual, por otra parte, atribuye esos mismos rasgos (de fragmentación y de caos) al entorno urbano. En *La Señorita Etcétera*, la semblanza del galimatías y frenesí de la metrópolis (el narrador habla de «aceras desenfrenadas», de esas «emociones desconocidas que atardecen la ciudad», del «azoramiento de las calles desveladas de anuncios luminosos», del «contacto inesperado de la multitud que hacía balbucientes mis ideas» (92) lleva sin titubeos al esbozo igualmente sincopado de una silueta femenina: «No me quedaría de ella sino la sensación de un retrato cubista» (93).

Tan sólo dos páginas después, la ciudad caótica y distorsionada se transforma en una máquina de movimientos automáticos, y esa máquina opera sobre la voluntad y la sensibilidad del narrador: «La vida casi mecánica de las ciudades modernas me iba transformando» (95). De la misma forma, la mujer cubista se transforma con naturalidad –al fin y al cabo, la separación entre cubismo y maquinismo es mínima– en mujer automática:

> Cuando el ascensor concluyó de desalojarnos y me encontré frente a ella y la observé detenidamente, me estupefacté de que ella también se había mecanizado.

La vida eléctrica del hotel, nos transformaba. Era, en realidad, ella, pero era una mujer automática. Sus pasos armónicos, cronométricos de figuras de fox-trot, se alejaban de mí, sin la sensación de distancia; su risa se vertía como si en su interior se desenrollara una cuerda dúctil de plata, sus miradas se proyectaban con una fijeza incandescente. Sus movimientos eran a líneas rectas, sus palabras las resucitaba una delicada aguja de fonógrafo... Sus senos, temblorosos de "amperes"... (95).

Barranco, en la novela de Martín Adán, es una ciudad rota, con las violentas fracturas y distorsiones de un retrato cubista. Las imprecisas ciudades en los textos de Arqueles Vela (entre ellas, la misteriosa ciudad del Golfo de México, y el propio México D.F. que aloja el infausto Café de Nadie) son, además de un monumento al cubismo, ciudades automáticas que rinden un encendido homenaje a la máquina. El París literario y la Caracas falsamente parisina, por fin, en la novela de Díaz Rodríguez se asemejan, por su rigidez artificiosa y vana, a ciudades fantasmáticas, a huecas metrópolis de cartón. Pero, a pesar de estas diferencias en la hechura urbana, a pesar de la distancia que separa la ficción realista y modernista de la narrativa surrealista, todos los textos comentados comparten esa intensa afición por hacer de las mujeres ciudades, y de las ciudades, mujeres. Las cuatro novelas, de manera muy parecida, atribuyen desorden moral a ambas instancias. Pero también, de forma similar, rinden pleitesía al poder estructurador del binomio mujer-ciudad: al fin y al cabo, ese binomio genera una eficaz retórica, tan vigorosa como convencional, y particularmente dotada para salvaguardar el orden. Y no me refiero sólo al orden narrativo, sino también al orden social y patriarcal sobre el que las cuatro novelas se apoyan y contribuyen a perpetuar.

BIBLIOGRAFÍA

Díaz Rodríguez, Manuel. *Ídolos rotos*. Caracas: Monte Ávila, 1981.

Fuente Benavides, Rafael de la (Martín Adán). *La casa de cartón*. Lima: Nuevo Mundo, 1961.

Vela, Arqueles. *La Señorita Etcétera. El estridentismo (México 1921-1927)*. Luis Mario Schneider (ed.). México D.F.: UNAM, 1985.

— *El Café de Nadie. El estridentismo (México 1921-1927)*. Luis Mario Schneider (ed.). México D.F.: UNAM, 1985.

Zubiaurre, M.ª Teresa. *El espacio en la novela realista. Paisajes, miniaturas, perspectivas*. México D.F.: Fondo de Cultura Económica, 2000.